Roswitha Schieb

Jeder zweite Berliner

Meinen Eltern

Für Familie Berger

mit viel Vergnügen beim lesen.

Roswitha Schieb

Hinterbalmwald, 26.2.2013

POTSDAMER BIBLIOTHEK ÖSTLICHES EUROPA
KULTURREISEN

Roswitha Schieb

Jeder zweite Berliner
Schlesische Spuren an der Spree

Deutsches
KULTURFORUM
östliches Europa

Das Deutsche Kulturforum östliches Europa dankt Archiven, Sammlungen und Verlagen für die erteilten Reproduktionsgenehmigungen und die freundliche Unterstützung bei der Realisierung dieses Buches. Das Kulturforum hat sich bis Produktionsschluss intensiv bemüht, alle weiteren Inhaber von Abbildungs- und Textrechten ausfindig zu machen. Personen und Institutionen, die möglicherweise nicht erreicht wurden und Rechte an verwendeten Abbildungen bzw. Texten beanspruchen, werden gebeten, sich nachträglich mit dem Deutschen Kulturforum östliches Europa in Verbindung zu setzen.

Umschlagbild: Collage aus einer Fotografie des Ostbahnhofs (ehemals Schlesischer Bahnhof) Berlin von Mathias Marx, Potsdam, und einem 1840–42 geschaffenen Holzschnitt von Adolph Menzel, entnommen aus: Franz Kugler, *Geschichte Friedrichs des Großen*, Leipzig o. J., S. 607

© 2012 Deutsches Kulturforum östliches Europa e. V.
Berliner Str. 135
D–14467 Potsdam
Alle Rechte vorbehalten.
Das Kulturforum wird gefördert vom Beauftragten der Bundesregierung für Kultur und Medien aufgrund eines Beschlusses des Deutschen Bundestages.
Gesamtredaktion und Lektorat: Tanja Krombach
Redaktionsassistenz: Kristina Frenzel, Berlin, Sandra Mack, Evelyn Meer und Andrea Müller
Umschlaggestaltung und Layoutentwurf: Hana Kathrin Stockhausen
Satz und Gestaltung: Isabelle Trénous, Potsdam
Druck und Bindung: rucksaldruck GmbH & Co., Berlin
Diese Ausgabe wurde auf chlor- und säurefrei gebleichtem, alterungsbeständigem Papier gedruckt.
Printed in Germany.

ISBN 978-3-936168-61-7

Inhalt

Schlesische Spuren in Berlin — 7

Erster Spaziergang

Das Brandenburger Tor und
Carl Gotthard Langhans — 25

Das Anatomische Theater von
Carl Gotthard Langhans — 37

Gerhart Hauptmann und Felix Hollaender
am Deutschen Theater — 48

Adolph Menzel in der Alten Nationalgalerie — 78

Zweiter Spaziergang

St. Hedwigs-Kathedrale und Friedrich II.
bei Willibald Alexis, Albert Emil Brachvogel,
August Kopisch und Jochen Klepper — 127

Vom Bebelplatz zum Alexanderplatz: schlesische
Architekten und Bildhauer — 174

Komödienhäuser am Alexanderplatz,
Berliner Witz und Altberliner Posse von
Karl von Holtei bis Alfred Kerr — 194

Dritter Spaziergang

Sozialer Brennpunkt Schlesischer Bahnhof und
die schlesischen Väter der Sozialdemokratie   225

Über das Schlesische Tor in den Westen:
Kirchen, schlesische Expressionisten und Mystik,
Vertriebene in Berlin   256

Anhang

Schlesierinnen und Schlesier in Berlin   307

Berliner Straßen nach schlesischen Orten   346

Berliner Straßen nach schlesischen Persönlichkeiten 347

Literaturverzeichnis   349

Personenverzeichnis   363

Ortsverzeichnis   373

Abbildungsnachweis   383

Über die Autorin   384

Schlesische Spuren in Berlin

Jeder zweite Berliner ist ein Schlesier – woher stammt dieser Satz, den doch schon viele einmal gehört haben? Woher kommt der Baumeister des Brandenburger Tores? Woher stammen die Granitplatten, die die breiten Berliner Trottoirs bedecken und diese so unverwechselbar machen? Hat das Schlesische Tor in Kreuzberg etwas mit Schlesien zu tun? Gibt es etwas typisch Schlesisches?

Viele Bewohner Berlins und Besucher der Stadt werden Fragen dieser Art mit Achselzucken beantworten. Schlesien ist seit dem Zweiten Weltkrieg immer stärker in Vergessenheit geraten. Das vorliegende Buch begibt sich auf Entdeckungsreise durch Berlin. Es möchte Schlesien wieder ins Bewusstsein rücken, eine Region, die bloß etwa hundertfünfzig Kilometer von Berlin entfernt beginnt. Ihr soll der Platz eingeräumt werden, der ihr gebührt.

Bis 1945 war Schlesien etwa zweihundert Jahre lang das wichtigste Hinterland Berlins. Seit seiner Eroberung durch Friedrich II. wuchs Schlesien für Preußen zu einer Größe an, die Berlin entscheidend mitbeeinflusste. In den Jahrhunderten zuvor allerdings stand die Region unter dem Einfluss anderer Hegemonialmächte. Im Jahr 1000 ging die Gründung des Bistums Breslau, also jenes Gebiets, in dem sich das politische Territorium Schlesien über die Jahrhunderte entwickeln sollte, vom polnischen Erzbistum Gnesen aus. Im 12. und 13. Jahrhundert wurden dann vom polnisch-schlesischen Landesherrn deutsche Mönche und Siedler nach Schlesien gerufen, um moderne Ackerbaumethoden und Handwerksfertigkeiten sowie städtische Verwaltung und Rechtsprechung einzuführen. Eine Vielzahl schlesischer Städte wurde nach deutschem Recht gegründet. Diese gehen mit ihrem Ringplatz um das Rathaus und den regelmäßig angelegten Straßenzügen auf diese frühen Kolonisten zurück.

Im ausgehenden Mittelalter lösten sich die schlesischen Herzogtümer von Polen ab und unterstellten sich der Lehnshoheit Böhmens. Um 1500 war Schlesien mit seiner Hauptstadt Breslau ein zentraler Ort des mitteleuropäischen Frühhumanismus und richtete sich stark nach Prag aus. Obwohl sich Schlesien im Zuge der Reformation eng dem Protestantismus Wittenberger Prägung anschloss, bestimmte zwischen 1526 und 1740 die katholische habsburgische Oberherrschaft mit ihrer Orientierung nach Wien die Geschicke der Region, die mit Böhmen an Österreich gefallen war. Der Dreißigjährige Krieg wirkte, wenngleich nicht in Breslau, so aber doch im übrigen Schlesien verheerend. Nach dem Westfälischen Frieden von 1648 durften in Glogau, Schweidnitz und Jauer die berühmten evangelischen Friedenskirchen gebaut werden. Schlesien, ein Land mit hochentwickeltem Bildungsbewusstsein, war in der Dichtung deutschlandweit führend und konnte nach dem Ende des Dreißigjährigen Krieges in eine barocke Kulturlandschaft verwandelt werden. Mit seiner Eroberung durch Friedrich II. in den drei Schlesischen Kriegen zwischen 1740 und 1763 wurde die Region bis auf die südlichen Teile von Oberschlesien von der süddeutsch-katholischen Provinz Österreichs zu einem Bestandteil des norddeutsch-protestantischen Königreichs Preußen umgepolt. Schlesien wandelte sich nun zu einer straff verwalteten Musterprovinz, in die der König zahlreiche Inspektionsreisen unternahm. Die Loyalität der schlesischen Untertanen gewann er durch Rechtssicherheit und den merklichen Aufschwung von Handel und Industrie. Im Streit der Konfessionen wurde nun die Schlesische Toleranz zu einer Besonderheit des Landes. Seit dieser Zeit begann Schlesien für Berlin stark an Bedeutung zu gewinnen. Einen Höhepunkt markiert dabei das Jahr 1813, als das Gebiet mit seiner Hauptstadt Breslau zum Ausgangspunkt für die Befreiungskriege gegen Napoleon wurde. Damals entdeckten die preußischen

Könige auch die liebliche Landschaft des Riesengebirgsvorlandes und bauten sich Schlösser, Gärten und Herrenhäuser im Hirschberger Tal. Im ausgehenden 19. Jahrhundert wurde es für die Berliner immer selbstverständlicher, sommers wie winters ins Riesengebirge zu reisen. Eine kleine Reminiszenz an die Beliebtheit des Berliner Hinterlandgebirges stellt der Wasserfall im Kreuzberger Viktoriapark dar, der, vom Schlesier Hermann Mächtig erbaut, einen Wasserfall im Riesengebirge nachbilden soll.

Mit dem Aufstand der schlesischen Weber im Jahr 1844 drang neues soziales Gedankengut nach Berlin. Der aus Breslau stammende Arbeiterführer Ferdinand Lassalle und andere geben davon beredtes Zeugnis. Im Zuge der immer stärker einsetzenden Industrialisierung war die Arbeitsmigration nach Berlin enorm. Nachdem Berlin 1871 Hauptstadt des deutschen Kaiserreichs geworden war, wurde Schlesien mit seinen fünf Millionen Einwohnern eines der wichtigsten Einzugsgebiete der Metropole. In dieser Zeit entstanden die Arbeiterviertel um den Schlesischen Bahnhof und das Schlesische Tor. Ebenfalls aus dieser Epoche stammt der Spruch »Jeder zweite Berliner ist ein Schlesier« – wenngleich das statistisch gesehen wohl recht übertrieben war.

So selbstverständlich benachbart Schlesien für Berlin im 19. und beginnenden 20. Jahrhundert war, so gründlich ist es nach 1945 vergessen worden. Auch das Angebot auf dem Buchmarkt zeigt dies. Es gibt unzählige Titel über Berlin zu allen Zeiten, über das jüdische, hugenottische, russische, sogar über das niederländische Berlin, Berlin bei Tag und bei Nacht, von oben und von unten, von hinten und von vorne. Nur das schlesische Berlin ist nicht dabei. Dabei gibt es jenseits des Vergessens in Berlin eine städtische Wirklichkeit, die von einer materiellen Beharrlichkeit ist. Die Stadt ist nicht unbedingt ein Gedächtnis, aber doch ein Speicher, der zu betreten ist. Dieser Speicher kann belüftet, buchstabiert, zusammengesetzt werden, das Gedächtnis kann rekonstruiert, reaktiviert werden. Denn ein nicht unbeträchtlicher Teil Berlins besteht aus Baumaterialien aus Schlesien, und die Stadt wurde maßgeblich durch Schlesier geprägt.

Jeder, der durch Berlin geht, ist mit ihnen schon oft in Berührung gekommen: Die breiten Granitplatten machen die Berliner Trottoirs unverwechselbar. Vor allem in den Berliner Altbauvierteln, die um 1900 entstanden, prägen sie die Gehwege, bieten Platz für viele Menschen und verleihen den Straßenfluchten einen großzügigen Charakter. Diese Platten stammen aus den Steinbrüchen von Strehlen und Striegau in Niederschlesien. Im Zeitalter der Industrialisierung, in der zweiten Hälfte des 19. Jahrhunderts also, als Berlin sich sprunghaft ausdehnte und die Bevölkerung explosionsartig anwuchs, stellte die Provinz Schlesien nicht nur die meisten Arbeitskräfte für Berlin zur Verfügung, sondern war auch eine Hauptbezugsquelle für Baumaterialien und Waren aller Art, die für die aufstrebende Hauptstadt benötigt wurden. Basalt und Granit für den Eisenbahn- und Straßenbau sowie Sandstein und Marmor für viele Monumentalbauten und Denkmäler der Reichshauptstadt stammten aus Schlesien. Schon für den Bau des Schlosses Sanssouci in Potsdam unter Friedrich II. waren die Baumaterialien aus dem schlesischen Bober-Katzbach-Gebirge

Die charakteristischen Granitplatten und Bordsteine vieler alter Berliner Straßen stammen aus schlesischen Steinbrüchen.

bezogen worden, der Marmor für das Stadtschloss und für das Neue Palais wurde auch aus Schlesien eingeführt.

Besonders bedeutend war in diesem Zusammenhang die Steinmetzfirma Zeidler & Wimmel. Bereits im ausgehenden 18. Jahrhundert nahm die Firma Wimmel in Berlin ihren Betrieb auf und zählte Künstler wie Carl Gotthard Langhans und Johann Gottfried Schadow zu ihren Auftraggebern – so im Zusammenhang mit dem Bau des Brandenburger Tores. Gemeinsam gründeten die beiden Steinmetzfirmen Wimmel und Zeidler 1872 im schlesischen Bunzlau eine Werkstatt, in der die schlesischen Sandsteine, die für Berlin gebraucht wurden, bereits bearbeitet werden konnten. Mit dem Bau des Berliner Reichstags begann die Blütezeit beider Firmen. Fünf große Steinbrüche in Niederschlesien, in denen achthundert Arbeiter beschäftigt waren, lieferten das Material. Zwei Drittel der Sandsteinblöcke, aus denen der Reichstag erbaut ist, stammen aus Schlesien. Darüber hinaus verwendeten die beiden Firmen schlesischen Sandstein beim Bau des Preußischen Herrenhauses, des Kunstgewerbemuseums, der Technischen Hochschule Charlottenburg, des Doms, der Kaiser-Wilhelm-Gedächtniskirche, von Banken, Verwaltungsgebäuden und Geschäftsbauten.

Die enorme Bautätigkeit während der Gründerzeit führte dazu, dass die Ziegelproduktion aus der näheren Umgebung Brandenburgs nicht ausreichte und die Ziegelsteine von weiter her – aus Liegnitz, Lauban, Freiwaldau, aus Ullersdorf und Siegersdorf in Niederschlesien – bezogen werden mussten. Der bekannteste Industrielle Berlins in Sachen Ton war Friedrich Hoffmann, der Erfinder des Ringofens, dem die Siegersdorfer Werke gehörten. Sein überaus prachtvolles Grab auf dem Dorotheenstädtischen Friedhof in Berlin besteht aus Siegersdorfer Verblendsteinen und farbigen Terrakotten.

Granit, Ziegel, Sandstein, Basalt, aber auch Gerste für das Berliner Bier und Zucker wurden um 1900 aus Schlesien geliefert. Die großen Tonröhren für die Berliner Kanalisation seit 1876 kamen aus Münsterberg, Stonsdorfer Kräuterlikör stammte aus dem Riesengebirge, Kautabak aus Ratibor, beliebtes Konfekt aus Neiße. Landmaschinen aus Breslau wurden in Berlin vertrieben, Holz und Glaswaren wurden aus dem Riesengebirge eingeführt, Einmachgläser aus Penzig, Gebrauchsgeschirr stammte aus Bunzlau, Freiwaldau und Waldenburg. Auch das hochwertige schlesische Porzellan aus dem Waldenburger Gebiet stand um die Mitte des 19. Jahrhunderts in starker Konkurrenz zu Berliner Porzellanfabriken und wurde deren Produkten oft vorgezogen.

Schon im frühen 19. Jahrhundert wurde Zink aus Oberschlesien nach Berlin und Potsdam eingeführt, ein Material, das sich bei den preußischen Königen bald großer Beliebtheit erfreute. Denn mit Ornamenten und Skulpturen aus Zinkguss ließen sich die Schlösser sehr viel preiswerter verzieren als durch aufwendige Steinmetzarbeiten.

Als Pionier der industriellen Revolution in Preußen gilt August Borsig, der 1823 von Breslau nach Berlin kam. Seine Eisengießerei und Maschinenbau-Anstalt wurde schnell erfolgreich und berühmt. Er expandierte nach Oberschlesien, wo in den 1860er Jahren zwischen Gleiwitz und Beuthen ein großer Bergwerks- und Hüttenkomplex mit eigener Mustersiedlung entstand. Als Pendant wurden in Berlin die Werkswohnungen in Borsigwalde erbaut. In den siebziger Jahren des 19. Jahrhunderts beteiligte sich die Firma Borsig stark am Bau der Reichshauptstadt: Dampfmaschinen und Kessel für die Elektrizitätswerke, Pumpen für die Kanalisation und Eisenteile für den Schlesischen Bahnhof stammten aus Borsigs Produktion. Wegen der günstigeren Lage zog das Borsigwerk 1898 von der Berliner Invalidenstraße nach Tegel um. So konnte die Fracht aus Oberschlesien über den Oder-Spree-Kanal den Hafen des Werkes am Tegeler See direkt erreichen. Das Eingangstor zu den ehemaligen Borsigwerken, der Borsigturm, die Borsighallen, die Werksarbeitersiedlung Borsigwalde, der Borsighafen und die an Schloss Sanssouci angelehnte Borsigvilla zeugen von der vergangenen Erfolgsgeschichte, die auch heute noch im Berliner Gedächtnis lebendig ist.

Die Tatsache, dass Textilien aus Schlesien stammten, ist aufgrund des Schicksals der schlesischen Weber und der Weberaufstände um 1844 nicht unbekannt geblieben. 1889 eröffnete die Firma Grünfeld aus Landeshut in Niederschlesien ein Leinenhaus für Textilwaren und Wäsche in Berlin, Leipziger Straße, in guter Lage. Der Firmengründer Falk Valentin Grünfeld stammte aus dem Milieu jüdischer Textilhändler, die in Schlesien maßgeblich an der Entwicklung des bürgerlichen Unternehmertums beteiligt waren. Im Jahr 1900 siedelte der Hauptsitz der Firma aus Landeshut ganz nach Berlin über, 1905 in ein eigenes Geschäftshaus in der Leipziger Straße, das trotz großer Nutzflächen bald zu klein wurde. Grünfeld expandierte in den zwanziger Jahren. Im eleganten Berliner Westen entstand am Kurfürstendamm die berühmte »Grünfeld-Ecke«, an deren Fassade »Landeshuter Leinen« zu lesen war. Kauften in der Leipziger Straße der Adel, die Beamten, die Gutsbesitzer und das Bürgertum, so gingen im Geschäft am Kurfürstendamm Künstler, Modeschöpfer und berühmte Schauspieler ein und aus. Davon ist nichts geblieben. Nach der Arisierung des Leinenhauses und der Emigration der Familie Grünfeld setzte sich diese Firmengeschichte in Israel fort.

Von großer Bedeutung für das aufstrebende Berlin waren auch der Bau von eisernen Brücken und sonstigen Eisenkonstruktionen, beispielsweise für die Hochbahnviadukte. Maßgeblich beteiligt war die Firma Beuchelt & Co. aus dem niederschlesischen Grünberg, die sich 1876 als »Fabrik für Brückenbau und Eisenkonstruktion« gegründet hatte. 1902 baute sie die Swinemünder Brücke in Berlin-Wedding, sie baute Waggons für die Berliner S-Bahn, sie beteiligte sich an der Eisenkonstruktion der Berliner Hochbahnlinie 1. Auch Viadukt und Haltestelle Schlesisches Tor, Haltestelle Möckernbrücke, Viadukt und Haltestelle Bülowstraße und das Gleisdreieck stammen von der Firma Beuchelt. Noch heute sind an den Stahlkonstruktionen des S-Bahnhofs Friedrichstraße die Firmenstempel »Beuchelt u. Co. 1923 Grünberg-Schlesien« zu lesen. Die ovalen Hydrantendeckel im Tiergarten tragen die Aufschrift »Rudolf Warmbt. Waldenburg Schl.«.

Nicht nur der Stahl für die Berliner Bahnen wurde vielfach von schlesischen Firmen geliefert. Auch der Direktor der Berliner Hochbahngesellschaft um 1900, der Architekt Paul Wittig, stammte aus Schlesien.

Ohne die unablässige Einfuhr von Kohle wäre der Bau der Metropole Berlin nicht denkbar gewesen. Ein Großteil der Kohle stammte aus Oberschlesien. Die bedeutendsten Kohlenmagnaten waren die Oberschlesier Emanuel Friedländer, Fritz Friedländer, Caesar Wollheim sowie später der

Breslauer Eduard Arnhold. Um 1865 hieß es in Berlin, dass sich zu allen Heizzwecken vor allem die schlesische Kohle bewährt habe. Kohlenhändler in Berlin warben mit schlesischer Salonkohle für den Hausbrand. Die Kohlen für die Berliner Gasbeleuchtung wurden direkt aus dem oberschlesischen Zabrze geliefert. Der Steinkohlenmagnat Fritz Friedländer, der auch Besitzer von chemischen Fabriken und Braunkohlengruben wurde, galt um 1910 als einer der reichsten Männer Berlins. Mittlerweile geadelt bewohnte Fritz von Friedländer-Fuld ein Stadtpalais in der Nähe des Brandenburger Tores am Pariser Platz, ein luxuriöses Anwesen mit eigenem Theatersaal und Tennisplatz auf dem Dach. Sein Nachbar schräg gegenüber war der reiche oberschlesische Grubenbesitzer Fürst Guido Graf Henckel von Donnersmarck. Das Palais des schlesischen Großgrundbesitzers und Industriemagnaten Hans Heinrich XI. Fürst von Pleß befand sich in der Wilhelmstraße, das des Lokomotivenkönigs Albert Borsig in unmittelbarer Nachbarschaft, Wilhelmstraße, Ecke Voßstraße.

Dies alles ist Vergangenheit. Doch nicht nur die steinernen und metallenen Zeugnisse, die heute noch Teile des Stadtbilds prägen, weisen auf die früheren Wirtschaftsbeziehungen zwischen Schlesien und Berlin hin. Wenn wir einen Blick auf die Spree werfen, an der Friedrichstraße oder am Reichstag stehend, dann können wir immer wieder Frachtschiffe aus Schlesien, aus Wrocław/Breslau und Kędzierzyn-Koźle/Kandrzin-Cosel beobachten, die oft mit Kohle aus dem oberschlesischen Steinkohlenrevier beladen sind. Sogar während der Zeit des Kalten Krieges und der Mauer existierte diese Industrieader und lieferte Kohlen nach West-Berlin. Und auch heute noch ist sie intakt.

Das Buch nimmt mit auf drei Stadtspaziergänge durch die Mitte Berlins. Sie führen vom Brandenburger Tor zur Alten

Nationalgalerie, vom Hedwigsdom zum Alexanderplatz, vom Ostbahnhof zum Schlesischen Tor und von dort in den Berliner Westen. Auf diesen Spaziergängen werden prominente Berliner Wahrzeichen mit schlesischen Einflüssen in Verbindung gebracht und die kunst-, literatur-, sozial- und industriegeschichtlichen Prägungen Berlins durch Schlesien bzw. Schlesier erläutert. Die Routen lassen sich zugleich als konkrete Wege und als Lesespaziergänge durch verschiedene geistig-kulturelle Epochen und Strömungen verstehen.

Der Erste Spaziergang beginnt am Brandenburger Tor, dem Wahrzeichen Berlins, das vom schlesischen Baumeister Carl Gotthard Langhans erbaut wurde. Nach einem Überblick zu Prägung, Stil und Œuvre von Langhans führt der Weg zu dem von ihm erbauten Anatomischen Theater der Tierarzneischule im Garten der Charité, ein Gebäude, das, im Gegensatz zum Brandenburger Tor, fast vergessen, aber nicht minder bedeutsam ist.

Auf dem Weg zur Nationalgalerie liegt das Deutsche Theater. In den zwanziger Jahren in der Nachfolge Max Reinhardts vom gebürtigen Schlesier Felix Hollaender geleitet, war das Haus zuvor bereits zum berühmtesten Theater in Deutschland avanciert. Dies geschah nicht zuletzt dank der Uraufführungen zentraler Werke des Schlesiers Gerhart Hauptmann wie *Der Biberpelz* und das Fortsetzungsstück *Der rote Hahn*, in denen Mutter Wolffen, eine Schlesierin in der Mark bei Erkner, im Mittelpunkt steht. Auch *Die Weber*, ein Drama, das erstmalig den schlesischen Dialekt auf die Bühne brachte, wurde in Berlin uraufgeführt und verursachte aufgrund seiner sozialen Thematik einen Skandal. Vom Deutschen Theater aus wird ein Ausflug zum Gerhart-Hauptmann-Haus in Erkner beschrieben, wo der Schriftsteller lebte und arbeitete und wo viele Prosa- und Dramentexte entstanden, die mit Berlin und der märkischen Landschaft um Erkner in Zusammenhang stehen. Sehr bekannt ist *Bahnwärter Thiel,* eine

Erzählung, die an der Bahnstrecke Berlin–Breslau spielt und den Protagonisten im Spannungsfeld zwischen preußischer Pflichterfüllung und industrieller Revolution zeigt.

Ein anderer großer Schlesier, der wie kaum ein zweiter mit Berlin verbunden ist, hat dieses Spannungsfeld zwischen preußischer Geschichte und Industrialisierung mit seinem bildnerischen Werk geradezu kreiert: der Breslauer Adolph Menzel, dessen berühmte Gemälde *Das Flötenkonzert Friedrichs II. in Sanssouci* und *Das Eisenwalzwerk* in jedem Geschichtsbuch abgebildet sind. Hier führt der Spaziergang zu den Menzel-Räumen in der Nationalgalerie, wo viele der Bilder im Original betrachtet werden können.

Auf dem Zweiten Spaziergang gelangen wir von der Nationalgalerie zum Hedwigsdom, wo die Verbindung zwischen Schlesien und Friedrich II. augenfällig wird. Erbaut nach der Eroberung Schlesiens auf Geheiß Friedrichs II. für den katholischen schlesischen Adel, wurde der Dom der hl. Hedwig geweiht, der Schutzpatronin Schlesiens bis heute. Interessant ist, dass es sehr viele Schlesier waren, die in ihrem künstlerischen Schaffen eine Mythisierung Friedrichs II. und der preußischen Geschichte betrieben. So widmete Menzel sein Œuvre Friedrich und seiner Zeit geradezu hingebungsvoll. Der Breslauer Albert Emil Brachvogel entwarf in seinem heute fast vergessenen, aber im 19. und beginnenden 20. Jahrhundert enorm wirkungsmächtigen Roman *Friedemann Bach* ein schwärmerisch-verehrendes Bild Friedrichs II. in Rokoko-Berlin und -Potsdam. Der aus Breslau stammende Autor Willibald Alexis legte mit seinen vaterländischen Romanen wie in Jahrhundertringen einen Abschnitt märkischer Geschichte um den anderen, märkische Geschichte, die er zur großen Reichsgeschichte umzuwidmen versuchte und damit Brandenburg als Pars pro Toto für das erneuerungsbedürftige Vaterland aufwertete. Und es war der Breslauer August Kopisch, der Dichter der *Heinzelmännchen von Köln* und der

Entdecker der Blauen Grotte in Capri, der vom Preußenkönig Friedrich Wilhelm IV. den Auftrag bekam, die Geschichte der preußischen Schlösser und Gärten in Potsdam zu schreiben. Noch im 20. Jahrhundert war es dem Schlesier Jochen Klepper ein Anliegen, in seinem ambivalenten Roman *Der Vater* von 1937 den Soldatenkönig Friedrich Wilhelm I., den Vater Friedrichs II., in den Mittelpunkt zu stellen, ein Werk, das über preußische Pflichterfüllung und Gehorsam räsoniert.

Der Spazierweg führt vorbei am Reiterstandbild Friedrichs II. in Richtung Alexanderplatz. Viele der repräsentativen Gebäude und Skulpturen Unter den Linden wurden von schlesischen Baumeistern und Künstlern geschaffen. Der neugotische Aufsatz des Turmes der Marienkirche stammt von Carl Gotthard Langhans. Der bekannte Neptunbrunnen von Reinhold Begas verweist mit seinen weiblichen Vier-Ströme-Allegorien auf die großen Flüsse Preußens, auf Rhein, Elbe, Oder und Weichsel. Der Oder-Allegorie ist ein Ziegenfell beigegeben, direkter Hinweis auf den berühmten Breslauer Wollmarkt und auf die Oder-Havel-Schifffahrt.

Das folgende Kapitel möchte zeigen, dass der Berliner Humor und die Altberliner Posse, wichtige Domänen vermeintlichen Urberlinertums, ohne Schlesier gar nicht denkbar wären. So gilt der Breslauer Karl von Holtei, der in der Nähe des Wallner-Theaters in der Holzmarktstraße wohnte und Dramaturg am heute nicht mehr existierenden Königsstädtischen Theater war, als Erfinder der Figur des Eckenstehers Nante. Der heute fast vergessene, aus Breslau stammende David Kalisch prägte die Altberliner Posse maßgeblich und feierte mit seinem Stück *Einmal hunderttausend Taler* große Triumphe. Seine ans französische Vaudeville angelehnten Werke wirken durch typisierte Charaktermasken aus der Zeit um 1850 und vor allem durch Wortspielereien und Sprachwitze auch heute noch sehr lebendig. David Kalisch war auch Mitbegründer der satirisch-politischen Wochenzeitschrift

Kladderadatsch, als deren Hauptherausgeber der aus Breslau stammende Ernst Dohm firmierte. Ebenso wie etwas später der bekannte Kritiker Alfred Kerr entstammten Dohm und Kalisch dem assimilierten jüdischen Breslauer Kaufmannsmilieu. All diese Schlesier importierten einen geistreichen und sprachspielerischen Witz nach Berlin, der den etwas derben örtlichen Humor sehr bereicherte.

Überhaupt waren es viele Schlesier jüdischer Abstammung, die in Berlin wirkten. Neben den eben erwähnten Größen sind Namen wie Ferdinand Lassalle, Ludwig Meidner, Arnold Zweig, der Schriftsteller Felix Hollaender und der Komponist Victor Hollaender eng mit Berlin verbunden. Bis heute im Berliner Gedächtnis lebendig ist ein Musikstück des schlesisch-jüdischen Komponisten Siegfried Translateur: Es ist der sehr populäre »Sportpalastwalzer«, der seit

Bis 1989 endete an diesem U-Bahnhof die westliche Welt. Heute muss Schlesien nicht mehr so anachronistisch und unerreichbar wirken wie vor der Wende, sondern könnte wieder stärker ins Bewusstsein rücken.

den 1920er Jahren bis heute beim Berliner Sechstagerennen erklingt und bezeichnenderweise zunächst unter dem Titel *Wiener Praterleben* in der österreichischen Hauptstadt komponiert worden war. Immer wieder waren es Schlesier, die als kulturelle Mittler zwischen Österreich und Preußen, zwischen Wien und Berlin fungierten.

Der Dritte Spaziergang setzt sich in Richtung Ostbahnhof, dem ehemaligen Schlesischen Bahnhof, fort und endet am Schlesischen Tor in Kreuzberg. Die Viertel um den Schlesischen Bahnhof und um das Schlesische Tor herum wurden im ausgehenden 19. Jahrhundert zum Lebensmittelpunkt vieler Schlesier, die in Berlin Arbeit suchten, sei es als Hilfskräfte, sei es als Dienstmädchen. Dabei wurde die Gegend immer stärker durch Proletarisierung und Prostitution geprägt, da vielen Schlesiern der soziale Aufstieg oder auch nur die Etablierung nicht gelang. Zwei Romane, *Berlin Schlesischer Bahnhof* von Julius Berstl und *Die Bestie vom Schlesischen Bahnhof* von Horst Bosetzky spiegeln dieses Milieu von Elend, Orientierungslosigkeit und Verbrechen in drastischer Weise. Das eher soziologisch geprägte Kapitel widmet sich auch dem berühmten Arbeiterführer Ferdinand Lassalle sowie dem schlesischen Sozialdemokraten und Reichstagspräsidenten Paul Löbe.

Am Schlesischen Bahnhof und am nicht mehr existierenden Görlitzer Bahnhof waren unter den vielen Schlesiern auch expressionistische Schriftsteller und Künstler, Wissenschaftler und Theologen. Der große Magnet Berlin zog Persönlichkeiten wie Max Herrmann-Neiße und Franz Jung aus Neiße, Georg Heym aus Hirschberg, Arnold Zweig aus Glogau, August Scholtis aus Bolatitz, Ludwig Meidner aus Bernstadt und Breslau, Jochen Klepper aus Beuthen an der Oder, Dietrich Bonhoeffer aus Breslau und viele andere in seinen Bann. Ihnen gemeinsam sind Zeichen einer typisch schlesischen Mystik und Religiosität.

Von den Bahnhöfen aus begaben sich die Künstler und Schriftsteller in die Stadt, meistens in den Berliner Westen, sie wirkten auf Bühnen und in Rundfunkanstalten, arbeiteten in Klausur und traten in die Öffentlichkeit. Gräber und Gedenktafeln verteilen sich über ganz Berlin, wo zahlreiche Straßennamen vom Wirken bedeutender Schlesier zeugen.

Hier kamen 1945/46 auch die meisten aus Schlesien Vertriebenen an, von denen sich viele in Berlin niederließen und sich darum bemühten, diese Stadt ihre neue Heimat werden zu lassen.

Aber nicht nur Straßennamen von schlesischen Dichtern, Künstlern, Industriellen und Theologen, von Militärangehörigen und Wissenschaftlern haben sich in Berlin erhalten, sondern auch ganze Viertel, deren Straßen an schlesische Orte, Flüsse und Gebirge, auch an die Sagengestalt Rübezahl aus dem Riesengebirge, erinnern: So das Schlesische Viertel hinter dem ehemaligen Schlesischen Bahnhof in Friedrichshain/Lichtenberg, das Schlesische Viertel in Kreuzberg, ein Viertel in Schmargendorf, dessen Straßen nach den schlesischen Bädern benannt sind, Straßen in Schöneberg, Friedenau, Dahlem und Lankwitz, ein Viertel in Kaulsdorf/Biesdorf und die schlesischen Viertel in Karow und Bohnsdorf. All diese Namen sowie die nach wichtigen Schlesiern benannten Straßen werden im Ortsregister gesondert aufgeführt. Über zweihundert Straßenbezeichnungen zeugen noch heute von der früheren Bedeutung Schlesiens für Berlin.

Bei der Beschäftigung mit herausragenden Vertretern des Geisteslebens drängt sich die Frage auf, ob immer wiederkehrende Eigenheiten als etwas spezifisch Schlesisches aufzufassen sind, eine Frage, die das rein Individuelle von Künstlerpersönlichkeiten übersteigt und auf allgemeinere Prägungen hindeutet. Tatsächlich lassen sich vier große Bereiche ausmachen, die wiederholt auftauchen und sich als schlesische Charakteristika bezeichnen lassen könnten: die

Verehrungshaltung gegenüber Friedrich II., die besondere und sehr frühe Hinwendung zur sozialen Thematik, ein spezieller Witz und eine Neigung zur Mystik. Im Œuvre einer Künstlerpersönlichkeit wie Adolph Menzel finden sich sogar alle vier dieser Spezifika.

Dieses Buch möchte den reichhaltigen Beitrag nachzeichnen, den Schlesien für die Berliner Stadtgeschichte und für die Kultur der Stadt geleistet hat. Abgesehen von neuen und historischen Fotos ist es ausschließlich mit Werken bekannter Künstler illustriert, die aus Schlesien stammten und in Berlin prägend wirkten, allen voran Adolph Menzel, Hans Baluschek und Ludwig Meidner. Das Buch versteht sich als ein mentalitätsgeschichtlicher Beitrag zur Stadtgeschichte Berlins. Dabei geht es weniger um eine enzyklopädische Reihung und Ausbreitung des Materials in die Fläche als um eine Verknüpfung und Verdichtung der vielfältigen Phänomene. Ein Anspruch auf Vollständigkeit wird nicht erhoben. Das Buch möchte den Niederschlag wirksamer Kräfte aus Schlesien darstellen, einer Provinz, die »die Kultur Berlins wie kaum eine andere bereichert hat« (Börsch-Supan, *Künstlerwanderungen*, S. 255 f.).

Die Entdeckung, dass es sich bei dieser Brunnennymphe um eine Allegorie der Oder und des Breslauer Wollmarkts handelt, war der Ausgangspunkt für das Buch: Da sitzt also in der Nähe des Roten Rathauses am Rand des Neptunbrunnens ein Stück Breslau, ein Stück Schlesien mitten in Berlin.

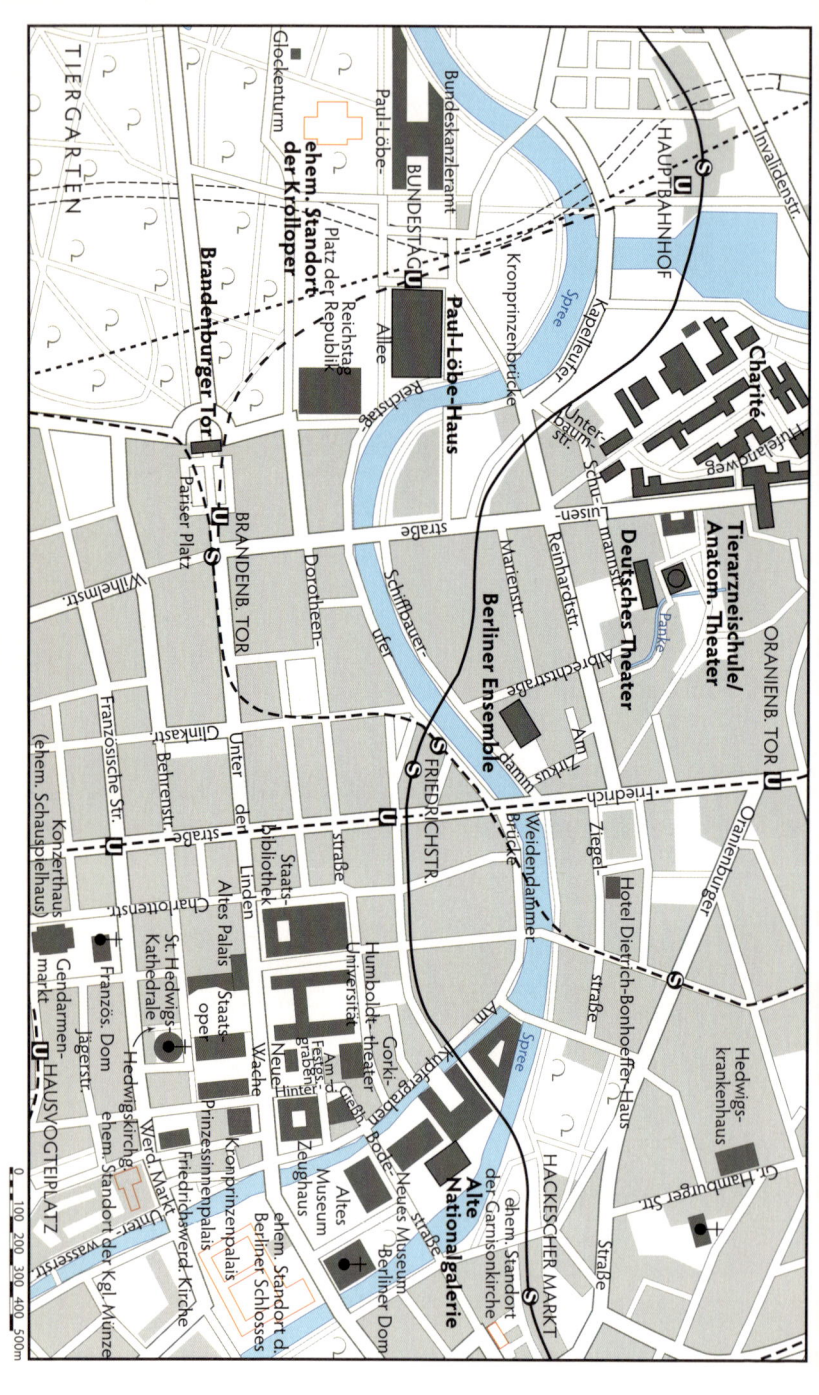

Erster Spaziergang

Das Brandenburger Tor und Carl Gotthard Langhans

Jedes Kind kennt das Brandenburger Tor. Es prangt als Wahrzeichen nicht nur Berlins, sondern Deutschlands auf den Rückseiten der Cent-Münzen. Es ist Fokus einer bewegten Geschichte, die eher Kriegs- als Friedensgeschichte ist, angefangen von Napoleons Raub der Quadriga über die pompösen Siegesumzüge 1870/71, als der Pariser Platz als Empfangssalon des Kaiserreichs galt, und über den Marsch der Volksmarine-Division während der Novemberrevolution 1918 bis zu den Fackelzügen anlässlich Hitlers Machtergreifung 1933, dann 1945 vom Hissen der Roten Fahne durch die Rote Armee über das Verbrennen derselben durch die Demonstranten am 17. Juni 1953 bis zum Bau der Berliner Mauer, die das Tor für 28 Jahre versperrte.

Das Brandenburger Tor auf dem Pariser Platz, errichtet vom schlesischen Baumeister Carl Gotthard Langhans. Als nationales Symbol und zugleich Stadtikone ist es ein zentraler Ort Berlins und Deutschlands.

Mitte der 1980er Jahre ertönte in den West-Berliner Kinos ungläubiges Gelächter über die Bilder von Autos, die in Billy Wilders Film *Eins, zwei, drei* von 1961 ungehindert durch das Brandenburger Tor fuhren. Aus dem Symbol der deutschen Teilung wurde 1989 ein Symbol der deutschen Einheit, so wie es in früheren Zeiten ein Symbol nationaler Überheblichkeit und nationaler Demütigung, ein Symbol des Untergangs und der Befreiung gewesen war. Es ist aufgeladen mit jeweiliger zeithistorischer Bedeutung, angereichert mit Emotionen, eine Schnittstelle deutscher Geschichte, ein Kreuzungspunkt. Es ist nicht einfach ein historisches Stadttor wie etwa das Brandenburger Tor in Potsdam, das aus Gründen des Zufalls und später der Denkmalpflege stehen geblieben ist, obwohl die expandierende Stadtentwicklung im 19. Jahrhundert die allermeisten Stadttore – in Berlin waren es ursprünglich vierzehn – als unzeitgemäß mit sich fortgerissen hat. Das Brandenburger Tor in Berlin steht für mehr. Es steht für die Brüche und Verwerfungen der deutschen Geschichte, für Aufschwünge und Abschwünge, für Konjunkturen des Friedens und für Konjunkturen des Krieges.

Dass der Baumeister des Tores, Carl Gotthard Langhans, aus einer alten schlesischen Familie stammte, ist heute vielen nicht mehr bekannt. 1732 geboren im schlesischen Landeshut und zur Schule gegangen in Schweidnitz, war Langhans seit 1763 in Breslau als Architekt tätig. Zu der Zeit gab es dort keinen Architekten, der Langhans hätte beeinflussen können. Aufgrund seiner Bauten für den Fürsten Hatzfeld in Trachenberg und vor allem in Breslau wurde er auch am Berliner Hof bekannt. Friedrich II., der regelmäßig in Breslau weilte, muss die Entstehung dieses von Giovanni Battista Piranesis Rom-Veduten angeregten Prachtbaus mit großem Interesse verfolgt haben. Doch der eigentliche frühe Förderer von Langhans war weniger Friedrich II. als sein Bruder Prinz Heinrich. Bereits 1766 lud er Langhans nach Rheinsberg ein, um mit ihm eine Umgestaltung von Schloss (Muschelsaal) und Garten im Stil eines gemäßigten Rokoko auszuarbeiten. Kleinere Umbauarbeiten führten Langhans auch in den nächsten Jahren immer wieder nach Brandenburg und Berlin. Doch erst 1775 wurden seine Verdienste offiziell anerkannt, als Friedrich II. ihn zum höchsten Beamten der schlesischen Bauverwaltung ernannte. So stand Langhans um 1777 in dem Ruf, »der bedeutendste Architekt in den Staaten des Koenigs« (zit. n. Kos, *Carl Gotthard Langhans,* S. 172) zu sein. Aber die Berührungspunkte zwischen Friedrich II. und Langhans blieben schwach. Da der preußische König auf den Baumeister Gontard fixiert war, der noch ganz aus dem Geist des Barock bzw. Rokoko heraus arbeitete, erfolgte unter Friedrich II. keine Berufung für Langhans nach Berlin. Erst 1788, also zwei Jahre nach dem Tod Friedrichs II., zog Langhans, der zum Direktor des neugeschaffenen Hofbauamts ernannt wurde, von Breslau in die preußische Hauptstadt, wo er viele Jahre blieb.

Vor seiner Berufung nach Berlin hatte Langhans sich immer wieder von den theoretischen Schriften Andrea Palladios und Johann Joachim Winckelmanns, den Stichwerken von Philibert Le Roy, James Stuart, Nicholas Revett und Piranesi sowie durch viele Reisen nach Italien, Österreich, Holland, England und Frankreich inspirieren lassen. Langhans verstand es besonders gut, aus seinem großen Repertoire historischer Baustile, das er sich auf Reisen und aus theoretischen Schriften angeeignet hatte, ortsspezifisch zu schöpfen. So hinterließ er vor seiner Bautätigkeit in Berlin, die mit dem Brandenburger Tor einen Höhepunkt erreichte, eine Reihe weniger bekannter, aber nichtsdestotrotz bemerkenswert neuartiger Gebäude in Schlesien. Er schuf um 1776 eine Breslauer Vorstadtvilla in Romberg nach englischem Geschmack, in der sich das Palladio-Motiv, aber auch schlesische Barockeinflüsse finden. Auch ein Schlösschen für den Grafen Hoym in Dyhernfurth und weitere palladianische Landhäuser in Schlesien, so in Wangern nördlich von Breslau, stammen aus dieser Zeit.

Langhans errichtete in Schlesien nicht nur klassizistische Fassaden von Breslauer Bürgerhäusern, den Breslauer Zwinger und eine Breslauer Zuckersiederei, sondern er schuf auch einen neuartigen Typus evangelischer Kirchen. Ein frühes Langhans-Projekt stellt in diesem Zusammenhang die Kirche Zum Schifflein Christi aus dem Jahr 1764 in Glogau dar. Diese evangelische Monumentalkirche ist eine der ersten der friderizianischen Epoche in Schlesien und soll sogar ursprünglich von Friedrich II. selbst skizziert und geplant worden sein. Sie wurde aber im Verlauf ihrer langen Bauzeit so stark verändert, dass sie sich nicht mehr eindeutig dem Werk von Langhans zuordnen lässt. Erst ab dem Jahr 1785 entstand in Schlesien ein neuer Typus protestantischer Kirchen, die Langhans entwarf, wenn er sie auch nicht alle selbst ausführte. Turm, Schiff und Sakristei wurden in geometrisierenden Kompositionen neuartig zusammengefügt und ovale Innenräume mit von Säulen getragenen Emporen geschaffen. Diese Kirchenbauten gelten als eigenständiger Beitrag Schlesiens zur protestantischen Sakralarchitektur.

Der Breslauer Kunsthistoriker Jerzy Kos spricht sogar von der Existenz eines *genius loci* in Schlesien, aus dem heraus eine neue architektonische Sprache wie aus einem Schmelztiegel entstehen konnte. Dafür macht Kos die besondere Atmosphäre verantwortlich, die in dieser preußischen Provinz unter Friedrich II. und danach, bis zu Beginn des 19. Jahrhunderts herrschte. Schlesien genoss unter dem im Namen des Königs regierenden Minister Graf Hoym, der auch für die Bautätigkeit verantwortlich war, eine weitreichende Autonomie. Daher konnte sich die Architektur hier ungehinderter entwickeln als beispielsweise in Berlin selbst. Ein universal interessierter Architekt wie Langhans fand in Schlesien, vor allem in Breslau, fruchtbare Entwicklungsbedingungen, die ihn von den architektonischen Mustern des friderizianischen Berlin unabhängig machten. Von Schlesien aus versuchte Langhans, Anschluss an die neuesten europäischen Stilrichtungen und -strömungen zu finden. Kos ist davon überzeugt, dass Langhans unabhängig von den zeitgenössischen architektonischen Debatten in Berlin neue stilistische Konzeptionen zu entwickeln vermochte und hinsichtlich seiner Berufserfahrung wohl der Mehrzahl seiner Berliner Kollegen überlegen war.

Mit dem Tod Friedrichs II. 1786 und der Berufung von Langhans nach Berlin unter Friedrich Wilhelm II. trat eine Veränderung in der Berliner Architektur ein: Die Barock- und Rokoko-Architektur wurde von Klassizismus, Palladianismus und *gothic revival* abgelöst. Bereits kurz nach dem Tod Friedrichs II. reiste Friedrich Wilhelm II. nach Breslau, um sich dort huldigen zu lassen. Langhans übernahm die künstlerische Leitung der Festlichkeiten und die Ausschmückung der Stadt.

Galt Langhans im ausgehenden 18. Jahrhundert als bedeutender Baumeister, so verlor er im 19. Jahrhundert an Bedeutung, da sich Schinkels großer Name vor den seinen schob. Schinkel ist jedoch ohne Langhans gar nicht denkbar. Als Vermittler zweier völlig verschiedener Richtungen, des Barock und des Klassizismus, ja geradezu als Schaltstelle zwischen den Epochen, ist Langhans' Werk als Bindeglied aus der Architekturgeschichte nicht wegzudenken. Dennoch ist nicht einmal eine Straße in Berlin nach ihm benannt. Dabei ist Langhans, der mit seinen Bauwerken das Berliner Stadtbild bis heute prägt, ein Meister der Superlative: Er war es, der erstmalig in der Berliner Architektur mit dem Brandenburger Tor die Hinwendung zum Griechentum einleitete. Er war es, der mit dem Aufsatz des Turmes der Marienkirche das erste neugotische Bauwerk in

Berlin errichtete. Und es war Langhans, der mit dem Ausbau der Straße von Berlin nach Potsdam die erste Chaussee in Preußen plante und umsetzte.

Heute stehen in Berlin sieben noch existente Bauwerke zehn verlorenen Langhans-Gebäuden gegenüber. Neben dem Brandenburger Tor und dem Turmaufsatz der Marienkirche handelt es sich um die Mohrenkolonnaden, das Anatomische Theater der Tierarzneischule, die Verlängerung des Charlottenburger Schlosses durch einen Theaterbau, das Belvedere im Schlosspark Charlottenburg und um den ovalen Tanzsaal im Schloss Bellevue. Im Land Brandenburg existieren heute noch einige Bauwerke von Langhans, das Bade- und Logierhaus in Bad Freienwalde, Innenräume des Schlosses Rheinsberg, im Potsdamer Neuen Garten das Marmorpalais aus schlesischem Marmor, die Gotische Bibliothek, die Orangerie, die Eiskeller-Pyramide, der Obelisk aus schlesischem Marmor und die Meierei. Zu den verlorengegangenen Bauten in Berlin zählt der 1817 abgebrannte Vorgängerbau des Schinkelschen Schauspielhauses auf dem Gendarmenmarkt. Der heutige Bau steht auf den Fundamenten des Langhans'schen Nationaltheaters, die Denkmalpflege spricht von einem Langhans-Bodendenkmal.

Aber nicht nur einzelne Bauwerke, sondern auch sich in die Fläche erstreckende städtebauliche Maßnahmen tragen Langhans' Handschrift. Langhans kam zu einem historischen Zeitpunkt nach Berlin, als die Stadt sich stark ausdehnte und die neu entstehenden Stadtviertel den historischen Stadtkern zu sprengen begannen. In seiner Funktion als Direktor des Oberhofbauamts wurde Langhans immer wieder damit beauftragt, die neuen Übergänge zwischen den Stadtteilen zu gestalten und dadurch die Brüche zu vermitteln. Brücken- und Straßenbauten zeugten von diesen Bestrebungen. Ein Beispiel sind die Mohrenkolonnaden, die sich heute zwischen den hohen, glatten Neubauten der Mohrenstraße seltsam verloren und unmotiviert ausnehmen. Es ist die einzige noch an ihrem ursprünglichen Standort vorhandene von vier Anlagen dieser Art. Sie wurde 1787 zusammen mit einer breiten Brücke über den Festungsgraben als Zugang zur Friedrichstadt nach Entwürfen von Langhans erbaut. Es handelt sich also um einen nicht mehr als solchen erkennbaren, besonders prachtvollen Brückenbau, unter dem, laut Denkmalpflege, auch heute noch kanalisiert der Festungsgraben fließen soll. Die Mohrenkolonnaden gelten – anders als das Brandenburger Tor – als Beispiel eines Mischstils, der einerseits durch seinen organischen Schwung noch dem Rokoko verpflichtet ist, sich andererseits bereits palladianischer und klassizistischer Formen bedient. Passend zur Brückenfunktion zeigt der Figurenschmuck die Vier-Ströme-Götter, die Merkur-Darstellung weist auf den Handel hin, da die Rückwände der Kolonnaden ursprünglich zu angrenzenden Läden geöffnet waren.

Anders als die hier zu sehenden Langhans'schen Mohrenkolonnaden in der Mohrenstraße existiert die von ihm gebaute Königsbrücke nicht mehr. Ihr Figurenschmuck wanderte auf die Herkulesbrücke im Tiergarten und ins Freilichtlapidarium im Park hinter dem Märkischen Museum.

Eine Straßenanlage von Langhans ist auch heute noch erhalten: die in Schöneberg von Berlin nach Potsdam führende Verbindung, die heutige Hauptstraße und Potsdamer Chaussee. Sie wurde in den Jahren 1791 bis 1793 ausgebaut. Die Eichenallee, die heute den Mittelstreifen zwischen den beiden Fahrbahnen bildet, war die eigentliche Chaussee, die in ihrem Verlauf auf Langhans zurückgeht. Hier haben wir es mit dem schneisenschlagenden und in städtebaulichen

Fluchten denkenden Ingenieur Langhans zu tun, der in diesem Zusammenhang an weiten Perspektiven interessiert ist, die auch auf die strenge Rationalität der Revolutionsarchitektur und schließlich auf Phänomene wie Georges-Eugène Haussmann in Paris hindeuten.

Die prominente Stellung des Brandenburger Tores ist auch aus städtebaulichen Erwägungen und Erfordernissen heraus zu verstehen. So verstärkte die Planung und der Bau der Chaussee nach Potsdam ab dem Potsdamer Tor in Richtung Südwesten auch mittelbar den repräsentativen Charakter der Straße Unter den Linden. Vor allem aber kam durch den Ausbau der Charlottenburger Chaussee der Straße Unter den Linden und dem Brandenburger Tor ein neuer Stellenwert zu. Da Friedrich Wilhelm II. das Schloss Charlottenburg bevorzugte und sich im Neuen Flügel eine Winter- und eine Sommerwohnung im Stil des Frühklassizismus einrichten ließ, wurde auch der Ausbau der Verkehrsverbindung dorthin vorrangig betrieben. Zuvor hatte die Straße Unter den Linden bloß in das nahe Jagdgebiet des Tiergartens geführt, hinter dem viele Wege abrupt endeten. Da der bescheidene Vorgängerbau des Langhans'schen Brandenburger Tores nicht mehr den gestiegenen Repräsentationsbedürfnissen entsprach, wurde er abgerissen und Langhans mit einem angemessenen Neubau beauftragt. Mit der Anlehnung des neuen Brandenburger Tores an ein aus der klassischen Zeit Griechenlands stammendes Gebäude, den Propyläen, bekannte sich Langhans zur Antikenrezeption und zum Klassizismus. Die Propyläen stellen das Vortor zur alten Burg der Athener, der Akropolis, dar. Bereits im 5. Jahrhundert v. Chr. wurde die Akropolis endgültig zum heiligen Bezirk erklärt und ein Vortor errichtet, das als Zugang zu den heiligen Stätten diente, als eine Umschaltstelle zwischen dem weltlichen und dem sakralen Bereich. In der zweiten Hälfte des 18. Jahrhunderts wurden die Propyläen, nach denen Goethe sogar eine Zeitschrift benannte, weniger mit religiösen als mit der Aufklärung verpflichteten Werten in Verbindung gebracht. Die Propyläen galten nun als ein Eingangstor zum Geist griechischer Antike, zur Philosophie, Kunst und Kultur. Mit dem Machtwechsel von Friedrich II. zu Friedrich Wilhelm II. erhielt auch der griechische Stil einen anderen Stellenwert in Berlin: Mit ihm verabschiedete sich die Architektur vom Zeitalter des Absolutismus. Im Jahr 1788 wurde mit dem Bau des Brandenburger Tores begonnen, eröffnet wurde es 1791. Als »Friedenstor« brachte es im Programm des Figurenschmucks die Idee der aufblühenden Kultur nach Beendigung der vorangegangenen Kriege Preußens zum Ausdruck. Mit der Eröffnung des Brandenburger Tores galt die Epoche, in der Friedrich II. durch seine Feldzüge den preußischen Staat festigte, als abgeschlossen.

Die Wirkung des Brandenburger Tores ist monumental. Bei diesem Prototyp des frühen Klassizismus sind die Formen vereinfacht und geometrischen Regeln verpflichtet. So bildet die Quadriga die Spitze eines gleichschenkligen Dreiecks, dessen Grundlinie die Breite des Bauwerks im Fußpunkt der Säulen einnimmt. Der horizontale Abschluss der Attika verleiht dem Tor seinen blockartigen Charakter.

Anders als ein mittelalterliches Stadttor, das vornehmlich die Funktion hatte, die Stadt wehrhaft gegen feindliche Mächte zu schützen, also die Stadt abzuschließen, und auch anders als die im barocken Absolutismus gepflegte Tradition, römische Triumphtore nachzubilden, soll dieses Tor die Offenheit und das Selbstbewusstsein der aufblühenden Residenzstadt und ihre geistige Freizügigkeit ausdrücken, ja, es soll die Schaltstelle zwischen der Polis Berlin und dem Arkadien des Tiergartens sein. Kurz nach der Eröffnung des Brandenburger Tores muss es bereits während des Abends und der Nacht beleuchtet worden sein. Dieser illuminierte Eingang in die Stadt, die sich ein aufgeklärtes Gepräge geben wollte, regte zeitgenössische Betrachter zu schwärmerischen Urteilen an. So priesen sie Berlin als das neue Palmyra – wegen seiner aus den Sandwüsten aufragenden Paläste und wegen des weißen Brandenburger Tores bei Nacht. Helmut Börsch-Supan weist aber auf die nur scheinbare Offenheit hin: »Es war ein verschließbares Tor und Teil einer Ummauerung der Stadt mit dem Zweck, pedantische polizeiliche Kontrollen durchführen zu können. Die Erinnerung an die Propyläen in Athen, ja deren bewußtes Zitat, waren ein politischer Kniff, Verschleierung der Wirklichkeit, ein Propagandamanöver in einer Zeit, als mit der Französischen Revolution auch in den anderen europäischen Ländern die Throne zu wanken begannen.« (Börsch-Supan, *Künstlerwanderungen*, S. 240 f.)

Der Regierungswechsel von Friedrich Wilhelm II. zu dem sehr viel sparsameren, weniger auf Repräsentation bedachten Friedrich Wilhelm III. im Jahr 1797 zog eine große Enttäuschung für Langhans nach sich. Kurz vor seinem Tod hatte sich Friedrich Wilhelm II. für den Entwurf von Langhans für ein Denkmal Friedrichs II. entschieden und ihm den Bauauftrag erteilt. Dabei handelte es sich um einen Monopteros, einen Rundtempel an prominenter Stelle Unter den Linden mit ionischen bzw. dorischen Säulen, in dem König Friedrich II. mit antikisierendem Gewand zu sehen sein sollte – ein Monument, das ein Pendant zum Brandenburger Tor gebildet hätte. Langhans selbst schrieb über seinen Entwurf:

> Die Kuppel ist nach dem Pantheon zu Rom gearbeitet, sie wird aus eisernen Bogen bestehn, die in- und auswendig mit Kupfer bekleidet sind. Die Kuppel selbst wird oberwärts offen seyn, wie bei der Rotonda, um auf die in der Mitte des Tempels sich erhebende bronzne Statue Friedrich II. ein Licht fallen zu lassen, welches sie vortheilhaft beleuchtet, und dem Gantzen die Feyerlichkeit antiker Tempel giebt.
>
> (zit. n. Kempf, *Die Königliche Tierarzneischule*, S. 83)

Friedrich Wilhelm III. aber verhinderte die Realisierung dieses Projekts. Erst über fünfzig Jahre später wurde an derselben Stelle das Reiterstandbild Friedrichs II. von Christian Daniel Rauch aufgestellt.

Carl Gotthard Langhans, Entwurf für ein Denkmal Friedrichs II. Aquarellierte Federzeichnung (1797), Kupferstichkabinett, Berlin. Hier handelt es sich um eines der ersten Zeugnisse der Friedrich-Verehrung, die im Vormärz mit der Sicht auf den König als guten, da volksnahen Herrscher einen Höhepunkt erreichte.

Wenn man vom Brandenburger Tor zur Charité geht, passiert man am Reichstagsufer das Paul-Löbe-Haus des Deutschen Bundestags. Mit dem aus dem schlesischen Liegnitz stammenden Paul Löbe wird sich der Dritte Spaziergang ausführlich beschäftigen. Westlich des Paul-Löbe-Hauses steht das Bundeskanzleramt, an dem sich eine Erinnerungstafel für die im Zweiten Weltkrieg zerstörte Krolloper befindet, zu deren Bau Friedrich Wilhelm IV. durch den Kroll'schen Wintergarten in Breslau angeregt worden war. Hier war von 1927 bis 1931 die Wirkungsstätte des Dirigenten Otto Klemperer. 1885 in Breslau geboren, erhielt er seine Ausbildung am Stern'schen Konservatorium in der Nähe des Potsdamer Platzes, bis er schließlich während der Weimarer Republik mit Aufführungen von Arnold Schönberg, Igor

Strawinsky, Paul Hindemith und Leoš Janáček Triumphe feierte. Julius Stern, der Begründer des bedeutenden Konservatoriums, stammte auch aus Schlesien. Heute heißt die Nachfolge-Einrichtung an der Universität der Künste »Julius-Stern-Institut für musikalische Nachwuchsförderung«.

Überquert man die Fußgängerbrücke des Paul-Löbe-Hauses oder die Kronprinzenbrücke und geht man auf der Unterbaumstraße unter der S-Bahnbrücke hindurch, liegt links das Gelände der Charité. Hier arbeiteten und forschten zahlreiche aus Schlesien stammende Ärzte und Wissenschaftler, darunter Ludwig Traube, 1818 in Ratibor geboren, Mitbegründer der experimentellen Pathologie in Deutschland, und Rudolf Nissen, 1896 in Neiße geboren, Schüler von Ferdinand Sauerbruch und Chirurg. Der bekannteste ist Paul Ehrlich, 1854 in Strehlen bei Breslau geboren, Arzt, Serologe und Immunologe, der Medikamente gegen Syphilis und Diphtherie entwickelte und als Begründer der experimentellen Chemotherapie gilt. 1896 erhielt Ehrlich ein eigenes Königliches Institut für Serumsforschung und Serumsprüfung in Berlin-Steglitz. Als erstem aus Schlesien stammenden Wissenschaftler wurde Paul Ehrlich 1908 der Nobelpreis für Physiologie und Medizin verliehen. Karl Bonhoeffer, der Vater des in Breslau geborenen Widerstandskämpfers Dietrich Bonhoeffer und Repräsentant einer innovativen und doch in den Nationalsozialismus verstrickten Psychiatrie, hatte von 1912 bis 1938 den führenden deutschen Lehrstuhl für Psychiatrie und Neurologie an der Charité inne. Zuvor hatte er ab 1893 seine wissenschaftliche Laufbahn in verschiedenen Einrichtungen in Breslau durchlaufen. Von 1946 bis 1948 war er Direktor der Wittenauer Heilstätten, die 1957 nach ihm benannt wurden.

Folgt man dem Hufelandweg nach rechts und durchquert den Neubau zur Rechten, gelangt man auf die Luisenstraße. Genau gegenüber, in der Luisenstraße 56, befindet sich der Durchgang zum Anatomischen Theater von Carl Gotthard Langhans.

Das Anatomische Theater von Carl Gotthard Langhans

Im Vergleich zum Brandenburger Tor ist das Anatomische Theater der ehemaligen Tierarzneischule im Park der Charité wenig bekannt. Dabei gilt es als ein Meisterwerk des frühen Berliner Klassizismus, ja als einer der gelungensten klassizistischen Innenräume Berlins, als eine der beeindruckendsten Raumschöpfungen der Hörsaalarchitektur in Europa und als wichtiges kulturgeschichtliches Zeugnis der Berliner Aufklärung. Denn es ist Ausdruck des Selbstbewusstseins einer auf Wissenschaft gegründeten Moderne.

Beim Anatomischen Theater der Tierarzneischule griff Langhans auf das architektonische Urbild des Pantheons in Rom zurück, dessen Aufnahme durch Palladio er auf seiner Englandreise 1775 bei mehreren Adaptationen wie Mereworth Castle und Chiswick House studieren konnte.

Als Friedrich Wilhelm II. im Jahr 1789 das Gräflich Reuß'sche Grundstück vor dem Oranienburger Tor erwarb, erhielt Langhans den Auftrag, auf dem dortigen Gartengelände die Königlich preußische Tierarzneischule zu bauen. Der Plan, eine Anstalt zur Bekämpfung von Tierepidemien zu errichten, geht noch auf die Regierungszeit Friedrichs II. zurück, wurde aber erst unter Friedrich Wilhelm II. verwirklicht. Aufgrund der militärischen Bedeutung der Kavallerie stand die Pferdemedizin im Mittelpunkt. Die Anlage der Königlichen Tierarzneischule stand im Zusammenhang mit einem Programm zur Verschönerung der Hauptstadt.

Langhans fasste diesen Bauauftrag gemäß der Idealvorstellungen der italienischen Renaissance als *villa suburbana* auf, die optimalerweise inmitten von Gärten auf leicht modelliertem, etwas erhöht gelegenem Terrain an einem Fluss – hier der kleinen Panke – liegen sollte. Die landschaftliche Gestaltung und die Anlage der Wege gingen auf die zeitgenössische Ästhetik des englischen Landschaftsgartens zurück. Heute, im recht ebenen Park der Charité, lässt sich die ursprüngliche Situation und Lage des Gebäudes aufgrund der Ausdehnung der Charité-Bebauung nicht mehr nachvollziehen.

Als Vorbilder für den Langhans-Bau gelten neben griechisch-römischen Amphitheatern die Villa Rotonda bei Vicenza von Palladio. Der zentrale Hörsaal für die zootomischen Demonstrationen stellt den Kern des Gebäudes dar, um den herum die anderen Gebäudeteile organisiert wurden. Die Inspiration zum Rotundensaal geht letztlich auf die Cella des Pantheon zurück.

Als Grundriss für das gesamte Gebäude wählte Langhans ein griechisches Kreuz über einem Quadrat. Für den zentralen Hörsaal der Zootomie entschied er sich für die Form der überkuppelten Rotunde. Die klare Bezugnahme auf das Pantheon, also auf einen antiken Tempel, verdeutlicht das

Selbstverständnis der aufgeklärten Wissenschaft: In einer immer stärker säkularisierten Welt erhielten ihre Bauwerke den Status von Tempeln, von Sakralarchitektur. Die neuen Götter, denen hier geopfert wurde, hießen Fortschritt, Wissenschaft und Forschung. War das Sezieren menschlicher Leichname im Christentum über Jahrhunderte tabuisiert, so galt die Sektion von Tierkadavern sogar noch im ausgehenden 18. Jahrhundert als anrüchige Tätigkeit. Im Zeitalter der Aufklärung avancierten die Anatomien in Paris im 17. und 18. Jahrhundert im Gewand des antiken Sakralbaus zu Tempeln der Wissenschaft. Dieses Pathos und Selbstbewusstsein der Aufklärung übertrug Langhans nun auf die bis dahin wenig geachtete Veterinärmedizin. Das verstand auch der Berliner Volksmund, der dem Gebäude in Anspielung auf die Nutzung durch die Fleischhygiene den Namen »Trichinentempel« gab.

Nicht nur die Adaptation der Pantheon-Architektur, sondern auch der Portikus und die Rindsschädel als Schmuckmotive der Fassade beziehen sich auf Tempel der Antike bzw. auf den hellenistischen und römischen Kult. So wurde der Rindsschädel, Bukranion oder auch Aaskopf genannt, als Schmuckmotiv der Tempel und Opferstätten verwendet. Erst im Zeitalter der Aufklärung konnte die antike Symbolik aufgegriffen und gemäß den neuen Anforderungen umgewidmet werden: »In der neuzeitlichen Zergliederungskunst, der Zootomie, diente das Tier nicht länger als Opfertier zur Beschwichtigung allmächtiger Götter, die Sektion nicht mehr zur Interpretation des Götterwillens, sondern der Anhäufung und Vermittlung von Wissen im Dienste einer Optimierung der Viehzucht« (Kempf, *Die Königliche Tierarzneischule,* S. 98). So bekam das Schmuckmotiv des Bukranion, das zuvor als rein dekoratives Bauelement verwendet worden war, durch Langhans an der Tierarzneischule eine neue, bedeutsame Funktion zugewiesen.

Als weiteren Schmuck der Fassade wählte Langhans die Löwentrophäe über dem Portal, die gleich mehrere Assoziationen freisetzen konnte: Zum einen ließ sie sich als wissenschaftliches Tierpräparat betrachten und damit auf die große, veterinärmedizinische Sammlung des zootomischen Museums im Gebäude beziehen. Zum anderen nobilitiert die Löwentrophäe den repräsentativen Eingang und verweist mittels der majestätischen Zuschreibung des Tiers auf die Königliche Tierarzneischule. Zusätzlich stellt das Löwenfell auch ein Attribut des Herkules dar. Das Herkulesmotiv war im 18. Jahrhundert sehr beliebt und weit verbreitet.

Durch Details wie Rinderschädel und Löwentrophäe als Fassadenschmuck an der Tierarzneischule versuchte Langhans, Gedanken der Aufklärung mit den Tieropfern der Antike in einen neuartigen Zusammenhang zu bringen.

Die Auffassung des Herkules als Sieger über Tyrannen, Riesen und Ungeheuer, also als Vollbringer von Kulturleistungen, die die Welt erst bewohnbar machen, konnte Langhans in sein Figurenprogramm an der Tierarzneischule einbringen: Denn dem Herkules diente das dem Löwen abgezogene Fell, eine Art tierisches Präparat, als Rüstung gegen Verletzungen im Kampf gegen wilde Tiere. Mit dem Zeitalter der Aufklärung nun wurde das Selbstbewusstsein der Menschen gestärkt: »Nicht mehr die Helden und Götter, sondern der forschende Mensch selbst führte die herkulischen Taten fort. Innerhalb der Wissenschaften fiel es der Disziplin der Veterinärmedizin zu, Epidemien zu bekämpfen, die die aufkommende Massenviehzucht und -haltung gefährdeten. Wie der Held im Mythos im Dienst des Königs stehend, diente die Königliche Tierarzneischule der Ausrottung schädlicher Seuchen und dem Erhalt der Nutztiere.« (Kempf, *Die Königliche Tierarzneischule*, S. 114)

Zwei weitere Elemente des zootomischen Gebäudes wurden von Langhans ebenfalls dazu eingesetzt, die Wissenschaft zu sakralisieren: die Kuppel und der Hubtisch im zootomischen Theater. Kuppeln waren in Preußen bis zum Ende des 18. Jahrhunderts aufgrund der komplizierten Holzkonstruktionen fast ausschließlich repräsentativen Gebäuden oder Sakralbauten wie der Hedwigs-Kathedrale vorbehalten. Langhans nun experimentierte mit einer neuartigen Kuppelkonstruktion, dem sogenannten Bohlendach. Es handelte sich dabei um ein Kuppeldach ganz ohne Dachstuhl. 1788 versuchte Langhans sich daran bei kleineren, heute nicht mehr existenten Staffagebauten im Schlosspark Charlottenburg, dem Gotischen Angelhaus am Spreeufer und dem Otahitischen Korbhaus. Auch sein eigenes Wohnhaus in der Behrensstraße erhielt 1791/92 ein Bohlendach, das Langhans über einen längeren Zeitraum hinweg als Experiment diente, mit dem er die Haltbarkeit dieser Bauart nachzuweisen versuchte. Die Bohlendach-Kuppel der Zootomie nun gilt als erste größere Bohlendachkonstruktion Preußens. Durch prominente Zeitgenossen wie Friedrich Nicolai und David Gilly erfuhr der Langhans'sche Kuppelbau unmittelbar die Würdigung, die spätere Zeiten ihm vorenthielten. Durch die von Langhans erdachte Konstruktion, die preiswerter und technisch handhabbarer war als die herkömmlichen Modelle, kamen im beginnenden 19. Jahrhundert in Preußen Kuppeldächer geradezu in Mode, da sie als repräsentativ und aristokratisch galten.

Der ursprüngliche Hubtisch im sogenannten zootomischen Theater, der heute nicht mehr existiert und auf dem die Tierkadaver von unten in den runden Saal emporgefahren wurden, lehnte sich an den Opferaltar im antiken Tempel an und diente damit wiederum der Sakralisierung der wissenschaftlichen Demonstration. So wie Langhans mit dem Bauschmuck antike Tieropfer zitiert, so lehnt er sich mit der Entwicklung des Hubtisches bewusst an die erhöhte Opferstätte der antiken Tempel, an den Altar an: »Im Zentrum der Rotunde und im Brennpunkt des Auditoriums wird die Anlieferung zu einem theatralisch überhöhten Ereignis. Der von unten heraufgewundene Kadaver scheint gleichsam zum Zweck wissenschaftlicher Lehre dem Grabe enthoben.« (ebd., S. 154)

Bereits in der Renaissance gab die Ähnlichkeit zum antiken Theater dem anatomischen Theater seinen Namen. Schon damals hieß es, dass der Sektionstisch dort aufgestellt werden solle, wo sich in der Antike das Proszenium befand. Jedes sezierte Körperteil sollte als dramatisches Schauspiel präsentiert werden. Langhans griff bei der Konstruktion des versenkbaren Demonstrationstischs auf die moderne Bühnentechnik zurück, wie sie ihm von seiner Beschäftigung mit dem Theaterbau bekannt war. Als Vorbilder für Langhans' Zootomie gelten die berühmten anatomischen Theater der alten Universitätsstädte Padua und Bologna. Schon in seiner schlesischen Zeit hatte sich Langhans nicht nur als Kirchenarchitekt, sondern auch als Theaterbaumeister einen Namen gemacht. Kirchenbau, Theater und auch das zootomische Theater stellen die gleichen Anforderungen für eine von allen Seiten sicht- und hörbare Handlung. Auch Langhans' Kirchen sind ähnlich wie Theaterbauten konzipiert. Die Leidenschaft für Letztere, die Carl Gotthard Langhans auf seinen Sohn Carl Ferdinand übertrug, der vor allem als Theaterbaumeister in die Architekturgeschichte eingegangen ist, drückt sich bei Langhans dem Älteren auch in theoretischen Schriften über akustische und optische Grundsätze im Theaterbau aus.

Vehement lehnt Langhans darin die Kreis- bzw. Halbkreisform des antiken Theaters aufgrund der mangelhaften Akustik und zu vieler Zuschauerplätze im toten Winkel ab, auch wenn »Einige noch so große Vorliebe fürs Alterthum haben« (Langhans, *Vergleichung des neuen Schauspielhauses*, S. 8). Stattdessen plädiert Langhans für die elliptische Form des Theaterinnenraums. Dennoch gestaltete er den Hörsaal der Zootomie entgegen seiner Theaterbaugrundsätze kreisrund. Da sich hier jedoch der Demonstrationstisch, also die Bühne, in der Mitte des Kreises befand, war die Sicht von allen Plätzen gut. Darüber hinaus lässt sich mutmaßen, dass die Akustik des Raums, der im Gegensatz zu einem großen Theaterbau recht überschaubar ist, gut, zumindest aber ausreichend war.

Die Erfindung der Bohlendachkonstruktion, die Konstruktion von Aufzugs- und Theatermaschinen und Studien zur Akustik brachten Langhans den Ruf, einer der modernsten Baumeister Preußens zu sein.

Nach dem Tod Friedrichs II. hatte sich das kulturelle und politische Klima in Preußen verändert. Friedrich Wilhelm II. beendete die Bevorzugung alles Französischen und ließ stattdessen als großer Theaterliebhaber deutsche Stücke von Lessing, Goethe und Iffland aufführen. Doch die Theatergebäude in Berlin befanden sich in schlechtem Zustand, waren renovierungsbedürftig oder litten unter veralteter Bühnentechnik. Im von Friedrich Wilhelm II. als Residenz favorisierten Charlottenburger Schloss existierte überhaupt kein Theater. Als der König 1786 in Breslau das neue, von Langhans errichtete, damals modernste Schauspielhaus besichtigte, war er von dessen Können beeindruckt und berief ihn daraufhin nach Berlin, um die Umbauarbeiten des Königlichen

Opernhauses Unter den Linden zu leiten. Da diese Arbeiten zur großen Zufriedenheit des Königs ausfielen, erhielt Langhans in der Folge den Auftrag für den Neubau eines Theaters am Charlottenburger Schloss, das er mit einem elliptischen Innenraum ausstattete.

Dieses Theater, aus dem Friedrich Wilhelm II. eine Pflegestätte zeitgenössischer deutschsprachiger Theaterliteratur machte und es sogar ab 1795 für den Besuch aller Bürger freigab, wurde während des 19. Jahrhunderts im Inneren vollständig umgebaut, so dass nichts mehr auf seine ursprüngliche Funktion hinweist. Von außen betrachtet fügt sich das ehemalige Schlosstheater organisch und unaufdringlich an den westlichen Flügel der Orangerie an und markiert mit dem Palladio-Motiv im Mittelrisalit den Beginn der klassizistischen Epoche in Berlin.

Im Schlosstheater von Langhans war bis 2009 das Museum für Vor- und Frühgeschichte untergebracht. Das in einem »weitgefaßten Zirkelbogen amphitheatralisch aufsteigend[e]« Innere (Carl Gotthard Langhans, S. 11) existiert nicht mehr.

Langhans' letzter großer Bau war das Nationaltheater auf dem Gendarmenmarkt im Jahr 1800. Auf Initiative Ifflands erteilte Friedrich Wilhelm III. nach längerem Zögern die Baugenehmigung. Langhans berief jüngere Architekten wie Friedrich Gilly und seinen 18-jährigen Sohn Carl Ferdinand in den Stab. Im Jahr 1802 wurde das Schauspielhaus, das zweitausend Zuschauer fasste und zu den damals größten Bühnen Deutschlands gehörte, mit August von Kotzebues *Kreuzfahrern* eingeweiht. Neben dem Zuschauerraum gab es einen ovalen Konzertsaal, der auch als Ballsaal diente, vielleicht ähnlich dem ovalen Tanzsaal im Schloss Bellevue für Prinz Ferdinand aus dem Jahr 1791, der heute noch existiert und an bestimmten Tagen der Öffentlichkeit zugänglich ist.

Doch geriet der Theaterbau von Anfang an in die Kritik. Das lange, etwas unförmige, gewölbte Dach regte den Berliner Volksmund zur Bezeichnung »Koffer« an. Die Akustik wurde als schlecht, die Architektur als unklassisch und grob beurteilt. Vehement verteidigte sich Langhans gegen diese Vorwürfe und pries die Sparsamkeit seiner Bohlendach-Konstruktion. Als Beweis für die Klassik des Gebäudes gab Langhans den Portikus mit sechs hohen ionischen Säulen an, der die Front des Schauspielhauses zum Gendarmenmarkt schmückte. Die angeblich mangelhafte Akustik führte Langhans auf das Unvermögen der Schauspieler zurück, laut und deutlich zu sprechen. Er hatte zur Verbesserung der Akustik nämlich stehende Röhren geschickt angeordnet, um die Nachhallzeit zu verkürzen. Im Gegensatz zu der sonstigen Kritik äußerte sich Friedrich Wilhelm III. sehr zufrieden mit dem Schauspielhaus und honorierte Langhans entsprechend.

Im Jahr 1817 brannte das Schauspielhaus ab, ein Ereignis, das E. T. A. Hoffmann brieflich festhielt. Karl Friedrich Schinkel erhielt den Auftrag des Wiederaufbaus. An der Innenausstattung war der aus Breslau stammende Maler Friedrich August von Kloeber mitbeteiligt, der in den zwanziger und dreißiger Jahren des 19. Jahrhunderts Fries- und Kassettenbilder mythologischer und allegorischer Darstellung im Schauspielhaus schuf. Dieser sehr bedeutende Theaterbau erhebt sich auf den Fundamenten des Langhans'schen Nationaltheaters. Da Friedrich Wilhelm III. Schinkel zur Auflage gemacht hatte, die unversehrten ionischen Säulen des Portikus am Neubau wiederzuverwenden, sind sie bis heute Teil des Schauspielhauses am Gendarmenmarkt und erinnern dort an Schinkels großen Vorgänger Carl Gotthard Langhans.

Über seinen Vorgängerbau des Schauspielhauses, von dem heute nur noch die Säulen zu sehen sind, schrieb Langhans: »[…] wie sehr viele Forderungen bei dem Baue eines guten Theaters für eine große Stadt zu erfüllen, und wie schwer sie bei den vielen Collisionsfällen zu vereinigen sind« (Carl Gotthard Langhans, S. 13 f.).

Das Brandenburger Tor zitiert das klassische Griechentum, die Tierarzneischule die römische Antike, vermittelt durch die italienische Renaissance, und der Turmhelm der Marienkirche in der Nähe des Alexanderplatzes, der wie die beiden anderen Bauwerke um 1790 errichtet wurde und der auf dem Zweiten Spaziergang besichtigt wird, weist neugotische Formen auf. Langhans brachte einen Stilpluralismus und eine Offenheit nach Berlin, die durch das unabhängige geistige Klima in Schlesien unter Graf Hoym begünstigt wurde und die im Berlin des 19. Jahrhunderts eine enorme Wirkungsmächtigkeit entfalten konnte. Seine Bauwerke lassen sich als Vorläufer des Historismus verstehen.

Überquert man die kleine Brücke und biegt nach rechts ab, kann man auf einem sich an der Panke entlangschlängelnden Weg bis zum Ende des Charitégeländes gehen. Am Bunker der Sammlung Boros rechts der Albrechtstraße folgend und dann nach links in die Schumannstraße abbiegend gelangt man zum Deutschen Theater.

Gerhart Hauptmann und Felix Hollaender am Deutschen Theater

Vor dem Deutschen Theater stehen Büsten bedeutender Theaterpersönlichkeiten, darunter die von Otto Brahm und Max Reinhardt, unter deren Intendanz das Haus zum berühmtesten Theater in Deutschland avancierte. Dies geschah nicht zuletzt dank der Uraufführungen zentraler Stücke des Schlesiers Gerhart Hauptmann, so des skandalumwitterten, sozialkritischen Dramas *Die Weber,* der Komödie *Der Biberpelz* und vieler anderer.

Das Deutsche Theater, in dessen Foyer eine Büste Gerhart Hauptmanns stand. Geschaffen wurde sie 1913 vom Bildhauer Kurt Kroner, der aus einer Breslauer Rabbinerfamilie stammte und sozialkritischen Ideen gegenüber aufgeschlossen war.

In seinen autobiografischen Aufzeichnungen *Das Abenteuer meiner Jugend* und *Zweites Vierteljahrhundert* erinnert sich Hauptmann in den späten dreißiger Jahren des 20. Jahrhunderts an seine Zeit in Breslau und in anderen schlesischen Orten, sodann an seine frühe Zeit in Berlin und Erkner sowie an seine Besuche wiederum in Schlesien. 1887 kam er als junger Mann nach Berlin, wo er sich in der Großstadt zu bewähren versuchte. Er schildert sein Quartier im Rosenthaler Viertel nördlich des Hackeschen Marktes und die Lokale, in denen er mit seinen Freunden verkehrte:

> So stapften wir drei denn Abend für Abend in das Gewühle des Rosenthaler Viertels hinein, bald in diesen, bald in jenen Gurgeltrichter des Schlammbades hineingedreht. Aber wer davon nicht verschlungen wurde, konnte wohl, wenn er entronnen war, auf einen nicht ganz unbeträchtlichen Gewinst an Lebenserfahrung zurückblicken.
>
> [...] In einer Weißbierkneipe des Rosenthaler Viertels fing unser Abend an, er wurde im Zentrum fortgesetzt. Wir gingen dann in die Bodega über, besuchten hernach das Café Keck, später das Riesenbierlokal der Bötzowbrauerei auf der Schönhauser Allee, und dann erst, etwa nach ein Uhr nachts, zogen wir über Pankow hinaus ins Freie.
>
> (Hauptmann, *Das Abenteuer meiner Jugend*, S. 588 ff.)

Doch gab es ein Gegengewicht zu den »Bierwinkeln banalen Stumpfsinns« (ebd., S. 585 f.): Seit dem ausgehenden 19. Jahrhundert galt es als das Verdienst des Deutschen Theaters, die Bühnenstücke von schwülstigem Pathos befreit und ihnen ihren realistischen Ton zurückgegeben zu haben.

> Damals war in Berlin das Deutsche Theater in der Schumannstraße gegründet worden, gedacht als eine Stätte klassischer deutscher Bühnenkunst und wirklich als solche lebendig gemacht. [...]
>
> Für mich besonders aber hat das Deutsche Theater noch eine ganz andere Bedeutung gehabt: nämlich die einer Hohen Schule. [...]
>
> [...]
>
> Hohe Feste waren es, die damals im Deutschen Theater gefeiert wurden.
>
> (Ebd.)

Kurz darauf zog Hauptmann nach Moabit um, wo sich ihm die Gegend um den Lehrter Bahnhof aus der Vogelperspektive darbot:

> Unsere erste Wohnung lag im vierten Stock eines Moabiter Stadthauses. Die Aussicht war frei über die Stadtbahn hinweg und den ausgedehnten Güterbahnhof. Fast ununterbrochen donnerten Züge vorüber. [...]
> [...]
> Weshalb hatte ich mich für Berlin entschieden? Aus einer schicksalhaften Verbissenheit. Ich konnte nicht mehr los von Berlin. Hier, hier allein galt es zu kämpfen, zu siegen oder unterzugehen!
>
> (Ebd., S. 593)

Doch musste Hauptmann aus gesundheitlichen Gründen aufs Land ziehen, nach Erkner, wo sich sein Zustand tatsächlich stabilisierte und wo er die märkische Kargheit, ihre geradezu existentielle Ausstrahlung lieben lernte:

> Unser Leben war schön. Natur und Boden wirkten fruchtbar belebend auf uns. Wir waren entlegene Kolonisten.
> Die märkische Erde nahm uns an, der märkische Kiefernforst nahm uns auf. Kanäle, schwarz und ohne Bewegung, laufen durch ihn hin, morastige Seen und große verlassene Tümpel unterbrechen ihn, mit Schlangenhäuten und Schlangen an ihren Ufern.
> [...]
> Es war ein ungeheurer Ernst, dem man sich bei dieser Lebensform, in dieser Landschaft gegenübersah. [...]
> [...]
> Ich weiß, daß die Flucht in die märkische Waldeinsamkeit meine Rettung war. Ich fühlte das bei jedem Atemzuge, bei jeder Wanderung, die ich unternahm, ich spürte es, wenn ich als einziger bei Mondschein auf dem verlassenen Karutzsee Schlittschuh lief.
>
> (Ebd., S. 601 ff.)

In Erkner entstand Hauptmanns frühe Gedichtsammlung, *Das bunte Buch,* das die unerlöste Schwermut der märkischen Kiefernwälder lyrisch gestaltet und motivisch sowie atmosphärisch eine gewisse Verwandtschaft zu Hauptmanns Freund, dem Maler Walter Leistikow aufweist. Doch so sehr sich Hauptmann von Berlin und Erkner angezogen fühlte, so sehr begann er sich auch nach Schlesien zurückzusehnen.

In Erkner verfasste Hauptmann das wenig bekannte Novellenfragment *Ein linker Kunde. Christoph der Usinger.* Usinger war ein in Berlin verwendeter Spottname für Schlesier, dessen Herkunft nicht eindeutig geklärt ist. Christoph, eine Vagabundenfigur, die schlesischen Dialekt spricht, könnte als Vorbildung späterer derartiger Figuren im Werke Hauptmanns angesehen werden, so der Fremde auf dem Marktplatz in Hirschberg *(Venezianer)* oder der Vagabund, der aus »Usingen« stammt *(Die Jungfern vom Bischofsberg).* In der Folge wechselten sich Reisen nach Schlesien und Wohnen in Erkner bzw. später wieder in Berlin miteinander ab. Über den Umweg Berlin entdeckte Hauptmann seine Heimat Schlesien neu:

> Und plötzlich stand Schlesien, meine alte Heimat, die ich mit allem, was sie barg, nahezu vergessen hatte, wie ein Wunder vor mir auf: das Wunder daran war meine Jugend, meine Vergangenheit. Das zweite Wunder: man konnte dorthin, also in seine Jugend, seine Vergangenheit zurückreisen. […] bald danach fuhren wir in heiterster Stimmung vom Görlitzer Bahnhof ab.
>
> In Hirschberg stiegen wir aus dem Zug. Wir gingen bis Bad Warmbrunn zu Fuß. […]
> […]
> Die Wanderung wurde fortgesetzt.
> Da war nun wieder das alte Schlesien.
> Es bestand wirklich noch mit seinen eigentümlichen, von allem übrigen abstechenden Sprachlauten, seinem vokalreichen, im Munde der Bauern schleppenden Dialekt. Das liebe alte Warmbrunn umgab mich wieder. […]

[...]
Der klarste Tag führte uns gegen das gewaltig und vielfältig vor uns liegende Gebirge zu, das man auf dem Wege von Warmbrunn nach Hermsdorf von der Schneekoppe bis zum Reifträger und Hochstein überblickt.
[...]
Wir nahmen dort unser Mittagsbrot, und ich ahnte die fernen Schicksale nicht, die mich dereinst an diesen kleinen Gebirgswinkel binden sollten. [...]
[...]
Ich weiß kein Bild, mit dem ich diese quietistische Woche inmitten der schönsten Gebirgsnatur in den Gang meines Lebens einreihen sollte. Sie steht in meinem Gedächtnis inselhaft.

Was sie auszeichnet, ist ein friedliches Seelengenügen, durchgeistigt stiller Daseinsgenuß, den Eros unaufdringlich und rein wie Bergluft durchdringt.
(Ebd., S. 611 ff.)

In Erkner arbeitete Hauptmann novellistisch und dramatisch. Hauptmanns erste Novelle *Fasching* (1887) bezieht sich topografisch genau auf eine wahre Begebenheit: Ein Schiffsbauer war ins Eis eingebrochen und im Flakesee zwischen Erkner und Woltersdorf ertrunken. In Hauptmanns Novelle nun handelt es sich jedoch nicht um eine rein realistische oder naturalistische Schilderung des Geschehens, sondern um dessen Durchdringung mit symbolisierenden Stiltendenzen, die seine Schicksalhaftigkeit unterstreichen. Zudem baut Hauptmann die Erzählung aus eigenen Erlebnissen zusammen: Die Faschingsfeier beispielsweise lehnt sich an eine ebensolche seiner Kinderzeit im schlesischen Bad Salzbrunn an, die er fast im gleichen Wortlaut in *Abenteuer meiner Jugend* beschreibt. In *Fasching* verwendet Hauptmann den märkischen Dialekt. Erst nachdem er das ihm fremde Idiom der Mark Brandenburg und Berlins literarisch gestaltet hatte, konnte er damit beginnen, das Schlesische in einem abgeschlossenen Werk, *Die Weber,* zu verarbeiten.

Anders als die Novelle *Fasching* lässt sich die kurz darauf entstandene novellistische Studie *Bahnwärter Thiel*, in der das Kind des Bahnwärters von einem Zug überfahren wird, nicht direkt aus tatsächlichen Begebenheiten herleiten. Doch die genauen Bezeichnungen der Orte um Erkner – Neu-Zittau, Schön-Schornstein, Alte-Grund – und die, wenn auch symbolisch aufgeladene Schilderung der märkischen Landschaft verankern das Werk topografisch. Dabei wird die Bahnwärterbude im Verlauf zu einer Art mystischer Totenkapelle, die märkischen Kiefernwälder und die Eisenbahnstrecke werden zu Handlungsträgern. Bei der Eisenbahnlinie handelt es sich um die recht viel befahrene Strecke zwischen Berlin und Schlesien bzw. Breslau, also den beiden Polen, zwischen denen Hauptmann selbst immer wieder hin- und hergezogen wurde, dem Spannungsfeld, in dem er sich sein Leben lang bewegte. Die Wucht der vorüberdonnernden Eisenbahn steht genauso für die dämonischen Triebkräfte einer entfesselten industriellen Revolution wie für die Nachtseiten der menschlichen Psyche, Kräfte, zwischen denen der in preußische Pflichterfüllung gebannte Bahnwärter dann zerrieben wird. Für Hauptmann bedeutete *Bahnwärter Thiel* seine Initiation zum Schriftsteller einer größeren Öffentlichkeit.

Mit seinem ersten Theaterstück *Vor Sonnenaufgang* (1889) trat Hauptmann nicht

Hans Baluschek, *Bahnwärterfamilie*, 1921, Lithografie auf Bütten, Berlin, Bröhan-Museum. Bekannt wurde der schlesische Künstler durch realistische Darstellungen sozialer Missstände in Berlin und Umgebung.

nur als Dramatiker hervor, sondern er verhalf auch dem naturalistischen Theater in Deutschland zum Durchbruch. Das Stück spielt im oberschlesischen Kohlenrevier in der Familie eines Bauern, der durch den Kohlenfund auf seinen Feldern reich geworden ist, der Trunksucht anheimfällt und seine Familie in den Abgrund reißt. Hauptmann selbst schreibt über die Uraufführung im vollen Bewusstsein seiner eigenen Prägekraft:

> Die Aufführung »Vor Sonnenaufgang« 1889 in einer Matinee der sogenannten »Freien Bühne« war ein grenzenloser Theaterskandal. [...] Daß ein Bauernstück Düngerhaufen und andere landwirtschaftliche Notwendigkeiten nicht verschwieg, daß ein Bauer morgens von seiner Geliebten schlich und nicht ein Marquis, wie im Residenztheater, hauptsächlich aber, daß die Geburt eines Kindes auf der Bühne gemeldet wurde, ging über alles hinaus, was man an Unflätigkeit auf der Bühne erdulden konnte. Aber freilich, ein Halbteil der Theaterbesucher, jung und alt, dachte nicht so. Es wurde an diesem Tage nicht so sehr ein Stück oder ein Dichter als eine ganze neue literarisch-künstlerische Generation und Epoche aus der allerdings auch nicht ohne schmutziges Wasser vollzogenen Taufe gehoben.
>
> (Hauptmann, *Zweites Vierteljahrhundert*, S. 665)

Der Verein Freie Bühne stand in Opposition zum etablierten Berliner Theater, das sehr stark von oben reglementiert wurde. Wilhelm II. appellierte an die Theaterdirektoren, neben der leichten Muse das patriotische Schauspiel zu favorisieren. Ein amtlicher Erlass regelte die Kleiderordnung im Zuschauerraum. Ein entsprechender Aufsatz diktierte die korrekte Aussprache des Buchstaben G auf der Bühne. Angesichts dieser Reglementierungen und Missstände waren neue Impulse dringend nötig:

> [...] die Bretter der berliner Theater [bedeuteten] weder die Welt noch das menschliche Leben, sondern den Schlendrian

und die Schablone. [...] Nur eine freie, der Rücksicht auf Gelderwerb ledige, von der Zensur bestimmungsgemäß unbehelligte Bühne konnte der stockenden Entwicklung des deutschen Dramas und des deutschen Theaters neue Impulse zuführen.
 Aus dieser Notwendigkeit heraus entstand die Freie Bühne. [...]
 Eine Fülle neuen Lebens lag jetzt für die Poesie bereit, eine Fülle neuer Stoffe, neuer Konflikte, neuer Figuren. Die satte Behaglichkeit des deutschen Kaiserreiches war gründlich aufgestört, war umgeschüttelt und durchgerüttelt worden; der politische Zersetzungsprozeß des deutschen Bürgertums hatte begonnen. Alle Welt beschäftigte sich mit den Rechten und Pflichten des Menschen, mit der sozialen Frage und ihrer Lösung.
(Jacobsohn, *Das Theater der Reichshauptstadt*, S. 80 ff.)

Hauptmann hatte sich 1885 der Naturalisten-Vereinigung »Durch« in Berlin angeschlossen. Regelmäßig fuhr er von Erkner zu den Treffen dieses Kreises junger Literaten. Bereits mit *Vor Sonnenaufgang* war Hauptmann zu einer wichtigen Figur der literarischen Öffentlichkeit geworden. Nicht unmaßgeblich unterstützt wurde er von Theodor Fontane, dem Hauptmann sein zweites Drama, *Das Friedensfest*, widmete.
 Nachdem dieses unverhüllt in Erkner spielende Stück, radikal als *Familienkatastrophe* untertitelt, 1890 ebenfalls auf der Freien Bühne aufgeführt wurde, gelang ihm mit seinem dritten Drama *Einsame Menschen* 1891 endlich der Sprung zum Deutschen Theater. Es war das Verdienst des Theaterdirektors Adolphe L'Arronge, der zuvor in Breslau das Lobe-Theater geleitet hatte, Hauptmann aus den geschlossenen Vorstellungen der Freien Bühne in die Öffentlichkeit geholt zu haben. *Einsame Menschen,* ein Drama, das durch die Beziehungskonflikte von Hauptmanns Bruder Carl angeregt wurde, spielt in einer Gelehrtenvilla in Friedrichshagen unweit von Erkner. Dort hatte sich 1890 der Friedrichshagener Dichterkreis gegründet, dem zeitweilig sogar August Strindberg angehörte. Das Drama bezieht sich topografisch ausdrücklich auf den

Berliner Vorort. Auch der lärmende sonntägliche Ausflugsverkehr der Berliner findet Erwähnung. Eine wichtige Figur des Stücks, aus Schlesien zu Besuch, stellt befremdet fest, dass die hiesige Gegend sehr sandig sei. Schließlich ertränkt sich die Hauptfigur, die durch den Konflikt, zwischen zwei Frauen zu stehen, zerrieben wird, im Müggelsee, wodurch Hauptmann die Schwermut der Wälder und Gewässer der Mark Brandenburg noch verstärkt. Obwohl der russische Regisseur Konstantin Stanislawski *Einsame Menschen* hymnisch pries, da Anton Tschechow dadurch angeregt worden sei, für das Theater zu schreiben, war dem Drama kein Publikumserfolg beschieden.

Anders verhielt es sich mit der darauffolgenden Komödie *College Crampton*, die 1892 im Deutschen Theater uraufgeführt wurde. Dieses Stück spielt im Milieu der Breslauer Kunstakademie, das Hauptmann aus seiner eigenen Studienzeit dort hinlänglich bekannt war. Hauptfigur ist der erfolgreiche, aber trunksüchtige und verschuldete Professor Crampton, der im Sinne naturalistischer Charaktergestaltung psychologisch differenziert gezeichnet wird.

Hauptmann wechselt die Schauplätze seiner Novellen und Dramen zwischen der Mark bei Erkner und Schlesien: Nach einer rein märkischen Novelle, in die allerdings eine schlesische Faschingsszene eingeflochten ist, und dem märkischen Bahnwärter Thiel, den immerhin an der Bahnstrecke Berlin–Breslau sein Schicksal ereilt, spielt das erste Drama direkt in Schlesien, im Steinkohlenrevier, das zweite und dritte im märkischen Erkner und Umgebung (Friedrichshagen), und das vierte in der schlesischen Hauptstadt Breslau. Mit dem nächsten Drama, dem sehr bekannten, 1893 am Deutschen Theater uraufgeführten Stück *Der Biberpelz*, gelingt Hauptmann dann sogar eine märkisch-schlesische Verquickung: in der Figur der Mutter Wolffen nämlich, die in der Mark schlesischen Dialekt spricht. Angeregt wurde

Hauptmann zu dem Stoff der Diebskomödie durch seinen Wohnort Erkner, den er selbst nach einiger Zeit nicht mehr als märkische Idylle mit ihren zeitenthobenen Bewohnern, sondern als ein schwankendes Terrain voller schlitzohriger Gaunerraffinesse, als die unheilvolle Peripherie der Großstadt Berlin beschreibt, die sich mit all ihren Nachtseiten auch ins Umland ausbreitet:

> Trat ich des Abends vor das Haus, so sah ich im Westen bei klarer Luft den Widerschein der Riesin blutrot am Himmel. Das wimmelnde Leben der Weltstadt, das ich ja aus vielen Vigilien kannte, lebte in mir. [...] Kein Sommer verging, allein hier in Erkner, ohne daß ein von Fliegen umsummter, behoster und bekleideter Leichnam, meist der eines Selbstmörders, im Forst gefunden wurde.
> Das ungeheure Lebewesen und Sterbewesen Berlin, wie gesagt, war mir alpartig gegenwärtig.
> [...] Das Leichenschauhaus, die Mordkommission, Polizeiberichte und Schwurgerichte spukten und geisterten durch die Vororte. Mordgesindel und Diebesgelichter trieb sich spürbar tags und nachts an der Großstadtperipherie herum, darunter die sogenannten Ballonmützen. [S. 614]
> [...]
> Ich entdeckte im Walde ein Nest von alten Kleidern. Sie mußten von Strolchen stammen, die sich hier umgezogen hatten. Törichterweise und in der Vermutung, dies könnte die Spur eines damals gesuchten Einbrechers sein, machte ich dem Herrn Amtsvorsteher persönlich Anzeige. Wie er das aufnahm, die Geringschätzung, die er meinem Bericht entgegenbrachte, die hochmütige Ablehnung, die er mir zuteil werden ließ, fand in einer Komödie, »Der Biberpelz«, die ich später schrieb, ihren Niederschlag.
> Die äußerste Peripherie Berlins wies eine Menge brüchiger Existenzen auf. Ihr Studium bereicherte mich.
> (Hauptmann, *Das Abenteuer meiner Jugend*, S. 614, 619)

Hauptmanns Vorbild für die Mutter Wolffen war seine Zugeh- und Waschfrau in Erkner, die zeitweilig in seiner Villa

Hans Baluschek, *Ein Toter (Toter auf der Landstraße)*, 1922, Aquarell/Pastell auf Pappe, Berlin, Bröhan-Museum. Baluschek zeigt in vielen seiner Bilder die Einsamkeit des Einzelnen, der aus der brüchigen Gemeinschaft der Proletarier herausgefallen ist. Oft gestaltet der Künstler die Verlorenen in winterlicher Szenerie, um die Erstarrung und Verhärtung der Macht- und Ohnmachtverhältnisse sinnfällig werden zu lassen. Bereits in seinem Zyklus *Opfer* von 1906 bearbeitete er das Thema mit Zeichnungen wie *Der Irre*, *Die Schwindsüchtigen*, *Der Ausreißer* und *Am Kanal*, ein Bild, auf dem die eingehüllte Leiche eines Selbstmörders zu sehen ist.

wohnte und die aus Niederschlesien, aus dem Grenzgebiet zur Mark Brandenburg stammte. Hauptmann schreibt über das Vorbild seiner Komödienfigur:

> Das Original der Mutter Wolffen war zugewanderte Schlesierin. Weit reger als im allgemeinen der Geist des märkischen Platt ist ihr Geist, unternehmend und lebhaft von Natur.
> (zit. n. Requardt/Machatzke, *Gerhart Hauptmann und Erkner*, S. 195)

Hauptmann lässt die Figur der Mutter Wolffen ihre Herkunft nicht verleugnen und gestaltet sie wesentlich pfiffiger, gewitzter und beweglicher als ihren trüben, langsamen märkischen Ehemann.

Irritierend wirkte auf das Publikum nicht nur der offene Schluss – die Diebstähle werden nicht aufgeklärt –, sondern auch die eigentümliche Dialektmischung. Der Rezensent der Uraufführung, Franz Mehring, wunderte sich darüber, dass das Stück nicht ausschließlich in berlinerisch-märkischer Mundart verfasst ist und dass Hauptmann Mutter Wolffen in schlesischem Dialekt sprechen lässt. Das Experiment dieser Mischung, das sich in einer Komödie eher realisieren ließ als in einer Tragödie, zeigt Hauptmanns Vorliebe für die sprachliche Gewachsenheit der verschiedenen deutschen Provinzen aus den einfachen Bevölkerungsschichten heraus. Dass sich Mutter Wolffen, die von der zeitgenössischen Kritik ungeachtet ihres Idioms schon als echte Spreepflanze eingemeindet wurde, des schlesischen Dialekts bedient, ist auch ein Hinweis auf Hauptmanns soziologisches Interesse. Denn seit dem 19. Jahrhundert war der Zuwandererstrom an Arbeitskräften aus Schlesien nach Berlin immens, wie der Dritte Spaziergang näher beleuchten wird. Der Einfluss des schlesischen Dialekts auf das Berlinerische durch eben diese Zuwanderung (Wörter wie »uff«, »seene«) harrt noch einer näheren Untersuchung.

Wie direkte Illustrationen zu Werken Hauptmanns wirken viele Zeichnungen und Gemälde des Schlesiers Hans Baluschek. Im Zentrum seines Œuvres stehen sozialkritische Porträts der Stadt Berlin und ihres brüchigen Stadtrands, die Abbildung der Industrie- und Proletarierviertel im Norden und Osten der Stadt, die Bebilderung der Arbeitsprozesse in der Schwerindustrie und die immer wiederkehrende Darstellung des Eisenbahnthemas.

Das berühmteste Stück Hauptmanns, das sich mit dem Deutschen Theater verbindet, ist wiederum in Schlesien angesiedelt: *Die Weber*. Den historischen Stoff zu diesem Sozialdrama bezieht Hauptmann aus den Weberaufständen 1844 im schlesischen Eulengebirge. Doch bis er sich diesem Stoff, der eng mit seiner eigenen Herkunft verknüpft ist, zuwenden konnte, musste er selbst einen längeren Weg vollziehen, der ihn von Erkner über verschiedene Wohnungen in Berlin wieder in die schlesischen Berge führte. Nach seinen ersten dramatischen Erfolgen war Hauptmann zu einer Figur des öffentlichen literarischen Lebens geworden:

> Der Aufenthalt in den märkischen Wäldern entsprach meiner so gewaltsam geweckten Tatkraft nun nicht mehr. [...]
>
> So zog ich mit Frau und Kindern nach Berlin und hatte denn bald, wo ich ging und stand, eine Art literarischen Hofstaats um mich. [...]
>
> [...]
>
> Wenn ich nun von unserem hochgelegenen Quartier aus über die Dächer Berlins blickte, kam etwas über mich, das einem bedingten Eroberungsdrang nicht unähnlich ist. Er hatte mit dem friderizianischen oder napoleonischen nichts gemein. Der Sieg, den ich in dieser aufstrebenden Riesenstadt mir erobern oder erringen wollte, vergleicht sich eher einem olympischen. Ich wollte nicht einen, sondern den höchsten, nämlich auf dem Gebiete des lebendig wirkenden Dramas den Ölzweig für mich.

(Hauptmann, *Zweites Vierteljahrhundert*, S. 667 ff.)

Aber trotz seiner Aufnahme in die gehobene Gesellschaftsschicht hielt es Hauptmann nur begrenzte Zeit in Berlin. Zusammen mit seinem Bruder Carl zog es ihn ins Riesengebirge:

> Es zeigte sich nach einigen Jahren, daß wir dem großstädtischen Dasein doch auf die Dauer wiederum nicht gewachsen waren. […] Ich erinnere mich einer Empfindung, die meinen Sohlen Qual verursachte. Die Unebenheiten des Bodens fehlten mir. Sie verlangten nach Hügeln, Bergen und schlechten Wegen, will sagen: nach unfrisierter Natur. Natürlich war ich mit Carl darin einig, wir hielten Auslug nach Schlesiens Bergen.

(Ebd., S. 696 f.)

Im Riesengebirge bezogen die beiden Brüder ein Haus in Schreiberhau. Schwärmerische Schilderungen von Bergwanderungen folgten, vom Bergwinter, von unendlichen Panoramablicken. Hauptmann fühlte eine unmittelbare Verbundenheit mit der Riesengebirgswelt:

> Der Vergleich führt auch auf Erkner zurück, die märkischen Seen und märkischen Wälder. Da fiel die Natur, oder sagen wir: Landschaft, nachdem sie ihren unendlich tiefen, ernsten Akkord einmal angeschlagen, in melancholisches Schweigen, eine Art existierender Nichtexistenz zurück. Hier war man von waldigen Bergen eingeschlossen. Man schritt bergauf oder schritt bergab, man schlängelte sich auf Fußsteigen über Lehnen und Böschungen, man verließ den Weg, kletterte, sich an Baumstämmen haltend, über Wurzelwerk oder rutschte ab. […] Ich sah mich nicht um nach Berggeistern oder nach Rübezahl. Es war aber trotzdem nicht zu verhindern, sie guckten mir durch die Fenster ins Haus hinein.

(Ebd., S. 704)

Hier verfasste Hauptmann *Die Weber*, zunächst 1891 in der schlesischen Dialektfassung unter dem Titel *De Waber*. Danach erst erschien die dem Hochdeutschen angenäherte Version. Seit etwa 1700 arbeiteten Hauptmanns Vorfahren als kleine Hausweber in Herischdorf bei Warmbrunn. So wusste der Enkel und Urenkel Gerhart Hauptmann, der sich als Kind oft in den dürftigen Behausungen seiner Verwandten aufgehalten hatte, um die Nöte und Abhängigkeiten der Weber und konnte seine flammende Anklage gegen Elend und Ausbeutung auf eigene Anschauung stützen. Hauptmanns Entscheidung, den Dialekt der schlesischen Weber auf die Bühne zu bringen, begründete er mit seinem Wunsch, diese im Volk gewachsene Sprachschicht aufzuwerten und literaturfähig zu machen:

> Ich konnte »Die Weber«, ich konnte das Bauerndrama schreiben, denn wie gesagt, ich beherrschte den Volksdialekt. Ich würde ihn also, war mein Beschluß, in die Literatur einführen. Dabei dachte ich nicht an sogenannte Heimatkunst oder Dichtung, die den Dialekt als Kuriosum benützt und meistens von oben herab humoristisch auswertet, sondern dieser Volkston war mir die natur- und kunstgegebene, dem Hochdeutsch ebenbürtige Ausdrucksform, durch die das große Drama, die Tragödie ebenso wie durch Verse Goethes oder Schillers Gestalt gewinnen konnte. Ich wollte dem Dialekt seine Würde zurückgeben.
>
> (Ebd., S. 655 f.)

Untrennbar mit der Sprache verbunden bemüht sich Hauptmann darüber hinaus, die im Elend lebenden Weber nicht als Objekte des Mitleids zu zeigen, die an ihrer entfremdeten Arbeit zugrunde gehen, sondern als Figuren, denen eine Würde, sogar eine gewisse, beinahe mythische Größe zu eigen ist:

> Noch vor der Übersiedlung in das neue Haus ging ich mit Mary auf die lange geplante Studienreise nach dem Eulengebirge ins Webergebiet. [...] Was ich in den versprengten Hütten, deren Verfall erschrecklich war, zu sehen bekam, war eben, was ich zu sehen erwartete. [...]
> [...]

[...] Großstadtelend, Jammer und Schrecken der Lasterhöhlen und des Verbrechens sind vielfach scheußlich und abstoßend. Das Innere dieser halbzerfallenen Berghütten, in deren Mitte das rhythmische Wuchten des Webstuhls, das Schnalzen und Scheppern des Schiffchens tönte, war gleichsam beim ersten Blick anziehend. Der Webstuhl ist nun einmal ein Ding, an dem zu sitzen die Göttin Kirke nicht verschmähte. [...]

Nun war alles in diesen Weberhütten Dürftigkeit. Im gleichen Raume mit dem mächtigen braunen Kachelofen und der Ofenbank wurde geschlafen, gekocht und gearbeitet. Schuhe schienen nicht in der Welt zu sein, alles tat man mit bloßen Füßen.

Ich gedenke dabei hauptsächlich des zweiten Häuschens, das ich besucht habe. Ein Maler vom Schlage Rembrandts würde unschwer hier Schönheit, ja Größe entdeckt haben. Eine alte, noch die Spindel drehende blinde Frau, ein Mädchen mit Glutaugen, kaum zehn Jahr, halbnackt, am Spinnrad. Dagegen am Webstuhl ein Riese, Gesicht und Haupt umwuchert von rotblonden Haarmassen, bärtig wie Wotan oder Zeus. Auch er bis auf weniges unbekleidet.

Am andern Webstuhl sein Weib oder seine Tochter. Bei unverkennbaren Zeichen des Elends im Angesicht ist sie grade und hochgewachsen. Sie erhebt sich, ich empfinde einen edlen Körper, seltsamerweise auch von Fülle, nicht nur von Ebenmaß.

(Ebd., S. 706 f.)

Bevor *Die Weber* am Deutschen Theater aufgeführt werden durften, gab es wegen der Sprengkraft der brisanten sozialen Thematik einen zermürbenden Zensurstreit. Nach langem Hin und Her fand 1893 eine geschlossene Vorstellung am Neuen Theater am Schiffbauerdamm statt, erst ein Jahr später die erste öffentliche Aufführung am Deutschen Theater unter Otto Brahm. Kaiser Wilhelm II., der bei dieser Aufführung zugegen war, ließ daraufhin die sogenannte Kaiserloge kündigen. In der *Vossischen Zeitung* war zu lesen, dass die Kaiserkrone aus der Proszeniumsloge zur Rechten der Bühne entfernt werde. Dieser herbe finanzielle Verlust und die Prestigeeinbuße konnten jedoch durch den Erfolg der Inszenierung ausgeglichen werden: Innerhalb der nächsten zwei Jahre wurden *Die Weber* etwa zweihundertmal aufgeführt. Auch Wladimir Iljitsch Uljanow, später als Lenin bekannt, und Käthe Kollwitz besuchen die *Weber*-Inszenierung. Siegfried Jacobsohn schrieb 1904:

> Die »Weber« zeigten Alles, was Hauptmann war und konnte. Ihre Aufführung – nicht so sehr die der Premiere wie die, welche sich im Laufe der Zeit herausbildete – zeigte Alles, was das neue Deutsche Theater vermochte: durch ein Milieu von malerischer Unsauberkeit die physische Atmosphäre eines naturalistischen Werkes herzustellen und durch fugendichte Geschlossenheit, durch straffe Abrundung in der Darstellung sein bühnliches Totalbild zu vollenden.

(Jacobsohn, *Das Theater der Reichshauptstadt*, S. 107 f.)

Unter Otto Brahm und ab 1915 unter Max Reinhardt wurden in der Folge sehr viele Stücke Hauptmanns am Deutschen Theater aufgeführt. Obwohl Hauptmann zeitweilig wieder in Berlin wohnte, ist auffällig, dass der Berlin-märkische Bezug ab- und der schlesische Bezug der Dramen zunimmt: So tauchen im mystischen, neuromantischen Märchenstück *Die versunkene Glocke* von 1896 neben allerhand anderen Fabelwesen auch schlesisch sprechende Hexen auf, *Hanneles Himmelfahrt* ist in einem schlesischen Bergdorf angesiedelt, das Schauspiel *Fuhrmann Henschel* von 1898 spielt im Hotel eines schlesischen Badeortes und ist in schlesischem Dialekt verfasst, im Scherzspiel *Schluck und Jau* aus dem Jahr 1900 bedienen sich die beiden burlesken Hauptfiguren des schlesischen Dialekts gegen die feine Hofgesellschaft, das Drama *Michael Kramer* aus demselben Jahr spielt, ähnlich wie *College Crampton,* im Künstler- und Akademiemilieu, wie es Hauptmann aus seinen eigenen Erfahrungen an der Breslauer Kunstakademie bekannt war. In diesem

Pressezeichnung der ersten öffentlichen Aufführung von Hauptmanns Stück *Die Weber* im Jahr 1894. Siegfried Jacobsohn schrieb 1904 in seinem Buch *Das Theater der Reichshauptstadt,* das Stück sei »das charaktervollste und dauerhafteste Werk des deutschen Naturalismus«.

Stück porträtiert Hauptmann den Breslauer Akademielehrer Albrecht Bräuer, von dem der 1874 in Breslau geborene und später als Mitglied der Berliner Secession wirkende Maler Eugen Spiro sagte, er habe sein ganzes Leben beeinflusst. Das 1903 entstandene Drama *Rose Bernd* bewegt sich im schlesischen Kleinbürgermilieu in der Gegend von Hirschberg, das Drama *Und Pippa tanzt. Ein Glashüttenmärchen* von 1906 entlehnt seine Figuren der schlesischen Sagenwelt und dem Glasbläsermilieu der schlesischen Berge. Schließlich wählte Hauptmann im Schauspiel *Dorothea Angermann* von 1927 und in der Erzählung *Die Spitzhacke* von 1931 Hotels schlesischer Badeorte als Schauplatz. Es ist bemerkenswert, welche Präsenz Schlesien in allen seinen Facetten – sei es durch seinen Dialekt, sei es durch seine Sagenwelt, sei es durch spezifische, soziologisch motivierte Milieustudien –

auf den Berliner Bühnen, allen voran am Deutschen Theater, durch die Stücke Hauptmanns hatte.

Lediglich zwei Dramen siedelte Hauptmann im Berlin-Märkischen an, *Der rote Hahn* von 1901 und *Die Ratten* aus dem Jahr 1911. *Der rote Hahn* stellt die Weiterführung von *Der Biberpelz* dar. Aus Mutter Wolffen ist durch neue Eheschließung Frau Fielitz geworden, die Landproletarierin ist zur Kleinbürgerin mutiert. Im Zentrum der Handlung steht die neue Bautätigkeit in einem Berliner Vorort, die Urbanisierung der Peripherie Berlins und ein damit verbundener Versicherungsbetrug. War diesem Stück kein großer Erfolg beschieden, so wurde das Drama *Die Ratten* durch eine ebenso kritisierte wie umjubelte Aufführung sehr populär.

Vorbilder für den in dem Stück zentralen Maurerpolier John dürften die Maurer der Reichstagsbaustelle um 1885 gewesen sein, die Hauptmann von seiner Wohnung in Moabit aus beobachtet und studiert hatte. Auch greift der Schriftsteller auf ein topografisches Motiv seiner älteren Texte und Versuche zurück, wenn in den *Ratten* der kleine Selbstmörderfriedhof im Grunewald

Agnes Sorma, die in vielen Hauptmann-Stücken mitwirkte, hier als Rautendelein in *Die versunkene Glocke*, stammte aus Breslau.

bei Schildhorn Erwähnung findet, der ihn im frühen Werk *Das bunte Buch,* entstanden von 1880 bis 1887 zu melancholischen Gedichten angeregt hatte.

Alle wesentlichen Stücke Hauptmanns wurden am Deutschen Theater gespielt, zum Teil sogar uraufgeführt. Später gab es auch viele Hauptmann-Premieren am von Hans Poelzig neuerbauten Großen Schauspielhaus, der sogenannten Tropfsteinhöhle, unweit der Weidendammer Brücke. Bis heute erfreuen sich einige seiner Stücke großer Beliebtheit. Im Jahr 2011 inszenierte Michael Thalheimer *Die Weber* am Deutschen Theater, gemäß der Hauptmann'schen Originalfassung im schlesischen Dialekt. Hatte Max Reinhardt früher, um 1900, eine ganze Reihe von Hauptmann-Rollen selbst gespielt, so führte er später bei vielen seiner Stücke Regie. Wie gut das Verhältnis zwischen den beiden war, belegt ein Dankesschreiben Reinhardts an Hauptmann:

> Mit achtzehn Jahren las ich in einer Wiener Bibliothek Deine »Einsamen Menschen«, mit fünfundzwanzig spielte ich Deine Menschen, mit fünfunddreißig führte ich sie auf, und mit fünfzig werde ich wieder in Wien damit anfangen. In diesem Lebenskreis war ich ungezählte Male in glücklichster Liebe mit Dir verbunden und will es auch fernerhin bleiben.
>
> (zit. n. Dreifuss, *Deutsches Theater Berlin,* S. 183)

Höhepunkt und Abschluss des künstlerischen Kontakts zwischen Hauptmann und Reinhardt war im Jahr 1932 die Uraufführung des in einer nicht näher bezeichneten Stadt spielenden Dramas *Vor Sonnenuntergang* in der politisch hochbrisanten Atmosphäre kurz vor Hitlers Machtergreifung. Bereits 1933 verließ Reinhardt das nationalsozialistische Deutschland zunächst in Richtung Österreich und emigrierte dann 1937 in die USA. Auch wenn sich die NS-Machthaber und Hauptmann durchaus misstrauisch gegenüberstanden, wurden seine Dramen doch auch während der

Zeit des Nationalsozialismus auf Berliner Bühnen gespielt. Welche Wichtigkeit Berlin für Hauptmann besaß, wird aus einem Artikel von 1944 deutlich, als der Bombenkrieg die Stadt bereits in Schutt und Asche legte:

> Mein Glaube an Berlin steht fest. Jede Stadt hat ihren Genius, Berlin den seinen. Er ist stark und widerstandskräftig. [...] Das Berlin, in dem ich lange geatmet habe, hat für mich stets eine stählern-belebende Luft. [...]
> Ich stehe im 82. Jahr und werde die Zukunft Berlins nicht mehr mitgenießen. Aber ich vertraue auf Berlins unzerstörbare, immanente Heiterkeit. [...]
> [...] Die Menschheit braucht Städte ebenso, wie sie denkende Köpfe braucht: und Berlin war immer ein denkender Kopf.
> (zit. n. Goetze, *Von »Sonnenaufgang« bis »Sonnenuntergang«*, S. 115 f.)

In seiner produktivsten Zeit befand sich Gerhart Hauptmann im Spannungsfeld zwischen der Großstadt Berlin, ihrer märkischen Umgebung sowie ihrer norddeutschen Sommerfrische Hiddensee und Schlesien, vor allem dem Riesengebirge. Die Villa Lassen in Erkner ist ebenso wie Haus Wiesenstein in Agnetendorf, wo Hauptmann ab 1901 bis zu seinem Tod 1946 seinen Lebens- und Arbeitsmittelpunkt hatte, mittlerweile in ein Gerhart-Hauptmann-Museum umgewandelt worden. Der Architekt von Haus Wiesenstein, Hans Grisebach, erbaute auch den Berliner U-Bahnhof Schlesisches Tor, den wir auf unserem Dritten Spaziergang sehen werden.

Zum sechzigsten Geburtstag Hauptmanns im Jahr 1922 fanden Gerhart-Hauptmann-Festspiele in Breslau statt, anlässlich derer Alfred Kerr schwärmte:

> Eine Stadt ist auf den Beinen ... für die Kunst. Für einen Landsmann, der nicht nur Bewohnern dieser väterisch-herrlichen Ecke Deutschlands etwas geworden ist – sondern ferne Träumer andrer Kontinente durch sein gestaltendes Wort erheben ließ;

ihre Herzen, trotz dem fremden Sprachklang, aufrührt; und Menschen besser macht.

Das ist es: einer, der mit seinem Werk die Menge nicht nur sättigt, sondern sittigt. Ein Schlesier.

(Kerr, *Erlebtes*, S. 475)

Bei einem weiteren Festakt in Berlin in der Großen Aula der Friedrich-Wilhelms-Universität Unter den Linden versammelte sich sehr viel Prominenz, darunter Friedrich Ebert und der aus Schlesien stammende Reichstagspräsident Paul Löbe. Als Herausgeber der Festschrift zu Hauptmanns sechzigstem Geburtstag firmierte Felix Hollaender. Dort heißt es in einem Beitrag von Fritz Engel mit dem Titel *Der Schlesier Gerhart Hauptmann:*

> Schlesien ist nicht sein Ziel und nicht sein Ehrgeiz, Schlesien ist sein Werkzeug. [...] Der sprachliche Ausdruck wird ein Fieberthermometer, das Normaltemperatur oder Hitze anzeigt. [...]
>
> [...] Er hat, als er noch um den Salzborn seines Heimatdorfes spielte und dann als Landwirtseleve und in Breslaus Odervorstadt, eine Sprachschatzkammer in sich gegründet, einen Speicher angelegt, voll von goldenen Samenkörnern [...]
>
> [...]
>
> So sind die schlesischen Menschen total, nicht nur in ihrer Sprechweise, sein Eigentum geworden. [...]
>
> [...] Er hat den alten Schmerz Schlesiens, abseits zu liegen, in das Gegenteil verkehrt, in die Freude, ihn als Verkünder geboren zu haben.

(Engel, *Der Schlesier Gerhart Hauptmann*, S. 14)

Felix Hollaender, über den im Folgenden mehr erzählt wird, schreibt in dieser Festschrift mit verehrungsvollem Gestus:

> Er ist ein Dichter der Armen und Verstoßenen, der Kinder der Not, der schwärmerischen Glücks- und Gottessucher. Die Glasbläser, die Weber, die Handwerker und die Bauern, die er schildert, sind Gestalten seiner Heimat. Selbst da, wo er sich vom Heimatboden entfernt und sich in die Atmosphäre der Groß-

stadt begibt, wie in seiner Komödie »Der Biberpelz«, gilt seine Liebe und sein Verständnis den armen Leuten, auch dann, wenn sie Unrecht tun und wenn sie auf Umwegen und Schleichpfaden die Gesetze zu durchbrechen versuchen [...]

(Hollaender, *Festschrift zum 60. Geburtstag Gerhart Hauptmanns*, S. 3)

Felix Hollaender war 1867 im schlesischen Leobschütz geboren worden:

Ich erinnere mich nur dunkel der kleinen Stadt, in der mein Vater während meiner ersten Kinderjahre Arzt war. Sie hatte wohl – wie alle kleinen Städte – den sogenannten Ring mit grünen Anlagen und einen sauberen Marktplatz, auf dem das Rathaus stand.

(Hollaender, *Unser Haus*, S. 349 f.)

Hollaender war ein naturalistischer Erzähler, der dem Friedrichshagener Dichterkreis zugerechnet wird, er war Kritiker, Dramaturg und Regisseur am Deutschen Theater, das er von 1920 bis 1924 in der Nachfolge von Max Reinhardt leitete, und er war der Onkel des berühmten Revue- und Tonfilmkomponisten Friedrich Hollaender. Obwohl Felix Hollaender sich bemühte, dem Deutschen Theater durch die Entdeckung junger Autoren und durch die Inszenierung von Gegenwartsstücken ein neues Gesicht zu geben, erlangte er nicht eine solche Berühmtheit wie Max Reinhardt, den er uneingeschränkt bewunderte. Hollaender selbst führte etwa dreißig Inszenierungen durch, und es war sein Verdienst, sich für August Strindbergs *Rausch,* Oskar Wildes *Salome,* Frank Wedekinds *Erdgeist,* Maxim Gorkis *Nachtasyl,* Hugo von Hofmannsthals *Tor und Tod* und für Maurice Maeterlinck eingesetzt und diese Stücke befördert zu haben. Neben seiner Theater- und Zeitungstätigkeit – er hatte ein eigenes gesellschaftskritisches Blatt gegründet, die *Welt am Montag,* in der er sich mit Alfred Kerr die Theaterkritik teilte –, waren seinen Zeitgenossen seine Erzählungen und Romane bekannt. Heute nahezu vergessen, erlebten sie zu Hollaenders Lebzeiten mehrere Auflagen. 1926 erschienen sogar Felix Hollaenders *Gesammelte Werke in sechs Bänden*. Nach dem Zweiten Weltkrieg war es lediglich der Hinstorff Verlag Rostock, der 1988 den 1902 erstmalig erschienenen Roman *Der Weg des Thomas Truck* herausgab. Zahlreiche von Hollaenders Werken entfalten vor städtischer Kulisse Sittengemälde und Tableaus der Berliner Gesellschaft um 1900. So spielt das 1896 erschienene Buch *Sturmwind im Westen. Ein Berliner Roman* im luxuriösen Milieu von Bankiers und Börsenspekulanten, dem sich auch Juristen und Ärzte beigesellen. Mit großer Detailgenauigkeit schildert Hollaender die Schauplätze des gesellschaftlichen Lebens in den maßgeblichen Stadtpalais unweit des Brandenburger Tors.

Adolph Menzel, *Maurer auf dem Bau*, 1875, Gouache, Essen, Sammlung Bohlen und Halbach. Mit seinen vielen Gemälden und Zeichnungen von Baustellen und auf ihnen beschäftigten Arbeitern dokumentierte Menzel den Bauboom der Gründerzeit.

Die überaus reichen Bankiers, die diese Palais bewohnen, die Brüder Lerch, spekulieren mit dem Aufbau eines Ostseebades und mit dem Bau einer Eisenbahnstrecke in Serbien. Doch nachdem sie durch die Aktienkrise ihr gesamtes Vermögen verloren und die unerbittliche Härte der Finanzwelt kennengelernt haben, begehen sie in ihrem Palais Selbstmord.

Kurz vor ihrem Suizid aber wandeln sich die einstigen kalten, oberflächlichen, gewinnorientierten Bankiers und werden gefühlsselig und weich:

> [...] auch ihn ergriff eine weiche, hingebende Stimmung; wie ein Kind nahm er den Zwillingsbruder in die Arme und drückte ihn an sich. Und in diesem Augenblick durchdrang ihn ein feierliches Gefühl, eine nie gekannte Frömmigkeit, eine geheimnisvolle Wehmut, eine scheue Angst. [...]
> Es kreuzten sich in ihm tausend unlösbare Fragen, unzählige Erinnerungen. Alles Dunkele in ihm ward hell, und er fühlte sich weit und hoch emporgehoben und frei und leicht. Längst entschwundener Kinderglauben und eine ihm kaum bewußt werdende Erinnerung an süße Ammenlieder schufen ihm eine feine Wollust, ließen ein Sehnen in ihm erwachen, das er im Leben nie gekannt hatte.

(Hollaender, *Sturmwind im Westen*, S. 235)

Diese Art von gefühliger Innensicht, die der Berliner Härte und Schnoddrigkeit entgegensteht, lässt sich als ein Element schlesisch geprägter, die Mystik streifender, quasi-religiöser Innerlichkeit fassen. Hollaender thematisierte in seinen Romanen und Novellen nicht nur Berlin, sondern wählte auch Schlesien, bevorzugt das Riesengebirge, zum Schauplatz. So spielt der Roman *Traum und Tag* von 1905, in dem auch der schlesische Dialekt nicht fehlt, in Schloss Fischbach im Riesengebirgsvorland, einem der Gebäude, die sich die preußischen Hohenzollern-Könige und -Prinzen im 19. Jahrhundert als romantische Sommerfrische hatten errichten lassen. Die Novelle *Der Hausierer* von 1904 ist ebenfalls im Riesengebirge angesiedelt, das immer wieder Schlesier mit einem Hang zur Innerlichkeit, wenn nicht gar zur Mystik anzog. Auch die sich auf Ich- und Selbstsuche befindliche Hauptfigur des ansonsten in Berlin spielenden Romans *Der Weg des Thomas Truck* begibt sich zur reinigenden Selbsterkenntnis ins schlesische Gebirge. In diesem Entwicklungsroman gerät der junge Titelheld, der aus der schlesischen Provinz nach Berlin gekommen ist, zunächst in die besten Kreise der Gesellschaft, in die Gegend des Tiergartens und der Voßstraße. Bei einer Abendeinladung in der Lichtensteinallee im Tiergarten kommt es zu einem skandalösen Auftritt Thomas Trucks, der mit dem Zitieren von Angelus Silesius einen gesellschaftlichen Fauxpas begeht und sich als radikaler Außenseiter offenbart. Zunächst noch belustigt von einer der Gesellschaftsdamen kommentiert – »er hat etwas von Ferdinand Lassalle« –, wird er zur schockierenden Attraktion der Abendgesellschaft:

»Mein Weg liegt«, sagte er mit verschleierter Stimme, »bei Angelus Silesius im Nachtlicht.«
Man starrte ihn mit verdutzten Gesichtern an.
»Wer ist Angelus Silesius? Ist das 'n Utopist, 'n Sozialreformer?«
Thomas beherrschte sich.
»Nein, Herr Rechtsanwalt, der ging auf die Seele. Nur auf die Seele, obwohl er sich«, fuhr er langsam und nachdenklich fort, »mit dem Körperlichen beschäftigte – denn, wenn er Sie interessiert – er war Leibarzt des Herzogs Sivius Nimrod von Öls.«
»Ach so, der Mann ist tot?! Sie kommen uns mit den Toten!«
Leises Gekicher entstand.
»Angelus Silesius lebt; und im Vergleich zu diesem Lebendigen erscheinen Sie mir wie ein Leichnam. Darf ich ihn zitieren?«
Er vergaß auf einmal, wo er war, und wer um ihn stand. Seine Gestalt wuchs, sein Auge wurde innerlich.
Aus verschiedenen Zimmern hatten sich die Gäste inzwischen hinzugesellt; alle führten vor ihm einen Schattentanz auf.
Er stand plötzlich auf einer Kanzel. Die Schatten verkörperten sich zu einer Gemeinde der Andächtigen, der Durstenden, die von ihm Zuspruch erwarteten.

»Der Zufall muß hinweg
und aller falscher Schein –
du mußt ganz wesentlich

und ungefärbet sein!
Mensch werde wesentlich;
denn, wenn die Welt vergeht,
so fällt der Zufall weg –
das Wesen, das besteht –«

rief er mit vibrierender Stimme.

»Der Mensch ist pathologisch«, raunte ein anwesender junger Arzt der Dame des Hauses zu.

[…] »Im Nachtlicht finden sich gehetzte Seelen, die den Spuren des Angelus Silesius folgen. Menschen, die wesentlich sein wollen.«

Auf das Wort »wesentlich« hatte er einen seltsamen Ton gelegt, und seine Miene hatte einen beinahe weltscheuen Ausdruck bekommen.

Das Gelächter und Gekicher war verstummt, und statt dessen trat nun ein peinliches Schweigen ein.

(Hollaender, *Der Weg des Thomas Truck*, S. 126 ff.)

Das »Nachtlicht« im Roman ist eine Vereinigung von Künstlern, Gottsuchern, Utopisten, Anarchisten, der Thomas Truck zeitweilig angehört. Die Mitglieder der Vereinigung wohnen über die ganze Stadt verteilt in eher ärmlichen Vierteln. Debattiert wird über die Freiheit des Individuums, über soziale Gerechtigkeit, über den Verfall der moralischen Werte in der wilhelminischen Gesellschaft. Obwohl Thomas Truck sogar eine Zeitschrift für die Vereinigung herausgibt, löst er sich doch immer mehr aus Zwängen, aus Härten und aus Eingefahrenheiten, die auch hier herrschen, um seinen eigenen Weg zu finden. So flüchtet er aus Berlin und fährt vom Görlitzer Bahnhof in die schlesischen Berge hinein, um dort in der Natur zu sich zu kommen. Im Eisenbahnabteil lernt er flüchtig einen Fremden kennen, der sich mit den Worten »Karma, Nirwana« rätselhaft verabschiedet. In einem vegetarischen Speisehaus in der Berliner Dorotheenstraße begegnet er diesem Fremden wieder, der Thomas Truck die Geschichte des Prinzen Siddharta Gautama erzählt. Bald darauf besucht er den Fremden –

Vorbild für diese Figur war der Dichter Peter Hille – in seiner märchenhaft entrückten Wohnung, der ihn in Buddhas Weisheiten, also in die buddhistische Mystik einführt:

> Langsam ging er wieder die Linden entlang, kaum wissend, wo er schritt, niemanden sehend. Vom Strom ließ er sich treiben. Am alten, verwitterten Schloß kam er vorbei, betrachtete es sinnend und bewegte sich vorwärts, ohne Ziel, still vor sich hinträumend. Auf einmal stand er in dem Getriebe des Molkenmarktes und blickte sich verwirrt um. In diese Gegend war er nur selten gekommen. Er betrachtete sie aufmerksam, ehe er in eine Seitengasse lenkte.
> Was war denn das? … Das war ja gar nicht möglich … und doch, ganz deutlich standen da auf einem Schild die beiden Worte: Am Krögel.
> Beinahe ängstlich und beklommen trat er in die schmale Straße. Und nun war er wie in einer anderen Welt, die nichts mit dem übrigen Berlin zu tun hatte. Uralte Häuser mit mächtigen Mauern und Quadern aus versunkenen Jahrhunderten tauchten vor ihm auf. Und jedes Haus hatte zur Einfahrt ein rundes Tor. Eines stand weit offen. Ein großer Hof lag vor ihm, aus dem Hämmern und Schlagen zu ihm drang.
> Die ganze Gegend kam ihm verzaubert vor. Er blickte in ein Erdgeschoß und sah, wie eine steinalte Frau die glanzlosen Augen über die enge Gasse schweifen ließ. An einem anderen Fenster hockte ein vertrocknetes Mädchen mit flachsgelben, dünnen Haaren und blätterte mit fleischlosen Fingern in einem vergilbten Buche. Und etwas weiter bemerkte er einen Alten mit milchig weißem Haupthaar und glatt rasiertem Gesicht. Er saß auf einem Schemel und beguckte durch eine Lupe ein Uhrwerk. Etwas von dem Geheimnisvollen der Uhrmacher, die bei ihrem Basteln über das Leben grübeln, lag auf seinen Zügen. Er gehörte offenbar noch zu jenem Schlage, den man kaum noch antrifft. Thomas trat in den Hof, von dem Hämmern zu ihm tönte … aha, es war eine Schmiede. Ein Mann mit einem großen Schurzfell, kräftig und jung, trat ihm entgegen.
> »Verzeihen Sie, wo bin ich hier hingeraten?«
> Der Mann lachte derb auf.

»Ein paar Jahrhunderte zurück«, meinte er kurz. […] »Dies Haus steht an die vier Jahrhunderte. Die Besitzerin ist erst jetzt gestorben. Von Geschlecht zu Geschlecht hat es sich fortgeerbt. Nun erst ist es an die Kommune von Berlin gefallen.« Er wies auf ein Giebelfenster: »Da oben wohnt eine Frau, die neunzig Jahre alt ist, die ist hier noch geboren. Die Gegend hat ihre Geschichte, darüber wäre viel zu sagen.«

Er brach ab und ging wieder an seine Arbeit.

Thomas entfernte sich mit einsilbigem Gruß. Als er am Ende der Gasse war, stand er auf einer kleinen Brücke. Vor ihm lag die Spree. An ihren Ufern erhoben sich ihm gerade gegenüber verräucherte Speicher und Fabriken mit Schloten und Essen. Und da war auch die Waisenbrücke und aus den Spreekähnen stieg der frische Duft der Äpfel zu ihm herauf.

(Ebd. S. 439 f.)

Diese reine Weltenthobenheit ist Thomas Trucks Sache nicht. Letztlich entscheidet er sich für ein Christentum, dem er seine ursprüngliche soziale Triebkraft zurückgewinnen möchte, gepaart mit bedingungsloser, dogmenferner Freiheitlichkeit und mystischer Gottesnähe. Damit stellt sich Hollaender ganz klar in die doppelte Tradition der schlesischen Sozialreformer und der schlesischen Mystik.

Wenn man sich vom Deutschen Theater zur Albrechtstraße wendet, stößt man auf die Reinhardtstraße. Folgt man ihr nach links und biegt nach rechts in die Straße Am Zirkus ein, sieht man rechts das Berliner Ensemble (früher Theater am Schiffbauerdamm). Zwar sind die schlesischen Spuren am Berliner Ensemble nicht so stark ausgeprägt wie am Deutschen Theater, aber es gibt sie auch hier: Der Regisseur Peter Palitzsch stammte aus einem Dorf bei Löwenberg in Niederschlesien (sein Grab befindet sich auf dem Dorotheenstädtischen Friedhof an der Chausseestraße), die Schauspielerin Annemone Haase wurde in Breslau geboren, und der Theatergrafiker Karl-Heinz Drescher, der nicht nur für das Berliner Ensemble, sondern auch für das Deutsche Theater, fürs Gorki-Theater und die Staatsoper Theatergrafik anfertigte, kam aus dem Ort Quirl im Riesengebirge. Überquert man die Friedrichstraße und folgt der nördlichen Spreepromenade, gelangt man über die Friedrichsbrücke nach rechts zur Alten Nationalgalerie.

Adolph Menzel in der Alten Nationalgalerie

Der vermutlich berühmteste Schlesier in Berlin, der sowohl das im Wandel begriffene Berlin des 19. Jahrhunderts über Jahrzehnte hinweg porträtierte als auch die Rokoko-Zeit Friedrichs II. mythisierend wiederauferstehen ließ, war Adolph Menzel. Er prägte Berlin in der bildenden Kunst des 19. Jahrhunderts wie kein zweiter. Die Nationalgalerie widmet ihm einen großen Saal und eine Flucht kleinerer Kabinette. Hier steht auch das Modell des Reiterstandbilds Friedrichs II., das auf dem Zweiten Spaziergang Unter den Linden in voller Größe erscheinen wird.

Geboren wurde Adolph Menzel 1815 in Breslau, wo er von etwa 1828 bis 1830 das berühmte Breslauer Elisabethgymnasium besuchte. Bereits zuvor bekam er seinen ersten Zeichenunterricht in der Werkstatt seines Vaters. Carl Ferdinand Langhans hatte von 1822 bis 1825 für die christlichen Kaufleute Breslaus die Alte Börse am Salzring entworfen, ein repräsentatives klassizistisches Gebäude. Dort konnte der erst 13-jährige Menzel in den Jahren 1828 und 1829 im Rahmen der Kunstausstellungen der Vaterländischen Gesellschaft zu Breslau erste Zeichnungen zeigen, so eine Tigerin nach Peter Paul Rubens. Sein Vater, Carl Erdmann Menzel, war Sohn des Wassermüllers zu Städtel bei Namslau in Schlesien. Bis 1818 war er Vorsteher einer Breslauer Mädchenschule, dann erwarb er eine Steindruckerei, in der Menzel frühzeitig mitarbeitete. Menzels Mutter, Emilie Menzel, war die Tochter des am Breslauer Elisabethgymnasiums tätigen Zeichenlehrers. Da die väterliche Steindruckerei die Familie nur mäßig ernährte und schließlich sogar Pfändung drohte, zog die Familie Menzel 1830 nach Berlin, wo der Vater sich – wie viele Schlesier in dieser Zeit – bessere Arbeitsmöglichkeiten versprach. In der Wilhelmstraße richtete er für sich und seinen Sohn in einer Stube eine lithografische Werkstatt ein, in der sie Briefköpfe, Einladungskarten, Weinflaschenetiketten, Titelblätter, Meister- und Gesellendiplome, Preislisten, Glückwunschblätter, Speisekarten und Annoncen fertigten. Als der Vater bereits zwei Jahre später starb, musste der 16-jährige Menzel allein für den Unterhalt der Familie sorgen. Durch unermüdlichen Fleiß gelang ihm dies im Verlauf der Jahre schließlich sogar besser als seinem Vater, obwohl der Sohn aufgrund seiner geringen Körpergröße, seiner mangelnden akademischen Ausbildung und seiner Unerfahrenheit in geschäftlichen Dingen oft und vielerorts belächelt wurde. Aber seine Zähigkeit und Verbissenheit zahlten sich aus. 1839 schließlich gelang Menzel der Durchbruch: Er erhielt den mit 4300 preußischen Talern dotierten Auftrag, die *Geschichte Friedrichs des Großen* von Franz Kugler zu illustrieren, die anlässlich des 100. Jahrestages seiner Thronbesteigung erscheinen sollte. Die Summe war für Menzel immens – verdienten Handwerker zu der Zeit doch maximal zwei Taler in der Woche. 1834 hatte Menzel bereits einen kleineren Erfolg mit den Lithografien zu Goethes Gedicht *Künstlers Erdenwallen* erzielt, die Kugler auf den Künstler aufmerksam werden ließen. Mit seiner im selben Jahr begonnenen Bilderfolge *Denkwürdigkeiten aus der Brandenburgisch-Preußischen Geschichte* setzte für Menzel eine lebenslang andauernde intensive Auseinandersetzung mit der preußischen Geschichte ein. Der historische Bogen reicht von der Predigt des Vicelin an die Wenden im Jahr 1137 bis hin zum Auszug der Freiwilligen aus Breslau 1813 und zur Völkerschlacht bei Leipzig. Die Auswahl der Episoden stellen die protestantische Tradition, das Wirken des Großen Kurfürsten und Friedrichs II. sowie die Volkserhebung gegen Napoleon in den Mittelpunkt. Der Hof unter Friedrich Wilhelm III. beachtete Menzels *Denkwürdigkeiten* nicht. Denn der König konnte gar kein Interesse an den Bildern haben, zum einen, weil sie seine Person ignorierten, zum anderen, weil ihm nicht viel an der

Würdigung Friedrichs II. lag, der mehr und mehr zum volksnahen und aufgeklärten Regenten aufgewertet wurde. Friedrich Wilhelm III. verfolgte eine Politik, die sich in Übereinstimmung mit den reaktionären Bestrebungen Österreichs befand, so dass ihm auch aus diesem Grunde eine Verehrung Friedrichs II., der den preußisch-österreichischen Dualismus genährt hatte, fernstand. Menzels Bilderfolge zu den *Denkwürdigkeiten* enthält neben nationalen, liberalen und demokratischen Tendenzen auch die Hoffnung auf eine bürgerliche Entwicklung bei der Reform von Staat und Gesellschaft.

Der erst 25-jährige Menzel schuf innerhalb dreier Jahre etwa vierhundert Illustrationen zu Friedrich II. in der Lebensbeschreibung von Franz Kugler. Schon diese frühen Holzschnitte verraten viele Charakterzüge des Menzel'schen Kunstschaffens: sie sind präzise im Detail, der Wahrhaftigkeit verpflichtet bis zum Unerhörten, Nicht-Gefälligen, manche der Zeichnungen haben einen scharfen Witz, andere transportieren Friedrichs Größe entweder mit heroischem Ausdruck oder mit innerlichem Verehrungsgestus. So klein manche der Zeichnungen sind, so sehr vermitteln sie aus dem Hell-Dunkel-Spiel heraus Nuancen von Stimmungen: Nachdenklichkeit, Trauer und Düsternis, Tatkraft und Abenteuerlust,

Adolph von Menzel, Vorpreschende preußische Truppen, 1840/42, Holzschnitt. Ganz im Sinne Kuglers bildete Menzel, der in Bibliotheken und Requisitenkammern Studien trieb, die Welt friderizianischer Uniformen sehr getreu nach.

Adolph Menzel, Nach der Schlacht, 1840/42, Holzschnitt. Menzel verlieh dem Kugler-Band etwa durch seine drastischen Darstellungen gefallener und verwundeter Krieger auch eine dezent-subversive Unterströmung.

Entschlossenheit und Tapferkeit, Gebeugtheit und Ungebrochenheit. Menzel scheut sich nicht, auf eine Darstellung des wohlgeordneten, beinahe maschinenartigen Angriffs der preußischen Armee in einem der Schlesischen Kriege einige Seiten weiter eine Zeichnung des Schlachtfelds mit Verwundeten, Verstümmelten und Toten folgen zu lassen.

Der Künstler hält alle großen äußeren Ereignisse im Leben Friedrichs fest, aber behält sich vor, mit den Initialen, die den Beginn jedes Kapitels schmücken, eigene, zum Teil ironische Kommentare in Form von spielerischen Verfremdungen der Buchstaben abzugeben. Er treibt den Hell-Dunkel-Kontrast seines Mediums an manchen Stellen so sehr auf die Spitze, dass manche Nachtszenen während des Krieges fast ganz in Schwärze getaucht sind, bis auf winzige Feuerchen oder Fackeln. Eine Zeichnung ist fast monochrom schwarz und enthüllt erst nach längerem Hinsehen die Silhouette eines geduckten Bauernhauses. Diese Radikalität des Blicks eignet Menzel von Anfang an. Ebenfalls wird deutlich, dass er sich bereits sehr früh zur Welt des friderizianischen Rokoko hingezogen fühlte. In kongenialer Weise verwandelte er sich die Innenräume von Sanssouci an, nämlich als Rokokovignetten, in denen die flüchtige, fast entschwebende Auflösung des Ornaments mit größter Präzision gefasst ist. Menzels großes Kapital, mit dem er im Laufe seines langen und fruchtbaren künstlerischen Lebens wuchern konnte, zeichnet sich auch hier bereits ab: sein starker Sinn für Effekte, für die theaterhafte Spannung, die aus dem Kontrast entsteht. Die Zeichnungen sind eine Abfolge von Anspannung und Entspannung, von Hohem und Niedrigem, von Hellem und Dunklem, Lautem und Leisem, Unverwundbarem und Versehrtem, von Massen, Pomp und Jubel auf der einen und Einsamkeit auf der anderen Seite. Ein besonders gelungenes Beispiel dieser Art findet sich in dem Kapitel *Alter*, in dem Friedrich immer schwächer, gebeugter, ja gebrochener wirkt, ein grämlicher Greis, mit dem es sichtbar bergab geht und dem gegenüber der Betrachter geradezu reflexhaft Mitleid entwickelt, um eine Seite weiter aus diesem milden Gefühl gleich wieder herausgerissen zu werden. Denn jetzt ist Friedrich wieder ganz der alte, gestraffte Feldherr, der, in Rückenansicht vorpreschend, sich gegen seinen nahenden Tod aufbäumt, indem er im strömenden Regen seine letzte Parade abnimmt.

Behaglichkeit gibt es bei Menzel nicht, und wenn sie sich doch kurzzeitig einstellen sollte, dann hält sie nicht lange an und wird durch eine andere emotionale Qualität, oft durch etwas Verstörendes abgelöst. Friedrich II. war für diese künstlerische Haltung Menzels der ideale Gegenstand, da er all die Eigenschaften zu transportieren schien, die Menzel so schätzte: Mut bis zur trotzigen Verbissenheit, Esprit fort, schroffes Ertragen der Einsamkeit statt fauler Kompromisse. Durch eine Art Seelenverwandschaft, die Menzel mit Friedrich II. konstruierte, gelang es ihm, für den Zeichner und Maler gehalten zu werden, dessen Bild Friedrichs des Großen nicht nur für Menzels Zeitgenossen stark realistische Züge annahm, sondern auch für uns heute geradezu ikonenhaft wirkt.

Friedrich der Große war nach seinem Tod in Misskredit geraten. Waren den einen seine liberalen Ideen gemessen an der Radikalität der Französischen Revolution zu wenig fortschrittlich, so galt er den anderen durch sein Nähren des preußisch-österreichischen Dualismus als schuldhafter Zerstörer des Heiligen Römischen Reichs Deutscher Nation, das 1806 endgültig zu Grabe getragen wurde. Erst ab den dreißiger Jahren des 19. Jahrhunderts regte sich langsam der Wunsch nach einer Friedrich-Huldigung, die als Gegenreaktion auf die Restaurationszeit immer populärer wurde und immer dringlichere Züge annahm. Der aufgeklärte Monarch Friedrich wurde – als Regent des Volkes – zur Hoffnung des Bürgertums. Von den preußischen Liberalen wurde Friedrich als »säkularisierte[r] Heiland« aufgefasst, als humaner, aufgeklärter Monarch, als Modernist und radikaler Reformer, als Begründer des preußischen Rechtsstaats, als Held der Freiheit und des anti-ständestaatlichen Denkens (Kohle, *Adolph Menzels Friedrich-Bilder,* S. 19 f.). Maßgeblich waren es Künstler und Schriftsteller aus Schlesien, die Friedrich II. in dieser Weise aufzuwerten und damit zu mythisieren bestrebt waren. Dabei hätte es ja auch gerade umgekehrt sein können: Die neueroberte Provinz Schlesien, die über zwei Jahrzehnte lang Schauplatz blutiger Kriegshandlungen mit Schlachtfeldern, zerstörten Dörfern, Landstrichen und Städten gewesen war, hätte in einem Abwehrreflex gegen Friedrich II. verharren und ihn als skrupellosen Machtpolitiker und Kolonisator verteufeln können. Die preußische Umstrukturierung des altständisch geprägten österreichischen Schlesien wurde jedoch als Modernisierung, als Fortschritt positiv empfunden. Friedrich II. ließ ja nicht nur neue Festungsbauten in Schlesien errichten, sondern auch zügig einen neuen Verwaltungsapparat aufbauen, der unter anderem der Landwirtschaft Vorteile brachte. Er erschloss durch die volle Schiffbarmachung der Oder bis Berlin, Magdeburg und bis zur Ostsee für Schlesien neue Märkte, er subventionierte die Tuchmanufakturen und setzte auf die Mechanisierung der Tuchproduktion, er förderte das Berg- und Hüttenwesen mittels technischer Innovationen, unterstützte die oberschlesische Schwerindustrie durch den Bau von Wasserstraßen und durch die Erhöhung der Durchgangszölle, er peuplierte einige Landstriche Schlesiens mit protestantischen Tschechen sowie Zuwanderern aus Mittel- und Westdeutschland und gründete Herrnhuter Siedlungen. Dabei blieb Friedrich II. in dem halb katholischen, halb protestantischen Schlesien bei seiner proklamierten konfessionellen Toleranz – auch den Juden gegenüber übte er sie in begrenztem Maße aus –, womit ihm eine Befriedung der neueroberten Provinz gelang. Sicherlich sah Friedrich die alte, reiche Kulturlandschaft, die im Gegensatz zu seiner kargen Mark stand. Bei seinen Reisen nach Schlesien standen der Zustand der Wege, Felder und Städte, Saatgut, Ernte, Handel, Gewerbe und Bergbau im Mittelpunkt seines Interesses. Viele persönliche Begegnungen des Königs mit den Einwohnern sind bezeugt. Die besondere Zuwendung, die Friedrich seiner neuen Provinz zuteil werden ließ, wird die positive Identifikation der Bevölkerung vorangetrieben haben, waren doch die österreichischen Landesherren so gut wie nie dorthin gereist. Wie sehr sich die Schlesier als zu Preußen gehörig betrachteten, geht aus der Rede des Breslauer Aufklärungsphilosophen Johann Christian Garve hervor, die er zehn Jahre nach dem Tod Friedrichs II. im Jahr 1796 hielt:

> Schlesien ist dem Preußischen Staatskörper so völlig einverleibt, [...] Heyrathen und Amtsversetzungen haben die schlesischen Familien mit Familien aus anderen Provinzen der Monarchie so

vielfach verknüpft, daß nun fast kein Nationalunterschied zwischen den Einwohnern des erstern und des letztern übrig bleibt. [...] Wir Schlesier sind etwas mehr soldatisch geworden. Unser Adel findet sich durch Uniform geehrt [...] Wir sind nunmehro Kinder Einer Familie, die auf ähnliche Weise erzogen, zu einer ähnlichen Denkungsart gewöhnt, durch dasselbe Beispiel eines großen Königs begeistert, sich billiger Weise als Gleiche betrachten und nur durch die zufälligen Vorzüge des Glücks oder der angebohrenen Fähigkeiten von einander zu unterscheiden sind.

(zit. n. Weber, *Die preußische Durchdringung Schlesiens*, S. 112)

Adolph Menzel, *Friedrich der Große auf Reisen,* um 1850, Ölskizze, Berlin, Alte Nationalgalerie. Durch die rasche Beseitigung von Kriegsschäden und die Verwandlung Schlesiens in eine straff organisierte Musterprovinz, die er hier besucht, konnte Friedrich II. seine neuen Untertanen bald für sich einnehmen.

Diese Zuneigung war wechselseitig. In seinem politischen Testament von 1768 beschreibt Friedrich II. den Unterschied zwischen den Schlesiern und den Märkern:

Was die Schlesier angeht, haben sie feines Benehmen, sogar die Bauern; der Adel hat Geist und vorausgesetzt, man begrenzt seinen Leichtsinn, kann man von ihm hervorragende Dienste erhalten, sei es fürs Militär, sei es für den Zivildienst, sei es für Sonderaufgaben, die man ihm gibt.
Die Märker haben weniger Verstand. Sie sind verschwenderisch und leichtfertig, es gibt darunter wenige, die man mit Vorteil verwenden kann. Das Volk ist in seinen Meinungen eigensinnig und ein geschworener Feind von Neuheiten. Es lehnt sogar die Fremden ab, aber es ist nicht schlecht.
(zit. n. Weber, *Die preußische Durchdringung Schlesiens*, S. 111)

Festzuhalten ist, dass Schlesien durch die preußische Eroberung modernisiert wurde und zu größerem Wohlstand gelangte, so dass der Großteil der Bevölkerung sowie maßgebliche Repräsentanten des Geisteslebens für Preußen gewonnen, ja sogar besonders loyale Preußen werden konnten. So verhält es sich auch in der zweiten Hälfte des 19. Jahrhunderts mit dem Schlesier Gustav Freytag. In seiner Abhandlung *Aus dem Staat Friedrich's des Großen* entwickelt er ein umfassendes Charakterbild des Königs, das von einem Verehrungsgestus und gerührter Devotion geprägt ist. Er vergleicht die österreichische mit der preußischen Herrschaft in der Provinz Schlesien:

[...] Lebhaft wurde dort der Gegensatz empfunden, der zwischen der bequemen österreichischen Wirthschaft und dem knappen, rastlosen, alles aufregenden Regiment der Preußen war. In Wien war der Katalog verbotener Bücher größer gewesen als zu Rom, jetzt kamen unaufhörlich die Bücherballen aus Deutschland in die Provinz gewandert, das Lesen und Kaufen war zum Verwundern frei, sogar die gedruckten Angriffe auf den eigenen Landesherrn. [...] In Wien hatte kein Amt für vornehm gegolten, wenn dazu noch etwas Anderes als Repräsentation erfordert wurde, alle Arbeit war Sache der Subalternen, der Kammerherr galt mehr als der verdiente General und Minister;

in Preußen war auch der Vornehmste gering geachtet, wenn er dem Staat nichts nützte, und der König selbst war der allergenaueste Beamte, der über jedes Tausend Thaler, das erspart oder verausgabt wurde, sorgte und schalt. Wer in Oesterreich vom katholischen Glauben abfiel, wurde mit Confiscation und Verweisung bestraft, bei den Preußen konnte zu jedem Glauben ab- und zufallen, wer da wollte, das war seine Sache. [...] Trotz der drei schlesischen Kriege wurde die Provinz weit blühender als zur Kaiserzeit. Einst hatten hundert Jahre nicht ausgereicht, die handgreiflichen Spuren des dreißigjährigen Krieges zu verwischen, die Leute erinnerten sich wol, wie überall in den Städten die Schutthaufen aus der Schwedenzeit gelegen hatten, überall neben den gebauten Häusern die wüsten Brandstellen. Viele kleine Städte hatten noch Blockhäuser nach alter slavischer Art mit Stroh- und Schindeldach, seit lange dürftig ausgeflickt. Durch die Preußen waren die Spuren nicht nur alter Verwüstung, auch der neuen des siebenjährigen Krieges nach wenigen Jahrzehnten getilgt. Friedrich hatte einige hundert neue Dörfer angelegt, hatte fünfzehn ansehnliche Städte zum großen Theil auf königliche Kosten wieder in regelmäßigen Straßen aufmauern lassen, er hatte den Gutsherren den harten Zwang aufgelegt, einige tausend eingezogene Bauerhöfe wieder aufzubauen und mit erblichen Eigenthümern zu besetzen. Zur Kaiserzeit waren die Abgaben weit geringer gewesen, aber sie waren ungleich vertheilt und lasteten zumeist auf dem Armen, der Adel war vom größten Theil derselben befreit, die Erhebung war ungeschickt, viel wurde veruntreut und schlecht verwendet, es floß verhältnißmäßig wenig in die kaiserlichen Kassen. [...] Viele fanden die neue Zeit unbequem, mancher wurde in der That durch ihre Härte gedrückt, wenige wagten zu leugnen, daß es im ganzen weit besser geworden war.
 Aber noch etwas Anderes fiel dem Schlesier an dem preußischen Wesen auf, und bald gewann dies Auffallende eine stille Herrschaft über seine eigene Seele. Das war ein hingebender spartanischer Geist der Diener des Königs, der bis in die niedern Aemter so häufig zu Tage kam.

(Freytag, *Bilder aus der deutschen Vergangenheit*. Bd. 4, S. 263 ff.)

Anders als populäre Anekdotenbilder, die Friedrich II. zum volksnahen Herrscher stilisieren, zeichnet Menzel ihn als intellektuell brillantes, in tragisch-heroischer Vereinzelung und Vergeistigung lebendes Genie, als einsamen Feldherren, der distanziert von seiner Armee und fern von seinem Volk in sich gekehrt seine Entscheidungen trifft. Friedrich war für Menzel und Kugler ein großes Individuum, das in Zeiten der Reichszersplitterung um 1840 als einigende nationale Figur dienen sollte. Durch seine individuellen, weniger durch Geburt als durch eigene Tatkraft erworbenen Verdienste konnte Friedrich zur Symbolfigur der preußisch-deutschen Nation aufsteigen und zur Stärkung des Nationalgefühls sowie zur Stärkung des Bürgertums beitragen.

Adolph Menzel, *Friedrich II. besucht die Fabriken*, 1856, Holzstich. Nicht nur die Wesensart der Schlesier gefiel Friedrich II. an seiner neueroberten Provinz, sondern auch ihre Bodenschätze und Tuchmanufakturen.

Menzel beschäftigte sich mit der Darstellung Friedrichs II. von 1829, als er mit 13 Jahren zwei Lithografien zu Friedrich für die *Geschichte des preußischen Staates* anfertigte, bis 1903, also beinahe 75 Jahre lang. Nach den Illustrationen zur *Geschichte Friedrichs des Großen* folgten um 1850 etwa zweihundert geistvolle und anspielungsreiche Holzstiche zu den *Werken Friedrichs des Großen,* 230 Illustrationen zum Buch *Die Soldaten Friedrichs des Großen,* zwölf zu der Folge *Aus König Friedrichs Zeit* und 436 Lithografien zu dem Tafelwerk *Die Armee Friedrichs des Großen in ihrer Uniformierung.* Diese Stiche teilen sich in zwei opulente Prachtbände mit einer »alleruntertänigsten« Widmung des Künstlers an den König. Menzel erläutert im Vorwort zu Band eins ausführlich, dass er noch existierende Uniformen der friderizianischen Zeit aus der königlichen Montierungskammer geholt, seinen Modellen angezogen und diese dann gezeichnet habe. Vereinigt dieser Band die prachtvollen Uniformen der besonders renommierten Regimenter, der Kürassiere, der Garde du Corps, der Dragoner und der Husaren, die mit ihren Fellmützen und pelzverbrämten Uniformen geradezu operettenhaft wirken, so setzt der zweite Band gemäß der absteigenden Hierarchie die schlichteren Regimenter ins Bild. Nach der durchweg repräsentativen Behandlung der Prachtuniformen kann Menzel nun seine ihm eigenen ironischen Kommentare hin und wieder aufblitzen lassen. Schon die erste Darstellung weicht von der sonst üblichen stolzen Uniformpose ab: Ein Infanterist sitzt, in Rückenansicht, vornübergebeugt auf einem Stuhl. Er ist in Hemd und Unterkleidern abgebildet, und seine Uniform trocknet auf der Leine über ihm. Auf dieses pointierte, bewusst nicht-repräsentative Entree, das der Wahrhaftigkeit des Soldatenalltags verpflichtet ist, folgen dann weitere Infanterieregimenter. Mittendrin, als einer unter Gleichen, sitzt mit einem Mal König Friedrich II. in der Uniform seiner Ersten Leibgarde da, in seinem Interimsrock, seiner Alltagskleidung (s. S. 148). An dieser Stelle erschließt sich die politische Aussage der beiden Großbildbände: Menzel lässt Friedrich sich voller Demut in den hinteren Infanterieregimentern einordnen, er fasst ihn als einen bloßen Diener seines Staates und nicht mal als den ersten auf. Bewusst verzichtet Menzel auf die Darstellung von Pracht- und Galauniformen Friedrichs. Vielmehr zeigt er ihn untergeordnet unter ein militärisches Staatswesen, das er, Friedrich, zwar mitgeschaffen hat, das aber in seiner prachtvollen Festlichkeit nicht etwa der Apotheose des Königs dient, sondern zu einer des Staates selbst entfaltet wird. Menzel entwirft hier eine Utopie des guten Königs, der sich, in ganz uneitler Weise, selbst erniedrigt, um seine Nation zu erhöhen. Die Utopie ist rückwärtsgewandt, da aus der Historie schöpfend, und doch auch als Hinweis, besser als Mahnung für den zeitgenössischen Hohenzollernkönig zu verstehen, sich Friedrich II. zum Vorbild zu nehmen, sich selbst hintanzustellen und alles monarchische Handeln dem Wohl von Nation und Gesellschaft unterzuordnen. Auf die Infanterieregimenter folgen weitere, in absteigender Linie, bis hin zum Invaliden-Korps. Das Ende des zweiten Bandes dann ist Satyrspiel: ein Postmeister samt Postillon, ein Feldprediger mit Bäffchen, ein Feldscherer mit einem Uringlas, ein wenig vertrauenerweckender Feldapotheker und schließlich ein Profos, auf einer Ofenbank sitzend und Ruten zurechtschneidend, bilden die letzten Glieder der friderizianischen Armee, knorrige,

Adolph Menzel, Infanterist in Rückenansicht, um 1850, Lithografie. Mit der Darstellung von Abseiten, Nachtseiten, Rückseiten, Kehrseiten stellte sich Menzel gerne quer zum Erwarteten.

rumpelstilzchenhafte Typen allesamt, denen, sichtbar in ihren exaltierten Gesichtszügen, Menschliches allzu Menschliches eignet, das im Gegensatz zur heiteren Beherrschtheit der sonstigen Armee steht, die sich einschließlich ihres Königs einem höheren Zweck verpflichtet fühlt.

In dieser Zeit, um die Jahrhundertmitte, begann Menzel dann mit seinen berühmten Ölgemälden zu Friedrich, deren beide letzte er 1861 unvollendet abbrach. Viele dieser bekannten Bilder befinden sich in der Alten Nationalgalerie. Schon während seiner Arbeit an den Illustrationen zur *Geschichte Friedrichs des Großen* bemerkte Menzel, »daß ich bloß einmahl so glücklich werden möchte, aus dieser Zeit einen Ziklus großer historischer Bilder malen zu können« (zit. n. *Adolph Menzel*, S. 134).

Die Konzeption eines Friedrich-Zyklus stammte also nicht erst aus der Zeit der Depression nach dem Scheitern der Revolution von 1848, sondern speiste sich noch aus dem Drang der hoffnungsverheißenden Zeit des Vormärz. Friedrich II. wurde von Vertretern progressiver und liberaler Ideen als aufgeklärter Monarch verehrt, als Verfechter religiöser Toleranz, als Modernisierer von Wirtschaft und Verwaltung, als Freund der Philosophie und der Künste. Das war auch Menzels Haltung, die die Themen der ersten Ölskizzen bestimmte. *Tafelrunde Friedrichs II. in Sanssouci* und *Das Flötenkonzert in Sanssouci*, beide in der Alten Nationalgalerie zu sehen, zeigen Friedrich als philosophischen Esprit fort und als Musikliebhaber. Die entsprechenden Ölgemälde folgten 1850 bis 1852. Die Köpfe der zehn um den Tisch der *Tafelrunde* herum sitzenden Figuren sind als Porträts gestaltet. Zum Teil handelt es sich um Militärs, zum Teil um Geistesgrößen: außer Voltaire der Marquis d'Argens, der kunstsinnige Philosoph Graf Algarotti und der Physiker La Mettrie. Fast alle Anwesenden sind Ausländer, zum Teil politische Flüchtlinge, die in Preußen Aufnahme gefunden haben, ein Zeichen für Friedrichs

Weltoffenheit und Toleranz. Im Zentrum der Bildhandlung steht ein Disput zwischen Graf Algarotti, auf der rechten Seite des Tisches vorgebeugt, und Voltaire, der sich zwar Algarotti entgegenbeugt, aber den Blick Friedrichs sucht. Dieser schaut liebevoll-amüsiert Voltaire an, mischt sich aber in die Auseinandersetzung nicht ein, sondern bleibt souveräner Beobachter. Aus der Komposition dieses Dreiecks heraus bezieht das Bild eine heitere Spannung, die den geistigen Hochgenuss der philosophisch-ästhetischen Dispute in Sanssouci verrät – konzentrierter und durch die Kraft der Blicke sich ausdrückend im kriegsbedingt verschollenen Ölgemälde, nervös-flirrender durch die andeutungshafte Malweise in der Ölskizze.

Nicht mehr nur als Beobachter, sondern im Zentrum der Bildhandlung ist Friedrich II. auf dem Gemälde *Das Flötenkonzert* zu sehen, dem wohl populärsten Werk Menzels, das durch Abbildungen in Geschichtsbüchern ins Bildgedächtnis der Deutschen eingegangen ist. Es lebt von Kontrasten. Zunächst steht es im Kontrast zur tageslichtdurchfluteten *Tafelrunde,* die unter dem nicht brennenden Kronleuchter stattfindet. Hier, beim *Flötenkonzert,* wird der abendliche Innenraum vom sanften Licht des entzündeten Kronleuchters erhellt, dessen Schein der Spiegel reflektiert, ein mildes Streulicht zurückwerfend. Der Leuchter kontrastiert mit den Einzelkerzen der Musiker, die nur geringes Licht verbreiten. Die Analogie von Einzelkerzen und Einzelstimmen der Musiker sowie von Kronleuchter und Polyphonie des Konzerts ist von Menzel sicherlich beabsichtigt. Welche Bedeutung der Kronleuchter hatte, lässt sich auch an Menzels schroffer späterer Einschätzung des Bildes erkennen:

> Der König steht da wie ein Kommis, der Sonntags Muttern etwas vorflötet… Überhaupt habe ich's bloß gemalt des Kronleuchters wegen. In der Tafelrunde brennt er nicht – hier brennt er!
> (zit. n. *Adolph Menzel,* S. 150)

Adolph Menzel, *Tafelrunde Friedrichs II. in Sanssouci*, 1848, Ölskizze, Berlin, Alte Nationalgalerie. Die Vorstudie zum gleichnamigen Ölgemälde von 1850, das seit 1945 als verschollen gilt, vermittelt die geistreiche Atmosphäre in Friedrichs »Lustschloss im königlichen Weinberge« zu Potsdam.

Ein weiterer Kontrast findet sich zwischen Schönheit und Hässlichkeit, zwischen der schönen, etwas elegischen Lieblingsschwester Friedrichs in ausladender Toilette auf dem lachsfarbenen Kanapee, und der freundlichen alten Dame rechts daneben, die Menzel in ihrer zahnlosen Hässlichkeit ironischerweise in die Bildmitte gerückt hat. Die Musiker warten auf ihren Einsatz nach Beendigung von Friedrichs Flötensolo, das er in diesem Moment spielt. Menzel begab sich künstlerisch derart in die friderizianische Zeit, in Interieurs und Toiletten hinein, dass dieses Bild zum Inbegriff eines preußischen Rokokoraums werden konnte, angefüllt mit der verdichteten Atmosphäre eines verfeinerten ästhetischen Genusses, ein Bild, das bis heute die Sichtweise auf den Philosophen von Sanssouci prägt.

Adolph Menzel, *Das Flötenkonzert*, 1850–52, Öl auf Leinwand, Berlin, Alte Nationalgalerie. Neben Friedrich II. sind Flötenlehrer Johann Joachim Quantz, Konzertmeister Franz Benda und Carl Philipp Emanuel Bach porträtiert.

Ein weiteres Ölgemälde, das Friedrich in den Mittelpunkt schöngeistiger Interessen rückt, trägt den Titel *Friedrich der Große und die Tänzerin Barbarina* aus dem Jahr 1852, ein leicht anzügliches Rokokosujet in der boudoirhaften Enge eines Raumes, der weich von einer Amourettenlampe erhellt wird. In der Mitte sitzt Friedrich II., umgeben von drei Herren, die auch bei der *Tafelrunde* abgebildet waren, Graf Algarotti rechts kniend, Graf Rothenburg dahinter, links

Adolph Menzel, *Friedrich der Große und die Tänzerin Barbarina*, 1852, Öl auf Leinwand, Frankfurt a. M., Kunsthandel H. W. Fichter. Voltaire begründete die Anziehung Friedrichs durch die Tänzerin mit deren »Männerbeinen«.

Egmont Chasot. Alle vier bewundern die Tänzerin Barbarina, die die spielerischen Huldigungen des in beinahe klerikaler Prachtgarderobe am Boden knienden Grafen Algarotti souverän entgegennimmt. Der König ist jung, heiter und gelöst dargestellt. Tatsächlich hatte er die Tänzerin, um sie für die Berliner Oper zu gewinnen, in abenteuerlicher Weise entführen lassen. Sie tanzte im neu eröffneten Knobelsdorff-Bau von 1744 bis 1748, bis sie des Königs Gunst verlor. In den kleinen Souper-Runden nach der Oper muss es ein Hauptvergnügen Friedrichs II. gewesen sein, die drei eingeladenen Herren als erklärte Liebhaber Barbarinas auszugeben. Er betrachtet amüsiert die Tänzerin, die sich einen der Herren aussucht, Chasot oder Algarotti, und vielleicht – das könnte die ironische Hintergrundlesart des Bildes sein – tut sie das stellvertretend für Friedrich II. selbst, der bekanntermaßen keinen Gefallen an Frauen, sondern an Männern fand. Wie auch immer: Menzel hat auf diesem Bild verschiedene Nationalcharaktere dargestellt, das etwas steifleinerne Deutsche durch Rothenburg, das hintergründig-amüsierte Französische durch Chasot und vor allem das theatralisch-exaltierte Italienische durch Algarotti, dem die Italienerin Barbarina auch am stärksten zustrebt. Friedrich aber sitzt als unbewegter Beweger in der Mitte und betrachtet genießerisch all die Temperamente, die auf engstem Raum an seinem Hofe zur Entfaltung kommen konnten.

Neben Menzels Fokussierung auf die schöngeistigen Seiten Friedrichs II. gibt es eine Gruppe von Bildern, die ihn als guten Landesvater und treuen Freund darstellen, sowie eine weitere Gruppe, die den König als Mittelpunkt politisch-militärischer Geschehnisse thematisieren, die nahezu alle in Schlesien angesiedelt sind.

Ein frühes Ölgemälde des Friedrich-Zyklus, *Die Bittschrift* von 1849, stellt den König als guten Landesvater dar. Im Vordergrund steht ein junges, sonntäglich zurechtgemachtes bäuerliches Paar, das dem heranreitenden Friedrich eine Bittschrift übergeben möchte. Die Spannung des Gemäldes resultiert aus den letzten, beinahe verzweifelten Erwägungen vor allem der Bauersfrau im sehr kurzen Moment vor

Adolph Menzel, *Die Bittschrift*, 1849, Öl auf Leinwand, Berlin, Alte Nationalgalerie. Der Neubau des Neuen Palais im Hintergrund zeigt den trotz des zehrenden Siebenjährigen Krieges ungebrochenen Machtwillen Friedrichs.

dem Vorbeireiten des Königs. Vermutlich geht es ihr um die richtige Ansprache, die richtige Haltung, die richtige Form, die Aufmerksamkeit des Königs zu erregen. Menzel hat diesem Gesicht, diesem in Dringlichkeit angespannten Körper die meiste Kraft verliehen. Friedrich, der die beiden bereits registriert hat, strahlt eine interessierte Bereitwilligkeit aus, die die Bauersleute, vor allem die Frau, aus ihrer qualvollen Anspannung wird erlösen können. Hier thematisiert Menzel die Fürsorge des alternden Friedrich gegenüber seinen Untertanen. Die Menzelforschung sieht dieses Gemälde im Zusammenhang mit den Ereignissen von 1848, als durch viele Petitionen an die preußische Nationalversammlung die Kluft zwischen Volk und Regierung immer deutlicher zu werden begann. Die Darstellung des Neuen Palais im Hintergrund verortet das Bild zeitlich und topografisch. Vergeblich versuchte Menzel, *Die Bittschrift* dem König zum Kauf anzubieten. Der damalige Generaldirektor der Museen, »ein Hofmann der guten alten Zeit, verlangte, daß ich den Weg, den der König entlangreitet, gleichsam planieren und säubern sollte. Er schien ihm nicht courfähig. Aber das [...] konnte ich nicht erfüllen; ich habe es vorgezogen, ein Jahr zu darben.« (zit. n. Lammel, *Adolph Menzel*, S. 36)

Menzel hatte mehrere Konflikte um Bilder des Friedrich-Zyklus auszuhalten. Da der Zyklus bekenntnishaft angelegt war, verwahrte sich Menzel immer wieder gegen Eingriffe in seine künstlerische Autonomie.

In die Reihe der Bilder des menschlich anrührenden Königs, des guten Landesvaters, gehört, neben dem Ölgemälde *Friedrich der Große und General Fouqué* von 1852, das den König als treuen Freund zeigt, auch das Ölgemälde *Friedrich der Große auf Reisen* aus den Jahren 1853/54, das im Krieg schwer beschädigt wurde. Eine kleine Ölskizze befindet sich in der Alten Nationalgalerie Berlin (s. S. 85). Gezeigt wird ein im Wiederaufbau begriffener, während des Siebenjährigen Krieges zerstörter schlesischer Ort, den Friedrich II., der soeben seine Kutsche verlassen hat, zu Fuß durchquert, um sich anhand der Baupläne, die der Geheime Rat von Brenckenhof in der Hand hält, selbst von den Fortschritten der Aufbauarbeiten zu überzeugen. Die Bevölkerung des Ortes, rechts einfache Leute, links Adlige, sind in Verehrungsposen dem König gegenüber begriffen. Die Adligen in aufwendiger Toilette verbeugen sich und küssen seinen Rocksaum, die einfachen Leute greifen danach und nach seiner Hand, um diese zu küssen. Die Huldigungen erträgt Friedrich, aber er hat keine Zeit für lange Zeremonien. Da er zu Fuß geht, befindet er sich auf einer Augenhöhe mit den Dorfbewohnern, wodurch eine gewisse Gleichheit hergestellt wird. Dennoch begibt er sich durch seinen abweisend-gehetzten Blick auf Distanz zu der

Bevölkerung um ihn herum, anders als auf dem im Zweiten Weltkrieg schwer beschädigten Ölgemälde, auf dem Friedrich zugänglicher wirkt und beinahe den Eindruck eines Wanderers erweckt, der ein klares Ziel vor Augen hat und sich nicht aufhalten lassen möchte.

Ein Holzstich Menzels, *Friedrich II. besucht die Fabriken* aus dem Jahr 1856, hat ein ähnliches Sujet zum Inhalt, den Wiederaufbau der Provinz Schlesien (s. S. 88). Hier handelt es sich um die Besichtigung einer schlesischen Leinenweberei durch den König, der sich an der Arbeit einer am Webstuhl sitzenden Frau interessiert zeigt. Die schlesische Leinwand sah Friedrich II. als eine hervorragende Goldquelle an. Der hauptsächliche Erlös blieb allerdings nicht den armen Webern, Spinnern und Bleichern, sondern ging an die großen Handelshäuser. Aus diesen Ungerechtigkeiten heraus entwickelte sich über ein Jahrhundert hinweg sozialer Sprengstoff, den Gerhart Hauptmann mit seinem Drama *Die Weber* gestaltete und auf die Bühne brachte. An dieser Stelle interessieren Menzel die sozialen Verwerfungen noch nicht. Hier sieht er nur Friedrich als den guten, sorgenden Landesvater. Das friderizianisch-poetische 18. Jahrhundert hält Menzel in seinem Werk von den Aspekten der frühen Industrialisierung und der sozialen Ungerechtigkeiten frei. Erst das zeitgenössische prosaische 19. Jahrhundert stellt Menzel als Schauplatz industrieller und sozialer Umwälzungen dar.

Vier der fünf nachfolgenden Ölgemälde sind wiederum in Schlesien angesiedelt, in Breslau, Neiße, Lissa und Leuthen. Hier handelt es sich um die Gruppe der Gemälde, die Friedrich II. ins Zentrum politisch-militärischer Aktionen stellt.

Das Gemälde *Friedrich der Große bei der Huldigung der Stände Schlesiens, am 7. November 1741* entstand im Jahr 1855 im Auftrag des Schlesischen Kunstvereins. Es erinnert an die Eroberung des vormals österreichischen Schlesien nach dem Ersten Schlesischen Krieg durch Friedrich II., dem gegenüber die schlesischen Stände nun ihre Loyalität bekunden sollten. Das symbolträchtige Reichsschwert, auf das die versammelten Honoratioren im Fürstensaal des Rathauses zu Breslau einen Eid ableisten sollten, war vergessen worden, so dass das höfische Zeremoniell beinahe nicht hätte stattfinden können. Aber geistesgegenwärtig zog Friedrich seinen Degen und ließ die Versammelten darauf schwören. Diese »spontane Genialität seines Idols« (Kohle, *Menzel als Historienmaler*, S. 487) stellt Menzel in den Mittelpunkt seines Gemäldes, das wieder von Kontrasten lebt: Die souverän-lässige Haltung des jungen Königs steht in starker Spannung zum unschlüssigen, ratlos-erschreckten, dem Betrachter zugewandten Eulengesicht des älteren Dieners, der Friedrichs Degen enthüllt. Ebenfalls kontrastieren die einfache militärische Uniform des Königs mit der Galakleidung der Honoratioren, seine schlanke, biegsame Figur mit der schranzenartigen Beleibtheit einiger

Adolph Menzel, *Friedrich der Große bei der Huldigung der Stände Schlesiens, am 7. November 1741*, 1855, Öl auf Leinwand, Berlin, Alte Nationalgalerie. Die Standesvertreter verhalten sich skeptisch bis zustimmend.

Standesvertreter. Das steife, höfische Zeremoniell wird durch Friedrichs spontane Eingebung verlebendigt, was wiederum Menzels Vorliebe für die Darstellung eines geistreich-beseelten Königs zeigt.

Das nächste Bild des politisch-militärischen Friedrich trägt den Titel *Begegnung Friedrichs II. mit Kaiser Joseph II. in Neiße im Jahre 1769* aus den Jahren 1855 bis 1857. Im Mittelpunkt des Bildes steht die Begegnung der beiden führenden Herrscher des Deutschen Reiches, die zu einer Verbesserung der preußisch-österreichischen Beziehungen nach Beendigung des Siebenjähriges Krieges und den Konflikten um Schlesien führen sollte.

Joseph II. eilt die Treppe empor, um geradezu stürmisch den ihm von oben entgegenkommenden Friedrich II. bei den

Adolph Menzel, *Begegnung Friedrichs II. mit Kaiser Joseph II. in Neiße im Jahre 1769*, 1855–57, Öl auf Leinwand, Berlin, Alte Nationalgalerie. Anders als hier gestaltete Menzel die Begegnung in der Illustration zu Kugler eher förmlich.

Händen zu packen und zu begrüßen. Die Gesichter der beiden Regenten sind im Profil gegeben, und sie sind sich bei ihrem Blickkontakt so nahe, dass ihre Nasen beinahe aneinanderzustoßen drohen. Die Blicke der großen, aufgerissenen Augen scheinen ineinander zu verschmelzen. Joseph und Friedrich setzen sich über das sonst übliche strenge Begrüßungszeremoniell hinweg und zelebrieren im barocken Treppenhaus des Neißer Bischofspalais ihre Freundschaft. Die innige Wärme, die Vertrautheit der beiden Herrscher wird von den sie umgebenden Figuren der Höfe in verschiedener Weise mimisch-gestisch kommentiert – neugierig-empathisch, überrascht, streng, sogar missbilligend. Menzel aber erlaubt sich auf seinem Bild mit der ihm eigenen Nonchalance eine Freiheit der menschlichen Begegnung zweier Machtpolitiker. Und er versäumt es auch nicht, seine vom Teppich leicht verhüllte Signatur in augenzwinkernder Demutsgebärde auf der Stufe anzubringen, auf der auch Friedrich II. steht.

Das Gemälde aus der Gruppe der politisch-militärischen Friedrich-Bilder, an dem Menzel zwischen 1850 und 1856 am intensivsten arbeitete, trägt den Titel *Friedrich II. in der Schlacht von Hochkirch in Sachsen am 14. 10. 1758*. Es ist am Ende des Zweiten Weltkriegs wahrscheinlich zerstört worden. Die Schlacht bei Hochkirch im Jahr 1758 gegen die Österreicher endete mit einer schweren Niederlage der Preußen, da diese auf den nächtlichen Überraschungsangriff des Gegners nicht vorbereitet waren. Es handelt sich also um ein Nachtsujet, was Menzel schon in der entsprechenden Illustration der Kugler-Biografie radikal herausarbeitet: nichts als undurchdringliche, geisterhafte Schwärze ist zu sehen, punktweise dramatisch von Bränden beleuchtet, vor denen die Silhouetten von Gewehrkolben sichtbar werden. Auch das Ölgemälde zeigt ein Nachtstück. Allerdings nehmen die lodernden Brände einen größeren Raum ein, so dass die

Szenerie des Kampfes nicht gänzlich von der Schwärze verschluckt, sondern, wenn auch in gespenstischer Weise, stärker beleuchtet wird. Brände in der Nacht waren wegen der malerisch gewinnbringenden Lichteffekte ein bevorzugtes Sujet Menzels. Mehrfach ließ er sich von Nachtwächtern gegen Belohnung bei nächtlichen Bränden wecken. Im *Hochkirch*-Bild zeigt Menzel nur die preußische Seite der Schlacht. Die Österreicher sind von Rauch und Feuer verhüllt. Der Schrecken der unerwarteten nächtlichen Attacke ist allen Soldaten, deren Gesichter zu erkennen sind, anzumerken, ebenso ihre verzweifelte Entschlossenheit. Eine gespreizte Hand ragt aus dem Dunkeln auf. Friedrich II. prescht auf einem Schimmel durch seine ungeordnet wirkenden Reihen. Seine ganze Gestalt, seine aufgerissenen Augen, sogar sein Pferd drücken

Adolph Menzel, *Friedrich II. in der Schlacht von Hochkirch in Sachsen am 14. 10. 1758*, 1850–56, Öl auf Leinwand, ehem. Berlin, Alte Nationalgalerie. In einer Anekdote nannte Menzel den Transport des Bildes zur Alten Akademie einen »quasi Leichenzug« .

Panik und Entsetzen aus. Dies ist kein Heldenbild. Es zeigt den kurzzeitig aus der Schwärze der Nacht aufblitzenden Moment einer Schlacht, die nicht zu gewinnen sein wird. Menzel selbst nannte es das Riesenbild einer Niederlage. In der zeitgenössischen Beurteilung stieß dieses Werk aufgrund der mangelnden Heldenpose Friedrichs auf Unverständnis und Ablehnung. Zwar ist Friedrich II. auf dem Gemälde aus der Menge der Soldaten hervorgehoben, er wirkt aber eher isoliert als tonangebend, so dass die zeitgenössische Kritik mit dem Vorwurf reagierte, Menzel habe den König in ein fahles Gespenst verwandelt. Zudem ist die Friedrich-Figur überproportional verkleinert. Das Bild taugt nicht zu einer Apotheose der preußischen, der friderizianischen Geschichte.

Trotz der mangelnden Heldenpose Friedrichs II. war Menzels *Hochkirch*-Bild das erste, für das der preußische Hof Interesse zeigte. Der Transport des großformatigen Bildes durch Menzels enges Treppenhaus in der Ritterstraße zur Großen Akademischen Ausstellung wurde sowohl von Theodor Fontane als auch von Menzel selbst anekdotisch geschildert. So waren im Treppenhaus die Knäufe am Geländer, Kugeln mit Spitzen, im Weg, die das Gemälde hätten zerstören können: »Menzels Hauswirt, nachdem er den Wirt in sich besiegt, erschien mit einer Handsäge, sägte persönlich die Treppenknäufe ab und machte dadurch das Defilée frei« (Fontane zit. n. Wirth, *Mit Adolph Menzel in Berlin*, S. 68).

Das vorletzte Bild der politisch-militärischen Friedrich-Gemälde ist mit der nonchalanten Begrüßungsformel des Königs *Bon soir, messieurs* betitelt, im Untertitel *Friedrich II. nach der siegreichen Schlacht bei Leuthen (05. 12. 1757)*. Zugrunde liegt eine Episode, an deren Realitätsgehalt wohl zu Recht gezweifelt wird, die aber von der Geschichtsschreibung gerne dazu benutzt wurde, Friedrichs Unerschrockenheit, ja kaltblütige Unverfrorenheit zu würdigen: Der siegreiche König eilt seiner Armee voraus und rückt nur mit einem kleinen

Trupp Husaren auf der Suche nach einem Nachtlager in die noch österreichisch besetzte schlesische Stadt Lissa ein. Er begrüßt die zahlenmäßig weit überlegenen österreichischen Offiziere im dortigen Schloss mit folgenden entwaffnenden Worten: »Bonsoir, messieurs! Gewiss werden Sie mich hier nicht vermuten. Kann man hier auch noch mit unterkommen?« Dann vertreibt er sich die Zeit bis zum Eintreffen seiner Soldaten mit Konversation mit den feindlichen Offizieren,

Adolph Menzel, »Bon soir, messieurs« – Friedrich II. nach der siegreichen Schlacht bei Leuthen (05.12.1757), 1856, Ölskizze, Berlin, Alte Nationalgalerie. Friedrich besucht den Feind.

die ihn aus lauter Überraschung nicht festnehmen. So die Legende. Menzel wählt aus dieser Szene den Moment des Eintretens und Fragens aus, weil er in ihm wieder die spontane, ja beinahe tollkühne Genialität Friedrichs verbildlichen kann. Sowohl in der flüchtigen, wie eine aufgeregte Vision wirkenden Ölskizze von 1856 in der Alten Nationalgalerie als auch im unvollendet gebliebenen Ölgemälde von 1858 gelingt es Menzel, den Moment der Überrumplung, das heitere Unangefochtensein des Hasardeurs und das wilde Erstaunen seiner Feinde in Szene zu setzen. Mit dynamischem Schwung betritt Friedrich II. die Höhle des Löwen, umgeben von einem auratischen Schutz seinen Feinden die Stirn bietend. Hubertus Kohle spricht von einer »säkularisierte[n] Erscheinungsdarstellung« (Kohle, *Adolph Menzels Friedrich-Bilder*, S. 97), von einer christusähnlichen »Sakralisierung der Herrscherfigur« (ebd., S. 98) in diesem Bild.

Der Auftraggeber für dieses Gemälde war Victor von Hohenlohe-Schillingsfürst, seit 1840 Herzog von Ratibor. Es ist anzunehmen, dass diesem an einem Stoff gelegen war, der Friedrich II. in enger Verbindung mit Schlesien zeigte, die sich auf diesem Bild vielleicht mit dem Paradox heiter-dramatisch fassen lässt. Später allerdings zog der Herzog von Ratibor den Auftrag zurück, wohl, weil seine Frau den Menzel'schen Entwurf als zu wüst empfand.

Das letzte Gemälde dieser politisch-militärischen Bildergruppe ist das ebenfalls unvollendet gebliebene Bild *Ansprache Friedrichs II an seine Generale vor der Schlacht bei Leuthen 1757*, an dem Menzel von 1859 bis 1861 arbeitete. Die Schlacht bei Leuthen geht der *Bonsoir-Messieurs*-Szene in Lissa voraus: Preußen gewann die Schlacht gegen die Österreicher, obwohl diese dreimal so viele Soldaten ins Feld führen konnten. Berühmt wurde die preußische Taktik der schrägen Schlachtordnung, die allerdings sehr hohe Verluste an Menschenleben zur Folge hatte. Zwei Tage vor der Schlacht hatte Friedrich II. seine Generale um sich versammelt und ihnen das Risiko des bevorstehenden Kampfes erläutert. Er versuchte, die Generale durch Überredung für sein gefahrvolles Unternehmen zu gewinnen, und stellte ihnen gleichzeitig frei, ihn und die Armee bei Nichtgefolgschaft verlassen zu können:

> Es ist hier nicht die Frage von der Anzahl der Feinde, noch von der Wichtigkeit ihres gewählten Postens; alles dieses, hoffe ich, wird die Herzhaftigkeit meiner Truppen und die richtige Befolgung meiner Dispositionen zu überwinden suchen. Ich muß diesen Schritt wagen, oder es ist alles verloren; wir müssen den Feind schlagen, oder uns alle vor seinen Batterien begraben lassen. So denke ich – so werde ich handeln. Machen Sie diesen meinen Entschluß allen Offizieren der Armee bekannt; bereiten Sie den gemeinen Mann zu den Auftritten vor, die bald folgen werden, und kündigen Sie ihm an, daß ich mich berechtigt halte, unbedingten Gehorsam von ihm zu fordern. Wenn Sie

übrigens bedenken, daß Sie Preußen sind, so werden Sie sich gewiß dieses Vorzuges nicht unwürdig machen; ist aber einer oder der andre unter Ihnen, der sich fürchtet, alle Gefahren mit mir zu teilen, der kann noch heute seinen Abschied erhalten, ohne von mir den geringsten Vorwurf zu leiden.

(zit. n. Kugler, *Geschichte Friedrichs des Grossen*, S. 356 ff.)

Adolph Menzel, *Ansprache Friedrichs II. an seine Generale vor der Schlacht bei Leuthen 1757*, 1859–61, Öl auf Leinwand, Berlin, Alte Nationalgalerie. Eine meisterhafte Darstellung innerer Dramen um Leben und Tod.

Menzel hatte sich also die schwierige Aufgabe gestellt, innere, existentielle Dramen fern von Waffen, Feuer, Pathos und großen Kampfesgesten ins Bild zu setzen. Er selbst sprach von einem moralischen Eindruck, den es festzuhalten gelte. Er gestaltet den inneren Kampf der Generale, der von der Frage nach Leben oder Tod ausgelöst wird. Ihre Mienen drücken finstere Überlegungen dahingehend aus, ob überhaupt eine Möglichkeit besteht zu siegen oder ob die bevorstehende Schlacht den lemminghaften Untergang der preußischen

Armee bedeuten wird. Auf den Zügen der Generale und in ihrer Gestik zeigen sich Nachdenklichkeit, Skepsis, Unverständnis, Hochmut, mürrischer Widerspruch. Von dem späteren Sieg ist hier noch nichts vorweggenommen. Menzel malt tatsächlich den Zeitpunkt *vor* der Schlacht, deren höchst ungewisser Ausgang Unwillen und Misstrauen einflößt. Das Bild huldigt einem Realismus, der die Spannungen aushalten kann, die das Pathos gezwungen ist zu nivellieren. Schon in die Landschaft, die Menzel als erstes malte, sind Verwerfungen mit eingegangen: zerwühlte Erde, zertretener Schnee, zerdrücktes Gras drücken bei allem Realismus der Darstellung Widersprüche aus, Spannungen, Komplexitäten, wie sie auch im miteinander unlösbar verzahnten Astwerk der kahlen Bäume oben rechts im Bild sichtbar werden. Das kompliziert ineinandergebreitete Geäst befindet sich in einem Spiegelverhältnis zu dem komplexen Geflecht der versammelten Generale. Das Bild wurde nicht nur nicht vollendet, sondern der alte Menzel zerkratzte auch noch die Gesichter einiger Generale bzw. ließ sie von einem hochgewachsenen Modell zerkratzen, allen voran das des Husarengenerals Zieten, rechts hinter dem König. Woher rührte die Unmöglichkeit, das verheißungsvoll begonnene Bild zu vollenden, woher rührte diese Aggressivität des Malers?

In seiner Arbeit unterbrochen wurde Menzel durch den großen Auftrag Wilhelms I., ein Bild von dessen Krönung in Königsberg zu malen, das ebenfalls in der Alten Nationalgalerie zu sehen ist. Menzel nahm das *Leuthen*-Bild mit in sein neues Atelier, das ihm eigens im Berliner Schloss eingerichtet worden war, ein Hinweis darauf, dass Wilhelm I. auch dieses Gemälde nach Fertigstellung erwerben wollte. Doch war die Arbeit am *Leuthen*-Bild blockiert. Möglicherweise hatte Wilhelm I. die Kompositionsidee – also die geplante Gleichgeordnetheit Friedrichs II. – kritisiert und eine Revision verlangt, durch welche der skeptische Hoch- und

Unmut der Generale reduziert, und Friedrich mittels eines Halbkreises um ihn her mehr Autorität eingeräumt werden sollte. Spuren von Kreideskizzen auf dem Bild sprechen für eine derartige, von Menzel erwogene Korrektur. Aber dem Maler, der seine künstlerische Autonomie unbedingt gewahrt wissen wollte, muss das Unmögliche und Zerstörerische solcher Korrekturen bewusst geworden sein – anstatt die Kreidestriche zu tilgen, rächte er sich an dem unvollendeten Werk und zerkratzte in radikaler Weise die Gesichter einiger Generale unwiderruflich.

Das unvollendete *Leuthen*-Gemälde ist das letzte der zum Teil großformatigen Bilder des Friedrich-Zyklus. Was nun noch folgt, sind vier kleinformatige Gouachen mit Motiven aus der Kronprinzenzeit Friedrichs in Rheinsberg, Auftragsarbeiten für den Berliner Kunstsammler und Fabrikanten Kommerzienrat August Wilhelm Kahlbaum, die um 1861 entstanden. Drei der Bilder, *Wasserfahrt in Rheinsberg,* das den lesenden Kronprinzen auf einem Kahn zeigt, *Hofball in Rheinsberg,* auf dem eine zusammengedrängte Menge Tanzender, darunter Kronprinz Friedrich und seine Frau, in teilweise bizarren Bewegungen zu sehen sind, und *Lakaien und Kammerhusaren im Vestibül des Schlosses zu Rheinsberg* werden selten reproduziert. Anders das vierte, *Kronprinz Friedrich besucht den Maler Pesne auf dem Malgerüst in Rheinsberg.* Diese Gouache schließt den Bogen zu den ersten Ölgemälden des Friedrich-Zyklus, die den König als kunstliebenden Schöngeist thematisieren. Hier steigt der Kronprinz über – nicht sichtbare – Leitern auf ein Malgerüst, auf dessen Zwischenetage Franz Benda zur Inspiration des Malers Geige spielt, während Antoine Pesne oben mit einem leicht verhüllten weiblichen Modell Posen einstudiert, die er für sein halbfertiges Deckenfresko benötigt. Menzel zeigt hier eine Momentaufnahme aus der künstlerischen Werkstatt, er zeigt das Vorläufige des künstlerischen Prozesses und seine

Adolph Menzel, *Hofball auf Schloß Rheinsberg*, 1861, Gouache, Schweinfurt, Sammlung Georg Schäfer. Beauftragt von Friedrich Wilhelm IV. hatte Menzel bereits 1853 in Erinnerung an das »Fest der Weißen Rose« Deckfarbenbilder zu Mummenschanz, Turnieren und Ritterspielen am brandenburgisch-preußischen Hof gemalt, auf denen auch die Zeit und die Person Friedrichs II. eine Rolle spielen.

Materialität. Die vorne im Bild, also quasi im Weg liegende Gliederpuppe ist zugunsten eines lebendigen Modells verworfen, ein in seine Arbeit versunkener Gehilfe reinigt eine Palette, der Geigenspieler lauscht in einer gewissen Traumverlorenheit seiner Musik nach, und Maler und Modell in der obersten Gerüstetage sind in anmutigen Drehungen begriffen und ähneln sich dadurch bereits den Deckenfresken an, gehen also ganz in der Kunstproduktion auf. Was hat in dieser der Kunst vorbehaltenen Sphäre Kronprinz Friedrich mit seinem skeptisch schauenden Gefolge zu suchen? Hier geht es nicht mehr bloß um Friedrich als Philosophen, als Flötenspieler, als Kenner der Schönen Künste. Der König wird auch als Auftraggeber gezeigt, zum einen, ganz realistisch

Adolph Menzel, *Kronprinz Friedrich besucht den Maler Pesne auf dem Malgerüst in Rheinsberg*, 1861, Gouache, Berlin, Alte Nationalgalerie. Die Beine seines neobarocken Stuhls, den Menzel auf dem Gerüst darstellte, hatte er absägen lassen, damit er bequem darauf Platz nehmen konnte.

in diesem Bild festgehalten, von Pesne, der ihm sein Schloss mit allegorischen Deckengemälden ausschmückt, zum anderen von Menzel selbst.

In diesem Zusammenhang ist eine Zeichnung des Künstlers zu verstehen, die als Vorstudie zu dieser Pesne-Gouache gilt, auf der aber Menzel eine ebenso tänzelnde Figur mit den Zügen seines Selbstbildnisses versieht – ein klarer Hinweis auf eine momentane Identifizierung mit dem berühmten Hofmaler aus der friderizianischen Zeit. Zum anderen ist der Stuhl, der auf dem Gerüst steht, Menzels eigener, der seinen Körpermaßen angepasst war und der in seinem Atelier stand. Dieser Stilbruch, einen neobarocken Stuhl aus Menzels Zeit in das Rheinsberg des Kronprinzen Friedrich zu stellen, ist beabsichtigt: Menzel macht sich damit – im vollen Bewusstsein seines eigenen Verhaftetseins im 19. Jahrhundert – zum Maler Friedrichs des Großen. Dieser ist sein fiktiver Auftraggeber, für Menzel daher der Garant seiner künstlerischen Autonomie, die er, durch die Änderungswünsche seines damaligen realen Auftraggebers, Wilhelm I., beispielsweise hinsichtlich des *Leuthen*-Bildes, aber auch bei anderen Gemälden und Königen vorher, bedroht fühlte. Diese kleine poetische Gouache lässt sich als Allegorie auf die Autonomie der Kunst lesen und stellt gleichzeitig die rückwärtsgewandte Utopie des idealen, für Menzel einzig wahren Auftraggebers dar, Friedrich, der gleichzeitig auch Quelle und Inspiration seines Schaffens war.

1852 hatte Menzel einen großen Band mit Zeichnungen unter dem Titel *Aus König Friedrich's Zeit. Kriegs- und Friedens-Helden* vorgelegt, in dessen Neuauflage von 1886 es in einer Werbung des Verlages heißt:

> Noch heute, nachdem ein Jahrhundert über der Gruft des grossen Friedrich dahingezogen, lebt sein und seiner Helden Gedenken in dem Herzen ihres dankbaren Volkes. Dass diese gewaltigen Gestalten vergangener Tage, der alte Fritz und Zieten, Seydlitz und der alte Dessauer, auch verkörpert vor unserem Auge stehen, das verdanken wir der Meisterhand des ersten unserer lebenden deutschen Künstler, des Altmeisters *Adolph Menzel*. Dank seinem lebensprühenden Griffel sind diese Kriegs- und Friedenshelden aus König Friedrichs Zeit heute voll und ganz Eigenthum der deutschen Nation.

Hier, in der Zeit des deutschen Kaiserreiches und des aufkommenden Nationalismus, klingt die ungerechtfertigte Vereinnahmung Menzels und Friedrichs II. durch die letzten Hohenzollernkaiser Wilhelm I. und Wilhelm II. an, die letztlich dazu führte, dass viele der Menzelschen Frideriziana nach Ende des Zweiten Weltkriegs in Verruf, Misskredit und schließlich in Vergessenheit gerieten.

Dabei war Menzel keinesfalls der Maler von Preußens Gloria, im Gegenteil. Er wohnte 1873 der Öffnung der Gruft unter der Garnisonkirche in Berlin bei, woraufhin er schonungslose Blätter halbverwester Leichname anfertigte, so von der *Leiche des Feldmarschalls Keith,* dessen über hundert Jahre in der Gruft gelegenen Leichnam Menzel physiognomisch sofort identifizierte. Keith sitzt an Menzels *Tafelrunde Friedrichs II.* und fiel 1758 im Siebenjährigen Krieg bei der Schlacht um Hochkirch. Menzel war also nicht nur der Porträtist geistreichen oder militärisch-gefahrvollen Lebens, sondern auch des entwürdigenden, da nur noch Reste übriglassenden Todes. In jedem Falle aber zeigen diese Porträts von Leichnamen Menzels Besessenheit, sich der Geschichte in all ihren Licht- und Schattenseiten vergewissern zu müssen. An dieser Stelle wird noch einmal deutlich, wie sehr Menzel sich mit Friedrich imaginär identifizierte: So wie jener an der Öffnung der Gruft unter der Garnisonkirche teilnahm, ließ dieser 1750 – so will es die anekdotenhafte Überlieferung – bei der Umbettung dreier Hohenzollernsärge den Schlüter'schen Prachtsarkophag des Großen Kurfürsten Friedrich Wilhelm öffnen und den noch wohlerhaltenen Leichnam seinem Gefolge mit folgenden Worten zeigen: »Messieurs, der hat viel getan!« Diese Szene malte Menzel 1878 unter dem Titel *Friedrich der Große am geöffneten Sarge des Großen Kurfürsten* für Gustav Freytags *Bilder aus der deutschen Vergangenheit,* sie wirkt durch den gelösten Gesichtsausdruck des Königs heiter und leicht. So wie Friedrich

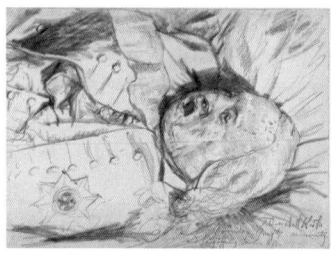

Adolph Menzel, *Leiche des Feldmarschalls Keith in der Gruft der Garnisonkirche in Berlin*, 1873, Bleistiftzeichnung, Berlin, Kupferstichkabinett. Unten rechts schrieb Menzel: »Feldmarschall Keith, mumienartig«.

sich seiner Ahnen vergewissert, so vergewissert sich Menzel gut konservierter Gestalten der Historie als seiner fiktiven Auftraggeber.

Im Jahr 1903, kurz vor seinem Tod, zeichnet Menzel mit dem Bleistift *Friedrich der Große zu Pferde,* ein impressionistisch hingehauchtes Blatt von visionärer Kraft. Hubertus Kohle sieht darin einen »späten Beleg für die imaginäre Schicksalsgemeinschaft« (Kohle, *Menzel als Historienmaler,* S. 483) zwischen Menzel und Friedrich II. Das Blatt zeigt einen auf den Betrachter zureitenden König, »dem ein Engel ein ablaufendes Stundenglas hinhält. Wenig gehört dazu, diesen Hinweis auf die Endlichkeit des Lebens, angesichts der Tatsache, daß Menzel zum Zeitpunkt der Entstehung des kleinen Blattes volle 88 Jahre alt ist, auch auf den Künstler selber zu beziehen.« (ebd.)

Damit enden Menzels Frideriziana und der schlesisch geprägte Verehrungsgestus einem König gegenüber, dessen Bild Menzel bis heute mit bestimmt hat. Gibt es darüber hinaus typisch schlesische Züge bei Menzel? Obwohl sich der Maler, unter anderem auch aus Angst vor Spott über seine geringe Körpergröße, zunehmend einen Panzer der Schroffheit und der Unzugänglichkeit zugelegt hatte, so dass Max Liebermann von ihm sagen konnte, er sei grässlich wie alle Märker, wurzelte er doch in Schlesien. Nachgewiesenermaßen sprach er mit schlesischem Akzent und bediente sich oft schlesischer Ausdrücke. Auch in den Briefen an seine schlesische Verwandtschaft ist schlesischer Dialekt überliefert. Viele Reisen Menzels nach Schlesien sind belegt, so die von 1844 zu seiner Verwandtschaft nach Jauer und Striegau. Diese Fahrt wurde für Menzel wohl zu einem Schlüsselerlebnis, da sie zu einem neuen malerischen, geradezu vorimpressionistischen Blick führte. Nach seiner Reise schrieb Menzel:

Meine Zeit füllt sich jetzt aus mit Malen, (nach der Natur, was ich ja früher noch gar nicht getrieben habe) Kupferradiren und Zeichnen.

(zit. n. Riemann-Reyher, *Der Zeichner*, S. 448)

Drei Jahre später schrieb er aus Thüringen an seine im schlesischen Jauer weilende Schwester:

[…] Wolkenschatten und Sonnenflächen und Farben – o Gott. Ich habe 1 000 000 mal an Euch gedacht, säßet Ihr nicht selbst mitten in Ähnlichem, ich hätt geflennt …

(zit. n. *Adolph von Menzel*, S. 44)

Hierzu kommentiert Marie Riemann-Reyher:

Menzel gedachte in Thüringen der ebenso schönen heimatlichen Gegenden und fiel dabei scherzend in schlesischen Dialekt. Er erinnerte sich seines glücklichen Aufenthaltes dort vor drei Jahren. Es wäre denkbar, daß ihn die Landschaft Schlesiens dazu angeregt hat, erstmals Ölbilder nach der Natur zu malen.

(Ebd.)

Die Reise von 1844 führte Menzel wohl auch nach Breslau, wo er einige Kirchen zeichnete. 1856 fuhr er, soweit überliefert, noch einmal nach Schlesien, nach Lissa und nach Neiße, um die Schauplätze einiger Episoden aus den Schlesischen Kriegen vor Ort zu studieren. Er skizzierte in Lissa

Adolph Menzel, *Innenraum der Klosterkirche in Grüssau*, 1856, Bleistiftzeichnung, Berlin, Kupferstichkabinett.

das Schloss, Teile der barocken Inneneinrichtung, Rokokodetails. In Neiße hielt er den Marktplatz samt der Marktfrauen fest. Die Rückfahrt muss Menzel über Kamenz und Grüssau geführt haben, da Zeichnungen der dortigen barocken Klöster und Kirchen überliefert sind.

Immer wieder wird von Kritikern die sehr spezielle und sehr fruchtbare Mischung aus nüchternem Blick bei gleichzeitiger Tiefe des Gemüts bis hin zur Verehrungshaltung und gleichzeitig ebenso scharfem Witz hervorgehoben. Ironie und Pointenreichtum ziehen sich durch Menzels gesamtes Werk. Die Frage ist, ob sich diese Melange als rein individuelle ansehen oder ob sie sich in einem größeren Zusammenhang verstehen lässt. Die Berliner Kunsthistorikerin Irmgard Wirth schrieb über Menzels Verhältnis zu Schlesien:

> Menzels schlesische Abkunft, zu welcher der zum Berliner Großstädter gewordene Maler sich zeitlebens bekannt hat, war auch für sein Schaffen nicht unwesentlich, verknüpften ihn doch bis an sein Lebensende enge verwandtschaftliche und freundschaftliche Bande mit den Schlesiern. Jauer und – wie er in einem seiner Briefe schrieb – sein »*geliebtes Jauer'sches Volk*« sind ihm immer ein Stück Heimat geblieben.
>
> (Wirth, *Berliner Malerei*, S. 267)

Menzels Freude über die Verleihung der Ehrenbürgerwürde der Stadt Breslau anlässlich seines siebzigsten Geburtstags 1885 verrät eine gewisse schwärmerische Sentimentalität seiner Geburtsstadt gegenüber, wenn er im Dankesbrief an die Stadtbehörde schreibt:

> Der wuchtige Beitrag zu den Ehren und freudigen Überraschungen, die jener unvergeßliche Tag mir in Fülle brachte – die herrliche Urkunde, mit welcher Sie den Jahrestag meines Eintritts in diese Welt gefeiert haben, ihr Kern ist ein großes Wort, das Wort Ehrenbürger. Und ausgesprochen von der Vaterstadt! Fortan schmückt es meinen Namen. […] Meine alte interes-

sante Vaterstadt, mit ihrem Rathaus, ihren Kirchen, Plätzen, Straßen und alten Gassen! Wie gegenwärtig wieder!
(Menzel, *Briefe*. Bd. 3, Brief 1291, S. 985)

Die Verehrungshaltung Friedrich II. gegenüber resultiert als eine schlesische Besonderheit aus der Geschichte. Andere Beispiele folgen im nächsten Kapitel.

Eine weitere schlesische Eigenheit besteht in der Hinwendung zur sozialen Thematik, wie auf dem Dritten Spaziergang dieses Buches ausführlich zu erfahren. Der nüchterne, realistische Blick, der auch vor dem Schrecklichsten, etwa vor verwesenden Leichen, und dem Niedrigsten, etwa vor Ratten im Rinnstein nicht zurückschreckt, lässt Menzel auch die soziale Problematik des vierten Standes erkennen und verarbeiten. Sein Gemälde *Das Eisenwalzwerk (Moderne Cyclopen)* thematisiert als erstes Bild in der deutschen Kunst ernsthaft die soziale Frage. Der Fortschrittsglaube an Industrie und Technik war in den Jahren der Entstehung des Werkes, zwischen 1872 und 1875, nicht mehr ganz ungebrochen, denn die sozialen Folgen der überstürzten Industrialisierung nach der Reichsgründung machten sich bemerkbar.

Angeregt durch Courbets Gemälde *Die Steineklopfer* und durch andere französische Bilder, die Industrieanlagen zeigten, entschied sich Menzel zur Darstellung eines Werkes in Oberschlesien. Im Gegensatz zu den bis dahin üblichen Industrieporträts, die es auch von Königshütte gab und die jegliche soziale Dimension ausschlossen – es ging dabei eher um die mythologisch überhöhte Apotheose der Hüttenindustrie –, war Menzel daran gelegen, die realen Arbeitsverhältnisse an Ort und Stelle zu studieren und zu zeichnen. Also begab er sich 1872 zum Schienenwalzwerk von Königshütte, das im bedeutendsten Berg- und Hüttenrevier Oberschlesiens lag, und zeichnete wochenlang vor Ort. Erhalten sind mehr als hundert Zeichnungen, darunter *Flammende Schlote*

Adolph Menzel, *Das Eisenwalzwerk (Moderne Cyklopen)*, 1872–75, Öl auf Leinwand, Berlin, Alte Nationalgalerie. Bei allem Realismus ist das Bild keine unbeteiligte Dokumentation, Menzel teilt die Perspektive der Arbeiter.

in Königshütte, Halle im Walzwerk, Maschinenraum, Skizzen nach Arbeitern im Walzwerk, Tansportwagen, Gußkelle, Wagenzieher, Arbeiter an der Deichsel des Transportwagens, Zwei sich waschende Arbeiter, Frau mit Korb, Essende Arbeiter in mehreren Ansichten. Bemerkenswert ist zwischen all diesen Skizzen, Studien und Vorstudien eine kleine Gouache mit dem Titel *Selbstbildnis mit Arbeiter am Dampfhammer,* eine Art Dokumentation von Menzels Aufenthalt im Walzwerk, von seiner Suche nach Authentizität vor Ort. Im Vordergrund ist ein kräftiger Arbeiter vor der rot-weiß glühenden Öffnung des Dampfhammers zu sehen, im Hintergrund Menzel mit Anzug und Hut, das Skizzenbuch in der Hand, den Arbeiter zeichnend. Menzel betont in diesem kleinen Bild die strikte Scheidung der Sphäre der Industriearbeit und der der Kunst, denn eine Verbindung vom Arbeiter zum Künstler existiert nicht, und die vom Künstler zum Arbeiter ist voyeuristischer Natur. Für Menzel war dieses direkte Zeichnen nach der sozusagen zweiten Natur der Industriearbeit von höchster

Spannung, schreibt er doch später ironisch, fast chaplinesk, über seinen Aufenthalt vor Ort in Königshütte:

> ... das war in Schlesien, auf Königshütte, wo ich diese Studien machte. Ich schwebte dabei in steter Gefahr, gewissermaßen mitverwalzt zu werden. Wochenlang von morgens bis abends habe ich da zwischen den sausenden Riesenschwungrädern und Bändern und glühenden Blöcken gestanden und skizziert. Diese Cyklopenwelt der modernen Technik ist überaus reich an Motiven. Ich meine nicht bloß das bischen Rauch ...

(zit. n. *Adolph Menzel*, S. 288)

Adolph Menzel, *Selbstbildnis mit Arbeiter am Dampfhammer*, 1872, Gouache, Leipzig, Museum der bildenden Künste. Menzel sieht dem hart arbeitenden Eisenwerker hier wie ein aufmerksamer Reporter zu.

Das Eisenwalzwerk stellte Eisenbahnschienen, auch für Berlin, her. Dargestellt ist auf dem großen Gemälde die Werkshalle mit den Maschinen und dem Walzenstrang, an dem Arbeiter mit Zangen und Stangen beschäftigt sind. Sie sind vollständig auf ihre Arbeit konzentriert und vom Feuerschein rötlich angeleuchtet. Links im Bild sieht man Arbeiter sich waschen, rechts essen. Im Gegensatz zu den zeitgleich entstehenden Industrieveduten anderer Künstler, die Gebäude, Tätigkeiten und Produkte verklären und überhöhen, zeigt Menzels Realismus die Fabrik in ihren Widersprüchlichkeiten. Durch seinen längeren Aufenthalt in Königshütte wurden Menzel schonungslos die sozialen Aspekte des Industriethemas vor Augen gestellt. Gerade in

Oberschlesien gab es in der Zeit, zu der Menzel dort weilte, starke Spannungen unter den Arbeitern, zum einen wegen der schlechten Arbeitsbedingungen, zum anderen wegen Bismarcks antikatholischer Maßnahmen. Kurz bevor Menzel in Königshütte weilte, waren Aufstände der Arbeiter mit Militärgewalt niedergeschlagen worden.

Ironischerweise ist der geheime Fluchtpunkt in dem etwas unübersichtlich wirkenden Getriebe von Maschinen und Menschengruppen der – perspektivisch sehr kleine – Aufseher mit Anzug und Hut, der auf einem Kontrollgang zu sein scheint. Diese Zusammenschau zwischen niedriger und höherer sozialer Sphäre, die hier noch sehr verhalten angedeutet wird, gewinnt in Menzels späterem Bild *Besuch im Eisenwalzwerk* an satirischer Schärfe, ein Bild aus dem Jahr 1900, in dem die sozialen Gegensätze unmittelbar aufeinanderprallen. Dieses Blatt für Menzels Freund, den Kaufmann, Unternehmer und Kunstmäzen Eduard Arnhold, zeigt eine Besuchsszene in einem Hüttenwerk, wohl auch in Königshütte. Arnhold feierte als Chef der sehr erfolgreichen, auf den Vertrieb oberschlesischer Steinkohle spezialisierten Firma Wollheim im Jahr 1900 ein Jubiläum. Während hinten im Bild ein Aufsichtsrat mit Familie und Hund vom Werksdirektor überschwenglich begrüßt wird, schuftet im Vordergrund ein Arbeiter mit zusammengebissenen Zähnen und empörtem Gesichtsausdruck:

> Saturiertes Großbürgertum und Industriearbeiter bilden in der Darstellung unversöhnte Gegensätze und prallen hart aufeinander. Daß sich aus den sozialen Unterschieden zwangsläufig gesellschaftspolitische Konflikte ergeben, macht sie – wenn auch auf humorvolle Weise – überdeutlich.
>
> (Achenbach, *Menzel und Berlin*, S. 158)

Menzel befasste sich sehr früh mit der sozialen Frage und dem vierten Stand. Im Zusammenhang mit seiner ersten Reise nach Schlesien im Jahr 1844 malte er einen *Arbeiterkopf*, der auch in der Alten Nationalgalerie zu sehen ist, das früheste Arbeiterporträt der deutschen, vielleicht sogar der europäischen Malerei. Das Interesse für die soziale Thematik rührte von den zeitgleichen Weberaufständen her, die Menzel in Schlesien aus relativer Nähe miterlebte. Ob das Arbeiterporträt einen schlesischen Landproletarier oder einen städtischen Arbeiter darstellt, lässt sich wohl nicht entscheiden: »[…] doch gerade zu jener Zeit stellten Migrationen den Übergang her: Aus Schlesien rekrutierten Berliner Fabriken viele Arbeitskräfte. Wie dem auch sei: in unerwarteter Symmetrie ›entdeckt‹ Menzel gleichzeitig die Prägung der Landschaft und des Menschen durch die industrielle Revolution.« (*Adolph Menzel*, S. 80)

So wie im Zusammenhang mit dem Friedrich-Zyklus die Palette vom lächelnd-souveränen, rokoko-leichten Heroismus Friedrichs II. bis hin zu den verwesten Leichen seiner Generale reichte, findet sich bei Menzels Berlin-Veduten ein Spannungsbogen von aktuellen hohen Begebenheiten wie in der in der Alten Nationalgalerie hängenden *Abreise Wilhelms I. zur Armee 1870* Unter den Linden bis hin zu Möbelhaufen auf dem Bürgersteig, Gullis und Ratten. Ebenso werden städtische Idylle und Veränderungen durch die überstürzte Industrialisierung und Bautätigkeit in ein Spannungsverhältnis gebracht. Menzel hält den Prozess der Veränderung fest, das Unfertige, das noch nicht Festgefügte, woher seine Vorliebe für das Motiv von Neubauten mit Gerüsten rührt, für Maurer und Zimmerleute, für die Eisenbahn, für das alltägliche, städtische Leben mit all seinen Geschehnissen wie Umzüge, trocknende Wäsche, Tiere im Zoo, brennende Fabriken, Häuser im Abbruch oder auch Bergung einer Leiche aus dem Landwehrkanal. Durch die Zusammenschau von Hohem und Niedrigem entsteht ein weites Panorama, das immer wieder ironische Züge annimmt.

Auch bei den Darstellungen gesellschaftlicher Ereignisse mangelt es nicht an Pointen. So sind beim *Ballsouper* von 1878, dem größten und bedeutendsten von Menzels Hoffestdarstellungen, einige Figuren und Figurengruppen durchaus mit satirischer Schärfe gegeben, etwa die links im Bild sehr unbequem im Stehen Essenden und Trinkenden. Pointen finden sich auch in der *Festkarte für Ludwig Pietsch* von 1889 (s. S. 219). Ludwig Pietsch war Kunstreferent der *Vossischen Zeitung*. Auf der Karte ist eine Verkörperung der »Tante Voss« als Silberbraut zu sehen, wie sie am Arme ihres Gatten, des Berliner Bären, eine Kunstausstellung durchwandert. Der Bär aber, anstatt die Kunstwerke zu betrachten, vertieft sich in den Ausstellungsbericht von Ludwig Pietsch in der *Vossischen Zeitung*, die er in seiner Pranke hält.

Der Humor Menzels zeigt sich auch in seinem Spazierstock, einem Holzstock mit einer elfenbeinernen Krücke in Form eines Pferdehufes, der im Märkischen Museum ausgestellt ist. Diesem aus Schlesien nach Berlin importierten Witz, der in der Hauptstadt auf fruchtbaren Boden fiel, soll im Zweiten Spaziergang nachgegangen werden.

Das Vergängliche, Flüchtige, Temporäre festzuhalten, war Menzels große Leidenschaft – man denke nur an seine vielen Wolkenstudien. Und nicht nur mit seinem *Flötenkonzert* malte Menzel das Temporärste, die Musik nämlich, sondern auch mit seinem *Konzert bei Bilse* von 1871 (s. S. 310). Der Komponist und Kapellmeister Benjamin Bilse, ein Schlesier aus Liegnitz, konzertierte sehr erfolgreich mehr als dreitausend Mal im Berliner Konzerthaus in der Leipziger Straße. Später ging aus einem Teil seiner Musiker das Berliner Philharmonische Orchester hervor.

Menzels Streben nach Authentizität scheute nicht vor Blicken in den Abgrund zurück. So fanden nicht nur historische Leichen sein Interesse, auch ganz aktuell reiste er 1866 zu den Schlachtfeldern bei Königgrätz kurz nach Einstellung der Kampfhandlungen zwischen Preußen und Österreich, um sich das wahre Gesicht des Krieges anzusehen. In schonungslosem Realismus zeichnet er etwa die Leichen dreier halbnackter Soldaten in einer Scheune. Zutiefst desillusioniert kam Menzel in seinem späteren Werk nicht mehr auf das Thema Krieg zurück, jeglicher Heroismus im Zusammenhang mit der Darstellung von Kampfeshandlungen blieb ihm fremd.

Menzel kommentierte seinen späteren Ruhm zum Teil spöttisch und bezog den Hauptteil seiner starken Persönlichkeit aus dem Stolz, sich aus dem Nichts mit eigener Kraft emporgearbeitet zu haben. Seine künstlerische Unabhängigkeit war ihm so wichtig, dass er äußere Bevormundungen mit Bildzerstörungen oder Unvollendetem beantwortete. Seine Suche nach Wahrhaftigkeit wendete sich oftmals gegen die äußere Schönheit und trug ihm auch das Prädikat »Maler des Hässlichen«, sogar »Apostel des Hässlichen« ein. Überliefert ist ein Ausspruch des greisen Künstlers:

»Ehrliche Kunst ist die beste Kunst ... Im übrigen auch zur ehrlichen Kunst gehört heutzutage schon Courage.«
(zit. n. Lammel, *Adolph Menzel*, S. 167)

Andererseits sind seine stimmungsvollen, manche bis zur Unheimlichkeit reduzierten Nachtstücke, seine ephemeren Wolkenstudien, seine in fahles Licht getauchten Wintergemälde ebenso wie seine sonnendurchfluteten, quasi winddurchwehten Sommerbilder von tiefer Schönheit, ohne jede Ironie und Spott. Ebenso ironiefern wirken Menzels Bilder von süddeutschen und österreichischen Barockkirchen-Innenräumen. Bereits sehr früh wandte sich der Künstler im Zusammenhang mit seiner Friedrich-Beschäftigung der Rokokozeit zu und vertiefte sich beinahe manisch in eine authentische Wiedergabe von Gebäuden, Innenräumen, Möbeln und Kleidern dieser Zeit. Jedoch ist das preußische Rokoko in gewisser Weise nüchterner und eben an die historische Figur Friedrichs II. gebunden. Die Innenräume süddeutscher Barockkirchen aber knüpfen an eine frühere Zeit Menzels an, an seine Kinder- und Jugendzeit in Breslau:

> An die barock ausgestatteten Breslauer Kirchen seiner Kindheit hatte Menzel eine sehnsüchtige Erinnerung bewahrt. Ihnen verdankte er frühe Kunsterfahrungen: »Und manch' Andachtmartyrium ward in der Kirchen ehrwürdiger Nacht, hinter Staub und Kerzenqualm für die Knabenphantasie zum Meisterwerk umgezaubert!« [Menzel in autobiografischer Notiz] Im protestantischen Preußen fand man nichts dergleichen [...]
>
> (*Adolph Menzel*, S. 171)

Die ersten Barockinnenräume von österreichischen Kirchen malte Menzel um 1855, 1856 skizzierte er barocke Innenräume in Schlesien, in Lissa, Kamenz und Grüssau. In den folgenden Jahrzehnten malte und zeichnete er immer wieder vor allem kirchliche, aber auch profane Barock- und Rokokoausstattungen in Wien, Salzburg, Innsbruck, in Schloss Pommersfelden, Würzburg, Regensburg und Mainz. Marie Riemann-Reyher schreibt: »Menzel liebte die barocke Baukunst mit ihren theatralischen Effekten der Lichtwirkungen und Formen, in den neunziger Jahren vom Neobarock adaptiert, bis an sein Lebensende. Viele seiner späteren Sommerreisen führten ihn in die Zentren barocker Kunst [S. 95] Immer wieder war es die Kunst des Barock, die Menzels Wegstrecken mitbestimmte und ihn auch in den letzten drei Jahrzehnten über Süddeutschland, Österreich bis nach Böhmen geführt hat.« (*Adolph von Menzel*, S. 95 u. 184)

Es scheint, als habe Menzel erst über den Umweg des preußischen Rokoko und der norddeutschen Kirchenarchitektur – es gibt einige frühere Innenraumdarstellungen Berliner Kirchen aus der gotischen Zeit wie die *Predigt in der alten Klosterkirche Berlin* von 1847 – im zunehmenden Alter zu seinen in der Kindheit wurzelnden Vorlieben zurückgefunden: zum ebenso düsteren wie lichtdurchfluteten Raum, zum bizarren, dramatischen Ornament, das zur üppigen Pracht zusammenschießt und in seiner Gesamtheit wiederum ruhige Kontemplation ermöglicht, kurz: zum südlichen Barock in seiner ganzen Widersprüchlichkeit.

In der Alten Nationalgalerie befinden sich neben den Gemälden Menzels noch einige weitere Werke schlesischer Künstler, so von Carl Friedrich Lessing aus Breslau und von Julius Hübner aus Oels. Beide Künstler gelten als wichtige Vertreter der spätromantischen Malerei und übten einen großen Einfluss auf die Düsseldorfer Malerschule aus. Über den aus Breslau stammenden Dichter und Historienmaler August Kopisch wird im Zweiten Spaziergang Näheres berichtet.

Der Geschichtsfries im Treppenhaus, der mit Arminius beginnt, endet mit dem Namenszug KISS. August Kiss, ein Bildhauer aus Schlesien, wird uns auf den folgenden Spaziergängen mehrmals begegnen.

Visualisiert wird Schlesien in der Alten Nationalgalerie in zwei berühmten Gemälden, der *Riesengebirgslandschaft* von Caspar David Friedrich von 1835 und im Gemälde *Teich im Riesengebirge* von Ludwig Richter, entstanden 1839.

Wenn man der Bodestraße und ihrer Verlängerung Hinter dem Gießhaus in südlicher Richtung folgt, gelangt man zur Straße Unter den Linden. Diese überquert man und geht sie nach rechts bis zum Bebelplatz zur Linken. An dessen südöstlicher Ecke befindet sich hinter dem Opernhaus die Hedwigs-Kathedrale.

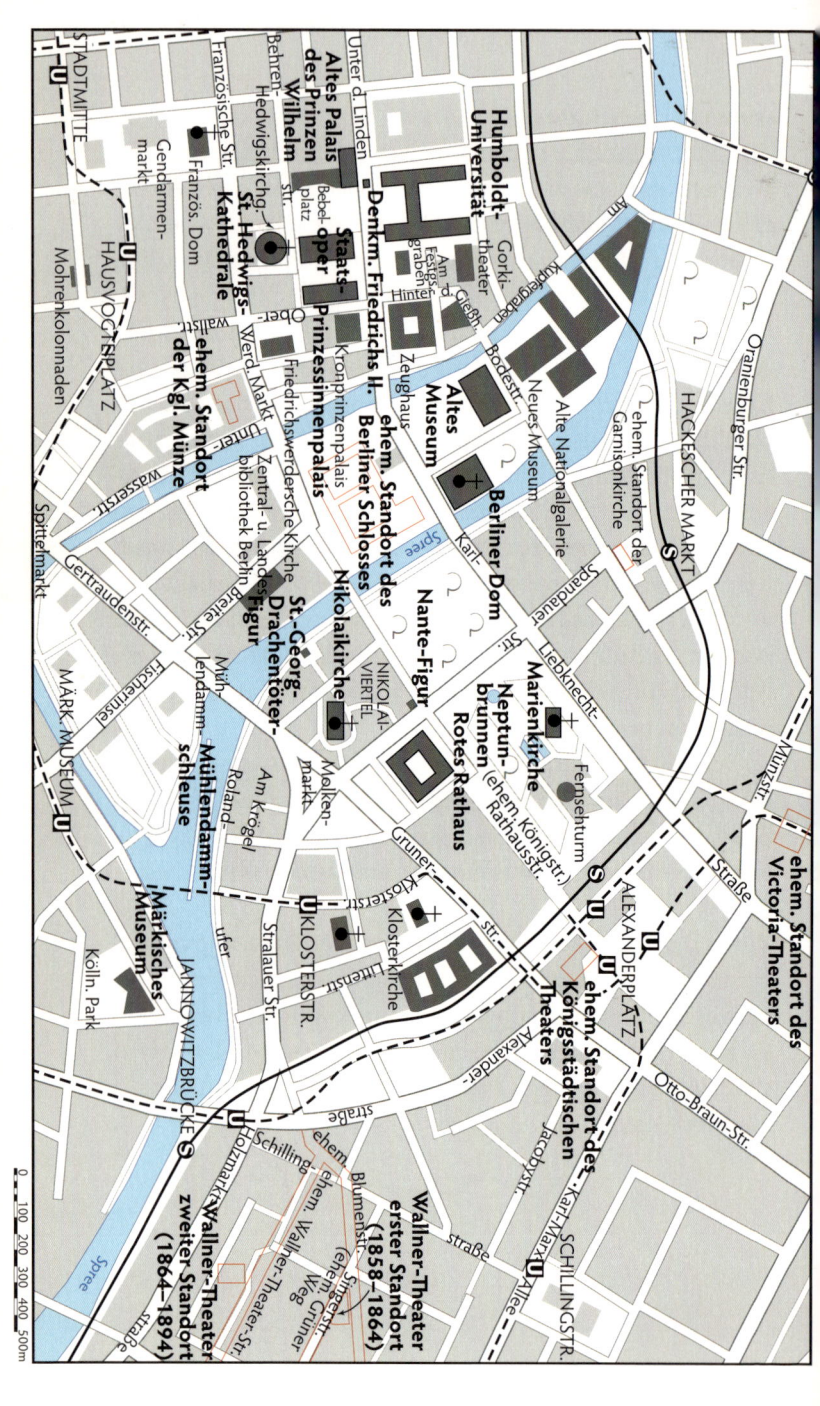

Zweiter Spaziergang

St. Hedwigs-Kathedrale und Friedrich II. bei Willibald Alexis, Albert Emil Brachvogel, August Kopisch und Jochen Klepper

Mit dem Bau der Hedwigs-Kathedrale, die als sichtbarer Ausdruck friderizianischer Toleranz gilt, verwirklichte der König ein bereits länger gehegtes Lieblingsprojekt. Überliefert sind frühe Überlegungen Friedrichs II., »nach dem Vorbild der alten Römer in seiner Hauptstadt ein Pantheon zu errichten, daß allen Religionen gewidmet sey und wo jede in ihrer Reihe ausgeübt werden sollte« (zit. n. Badstübner-Gröger, *Die St.-Hedwigs-Kathedrale*, S. 4). Bereits in seiner Kronprinzenzeit war Friedrichs Hang, Preußen als ein neues Imperium, als ein neues Rom aufzubauen, sichtbar in seiner Identifikation mit Remus in Rheinsberg (Remusinsel) und dem entsprechenden Gründungsmythos. Der geplante Kirchenbau sollte zum

Friedrich II. schenkte den Katholiken in Berlin den Bauplatz für eine »Kirche, so groß, als sie solche immer haben wollen oder können, mit einem oder mehreren Thürmen, große[n] und kleine[n] Glocken« (zit. n. Hasak, *Die St.-Hedwigskirche*, S. 13 f.).

Inbild der Toleranzvorstellungen eines aufgeklärten Absolutismus werden, gemäß der oft zitierten Bemerkung des Königs:

> Die Religionen Müsen alle Tolleriret werden und Mus der fiscal nuhr das auge darauf haben das Keine der andern abruch Tuhe, den hier mus ein jeder nach Seiner Faßon Selich werden (ebd.).

Davon ausgehend hatte Friedrich II. zunächst mit dem Gedanken gespielt, eine Kirche für alle Religionsgemeinschaften zu errichten. Aber der Plan, in den Nischen des Rundbaus die Gottesdienste verschiedener Bekenntnisse feiern zu lassen, erwies sich als undurchführbar. Da die Zahl der Katholiken in Preußen – sie durften seit der Reformation keinen öffentlichen Gottesdienst mehr abhalten und sich nur in Betzimmern und Kapellen der Botschaften katholischer Gesandter zur Heiligen Messe versammeln – aufgrund der Zuwanderung aus verschiedenen Provinzen, auch aus dem eroberten Schlesien, immer weiter anwuchs, entschloss sich Friedrich II., ihnen den Baugrund für ein Gotteshaus zu schenken. Damit war auch der Gedanke verbunden, nach der Eroberung Schlesiens den katholischen schlesischen Adel stärker auf Preußen und Berlin zu verpflichten, da dieser nach dem Zweiten Schlesischen Krieg (1744/45) eher nach Österreich tendierte. So war Friedrich II. bemüht, durch die Einrichtung eines katholischen Vikariats in Berlin, die Einsetzung des Breslauer Kardinals Sinzendorf als Vikar und die Errichtung einer Kirche die katholische Gemeinde fester an die preußische Krone zu binden, was wohl auch Wirkung zeitigte. In einer Publikation von 1833 heißt es:

> Mancher Katholik, der aus einer fernen Provinz nach Berlin kommt, erzählt nach seiner Zurückkehr den Seinigen, daß Friedrichs des Großen Name an der Spitze der katholischen Kirche pranget. Viele Jünglinge, welche hier die Waffen tragen, lesen diesen Namen an dem Gotteshause, wenn sie in dasselbe

treten, um den Allerhöchsten nach der Weise ihrer Väter zu verehren, und ihr Herz wird durch die Bande der Religion noch fester an das theure Königshaus geknüpft und stark, in der Stunde der Gefahr Gut und Blut für dasselbe zu wagen. –
(Kux, *Fasten- und Missionspredigten*, S. 314)

Auch die Wahl und Einsetzung der heiligen Hedwig, der Schutzheiligen Schlesiens, als Patronin für den Kirchenneubau, diente dem politischen Zweck, die schlesischen Katholiken stärker für Preußen einzunehmen. Darüber hinaus wurde Hedwig unter die Vorfahren des preußischen Königshauses gezählt, so dass eine doppelte Identifizierung mit der Titelheiligen der Hedwigskirche – preußisch und schlesisch – möglich war. Friedrich II. selbst verfasste 1749 sogar eine Gedichtstrophe auf die hl. Hedwig, die er als Schutzgöttin beschwört. Obwohl dem Gedicht etwas Tändelndes anhaftet, wird Friedrichs zarte Hinneigung zum Katholischen deutlich:

> O protectrice aimable de Berlin,
> Je vous implore, immortelle Hédewige
> Pour un rebelle élève de Calvin
> Que vos attraits par un nouveau prodige
> En inspirant votre dévot cousin
> Jettent sur lui rien qu'un regard bénin.
> Au paradis dites un patenotre
> Favorisez ce poëme badin,
> L'ouvrage alors sera censé le votre
> Si l'assistez de votre appui divin.

> [O liebenswürdige Schützerin von Berlin,
> Ich fleh dich an, o Hedwig, du Unsterbliche,
> Für einen widerspenst'gen Schüler des Kalvin,
> Daß deine Reize durch ein neues Wunder,
> Mit einem einz'gen, güt'gen Blick nur, ihn begeistern,
> Den unterwürf'gen Vetter dein.
> Im Paradiese sprich ein Vater unser,
> Sei günstig diesem plaudernden Gedicht,

Das Werk wird dann als deins erachtet werden,
Stehst du ihm bei mit deinem Himmelsschutz.]

(zit. n. Hasak, *Die St. Hedwigskirche*, S. 130)

In der Kirche befinden sich noch heute eine kleine geschnitzte Hedwigsfigur und im Domschatz auch ein Hedwigsreliquiar von Andreas Heidecker von 1513, das der Berliner Hedwigskirche 1773 zur feierlichen Einweihung vom Breslauer Stiftskapitel geschenkt wurde. In der silbervergoldeten Heiligenfigur sind Reliquien aufbewahrt. Ein silberner Weihwasserkessel aus dem Hedwigsdom, auf dem eine Hedwigsfigur zu sehen ist, und ein Weihwasserwedel von 1822 werden im Märkischen Museum ausgestellt.

Friedrich II., obwohl er nicht der Auftraggeber war, muss Skizzen angefertigt haben, die mehrfach erwähnt, aber nicht überliefert sind. In der Einweihungsschrift heißt es dazu:

> Se. Königl. Majestät geruheten, die Zeichnung zu diesem Tempel selbst anzuordnen, selbst zu verbessern und zur würklichen und besten Ausführung tauglich zu machen. An dem hinteren Theile des geräumigen Platzes, auf welchem das von Sr. Maj. errichtete prächtige Gebäude stehet, welches dem großen italiänischen Schauspiel gewidmet ist, war noch ein Ueberbleibsel von den ehemaligen Bollwerken dieser Residenz zu sehen, das aus einem Sandhaufen bestand und mit Morast umgeben war. So sahe der Ort aus, den man in einen prächtigen Tempel verwandeln, und diesen, der berühmten Rotonda, oder dem Pantheon zu Rom, ähnlich machen wollte.

(zit. n. Badstübner-Gröger, *Die St.-Hedwigs-Kathedrale*, S. 8)

Da Friedrich II. zwar den Bauplatz und einen Teil der Baumaterialien zur Verfügung stellte, aber die sonstige Finanzierung des Bauwerks der katholischen Gemeinde überließ, die versuchte, die Gelder durch Spenden europäischer Katholiken aufzubringen, zog sich der Bau der Hedwigskirche in die Länge. Der Breslauer Fürstbischof Sinzendorf schreibt 1743 aus Neiße an Friedrich II.:

> Der Gedanke Eurer Majestät, eine katholische Kirche in Berlin bauen zu lassen, ist würdig der Seelengröße Eurer Majestät.

(zit. n. Hasak, *Die St. Hedwigskirche*, S. 13)

In einem Sendschreiben bemühte sich der Bischof um die Sammlung von Geldern für den Kirchenbau, »welchermassen die Catholische Kirchen in dero Königl. Haupt-Residenz-Stadt zu Berlin in einem elenden Stand sich befinde, und zu dem Catholischen Gottesdienst kaum mehr brauchbar seye; Als haben Höchst-Dieselbe durch beykommendes Patent in die Erbauung einer neuen Catholischen Kirchen nicht allein allergnädigst gewilliget, sondern auch hierzu aus Königl. Milde und Freygebigkeit einen ansehnlichen und bequemen Platz geschencket [...]« (ebd., S. 17 f.). Doch von der Grundsteinlegung 1747 bis zur Einweihung vergingen Jahrzehnte, in denen die Kirche unvollendet stehen blieb und andere Konfessionen, so die jüdische Gemeinde, sich bemühten, den unfertigen Bau zu übernehmen und umzuwidmen. Deshalb war der schlesische Nachfolger von Sinzendorfs, der Breslauer Fürstbischof Philipp Gotthard von Schaffgotsch, bestrebt, das Edikt von 1746 über die Bauerlaubnis und die Zusicherung des Schutzes der freien Religionsausübung erneuern zu lassen. Dieses Anliegen bewilligte Friedrich II. im Jahr 1766.

Statue der heiligen Hedwig, schlesisch, um 1720/30. Die spätbarocke Skulptur in der Hedwigskirche zeigt die Heilige als Kirchenstifterin.

Am 1. November 1773 wurde die Hedwigskirche feierlich eingeweiht. Gebaut worden war sie von Johann Boumann nach Plänen Friedrichs II. und vor allem Georg Wenzeslaus von Knobelsdorffs.

Im Jahr 1780 fand ein besonderes Seelenamt in der Hedwigskirche statt: Das Requiem für Voltaire, der bereits 1778 gestorben und dem in Paris Beerdigungsehren und Totenamt verweigert worden waren. Die diesbezügliche Bitte Jean-Baptiste d'Alemberts an Friedrich II. gewährte dieser mit den Worten:

> Versehen mit allen Stücken, die Sie mir übersandt haben, fädele ich in Berlin die berühmte Unterhandlung wegen des Gottesdienstes für Voltaire ein, und obgleich ich keine Vorstellung von einer unsterblichen Seele habe, wird man eine Messe für die seine lesen.
>
> (zit. n. Hasak, *Die St. Hedwigskirche*, S. 125)

Am 30. Mai wird der feierliche Gottesdienst für die Seele des verstorbenen Franz Maria Arouet alias Herrn von Voltaire mit dem gebotenen Trauerpomp abgehalten. Dem Titel der verschollenen Publikation *Trauer-Rede auf das Absterben des Allerdurchlauchtigsten Friedrich II. in der Hedwigskirche* nach zu schließen, muss es in der Hedwigskirche auch eine Feierstunde zum Tode ihres Gründers gegeben haben.

Noch über hundert Jahre sollte es dauern, bis das Gotteshaus vollendet war, mit erneuerter Kuppel, dem Giebelfeld mit der Anbetung der Könige und der Hedwigsgruppe darüber. Nach sehr starken Kriegszerstörungen 1943 wurde die Hedwigskirche in den fünfziger und sechziger Jahren wieder aufgebaut, die Hedwigsgruppe 1976 bis 1978 abgetragen und das Kircheninnere schlicht, zurückhaltend und ohne Prunk gestaltet, wodurch der pantheonartige Raum besonders gut zur Geltung kommt.

Das heute noch existierende Hedwigskrankenhaus in der Großen Hamburger Straße wurde 1846 von einem Propst des

Hedwigsdoms, Anton Bringmann, mitbegründet. Ab 1900 war der aus dem schlesischen Ohlau stammende Bernhard Lichtenberg in Berlin als Pfarrer tätig, ab 1932 am Hedwigsdom. Ab 1938 bekleidete er dort das Amt des Dompropstes. Als solcher trat er mutig gegen das NS-Regime auf, wurde verhaftet und starb 1943. Seine sterblichen Überreste befinden sich seit 1965 in der Krypta des Hedwigdoms. Das Bernhard-Lichtenberg-Haus neben dem Dom ist nach ihm benannt. An der Hedwigskirche befindet sich auch eine Gedenktafel für den aus Breslau stammenden, in Dachau ermordeten Pfarrer Joseph Lenzel.

Hatte der vorangegangene Spaziergang über die Erzeugung und Nährung des Friedrich-Mythos in der bildenden Kunst durch Adolph Menzel berichtet, widmet sich dieses Kapitel der Friedrich-Thematik in der Literatur wichtiger aus Schlesien stammender Autoren. Der bedeutendste, heute zu Unrecht fast vergessene Autor ist Willibald Alexis. 1798 in Breslau geboren, erlebte er als Kind 1806 dessen Belagerung und Bombardierung durch die Franzosen in einem Nonnenkloster. Sein Vater stand in Diensten des Ministers für Schlesien, des Grafen Hoym, mit dem er Inspektionsreisen durch das Gebiet unternahm. Friedrich II. bezeichnete den Posten dieses Ministers gern als die beste Stelle, die er im zivilen Dienst zu vergeben habe. Nach dem Tod des Vaters und der Einnahme Breslaus durch die Franzosen siedelte Alexis' Familie nach Berlin über. Dort erlebte er als Schüler 1813 den Einzug der Kosaken, den er mit deren Aufenthalt in Breslau vergleicht, und den fluchtartigen Abzug der Franzosen.

Gerade am Jahr 1813 sind die verzahnten Wechselbeziehungen zwischen Berlin und Breslau gut zu studieren: Ging die patriotische Volkserhebung 1813 gegen Napoleon von Breslau aus, maßgeblich genährt durch die mitreißenden

Ansprachen von Henrik Steffens, so heißt es von diesem, er sei stark durch die patriotischen Predigten Friedrich Schleiermachers beeinflusst gewesen. Schleiermacher wiederum war gebürtiger Breslauer und fand dann seine Hauptwirkungsstätte als Prediger an der Berliner Dreifaltigkeitskirche, wo er zur preußischen Volkserhebung 1813 aufrief:

> Das alte Preußen Friedrichs des Großen, auf das wir so stolz waren, mußte fallen, und es wird noch weiter vollständig zertrümmert werden; aber mit unerschütterlicher Ruhe sollen wir das Vergängliche fallen sehen, weil das bleibende an Friedrichs Schöpfung unzerstörbar ist, so lange Preußen seinem Beruf treu bleibt, der noch nicht erfüllt sein kann. Eine völlige Reform ist nötig.
>
> (zit. n. Arnold, *Schleiermachers Anteil*, S. 15)

Willibald Alexis nun, dieser aus Schlesien stammende Preuße, hat sich mit seinem gesamten Œuvre dem Thema Preußen, seinem Aufstieg und seinem Niedergang, gewidmet, ja geradezu verschrieben. Aufschlussreicherweise spielt sein erster Roman *Cabanis* aus dem Jahr 1832 in der Ära Friedrichs II. und beginnt mit dem Tag seiner Einsetzung als König von Preußen 1740. Es ist ein großer historischen Roman, der zu einem Zeitbild des Siebenjährigen Krieges wird. Ganz am Ende des dickleibigen Buches kommt ein temperamentvoller Italiener zu Wort, der den Ruhm Friedrichs II. zu einer römisch-katholischen Apotheose verklären möchte, was dem Roman eine humoristisch-augenzwinkernde Schlusspointe verleiht:

> »Friedrich ist Katholik,« flüsterte er ihm mit verzerrter Feierlichkeit ins Ohr. »Wie sollte ein Genius wie er, ein Sieger, ein Stern am Himmel, ein Meteor an der Sternenbahn, wie sollte der große Friedrich, heilige Mutter Gottes, ein Protestant sein! Er ist ein heimlicher Katholik – heimlich von wegen seines heidnischen Volkes, und der heilige Vater hat ihm Absolution

erteilt – er braucht nicht in die Messe zu gehen, nicht den Englischen Gruß zu machen, er braucht nicht Weihwasser, nicht den Rosenkranz, auch nicht die Heiligen anzurufen, es ist ihm auch erlaubt, nicht alles zu glauben, er darf ein Freigeist sein, soviel er will, weil in so ganz außerordentlichen Fällen man gern nachläßt – das kann der Papst, der Papst kann alles – aber ein römischer Katholik ist er, [...] denn erstens hat er römisch-katholische Generalissimi mit ihren Armeen total geschlagen, das kann kein Ketzer; zweitens baut er der heiligen Hedwig eine Kirche – und dicht an der großen Oper, es gibt keinen schönern Platz in diesem ganzen ketzerischen Lande! – Und was für eine Kirche, eine Kirche, daß Sankt Peters Dom in Rom sich dagegen verkriechen wird, wie eine Hundehütte, und drittens geht er in kein protestantisches Bethaus. Friedrich der Große, mein großlauchtiger, einziger, herrlicher König und Imperator, auf dessen Scheitel, wenn es nach Verdienst ginge, drei Kaiserkronen glänzten, ist Katholik, oder die Erde sollte mich verschlingen bis in den Mittelpunkt, wo die eiskalte Hölle ist.«

(Alexis, *Cabanis*, Bd. 2, S. 358 f.)

In diesem Roman findet der Versuch statt, die historische Persönlichkeit Friedrich II. durch die Urteile verschiedener Figuren zu perspektivieren. Darüber hinaus werden Bilder der Stadt Berlin und der Landschaft der Mark Brandenburg zwischen 1740 und 1765 entworfen, die aufgrund ihrer präzisen und gleichzeitig stimmungsvollen Schilderung sehr einprägsam sind. Das Buch beginnt mit einem rückblickenden Berliner Stimmungsbild am Tage des Machtwechsels vom Soldatenkönig zu Friedrich II. im Jahr 1740 (s. S. 182). Und er beginnt aus der Kinderperspektive des Helden Etienne, Sohn französischer Refugiés, beim Murmelspiel auf dem Pflaster der Jägerstraße, wenig später dann bei einer Schülerschlacht in den Sandbergen der Hasenheide und der Rollberge. Unangenehme Begleitfiguren seiner Kindheit sind die boshafte Geschäftsfrau Frau Kurzinne und der spöttische Advokat Schlipalius. Fontane schrieb dazu:

Einzelne Figuren aus dieser Jugendgeschichte, zumal Frau Kurzinne und Advokat Schlipalius, sind volkstümlich geworden wie Fritz-Reutersche Gestalten; sie haben in der Tat die volle Wahrheit des Lebens mit diesen gemein und sind auch in dem modernen Berlin, also in den Enkeln und Urenkeln jener, noch keineswegs erstorben. Das Hämisch-Schabernacksche, das hier immer zu Hause war und von dem die berühmte »Ironie« nur eine verfeinerte Spielart ist, hat hier zu allen Zeiten Schlipaliusse in Masse gezeugt. Sie laufen noch zu Dutzenden umher.

(Fontane, *Willibald Alexis*, S. 244)

Die komplexe Romanhandlung hier auszubreiten, führte zu weit. Wichtig ist festzuhalten, dass er einen Spannungsbogen von 1740, vom Bild des Kronprinzen über dem Kinderbett Etiennes, bis 1765 gibt, als Friedrich II. den Orden *Pour le mérite* an diesen verleiht. Das Milieu der Refugiés, in dem Etienne aufwächst, wird als sehr streng geschildert. Der Soldatenkönig wird dank seines straffen Protestantismus verehrt, Friedrich II. mit seinen Ideen von Religionsfreiheit und Toleranz höchst misstrauisch beäugt und seine Regierungszeit als Sitten- und Religionsverfall empfunden. Der strenge Calvinismus der Hugenotten fühlt sich durch Friedrichs kulturelle und liberale Neigungen bedroht. So ist es nicht verwunderlich, dass der Knabe Etienne Friedrich II. zunächst ebenfalls ablehnt. Das ganze neunhundert Seiten starke Werk lässt sich auch als ein Entwicklungsroman von der frühen Verurteilung Friedrichs bis hin zu späterer heftiger Verehrung lesen:

Um Friedrich zu würdigen, muß man ihn ganz kennen, um ihn lieben zu lernen, erst von ihm berauscht sein. Wer ihn nach einzelnen Handlungen beurteilen will, mißt das Weltmeer nach einer Handvoll Wasser. Ich habe lange geirrt.

(Alexis, *Cabanis*, Bd. 1, S. 121)

Etiennes Italienischlehrer, der bereits im Zusammenhang mit dem Bau der Hedwigskirche zu Wort kam, fasst Preußen um 1740 mit Lust an Übertreibungen so:

> Halb eine Sandscholle, halb eine Eisscholle, ist das ein Königreich! – Auf drei Meilen von Berlin nach Potsdam fahr' ich vier Pferde tot und komme vor Sonnenuntergang nicht an. Ist das eine Straße? Vor den Toren stehen die Ähren eine halbe Elle voneinander. Sind das Kornfelder? Eicheln und Tannenäpfel sind das Früchte? Ist das ein Volk, ist das eine Nation, auf eine Quadratmeile hundert Schafe und drei zerlumpte Bauern dazu! Wenn der König in Potsdam hustet, so hört man's an den vier Grenzen seines Reiches. Ist das ein Königreich? Berlin soll eine große Stadt sein! Wo sind denn die Säulen, die Türme und die Paläste? Wo sind denn die gewölbten Brücken, die Quadersteine und die Arkaden? Wo sind die Maler, die Bildhauer und die Poeten? Wo sind die Akademien, die Galerien und wo ist das Kapitol? Wo sind die Bürger und die Nobiles? – Barbaren, aber keine Bürger!

(Ebd., S. 123 f.)

Fontane schreibt anerkennend zum ersten Teil des sechsbändigen Romans:

> Es gibt vielleicht kein Buch, an dem sich das Berliner Leben jener Epoche: die Armseligkeit der Zustände, die Beschränktheit und Unerbittlichkeit der Anschauungen, die gesellschaftliche Steifheit, die soldatische Präponderanz und diesem allem zum Trotz doch ein keckes Sichgeltendmachen des Persönlichen, eine gewisse Freiheitlichkeit, die der Freigeistigkeit noch vorausging, so gut studieren ließe als an diesem ersten Bande von »Cabanis«.

(Fontane, *Willibald Alexis*, S. 244)

Ähnlich wie der rückwärtsgewandten Friedrich-Utopie Menzels liegt auch Willibald Alexis' *Cabanis*-Roman eine Verehrung des Königs als Garant für Toleranz, schöngeistige

Bildung, Aufklärung und Liberalität zugrunde, ersehnte gesellschaftspolitische Verfasstheiten allesamt, die Alexis in Zeiten der Reaktion um 1830 stark vermisste. Weggefährten Etiennes entwerfen ein facettenreiches Bild Friedrichs: Er wird als Sonne, die Licht und Aufklärung bringt, beschrieben, als Monarch des Jahrhunderts, sogar des Universums, als kaltblütiger Stratege mit durchdringendem Blick und gleichzeitig als schöngeistiger Musensohn:

> Seine Krone wankte und er dichtete. Die Kanonade beginnt und er spielt die Flöte. Er gewinnt eine Schlacht und überdenkt im Augenblick, wo er das Kommando zur letzten Attacke gibt, wie viel die Porzellanfabrik in Berlin abwirft. Alles ist diesem Geiste gegenwärtig [...]

(Alexis, *Cabanis*, Bd. 1, S. 326)

Friedrich II. taucht auch selbst als Romanfigur auf, so bei einer Truppenbesichtigung. Mit listigem Anachronismus baut Alexis die von ihm gedichtete Fridericus-Rex-Ballade dort ein, indem er sie aus hundert Soldatenkehlen singen lässt.

> Friedrich wandte sich zu seinem Adjutant: »Sieht Er, aus der deutschen Poesie kann noch was werden. – Ist das von dem Kleist?«
> »Eure Majestät, ich zweifle.«
> »Aha! Dann wird's von dem großen Ramler sein,« sagte der König und ging weiter.

(Ebd., S. 299)

Fontane schrieb zu Alexis' Fridericus-Rex-Ballade:

> [Sie] ist längst zu einem Volkslied geworden, so ganz und gar, daß die wenigsten den Verfasser kennen und darauf schwören würden, daß es vor mehr als hundert Jahren, in den Tagen des Siebenjährigen Krieges, entstanden sei.

(Fontane, *Willibald Alexis*, S. 216)

Als Etienne 1759 – nach neunzehn Jahren, zunächst in österreichischen, dann in preußischen militärischen Diensten – nach Berlin zurückkehrt, ist er mittlerweile vollständig von Friedrichs Größe, von seiner Verkörperung des Neuen gegen das Alte überzeugt. Betont langsam lässt Alexis seinen Helden sich durch die öde Mark Berlin annähern. Die Schilderung der kargen märkischen Landschaft und die immer stärker werdende Apotheose Friedrichs beginnen sich zu entsprechen. Die Ablehnung und Bewunderung Friedrichs, die sich als ein Hauptthema durch den gesamten Roman ziehen, werden gespiegelt im Für und Wider bei der Beurteilung der märkischen Landschaft. Anlässlich eines Sturmes im Kiefernwald werden auch Gleichnisse gebraucht:

> »Die Brandenburger sind wie ihre Kiefern. Ein junges Geschlecht wächst schnell auf, haben an wenigem genug, sind nicht schön, aber fest, zäh, unverwüstbar. Lassen sich vom Sturme biegen, aber nicht umwerfen, sie waren niemals frühlingsgrün, sind aber immer spitz wie ihre Kiefernadeln.«
> Ein Windzug durchbrach auf einen Augenblick die mannigfachen Wolkenschichten, ein gelbes Regendunstlicht beschien die hohe Kiefer, die ihre ungekränkten Äste, wie sich erholend von dem Sturmangriff, schüttelte und wiegte, und bald wieder ruhig wie vorhin dastand. Der verschlungene Wuchs der Äste, kühn ausgestreckt in die Lüfte, die braune Rinde glänzend vom Abendlicht gerötet, die träufelnden Nadelzweige, der zerrissene Horizont, die Stille um die einsame, hoch hervorragend über das Zwerggestrüpp, es war ein stolzer Anblick. »Das ist Friedrich selbst,« rief der Kamerad, halb lachend, halb ernst, »er schüttelt sich von einer verlorenen Schlacht und keiner glaubt es ihm, daß er geschlagen worden. Siehst du, Gleichnisfreund, alles ist hier Charakter.«

(Alexis, *Cabanis,* Bd. 2, S. 16)

Etienne hat hohe Erwartungen an Berlin. Er, der sich die Stadt durchdrungen von Friedrichs Geist und befriedet durch Scheu seiner magischen Größe gegenüber vorstellt, wird bei

Adolph Menzel, *Gewitter am Tempelhofer Berg*, 1846, Öl auf Papier, Köln, Wallraf-Richartz-Museum. Das Bild zeigt, wie weit die Brandenburger Landschaft auch noch hundert Jahre nach der Handlung von *Cabanis* an die Stadt, hier an den Kreuzberg, heranreichte.

seiner Rückkehr bitter enttäuscht. Nach der für Preußen verlorenen Schlacht bei Kunersdorf marodiert eine feindliche Soldateska, begleitet von betrunkenen Frauen, in den Straßen. Der russische Kommandant gibt den Befehl, das Zeughaus zu sprengen. Russen und Österreicher zerstören Möbel, Fensterscheiben und Kunstwerke des Schlosses Charlottenburg.

Etienne flieht in Richtung Spandau, wo er endlich wieder auf preußische Einheiten trifft. Zwar sind auch hier Kriegsmüdigkeit und Kritik an Friedrich unverkennbar, aber Etienne kommen auch Geschichten zu Ohren, die von einem irrwitzigen Idealismus beseelt sind, ja, in denen Friedrich zu einer säkularen Christusfigur aufgebaut wird, zu einer quasi-religiösen Erscheinung in einer zu einem Lazarett umgewidmeten Kirche:

> Es war ein fürchterlicher Gottesdienst in der Nacht; die alten Granitmauern bebten von den Kanonenschlägen, der Sturm sauste um den Kirchturm, und die Glocke summte dumpf

herunter. Von den Brandfackeln in der Runde glühten die Fenster, und die bunten, katholischen Heiligen aus alter Zeit sahen auf die Sterbenden und die Toten nieder und hörten auf die Fluchenden, die Betenden und die Wimmernden [...]

[...] Da erwachte in mir der Wunsch: deinen König Friedrich möchtest du noch mal sehen. [...]

[...] [n]ur *ein* Mann stand allein mitten im Schiff, mir den Rücken zugekehrt und die Hände drauf, und rührte sich nicht. – Das Lied war aus. Der Mann drehte sich um und es war Friedrich. – Meine Herren, es war der König Friedrich, der in der Schlacht die Feinde geschlagen hatte, der hier allein stand, aber es war nicht der König Friedrich, den Sie kennen. *Die* Augen, *den* Blick haben Sie niemalen gesehen. Der drang durch Granitmauern und Erdschichten, der muß, wenn er sich aufwärts kehrte, mein' ich, durch die Wolken bis in die Sterne geschaut haben. [...] es war mir in dem Augenblick, als wär' ich nicht mehr auf Erden und die Geister aller gefallenen Preußen hätten Audienz bei ihrem König, und nun, wenn er still stände, würde auch auf mich sein Blick fallen und er mich rufen aufzustehen und aufs neue ihm Treue zu schwören für eine andere Welt. Aber er sah mich nicht und sah doch gerade auf mich nieder, und der Blick der Augen war wie ein Medikament, denn sie leuchteten nicht mehr stier und starr, vielmehr friedlich, und mir kam es vor, als schwebte was von Lächeln um seine Lippen.

(Ebd., S. 216 ff.)

Nach wechselndem Kriegsglück und den dazugehörigen schwankenden Einschätzungen Friedrichs II. endet der umfangreiche Roman damit, dass Etienne schließlich bei der letzten Schlacht im Siebenjährigen Krieg in Schlesien der Orden *Pour le mérite* von Friedrich verliehen wird. Nach dem Frieden von Hubertusburg gibt es dann keinen Hinderungsgrund mehr für die ungehemmte Apotheose Friedrichs II. Die siegreichen Truppen ziehen, aus Schlesien kommend, in Berlin die Friedrichstraße entlang, Etienne wird von Friedrich, der sich jovial, scherzend, gelöst gibt, im Schloss empfangen und am Ende sogar zu seinem Kammerherrn ernannt. Etiennes Vater kommentiert begeistert:

> Ein König soll sein wie die Sonne; wo er hinblickt, soll es warm werden und wachsen, wo er hinblickt, sollen die Sümpfe trocknen, die Luft soll gesund werden, die Jugend froh und das Alter soll sich wohl fühlen. Der Blick eines Königs soll nicht gehen wie der Blick eines Richters, durch Mark und Blut, dafür ist der Richter – des Königs Blick soll Gnade sein. Des Königs Auge soll nicht suchen nach dem Fehler, der vergessen ist, es soll leuchten für alle Gnade und Hoffnung; des Königs Auge soll Wunden heilen, und wohl dem Lande, wo der König die Gnade ist – Amen, Amen!

(Ebd., S. 332 f.)

Vier Jahre vor Alexis' *Cabanis*-Roman, im Jahr 1828, verfasste der Schlesier Karl von Holtei, auf den dieser Spaziergang auch im Zusammenhang mit humoristischen Bühnenstücken näher eingehen wird, das Schauspiel *Lenore,* das in den letzten Jahren des Siebenjährigen Krieges spielt. Hier geht es um den Mentalitätskonflikt zwischen Österreichern und Preußen im Kampf um Schlesien und letztlich ebenfalls um die Apotheose Friedrichs II.:

> WALLHEIM. [...] Wenn Sie ihn nur gesehen hätten, den Fritz – wenn der commandirt – der hat ein Paar Augen im Kopf, da sind Ihrer Liebsten ihre Augen nichts dagegen.
> [...]
> PASTOR. [...] Es ist ein Kampf des Lichts. Der große König führt ihn, als Vertreter geistiger Freiheit und selbst, wenn er unterläge, wäre der Sieg doch sein. Die Aufklärung läßt sich nicht hemmen, und Friedrich ist ein zweiter Reformator.

(Holtei, *Lenore,* S. 135 ff.)

Der märkische Junker Wilhelm, verführt von der österreichischen Gräfin Aurora, schwärmt im schlesischen Eulengebirge:

In diesen hohen Bergen hat mich der Sommer wärmer begrüßt, als in der einförmigen Heimath. Seine heißen Lockungen wehen mich räthselhaft an, als ob sie aus dem ewig blauen Süden kämen. Schlesiens hohe, uralte Berggrenzen stehen wie das Thor vor einem neuen Paradiese. Aurora ist der Engel, der es bewacht, mir hinüber winkt, und mich halten strenge eiserne Pflichten. Wie schön muß es drüben seyn? drüben – und immer weiter. Welche glückseligen Länder müssen da blühen! und wir in unserm wüsten Sande – unter unsern düstern Kiefer – an unsern kalten Seen – […].

(Ebd., S. 169)

Nachdem Wilhelm sich aber doch zu seiner preußischen Pflicht bekannt hat – zum Schluss stirbt er den Heldentod –, äußert er kurz vor seinem Hinscheiden:

Und dies *liebliche* Schlesien, jetzt noch getheilt im Zwiespalt der Meinung, wird treu und fest an Preußen hangen, dereinst eine strahlende Perle in seiner Krone.

(Ebd., S. 183)

1831 erschien ein Gedichtbändchen Holteis unter dem Titel *Heil dem Könige! Zwölf preußische Lieder,* apotheotische Gesänge auf Friedrich Wilhelm III. und Königin Luise, einige im Kirchenliedton verfasst. In diesem Fürstenlob wird auch die dynastische Kette der Hohenzollern bemüht:

Die Geister Deiner höchsten Ahnen,
Von Preußens königlichem Sitz,
Umschweben Deines Volkes Fahnen;
Und drüben blickt der alte Fritz:
Er blickt auf Dich mit Stolz und Lust;
Du bist Dir solches Blicks bewußt.

(Holtei, *Heil dem Könige!*, S. 29)

Holtei hatte bereits als Schüler 1813, als Breslau wegen der Befreiungskriege, die von hier ihren Ausgang nahmen, ins

Zentrum Deutschlands rückte, König Friedrich Wilhelm III. zugejubelt. Gern zitierte Holtei in seinen Lebenserinnerungen zwei Gedichte, die auf ihn verfasst wurden und die ihn in launiger Weise mit Friedrich II. verglichen.

1847 verfasste der Schlesier Heinrich Laube das Drama *Prinz Friedrich,* in dem Friedrich als jugendlich-weicher Schwärmer dargestellt ist. Der Maler und Lyriker Julius Hübner, Schlesier auch er, plante 1850, Friedrich II. in seinen letzten Lebenstagen in Sanssouci zu malen. Für die Vorstudien begab sich Hübner in die oberste Etage des Berliner Schlosses, wo die Hinterlassenschaften Friedrichs aufbewahrt wurden, unter anderem seine Totenmaske, die Hübner zeichnete. Angeregt durch diese Gegenstände schrieb Hübner einen Gedichtzyklus mit dem Titel *Reliquien Friedrichs des Großen.*

In den Sonetten, betitelt mit *Friedrichs Todtenbild, Friedrichs Todtenmaske, Sein Schweißtuch, Sein Sterbehemd, Friedrichs Feldbinde, Seine Krücke, Seine Flöte, Sein Degen, Sein Rock, Sein Hut,* wird säkularer Heiligenkult mit devoter Verehrungshaltung und schwülstigem Patriotismus verknüpft. Mit dergleichen Schriften findet die schlesische Verehrungshaltung gegenüber Friedrich II. einen traurigen Höhepunkt.

Mit den Romanen von Willibald Alexis sieht es anders und sehr viel differenzierter aus, und es ist kein Zufall, dass sich die entgegengesetztesten politischen Charaktere für ihn aussprachen, staatstragende Preußenanhänger ebenso wie marxistische Kritiker. Der konservative Nationalliberale Heinrich von Treitschke hielt Alexis für den überragenden Autor historischer Romane in Deutschland. Der Sozialdemokrat Franz Mehring beurteilt die brandenburgisch-preußischen Romane von Alexis als wahre Kunstwerke, die die Hohenzollern niemals mit der typischen preußischen Borniertheit blind feiern. Auch die heutige Alexis-Forschung befreit den Autor vom Vorwurf der Borussomanie: Vielmehr werde der Monarch bei Alexis als Aufklärer gefeiert, der Adel werde nicht aufgrund seiner Privilegien, sondern nur aufgrund seiner Vorbildfunktion gelten gelassen, die Verwirklichung gesellschaftlicher Utopien werde angemahnt, der Servilismus des Volkes angeprangert und Opposition zur Pflicht erklärt.

Willibald Alexis' über tausend Seiten starker Roman *Ruhe ist die erste Bürgerpflicht* von 1852 spielt in den Jahren des Niedergangs Preußens von 1804 bis 1806, in den Verfallszeiten des friderizianischen Staates. Außerdem handelt es sich um einen Berlin-Roman, der nicht nur in den besten Kreisen der Gesellschaft und an bekannten öffentlichen Orten spielt, sondern auch auf Friedhöfen, Hintertreppen, in Schenken, auf dem Fischmarkt mit derben Fischweibern, in finsteren Treppenhäusern, dunklen Straßen, in verrauchten Hinterzimmern, zwischen Obsthökerinnen, in einem Bordell und am Hinrichtungsplatz.

Adolph Menzel, *Treppenflur bei Nachtbeleuchtung*, 1848, Öl auf Papier, Essen, Museum Folkwang. Das Bild gibt die unheimliche Atmosphäre Berliner Treppenhäuser wieder.

Aber schon die halböffentlichen Salons, »Sammelplatz vornehmer Roués« (Fontane, *Willibald Alexis,* S. 247), können sich als Orte von Verbrechen, Gewalt- und Sexualexzessen entpuppen, gespiegelt in der Spinnennetz- und Insektenmotivik. Als Jurist, der Alexis auch war, stellte er zusammen mit Julius Eduard Hitzig den *Preußischen Pitaval* zusammen, eine Sammlung bemerkenswerter Kriminalfälle, aus denen er auch in seinen Romanen, vor allem in *Ruhe ist die erste Bürgerpflicht,* schöpfte. Alexis erweist sich als großer Kenner der Gesellschafts- und Seelenmechanik, was im immer wieder auftauchenden Marionettenbild und im Motiv der Chemie, der chemischen Ingredienzien, Experimente und Reaktionen gespiegelt wird. Zudem ist er ein Meister der desillusionierenden, zum Teil ironischen Schilderungen im Zusammenhang mit dem von ihm beleuchteten Gesellschaftsdarwinismus. Auch schlesische Elemente durchziehen den Roman wie eine Unterströmung, seien es die Festung Glatz, der schlesische Minister Graf Hoym, der auch persönlich bei Königin Luise auftaucht, verschiedene Breslauer Dichter, die großen braunen Bunzlauer Kaffeekannen, der russische Truppendurchmarsch durch Schlesien, das Elend der schlesischen Weber oder das Schlesische Tor in Berlin.

Der Roman endet mit dem staubaufwirbelnden Abzug der preußischen Truppen und der Flucht des Königspaars von Berlin nach Königsberg. Das Staubmotiv, das vor allem am Anfang und am Ende auftaucht, hält das Werk wie eine Klammer zusammen. Neben der spannenden Kriminalhandlung und den mit illusionsloser Schärfe beobachteten gesellschaftlichen Verwerfungen besteht das besonders Gespenstische des Buchs in der unablässigen Bezugnahme auf Friedrich II. In beinahe allen Gesprächen, allen Situationen ist er mehr oder weniger präsent. Er ist das geheime Zentrum des Romans, der große Magnetberg, von dem die einen abgestoßen, die anderen angezogen werden. Auf dieser Folie wird die Misere Preußens in den Jahren 1804 bis 1806 ausgebreitet. Diesmal findet – anders als in der zweiten Hälfte von *Cabanis* – keine ungebrochene Apotheose mehr statt. Vielmehr gerät der König, der bis zu seinem Tod und noch danach als »Friedrich der Einzige« bezeichnet wurde, stark in die Kritik.

Immer wieder wird Friedrich II. von verschiedensten Romanfiguren im Nachhinein vorgeworfen, dass er es nicht vermocht habe, dem Staatskörper, der Staatsmaschinerie eine länger andauernde, bleibend funktionierende Seele einzuhauchen und für angemessene Nachfolge Sorge zu tragen:

> Noch sind's nicht zwanzig Jahr, daß sein Auge leuchtete, seine Stimme tönte, und nun solche Kreaturen, wimmelnd im Dunstkreis seines Grabes! Sind das die Würmer, die an des Riesen Leichnam nagten?
>
> (Willibald Alexis, *Ruhe ist die erste Bürgerpflicht*, S. 322)

Jetzt, in den Jahren 1804, 1805, 1806, ist der preußische Adler zertreten. Die Erinnerung an Friedrich II. ist für die einen ein unguter Dunst, ja bloß noch die gespenstische Vision einer auf Zwergengröße zusammengeschrumpften Mumie, für die anderen ein unablässiger Bezugspunkt, eine glorreiche Folie, vor der alles Heutige als Verfall erscheinen muss. Die einen werfen Friedrich vor, durch seinen autoritären Regierungsstil jegliche Eigeninitiative erstickt und damit Schuld an der heutigen Misere Preußens zu haben:

> Die Besten sind geschulte Puppen, wenn redlich, steif wie ein Wegweiser. [...] Friedrichs Schule hat sich schlecht bewährt. [...] Da stehn die Posten, wo man sie hingestellt, sich brüstend, daß sie die Stelle nie um einen halben Fußbreit verlassen, aber unaufmerksam, wenn die Konterbande drei Schritte von ihnen bei hellem Tage über die Grenze dringt. Was geht es sie an, sie tun ihre Pflicht! [...] Mag das Vaterland untergehen, wenn sie nur an ihrem Schilderhaus präsentierten. So nicht einer, nein, alle, keine Freiheit des Urteils, keine selbsteigene Bewegungskraft. Je besser diese Normalpreußen geschniegelt, gebürstet und geschnürt sind, so kleiner der Kern des Menschen darin.
>
> (Ebd., S. 160 f.)

Die anderen hoffen inständig auf einen neuen, auf Friedrich basierenden Geist, der das marode, geradezu marionettenhafte Staatswesen durchdringen und neu beleben müsste:

Dies Volk ist zu vielem gut, es hat auch gesunde Glieder, wenn nur der Kopf da ist, der sie regiert. Das aber bilden Sie sich nicht ein, daß diese Glieder schon reif sind, für sich selbst zu stehen. Dafür vergaß der große Mann zu sorgen. Er führte sein Volk in die Weltgeschichte ein und übersah, ihm die Erziehung zu geben, daß es mit Ehren darin bestände. [...] Er war müde, über ein Volk von Sklaven zu herrschen, ja, aber sie sind es geblieben, weil er ein Lehrmeister war wie der Gelehrte in einer Bauernschule. Glänzende Schulaktus hat er mit ihnen aufgeführt und sie deklamieren lassen, was sie nicht verstanden. Friede seiner Asche und Fluch dem, wer einen Stein auf sein Grab wirft, denn Deutschland hat keinen Größern geboren, aber sein Reich, mein Herr, ist die Schöpfung eines Zauberers. Wunderbar groß, zweckmäßig, ineinandergreifend erscheint alles, solange sein Geist darüber waltet. Aber wenn der schlafen geht, vertrocknen die Palmen und Lilien zu Heidekraut, und der Palast versinkt in ein Unkenmoor. Da sehn Sie diese Reihe von Statuen [in Sanssouci]. Kunstwerke, solange er unter ihnen wandelte, jetzt verwitterte, moosbedeckte Fratzen. Was ist aus seiner Gliederung geworden in Zivil und Militär, was aus dem angestaunten Mechanismus seiner Staatsorganisation? Ein schönes Lied auf einen Leierkasten gesetzt, aber die Melodie bleibt dieselbe in Leid und Freud, weil die Hand vermodert ist, die den Mechanismus der Drehorgel umsetzt. So leiert es hier fort ins andre Jahrhundert die Melodie des vorigen, bis alle Räder und Gänge

Adolph Menzel, *Friedrich im Alltagsrock*, um 1850, Lithografie. In seinem opulenten Uniformwerk fasst Menzel den verehrten König in etwas hölzerner, wenig majestätischer Weise.

verrostet und voll Staub sind. Dieser Staat Preußen, mein Herr, ist zum Popanz geworden, nicht, weil sein Volk Sklaven sind, sondern weil der Zauberer fehlt, der das Uhrwerk wieder aufzieht. Dieser Staat Preußen ist ein Konglomerat von Kraft und gutem Willen, wie man sie selten in der Geschichte sah, aber eine Gliederpuppe, wenn kein neuer Geist hineinfährt.

(Ebd., S. 575 f.)

Aber Alexis wäre nicht der Autor von hoher Qualität, als der er verstärkt in die Literaturgeschichte eingehen müsste, zeichnete sich nicht auch dieser Roman wieder durch differenzierende Perspektivierungen aus. Als Gegengewicht zu den kritischen, ja verdammenden Stimmen gibt es einen alten Major, der in knappem preußischen Ton, aber sehnsuchtsvoll und mit Tränen in den Augen sein letztes Zusammentreffen mit Friedrich II. kurz vor dessen Tod 1786 schildert:

> Es war sein Sterbejahr. Mir ahnte es. Da hatte ich keine Ruhe mehr. Wenn ich ihn noch einmal sehen könnte! Hatte längst meinen Abschied, wie du weißt. Jetzt war ich nun Major, ein Invalidenmajor. Reiste nach Potsdam und ging nach Sanssouci hinaus. Das Glück wollte mir wohl. Ein alter Kammerdiener, den ich kannte, ließ mich auf die Terrasse. Es war ein sonniger, schöner Nachmittag, wie heut; nur noch schöner, es spielte so was wie der Duft in den Orangenbäumen, die Sperlinge zwitscherten. Der König saß an der offenen Glastür in seinem Lehnstuhl, den Pelz übergedeckt. Sie wollten ihn zum letztenmal die Luft dieser Erde recht frisch kosten lassen. Vor sich sah er nun, was er geschaffen hatte, und darüber hinaus den blauen Himmel, den der liebe Gott geschaffen hat. Die Kieferwälder in der Ferne bewegten sich. Mir war's, als hätt ich beten mögen. Und ich muß auch wohl die Hände gefaltet haben. Wollte stehenbleiben da in dem Winkel, wo die Hunde begraben liegen. Da klopfte der Wachthabende, der's mir wohl ansah an dem blauen Überrock, daß ich auch Soldat gewesen – oder hatte es ihm der Kammerdiener gesagt? –, er klopfte mir leis auf die Schulter: ›Gehn Sie nur immer vor und sehn sich Ihren König noch einmal an, er schläft fest. Wer weiß, ob

er wieder erwacht.‹ Er stieß mich sanft vor. – Das war ein eigen Gefühl. Mir klopfte das Herz, wie, da ich zum erstenmal ins Feuer kam; aber zugleich war mir so ruhig, so sonntäglich zumut. – Nun stand ich vor ihm, nicht zehn Schritt entfernt, die Sonne wollte hinter die Bäume sinken. Gott weiß, was ich dachte! Einmal war's mir, als würde er, wenn sie sinke, auch die Augen schließen, und dann würde es Nacht werden, und alles, was er geschaffen, mit ihm untersinken. – Und das Gesicht des Schlafenden! – Was lag darin! Herr du mein Gott, was konnte einer darin lesen! Die Lippen bewegten sich ganz leis, als spräche er im Traume. Nun schlug er plötzlich das große Auge auf. Er sah mich. Ich stand wie eingewurzelt, den Hut preßt ich in der Hand, und hätte mögen in die Erde versinken. Da öffnete er die Lippen: ›Ihn kenne ich auch – bei Torgau – vergeß er mich nicht!‹ Sah mich wohl, wie auch im Traum, der vor ihm gaukelte, denn er schloß sie wieder. Nur die Finger machten eine leise Bewegung. War's ein Wink für mich, oder was war es? Da hub das Glockenspiel in Potsdam an, die Sonne war hinter die Bäume gesunken, der Schatten fiel auf den großen König, und ich weiß nicht mehr, wie ich fortkam.

[...]

[...] es war sein Auge, seine Präsenz, die das Blut wieder umrührt, wo es stockig ward. Seitdem ist's schrecklich stockig geworden [...]

(Ebd., S. 99 ff.)

Dieser alte Major taucht fünfhundert Seiten später noch einmal auf der Terrasse von Sanssouci auf, in dem Kapitel *Das Gespenst von Sanssouci*. Zunächst wandert ein junger Romantiker, Walter, durch Potsdam, klettert auf den Ruinenberg, der mittlerweile völlig überwuchert und sich durch die Jahre von einer künstlichen in eine natürliche Ruine zurückverwandelt hat, und gelangt dann nach Sanssouci, wo ihm der alte Major schließlich als Friedrich-Vision begegnet. Der alte Soldat und der junge Romantiker Walter kommen ins Gespräch über die Größe Friedrichs:

»Es muß doch schon noch etwas sein«, entgegnete mit sarkastischem Tone der alte Militär. »Denn um der Hunde willen, die unter uns liegen, sind Sie doch nicht hier? Auch kommen darum nicht die vielen Tausende Fremder, die des Jahres die Terrasse besehen wollen. Drinnen, da hinter den Glasfenstern, ist's leer, der Staub wirbelt im Sonnenschein und die Motten nisten in den Polstern. Warum läßt man sie darin? Warum ist denn noch niemand in dies Haus gezogen, nachdem er es verlassen? 's ist ja so luftig und hübsch. So meinen sie doch wohl, daß drinnen noch etwas ist, davor sie Respekt haben, und gehn ihm fein aus dem Wege.«

»Vielleicht die Furcht vor dem Gespenst mit dem Krückenstock«, warf Walter hin.

»Kann wohl sein«, nickte der Major und wies nach Potsdam hinunter. »Warum kämen sie sonst aus Petersburg und Paris her und legten ihr Ohr an die Türen? Selbst der mächtige Kaiser! [...]«

[...]

»'s ist doch was Großes um einen großen Mann!« sagte der alte Militär. »Was er hinterließ, es läßt sich mit keinem Schwamm auslöschen. [...]«

[...]

»[...] Herr, was wir sind und haben ist sein Werk, unser Name, unsre Straßen, unsre Häfen, unsre Ordnung, unser Respekt. Sein Auge leuchtete als Stern den Unterdrückten. Sein Wort, das er donnerte, als der Müller Arnold klagte, dröhnte durch Europa, und es wird durch die Welt hallen, solange sie steht. Sein Wort, daß jeder in seinem Staate selig werden solle, wie er will, Gottvater im Himmel, kann denn das je vergessen werden!«

»Walte *der*!« setzte er nach einer Weile hinzu, indem er den Hut von der Stirn nahm, es war wohl, um zu verbergen, daß er die Hände im Schoß faltete. »Walte der da oben, daß jetzt sein Geist da unten mitspricht!«

»Amen!« rief bewegt der jüngere Mann.

(Ebd., S. 561 ff.)

Etwas später wird der alte Major vom Kastellan von Sanssouci des Platzes verwiesen und kommentiert:

> »Vor zwanzig Jahren, als ich auf diese Terrasse kam, führte mich der Wachthabende selbst zum großen König. Ich sah ihn sterben. Nun weist man einen alten Soldaten fort, weil er kam, nur um seinen Geist zu sehen. – Freilich, es kann gefährlich werden, Friedrichs Geist zu sehen!«
>
> (Ebd., S. 565)

So führt die bereits sehr sublime Begegnung des alten Majors mit Friedrich kurz vor dessen Tod auf der Terrasse von Sanssouci, eine Art säkularer Erscheinung des Herrn, bei einigen Romanfiguren zu einer inbrünstigen Jüngerschaft. Dass auch auf Theodor Fontane, dessen Werk sehr stark von Alexis beeinflusst ist, diese Romanpassage großen Eindruck gemacht haben muss, zeigt sich an seinem Gedicht *Auf der Treppe von Sanssouci,* das er 1885 Adolph Menzel zu dessen siebzigstem Geburtstag widmete: Ein Fontane ähnelndes lyrisches Ich trifft auf den Terrassen von Sanssouci mit einem ebenso ätherischen wie schroffen Friedrich II. zusammen, der ihn über Menzel ausfragt und ihm ausrichten lässt, er habe ihm bereits einen Platz in seinem, Friedrichs, Elysium reserviert. Auch Fontanes *Schach von Wuthenow* ist ohne Alexis' behäbig-dickleibiges Werk *Ruhe ist die erste Bürgerpflicht* nicht denkbar, gebrauchte Fontane ihn doch motivisch und historisch als Steinbruch für seinen eigenen schmalen, eleganten, kunstvollen Roman.

Der in Alexis' Roman zu Beginn erwähnte Friedrich Wilhelm III. versucht, zusammen mit Königin Luise und Zar Alexander, seine schwache politische Position an der Gruft Friedrichs II. in der Potsdamer Garnisonkirche zu stärken. Der gute, aber schwache König stellt sich in die Tradition des ungeliebten, aber starken Königs, um an seiner Gruft durch seinen Geist Kraft für das untergehende Preußen zu erlangen:

St. Hedwigs-Kathedrale und Friedrich II.   153

Adolph Menzel, *Terrasse in Sanssouci*, 1840/42, Holzschnitt. Fontane lässt in seinem Gedicht *Auf der Treppe von Sanssouci* Friedrich II. an Menzel ausrichten: »Ich lüd' ihn ein nach Sanssouci; sie nennen's / *Elysium* droben, doch es ist dasselbe. / Dort find't er alte Freunde: Gen'ral Stille, / Graf Rotenburg, die ganze Tafelrunde, / Nur Herr von Voltaire fehlt seit Anno 70; / Franzose, rapplig. *Dieser* Platz ist frei. / *Den* reservier' ich ihm. Bestell' Er's. Hört Er? / Ich bin Sein gnäd'ger König. *Serviteur!*« (Fontane, Gedichte, S. 294)

Die Königin und der Kaiser wurden zuerst sichtbar; der König folgte. Luise schien erschöpft, sie drückte jetzt das Taschentuch ans Gesicht. Aber nur einen Moment; dann warf sie einen forschenden Blick auf den ernsten Gatten. Es mußte ein Ernst sein, der ihre Hoffnung stählte. Sie lehnte sich an seine Brust, um sich doch ebenso schnell wieder aufzuraffen. Alexander und der König reichten sich die Hand. Es war ein wichtiger, bedeutungsvoller Handschlag. Aus der dunklen Stille kam ein Laut wie der Hauch unsichtbarer Geister; ein Hauch der Verwunderung, Freude, Beistimmung, wofür jede Sprache zu rauh ist, ihm Ausdruck zu geben. Mit königlicher Würde schaute Luise umher, nicht forschend, nicht mißbilligend. Ihr Blick galt den Geistern, welche die Sprache dieses Auges, das selige Lächeln verstanden. Dann reichte sie Alexander wieder rasch den Arm, und die drei verließen die Kirche.

(Ebd., S. 580 f.)

Doch der Stärkungsversuch in der Gruft Friedrichs II. bleibt ohne machtpolitische Folgen. Der Roman endet mit der Flucht vor Napoleon, von dem es in dem Roman immer wieder heißt, dass er viel lieber als den schwachen Friedrich Wilhelm III. einen Gegner vom Kaliber Friedrichs II. gehabt hätte.

Die Fortsetzung von *Ruhe ist die erste Bürgerpflicht* schuf Alexis 1854 mit dem Roman *Isegrimm,* der sich im Zeitraum von 1806 bis 1815 bewegt. Der Autor verlässt hier die Kreise der Berliner Gesellschaft und spiegelt die historischen Ereignisse der Franzosenzeit auf dem Lande, in märkischen Kleinstädten, fern dem Hofe. Fontane beschrieb die Zentralfigur des Romans, den Isegrimm, sehr emphatisch:

> Herr von Quarbitz auf Ilitz, ein Edelmann von echtem Schrot und Korn, schroff, reizbar, vorurteilsvoll und voll ätzender Lauge, wo ihn dies oder das, mit oder ohne Grund verdrießt und verletzt, aber bei aller Schroffheit erweist er sich als weich, dazu patriarchalisch und hilfebereit, tapfer und hochherzig und mehr noch durchdrungen von seiner *Pflicht* als von seinem Recht.

(Fontane, *Willibald Alexis*, S. 255)

Auch an dieser Stelle ist wieder eine starke Anregung Fontanes durch Alexis zu erkennen: Sein Romanerstling *Vor dem Sturm* spielt ebenfalls in der Zeit vor den Befreiungskriegen, und auch Fontane stellt eine widerborstige Figur aus dem märkischen Landadel ins Zentrum seines vierbändigen Werkes. In der Fontane-Forschung wird darauf hingewiesen, dass sein Schaffen ohne Alexis nicht denkbar sei. Vor allem seine *Wanderungen durch die Mark Brandenburg* seien diesem verpflichtet. Die Unterschätzung, ja das Vergessen von Alexis' Werk wird dahingehend zu erklären versucht, dass dieses in seinen besten Teilen in den Texten Fontanes aufgegangen sei. Übrigens ist auch dessen bekanntes Gedicht *Havelland,* das mit märkischen Ortsnamen spielt, von Alexis beeinflusst:

Der Vorläufer findet sich als lange, sprachspielerische *Märkische Iliade*, im Roman *Isegrimm*.

Die historische Figur Friedrichs II. spielt in *Isegrimm* eine sehr viel geringere Rolle als in *Ruhe ist die erste Bürgerpflicht*, überhaupt wird Preußisch-Dynastisches kaum erwähnt. Dafür nehmen Landschaftsschilderungen einen größeren Platz ein. Die Mark Brandenburg wird in einem unverfälschten Urzustand vor den Kolonisationsversuchen Friedrichs II. ausgebreitet, worin sich patriotische Widerständigkeit spiegelt. Es handelt sich um eine aus verschiedenen Stücken zusammengesetzte Landschaft, die zwar besiedelt, immer auch geschichtsträchtig, aber nicht übermäßig kultiviert ist. Aufgegebene Torfstiche, überwachsene Wagenspuren, wüste Moorgegenden, eine graue, vom Wind zerrissene Weide, das Abendlicht auf Kiefernstämmen, aber auch die schwer zu erkennenden Zeugnisse der Frühgeschichte inspirieren Alexis zu literarischen Stimmungsgemälden:

> […] der Weg ward nicht besser. Es war ein Knüppeldamm, der an einigen Stellen ganz aufzuhören schien. Die Hölzer waren verfault und in den Moorgrund gesunken, die Räder sanken mit einem heftigen Ruck nach und mußten, oft bis an die Achse im Kot, sich Bahn brechen. Hätten nicht hie und da verkrüppelte Weiden gestanden, so hätte man fürchten können, den Weg ganz verloren zu haben. […]
> […]
> […] der Sage nach [hatte] in diesem Sumpfe der größte Teil eines deutschen Heeres in dem furchtbaren Wendenkriege um den Besitz der Marken den Untergang gefunden. […]
> Sie standen auf einem jener gewellten Hügelzüge, die sich so oft in den Marken mitten aus dem flachen Bruchland erheben, zuweilen in so regelrechter Form, daß das Auge zweifelhaft wird, ob es mit einem Spiel der Natur oder einer Befestigungskunst zu tun hat, deren rohe Züge durch die Jahrhunderte wieder verwischt sind. Die Kiefern, welche in unregelmäßigem Aufwuchs die Höhe bestanden, konnten indes für den Kenner

die Formen eines altslawischen Burgwalls nicht verbergen, hier auf einer der Sandhöhen errichtet, welche das Meer bei seinem Abzuge von diesen Alluvionen zurückließ. Wo der Wall gegen Mitternacht sich deutlich mit dem Hügel zugleich senkte, erhob sich gegenüber eine fortgesetzte Reihe von Hügeln, auf denen unverkennbar Hünengräber standen, das erste, nächstgelegene von beträchtlicher Größe; die Formen der tiefer nach dem Bruchland zu gelegenen hatte der Pflug schon mehr verwischt.

(Alexis, *Isegrimm*, S. 8 f.)

Alexis ist der große Porträtist der märkischen Landschaft. Trotz eines Stil, der manchmal schwerfällig und behäbig wirkt, so als führe »eine Staatskarosse durch den märkischen Sand« (Fontane, *Willibald Alexis*, S. 262), ist er ein Landschaftspoet, der ein märkisches Luch, das rote Abendlicht auf Kiefernstämmen, den Spiegel eines Sees, die ganze »märkische Steppe, das Land und seine Bewohner wie kein anderer vor ihm und nach ihm zu schildern verstanden hat« (ebd., S. 213). Und nicht nur der Landschaft, nicht nur der Geschichte Brandenburgs setzte Alexis ein Denkmal, sondern sogar der Frühzeit der märkischen Natur in ihrem unheilvollen Urzustand vor jeglicher Zivilisation, jenseits der Idylle – im Roman *Die Hosen des Herrn von Bredow:*

> Dazumal war die Gegend anders als jetzt. Wo jetzt die Fichten schlank ins Blaue schießen, war ein Dickicht von Eichen und Rüstern und Buchen, die ineinanderwuchsen und Krieg führten um das bißchen Boden und Luft. Da lagen umgeworfene Stämme faulend einer über dem andern, und Gewürm, Kröten und Schlangen wimmelten am Boden, auf den nie ein Lichtstrahl fiel. Und wo der Wald aufhörte, war die Heide mit stachlichen Ginster- und Wachholdersträuchen besetzt, und wo die Heide aufhörte, war das Bruchland; verwachsene Elfen und wilde Schlingpflanzen, daß kein Lüftchen durchdrang, und in dem warmen, feuchten Dunst nisteten Schwärme giftiger Stechfliegen. Wer sich verirrte und nicht untersank, blieb stecken in den Dornen und kam jämmerlich um unter den Stichen des Geschmeißes.

Und auch das Wasser, wo es zutage lag, spiegelte nicht die Sonne und die Sterne unter dem blauen Himmel. Da trieben umgefallene Bäume umher, mit dickem Moos überzogen, Inseln schwammen und ein buntes, schillerndes Netz von faulenden Stoffen schien darüber ausgebreitet. Die wilden Katzen kletterten in den Baumkronen, Krieg führend mit den Habichten und Krähen. Der Bär schlich brummend in den Schatten um, ein Schrecken der anderen Tiere, und die Waldameise baute ihre hohen Kegelhäuser, das einzige geordnete Gemeinwesen.

(Alexis, *Die Hosen des Herrn von Bredow*, S. 128 f.)

Übrigens gibt es bei Alexis – ähnlich wie bei Menzel und seiner Vorliebe für südliche Barockkirchen – ein Gegengewicht zum Norden, zur märkischen Landschaft. In seiner *Reise durch Österreich, Süddeutschland und die Schweiz* führt er gerne das nördliche Berlin und das südliche, katholische Wien gegeneinander, schwelgt in südlicher Lebensart, lehnt dann wieder die barocken Übertreibungen, den überbordenden Katholizismus ab und zieht die ernste Gotik vor, vor allem aber vergleicht er immer wieder Wien mit Breslau, was ihn heimatlich berührt:

Ich liebe die alten Wahrzeichen an den Häusern. Meine »Blaue Marie«, meine »Sieben Kurfürsten«, mein »Bär auf der Orgel«, mein »Zum polnischen Herrgott« paßten trefflich in meiner alten Vaterstadt Breslau zu ihren Giebelhäusern, düstern Hallen und Schwibbögen. Die Bilder prägten sich dem Knaben ein, und er wollte lange nachher Häuser mit bloßen Nummerschildern nur für halbe Häuser passieren lassen. Die Schilder hängen auch noch über den Häusern des innern Wien [...]

(Alexis, *Reise durch Österreich, Süddeutschland und die Schweiz*, S. 130 f.)

Ein weiterer Schlesier war neben Adolph von Menzel und Willibald Alexis an der künstlerischen Erzeugung oder Festschreibung des Friedrich-Mythos und von Berlin-

Brandenburg-Vignetten beteiligt: der heute fast vergessene, aus Breslau stammende Albert Emil Brachvogel, der sein Leben lang zwischen Schlesien und Berlin hin- und herpendelte und dessen Werk *Friedemann Bach* von 1858 »Generationen von Lesern zu fesseln vermochte und [...] auch heute noch zum eisernen Bestand der Unterhaltungsliteratur zählt« (*Kindlers Literatur Lexikon*. Bd. 3, S. 41). Der Roman über Johann Sebastian Bachs hochbegabten Sohn Friedemann, der nach kometenhaftem Aufstieg durch Ränke und seine eigene komplizierte Verfasstheit immer weiter absinkt, bis er schließlich in einem Berliner Armenviertel stirbt, soll der Phantasie Brachvogels entsprungen sein und kaum mit den realen historischen Figuren übereinstimmen. *Friedemann Bach* ist keine hohe Literatur, sondern ein – zugegebenermaßen spannender – Unterhaltungsroman, der in seinen Schwarz-Weiß-Zeichnungen der Personen und Konflikte ähnlich plakativ daherkommt wie der drei Jahre zuvor erschienene Kaufmannsroman *Soll und Haben* des Schlesiers Gustav Freytag. Er war im Bürgertum um 1900 auch ähnlich wirkungsmächtig. Auch das Bild Friedrichs II. ist, anders als bei den Perspektivierungsversuchen dieser historischen Figur in den Romanen von Alexis, bei Brachvogel eindimensional verehrungsvoll. Hier fällt Friedrich II. absurderweise die Rolle zu, Verteidiger und Vorkämpfer tiefer deutscher Wesensart gegenüber kalter französischer Oberflächlichkeit zu sein. Das Vieldeutige und Bissig-Originelle, das Friedrich bei Alexis anhaftet, wird bei Brachvogel zur Gemütlichkeit bis hin zur tränenseligen Sentimentalität entschärft. Dennoch sei eine Kostprobe von Brachvogels Kunst angeführt, in der das Zusammentreffen Friedrichs II. mit Johann Sebastian und Friedemann Bach in Sanssouci geschildert wird, das Herzstück des Romans. Während der König schließlich vor der Hofgesellschaft zur Flöte greift, erscheinen Vater und Sohn Bach. Johann Sebastian bittet Friedrich, ihm ein Fugenthema zu geben:

Der König nahm das Instrument aus Quanzens Hand und besann sich. Dann, lächelnd, mit einem unbegreiflichen Gefühl, wie in feierlicher Rührung und liebevoller Ehrfurcht, brachte er das Instrument an seine Lippen und gab das Thema:

»b–a–c–h!«

Das war der einzige Friedrich, der zauberische Held seiner Zeit, welcher, entkleidet alles äußeren Scheins, den größten Tondichter seiner Zeit auf unnachahmlich stolze Weise ehrte.

»bach!« – Erschrocken starrte der alte Sebastian den Monarchen an, und ein leises Flüstern, wie ein Windhauch, ging durch die Reihen der Musiker.

Nach und nach belebte sich das starre Gesicht des Alten. Fieberhaft erglühte es und ward durchzuckt von den Blitzen innerer Bewegung, indes Tränen unaussprechlicher Wonne über seine Wangen rollten.

»Und das soll ich spielen, Majestät?« fragte er stammelnd.

»Spiele Er mir das, Er ists wert!« – – – – – – bach! – und Sebastian begann.

(Albert Emil Brachvogel, *Friedemann Bach*, S. 245)

Einen Tag später gibt der alte Bach in der Potsdamer Garnisonkirche ein Orgelkonzert, dem auch Friedrich II. beiwohnt:

Was in des Königs Seele vorging, verschleierte der dunkle Chor. Als er nach einer langen Pause den Sitz verließ, sagte er zu dem Adjutanten: »Die Stunde ist mir heilig, hört Er, und ich will nicht, daß ein anderer lebender Mensch weiß oder gesehen hat, wie mir zumute war.«

[…]

Eine Stunde nachher trat Sebastian Bach in das Kabinett des Königs.

Friedrich eilte ihm mit ausgebreiteten Armen entgegen, preßte ihn an sich und küßte ihn.

»Bach, wenn Er immer bei mir wäre, ich glaube, ich könnte ordentlich fromm werden!«

(Ebd., S. 250 f.)

Der bekenntnishaft-pathetische Roman beinhaltet auch einen imaginäreren Gang durch das alte Rokoko-Berlin. Brachvogel erwähnt alle wichtigen Kirchen, Einrichtungen, Palais, Häuser mit ihren mehr oder weniger berühmten Bewohnern aus Politik, Kirche, Militär, Handel und Kunst, um zu resümieren:

> Wir betreten das alte Berlin von 1784!
> Alles, was es geworden, die vorherrschende Stellung als Trägerin germanischer Bildung, als Weltstadt, verdankt es Friedrich dem Einzigen.
>
> (Ebd., S. 452)

In Brachvogels wenige Jahre später erschienenem preußisch-loyalen *Huldigungs-Wettstreit* von 1861, der seinen *Liedern und lyrischen Dichtungen* vorangestellt ist, treten alle preußischen Provinzen auf, auch die Provinz Schlesien in Gestalt von Rübezahl. Dieser verteilt Zauberrüben, die die preußischen Tugenden verstärken sollen, und zwar an Friedrich Wilhelm III., an den neuen König Wilhelm I., und, allen anderen voran, an den »großen Fritz« (Brachvogel, *Lieder und lyrische Dichtungen*, S. 12).

Adolph Menzel, *Die Provinz Schlesien*, 1844, Kohle und Kreide, Schweinfurt, Sammlung Georg Schäfer. Friedrich Drake modellierte diese Figur für den Weißen Saal des Berliner Schlosses.

Ein weiterer Schlesier, der sich höchst loyal zur Hohenzollerndynastie stellte, war August Kopisch, heute noch bekannt durch sein bei Kindern beliebtes Gedicht *Die Heinzelmännchen*. Er war Mitschüler von Karl von Holtei in Breslau, der Deklamationswettbewerbe mit Kopisch austrug. Seine sprach- und reimspielerische Seite, wie sie sich in manchen seiner Gedichte niederschlägt, wird sich noch im Zusammenhang mit dem schlesisch beeinflussten Berliner Witz zeigen. Er hielt sich fünf Jahre lang in Neapel auf, lernte dort den Kronprinzen Friedrich Wilhelm IV. kennen und führte ihn durch die Stadt und ihre Umgebung, woraufhin dieser auch später seine wohlwollende Hand über Kopisch hielt. Dessen Gestus von Devotion gegenüber den preußischen Königen drückt sich in zahlreichen schriftlichen Zeugnissen, hymnischen und patriotischen Gedichten und Reden, aus. So trug er mit seinem Gedicht *Friedrich des Zweiten Kutscher* zur Mythisierung des Königs als aufgeklärter Monarch, der jede Art von Katzbuckelei ablehnt, bei:

> Des alten Fritz Leibkutscher soll aus Stein
> Zu Potsdam auf dem Stall zu sehen sein –
> > Da fährt er so einher,
> > Als ob er lebend wär:
> Aller Kutscher Muster, treu und fest und grob,
> Pfund genannt, umschmeißen kannt' er nicht: das war sein Lob!
>
> Mordwege fuhr er ohne Furcht, sein Mut
> Hielt aus in Schnee, Nacht, Sturm und Wasserflut.
> > Ihm war das einerlei,
> > Er fand gar nichts dabei:
> In dem Schnurbart fest und steif blieb sein Gesicht,
> Und man sah darauf kein schlimmes Wetter niemals nicht.
>
> Doch rührte man an seinen Kutscherstolz,
> War jedes Wort von ihm ein Kloben Holz;
> > Woher es auch geschah,
> > Daß er es einst versah
> Und dem alten Fritz etwas zu gröblich kam,
> Wessenhalb derselbe eine starke Prise nahm,
>
> Und sprach: Ein grober Knüppel wie Er ist,
> Der fährt fortan mit Eseln Knüppel oder Mist!

Und so geschahs. Ein Jahr
Bereits verflossen war,
Als der Pfund einst Knüppel fuhr und gutes Muths
Ihm begegnete der alte Fritz; der frug: wie thuts?

I nu, wenn ich nur fahre, sagte Pfund,
Indem er fest auf seinem Fahrzeug stund,
    So ist mirs einerlei
    Und weiter nichts dabei
Obs mit Pferden oder obs mit Eseln geht,
Fahr ich Knüppel oder fahr ich Euer Majestät.

Da nahm der alte Fritz Tabak gemach
Und sah den groben Pfund sich an und sprach:
    Hüm, findt Er nichts dabei
    Und ist Ihm einerlei
Ob es Pferd, ob Esel, Knüppel oder ich;
Lad Er ab und spann Er um, und fahr Er wieder mich.

(Kopisch, *Friedrichs des Zweiten Kutscher*)

Die Skulptur auf dem Kutschstall am Neuen Markt in Potsdam stellt diesen Kutscher dar. Kutschfahrten auf den Spuren von Johann Georg Pfund durch Potsdam zeugen noch heute von der Beliebtheit der Figur.

Zeitgleich mit dem Entstehen einiger Alexis-Romane, des Brachvogel-Romans und vieler Menzel-Frideriziana verfasste August Kopisch 1854 eine preußische Schlösser- und Gartengeschichte unter dem Titel *Die königlichen Schlösser und Gärten zu Potsdam. Von der Zeit ihrer Gründung bis zum Jahre 1852. Auf allerhöchsten Befehl Sr. Majestät des Königs geschichtlich dargestellt durch August Kopisch*. Diese umfangreiche Abhandlung beschäftigte Kopisch bis zu seinem Tod. Wegen ihr siedelte er von Berlin nach Potsdam um.

Kopisch beschreibt Schloss Sanssouci ausführlich und begründet den Bau des Neuen Palais aus dem gesteigerten Repräsentationsbedürfnis nach dem Siebenjährigen Krieg. Er erwähnt schlesische Amethyste, Bergdrusen, Achate und

August Kopisch, *Potsdam im 17. Jahrhundert*, 1851, Öl auf Leinwand, Potsdam, Schloss Sanssouci. Die Umgebung Potsdams wird hier zur Weltlandschaft. Der Dichter wirkte als junger Mann auch als begabter Maler.

Chrysopras zur Verzierung von Möbeln und roten, weißen, grauen, grünen und bunten schlesischen Marmor als wichtigen Bestandteil von Innendekorationen und Parkbauten, so der Muschelgrotte, dem Freundschaftstempel, dem Belvedere, der Gemäldegalerie und dem Neuen Palais mit den Communs. Ausführlich wird die Orangerie im Park von Sanssouci beschrieben. An dieser Stelle bricht Kopisch den aufzählenden Gestus des Kunstreiseführers auf und verfällt ins Anekdotische, was die menschlich anrührenden Züge seines verehrten Königs Friedrich betonen soll. Der größte Teil des Orangeriebestands stammte aus Schlesien,

> wo Friedrich II. diesen Culturzweig bereits in vollem Flor gefunden und sogleich zu seinem Vergnügen benutzte. Schon 1742 hatte er edle Stämme von Sellowitz zu Wagen nach Brieg und von da zu Wasser nach Charlottenburg bringen lassen. [...] Zur Zeit als Friedrich der Große zum zweitenmal Besitz von Schlesien genommen, hatte ein Graf Henkel ihm in Breslau schöne Apfelsinen aus Goldschmiede [ein Gasthof] bei Lissa überreicht und ihr Wohlgeschmack den König bewogen die dortige Orangerie selbst in Augenschein zu nehmen. Sie erfreute ihn so, daß

er sie bald darauf (1748) käuflich an sich brachte. Der dortige Gärtner Hillner mußte den Transport leiten und sie selbst auf die Terrassen stellen. Als er dies mit großer Sorgfalt für seine Zöglinge gethan und nun Abschied nehmen wollte, sagte ihm der König lachend: »er dürfe nicht wieder fort, er habe ihn mitgekauft, er solle bei seinen Kindern bleiben, seine lebendige Familie sei auf Königliche Kosten auch schon unterweges«. Erfreut blieb der brave Hillner, und pflegte als erster ausschließlicher Orangeriegärtner die späteren Ankömmlinge mit gleicher Sorgfalt.

(Kopisch, *Die königlichen Schlösser und Gärten*, S. 91 f.)

Neben Kopischs Schlösser- und Gartenbuch existiert ein ähnlich akribisches Werk mit dem Titel *Geschichte des Königlichen Theaters zu Berlin*. Darin befindet sich das ausführliche Kapitel *Das alte Berliner Theater-Wesen bis zur ersten Blüthe des deutschen Dramas* von Albert Emil Brachvogel, von dem ebenfalls der zweite Band, *Die königliche Oper*, verfasst wurde. Auch diesen Werken liegt eine umfassende Archiv-Arbeit zugrunde. Augenscheinlich waren die schlesischen Literaten dazu prädestiniert, sich der aufwendigen und kleinteiligen Aufarbeitung der preußischen Kunst- und Kulturgeschichte zu widmen, da sie bei ihren Fleißarbeiten von Hingabe und Devotion ihrem Gegenstand gegenüber beseelt waren.

Gut hundert Jahre nach Willibald Alexis' Friedrich-Roman *Cabanis* findet die Thematisierung preußischer Herrscher in der Literatur mit Jochen Kleppers Roman *Der Vater* aus dem Jahr 1937 einen vorläufigen Abschluss. Das Werk stellt den Vater Friedrichs II., Friedrich Wilhelm I., den Soldatenkönig, in den Mittelpunkt. Auch Jochen Klepper war Schlesier, er ist heute noch bekannt und geschätzt als geistlicher Kirchenliedichter. Auch er verfasste mit *Der Vater* einen tausend Seiten starken Roman über einen Preußenkönig. Aber im Gegensatz zu Alexis' umfassenden Gesellschafts-, Stadt- und Landschaftspanoramen, die den Leser mit leichter Hand in die Historie hineinziehen und geschichtliche Figuren wie Friedrich II. mit Causerie umspielen, ist Jochen Kleppers Buch über den Soldatenkönig schwer, lastend und düster. In seiner dunklen Ausweglosigkeit gleicht der Roman dem in ihm mehrfach erwähnten Ledersack, den unter dem Soldatenkönig Kindsmörderinnen selbst anfertigen mussten, um sich danach darin einnähen, mit Steinen beschweren und in der Spree ertränken zu lassen. Auch ein Hauptschauplatz des Buches, Jagdschloss Wusterhausen, trägt zu dieser unerlösten Atmosphäre bei, von einem tyrannischen König beherrscht und leitmotivisch von brummenden Bären und Adlern, die ihre Eisenkugeln hinter sich herschleifen, umgeben.

Der Roman handelt vom Aufstieg Preußens durch Verstärkung des Militärs, durch die Kolonisation Ostpreußens, durch Sumpf- und Luchtrockenlegung in der Mark Brandenburg, durch den Ausbau der Städte Potsdam und Berlin, durch die Einsetzung von Thron und Altar. Aber es ist kein realistischer, sondern ein gleichnishaft-religiöser Roman, der sich möglicherweise einer Spielart der schlesischen Mystik zurechnen lässt. Es geht um die Einsetzung und Legitimation der Obrigkeit durch Gottesgnadentum, um die Analogie zwischen dem alttestamentarischen Gottvater beziehungsweise strafenden Soldatenkönig und dem neutestamentarischen Sohn Gottes beziehungsweise Kronprinz Friedrich,

Angezogen durch die Schlichtheit von Schloss Königs Wusterhausen hielt der Soldatenkönig hier seine Tabakskollegien ab und nutzte es zu Jagdzwecken.

um Opfer, Pflicht und Unterordnung des Letzteren unter den strengen Willen des Ersteren.

Berlin und Potsdam sollen in dem Roman das neue Rom werden, sie sollen Rom beerben, ohne Rom nachzuahmen, sie sollen eigene Traditionen entwickeln und aus ihnen schöpfen. Daher wird auch das Schlütersche Stadtschloss, das Vermächtnis Friedrichs I., als fremd, wirr und überladen abgelehnt. Statt dessen bemüht sich der Soldatenkönig, die Berliner Petrikirche zum Hauptsitz des preußischen Protestantismus, zu einer Art Gegen-Rom aufzubauen, höher als das Straßburger Münster und alle Türme Europas, ein Plan, den er trotz Blitzeinschlägen und Brand immer weiter verfolgt. Seine Residenzstadt Potsdam stampft Friedrich Wilhelm I. gegen allen Widerstand des gesunden Menschenverstands direkt aus dem Sumpf. Der angeordneten Verzierung der neuen, der Natur unter größten Mühen abgetrotzten Bauwerke eignet ein spezieller totenkultischer Zug:

> »[...] Rings um den Dachfirst zieh' Er mir einen Fries von steinernen Trauertüchern; und wo sie sich schürzen, sei der Kadaver, sei das Skelett, der Totenkopf geopferter Rinder der Zierat. [...]«
> [...]
> Der König saß auch im Bett noch lange wach. Vor sich sah er den Fries, den er soeben zu meißeln befahl: Trauertücher um die Totenköpfe geopferter Tiere. Diesmal malte er ein Bild in Stein. Es war das einzige, das der Bilderdenker schuf.

(Klepper, *Der Vater*, S. 519 f.)

Die Schwermut, die diesen Roman durchdringt, ist lastend, erdrückend und erstickend. Sie hat nichts gemein mit der schwebenden Melancholie von Kleppers Zeitgenossen Joseph Roth, der mit dem Gestus einer fast heiteren, grazilen, leichten Traurigkeit die untergehende k. u. k. Welt als rückwärtsgewandtes Paradies beschwört. Hier herrschen schwerfälliger Ernst und unerbittliche Strenge. In den ersten Jahren des Nationalsozialismus entstanden, befindet sich der Roman nicht nur in zeitlicher, sondern – wenngleich sicher ungewollt – auch in mentaler Nähe zu dieser Ideologie, und es wundert nicht, dass das Buch als eine der Lieblingslektüren in den höchsten Militärkreisen bis hin zu Hitler galt. Der Roman ist ein Symptom seiner Zeit.

Klepper, dessen Buch auch eine Auseinandersetzung mit seinem eigenen autoritären Vater darstellt, lässt zeitgenössisches Gedankengut anklingen, wenn er die Auswahl der Langen Kerls unter Zuchtgesichtspunkten, die eugenische Veredelung eines neuen Geschlechts und die heiklen Überlegungen des Soldatenkönigs zur Vernichtung von »Entartetem« schildert:

> Und durch die Straßen der Völker und Stämme schritten dröhnend, Bilder der Einheit, Schönheit, Stärke und Ordnung, die Grenadiere Seiner Majestät im Rocke des König-Obristen: einander und ihm selber völlig gleich, als trügen sie ein Ordenskleid [...]
> [...]
> Alle dunklen Sümpfe der Mark spiegelten und schimmerten ihm in der Sonne des hohen Sommers als klare, kühne, weite Seen. Und aus den Seen seines Landes stieg ihm das neue Geschlecht empor, machtvollen Leibes und fruchtbar, nahm vom Waldgrund helle Waffen auf und hielt sie, in dem heißen Lichte einem feurigen Schwerte gleichend, dem Herrn des Landes dienstbar und wehrhaft entgegen: lächelnde, junge Krieger und Zeuger, Erhalter des Lebens, herrliche Söhne, Brüder und Väter in einem. [S. 450 f.]
> Blank und friedlich, wie ein ausgedienter Offizier in seiner blauen Uniform, saß der dicke, kluge König [...] diskutierte mit den Professoren die Frage, die ihn seit Jahr und Tag immer leidenschaftlicher bewegte, ob es möglich wäre, ein neues, blühendes, starkes, kluges Menschengeschlecht heranzubilden. Noch immer mußten die Frauen seiner Riesengrenadiere, wenn ein besonders großes, kräftiges Kind geboren war, sobald es das Wetter nur irgend erlaubte, mit ihrem Götterkinde zu dem

Bettelkönig kommen [...]. Aber auch jene entgegengesetzte Möglichkeit begann ihn stärker und stärker zu beschäftigen, ob es eines Tages zu dem Amte eines Königs auch gehören könnte, verlorenes, entartetes Leben zu vernichten. – Wie sollte er es ganz durchdenken, er, der beim Unterschreiben von Todesurteilen als so »skrupuleux« bekannt war? Aber der Gedanke, die Fortpflanzung der Abnormen durch Vernichtung gleich nach der Geburt – etwa durch Hungertod – zu verhindern, tauchte nun bei ihm auf.

(Ebd., S. 450 f., 785)

Auch der militärische Drill, das Einschmelzen des Einzelnen in Truppenblöcke – die Reihen ihrer Körper bewegen die Soldaten wie *eine* Waffe – und der bevorstehende Krieg werden ästhetisiert und überhöht:

Adolph Menzel, *Die »Langen Kerls«*, 1840/42, Holzschnitt. Unter dem Soldatenkönig wandelte sich Berlin zum »deutschen Sparta«.

Das Heer war Schönheit, Wohlstand, Ebenmaß, war vollendete Reife. Und überreif war draußen die Welt; reif zum Gerichte war die Welt [...] Er wußte: auch diese Ernte – das reife Heer, der überreife Erdteil – verlangte wie jede andere danach, eingebracht zu werden zu der rechten Stunde. Ein reifes Feld, das Heer, stand ungeerntet; ein überreifes, der Erdteil, moderte hin. [S. 791]

[...] feierlich und stumm [marschierten] die Regimenter des roi sergeant: in fleckenlosen, gelben Lederhosen; die waren faltenlos und straff wie Haut; in gediegenen, knappen, blauen Röcken, weißen Gamaschen, silbernen Helmen, das Neue Testament mit beigehefteten Gebeten und Gesängen im Tornister, die neukonstruierten preußischen Handgranaten aus Pulver und Holz, zwölf Stück für den Mann, wie einen Zierat am Gürtel: Kohorten, wie man sie seit Römertagen nicht sah!

Die Pferde der weißen Reiterei waren ebenmäßig und schön wie die Grenadiere des Königs. »Riesenpferde«, meinte man, »die wahren Elefanten eines Hannibal.« Die Brandenburger hatten Maßrollen für ihre Pferde, als wären die auch Lange Kerls – schöne Kerls! Aus braunen, weißen, schwarzen Fellen stieg Dampf, wie wenn Gewölk um Götterrosse weht, Götterrosse für ein Götterheer, prall und glänzend, riesig, strahlend und von übermäßiger Kraft! Aus des Königs Gestüten im Ostland waren sie gekommen; denn auch in diesem Stück hatte er das Werk der Ordensritter wieder aufgenommen und erkannt, daß Zuchtland, Weideland, Reitland ihm gegeben war. [...]

(Ebd., S. 791, 795 f.)

Die Allianz von Thron und Altar wird von Klepper mit einer Mischung aus Pathos und mystischer Innigkeit festgeschrieben. Der religiöse Synkretismus nimmt stellenweise verwirrend-bizarre Züge an. Erhält der Soldatenkönig immer unverhüllter gottvaterähnliche Züge, wenn alle Religionen im »Gottesstaat« in Potsdam um ihn versammelt sind, so wird plötzlich der katholische Marienkult umgewidmet zum Kult des »schmerzensreichen Vaters«, nachdem der Soldatenkönig in Anklang an den alttestamentarischen Abraham sogar versucht hat, in Küstrin seinen eigenen Sohn, Friedrich-Isaak, zu opfern. Wenn dies auch nicht angenommen wird, bleibt es bei der Rechtfertigung von Opferpraktiken, wie das zweite Zitat zeigt:

> Gott wollte das Opfer nicht. Gott gab ihm kein Recht dazu, in eigener Tat zu sühnen. Der Erstgeborene gehörte ihm, dem Vater, nicht: er war von Gott als der künftige König gezeichnet.
> (Ebd., S. 660)

Der König wußte, was er über seinen Sohn gebracht hatte und was der hatte mit ansehen müssen. Er flehte darum, daß auch der Sohn es wüßte, daß zwei für ihn gestorben waren: Katte – und Christus.

(Ebd., S. 685 f.)

Der Einzug der Salzburger Protestanten in Preußen gestaltet sich ausdrücklich als einer in das Gelobte Land. Besonders bizarr wird es, wenn sich der König dieses Reichs, in dem sich religiöse Wunderdinge ereignen, mit seinen Soldaten durch ein Blutopfer zu einer unverbrüchlichen, sakralen Gemeinschaft verschwört und damit eine Art Blutsbrüderschaft zwischen Thron und Altar vollzieht:

> Der König hatte das dritte und letzte Bataillon seines Riesenregimentes von Brandenburg nach Potsdam übernommen, und siebzig der Schönsten, Heldenhaftesten unter den zweieinhalbtausend Göttersöhnen mußten nach dem Einzug vor den Altar der Soldatenkirche treten, wo die Bräute mit dem Brautschatz ihres Königs ihrer Freier harrten. [...]
>
> Für diesen Tag hatte König Friedrich Wilhelm befohlen, dem Regiment [...] solle kompanienweise zur Ader gelassen werden. Er selber trat als erster vor die Reihen, entblößte den Arm und ließ sich vor den Kriegern allen die Ader schlagen, im Schneegestöber unter freiem Himmel und so feierlich, als stieße nicht der Arzt, sondern der Priester das Messer in seine Adern.
>
> Alles war Bild, und dies war das Bild eines Opfers und Bundes; weil es unter freiem Himmel und nach einem Kriege ohne Tote dargebracht wurde, meinte es im Letzten wieder Gottes Reich noch mehr als das Land seiner Erde.
>
> An dem gleichen Tage ging der König mit dem Kronprinzen gemeinsam zu Abendmahl, zum erstenmal seit acht Jahren. [...]
> [...]
> In der Abendmahlsfeier aber leuchtete noch einmal das Blutsopfer der Krieger auf; denn der König ließ den Waffenspruch des Neuen Testamentes verlesen, in dem sein Heer zur Streitmacht eines anderen Reiches wurde und sich vollendete.

(Ebd., S. 854 f.)

Die Überhöhung der Allianz von Thron und Altar ist nicht zu überbieten. Es sei in diesem Zusammenhang noch eine Passage angeführt, die die beiden Wirkungsstätten des Soldatenkönigs, Berlin und Potsdam, als Inbegriffe von Thron (Berlin) und Altar (Potsdam) vorführt:

> So wahr er König war, forderte er Berlin. So wahr er Christ war, beschied er sich mit Potsdam. Berlin war Gedanke der Macht; Potsdam blieb Erflehen des Segens. Berlin war Gesetz, das über ihm wirkte, und Erbe, das er verwaltete; Potsdam ein Vermächtnis, das er hinterließ. Berlin war Form, der er sich fügte; Potsdam die Schöpfung, die er als ein Gleichnis setzte. Berlin war die Stadt des Fürstengeschlechtes; Potsdam des Mannes Friedrich Wilhelm frommes Bild.

(Ebd., S. 851)

Ob der Roman wirklich, wie ein Teil der Klepper-Forschung annimmt, aufgrund der Gottesfürchtigkeit des Königs als Gegenbild zum Führerkult gelesen werden kann, oder ob er unbeabsichtigt nicht vielmehr gerade zur religiösen Überhöhung des NS-Regimes beitrug, das sich gerne auf Sakralisierungen und Transzendierungen stützte, soll hier nicht entschieden werden. Festzuhalten aber ist, dass die gleichnishafte Überhöhung der preußischen Armee von vielen NS-Militärs als eine positive Traditionslinie für die Wehrmacht verstanden wurde. Jochen Klepper selbst wurde wegen seiner jüdischen Frau aufgrund von »Wehrunwürdigkeit« aus der Wehrmacht entlassen. 1942 beging er zusammen mit seiner Frau und seiner Stieftochter angesichts deren drohender Deportation in seinem Haus in Nikolassee Selbstmord.

Für den aus Beuthen an der Oder stammenden Klepper scheint seine Heimat literarisch von nebengeordneter Bedeutung gewesen zu sein. Zwar hat seine Erzählung *Der Kahn der fröhlichen Leute* von 1933 eine Oderflussfahrt durch Schlesien zum Inhalt, ansonsten aber spielt die Region im literarischen und geistlichen Schaffen Kleppers keine besondere Rolle. Nur in seinem Tagebuch *Unter dem Schatten deiner Flügel,* das in den Jahren 1932 bis 1942 entstand, erwähnt er an einigen Stellen Fahrten nach Schlesien, so 1942 eine Winterreise ins Riesengebirge und 1938 eine Fahrt zum Barockkloster Grüssau, die Klepper euphorisierte:

> Die Tragik und Dramatik dieses Barock, auch wo es noch so beschwingt ist. Die Willmann-Fresken der Josephskapelle. Das grüne Moos, das rötliche Gestein, das Gold im Gemäuer unter dem tiefblauen Himmel. Der Blick vom Mönchsfriedhof, über die steinerne Barocktreppe und ihre Putten in die Wälder, Hügel, Wiesen. Immer wieder Glockenläuten. [...] Auf den Feldern um Grüssau brachten Mönche noch Roggen ein. Die zweite Heumahd überall. – Auch so nahe an der Grenze kaum Militär; immerhin Kuriere. Die Fahrt über den Paß des Siebenjährigen Krieges.
>
> Am Abend aller Glanz des September-Sternenhimmels über den dunklen und klaren Waldbergen. »*Princeps pacis*« war der einzige Gedanke dieser Nacht. – Welche Tiefe der Beziehung in diesen Tagen zwischen uns Katholiken, Protestanten und Hanni [Kleppers jüdische Frau].
>
> Diesen Tag kann uns nichts und niemand mehr nehmen. Und nun erst weiß ich wohl völlig, was Schlesien ist. – Der Joseph von Grüssau hat es mir gesagt. – Von den Putten konnte ich mich kaum trennen. – Der Glockenton des gregorianischen Gesanges. –
>
> (Klepper, *Unter dem Schatten deiner Flügel*, S. 647 f.)

Hier wird Schlesien für Klepper kurzzeitig zu einer Größe, zu einer Keimzelle mystischer Erfahrung, zu einer Quelle innerlichster Inspiration, die in seinem literarischen Wirken Niederschlag findet. Der letzte Spaziergang dieses Buches wird zeigen, wie Fresken des schlesischen Barockmalers Michael Willmann wiederum einen Autor zu mystischen Urerlebnissen bewegten: den Expressionisten Ludwig Meidner im schlesischen Kloster Leubus. Zwei Gemälde Willmanns befinden sich übrigens in der Berliner Gemäldegalerie, *Der Traum Jakobs von der Himmelsleiter* und *Die Kreuzlegende*. Im Kupferstichkabinett sind etwa zwanzig Zeichnungen Willmanns aufbewahrt, darunter der Entwurf für ein Titelkupfer anlässlich der Gründung der Universität Breslau durch Kaiser Leopold I. im Jahr 1702 mit weiblichen Personifikationen schlesischer Orte. Als Tafelbild mit Preußenbezug malte Willmann 1682 die *Allegorie auf den Großen Kurfürsten als Beschützer der Künste,* das sich im Jagdschloss Grunewald befindet.

Vom Bebelplatz zum Alexanderplatz: schlesische Architekten und Bildhauer

Das Gebäude Ecke Bebelplatz/Unter den Linden 9, das Alte Palais, in dem heute Universitätsinstitute (Juristische Fakultät) untergebracht sind, wurde 1834 bis 1837 von Carl Ferdinand Langhans errichtet. Ebenso wie sein Vater Carl Gotthard schuf er auch Bauwerke in Schlesien, vor allem in Breslau, und in Berlin. Das Alte Palais des Prinzen Wilhelm, das dieser auch noch als König von Preußen und später dann als deutscher Kaiser bis zu seinem Tod 1888 bewohnte, entstand im klassizistischen Stil. Mit dem friesartigen Obergeschoss und den Wappen und Putten zwischen

Carl Gotthard Langhans' Sohn Carl Ferdinand errichtete, bevor er in Berlin das hier abgebildete Alte Palais des Prinzen Wilhelm und die Hofoper baute, vier wichtige, heute noch existierende Gebäude in Breslau, darunter das Stadttheater und die Synagoge zum »Weißen Storch«.

den Fenstern erhielt die dreigeschossige Fassade ein eigenes, vom Schinkelschen Klassizismus abweichendes Gepräge. Nach den Zerstörungen des Zweiten Weltkriegs wurde das Gebäude in der ursprünglichen Strenge und Schlichtheit, die dem ehemaligen Besitzer gemäß war, wieder aufgebaut.

Auf dem Mittelstreifen Unter den Linden steht das Reiterstandbild Friedrichs II. aus dem Jahr 1851. Eine Miniaturnachbildung befindet sich in der Alten Nationalgalerie, eine andere im Märkischen Museum. Wie im Ersten Spaziergang beschrieben, hatte Carl Gotthard Langhans ursprünglich 1797 einen Denkmalentwurf verwirklichen wollen, dieser war jedoch von Friedrich Wilhelm III. abgelehnt worden. Allerdings ging die Umsetzung des Rauch'schen Entwurfs sehr schleppend voran und hätte sich wahrscheinlich noch länger hingezogen, »wenn nicht i. J. 1839 in Schlesien Beiträge zur Errichtung einer Reiterstatue Friedrichs in Breslau gesammelt worden wären. Denn nun mußte auch Friedrich Wilhelm III. ernstlich daran denken, endlich in seiner Hauptstadt die alte Ehrenschuld seinem größten Ahnen gegenüber zu tilgen.« (Merckle, *Das Denkmal König Friedrichs des Großen*, S. 122)

Dieses Denkmal in Breslau von August Kiss, über den noch näher berichtet wird, stellte man bereits vier Jahre vor Vollendung des Berliner Denkmals auf dem Breslauer Paradeplatz auf, zur Erinnerung an die hundert Jahre zurückliegende Vereinigung Schlesiens mit Preußen. Anlässlich der Enthüllungsfeier des Rauch'schen Denkmals in Berlin 1851 komponierte Giacomo Meyerbeer eine von August Kopisch gedichtete Festhymne. Auch der offizielle Beitrag zur Enthüllung des Reiterstandbilds Friedrichs II. im Jahr 1851 stammte von Kopisch: *Beschreibung und Erklärung des Denkmales Friedrich des Zweiten in Berlin*. Dabei bedichtete er das Standbild im Stil des aufkommenden Hurra-Patriotismus.

Eine Reliefszene am oberen Teil des dreistufigen Postaments des Denkmals zeigt Friedrich II., wie er in der Stube eines schlesischen Webers Stoffe begutachtet. Auf der Stufe darunter sind als vollplastische Figuren mehrere Generäle, die am Siebenjährigen Krieg beteiligt waren, zu sehen, etwa General Tauentzien, der 1760 Breslau verteidigte und dessen Gesicht nach einem Abguss des dortigen Tauentziendenkmals modelliert ist, das 1795 von Carl Gotthard Langhans und Johann Gottfried Schadow errichtet worden war. Auch Darstellungen von Friedenshelden befinden sich am Berliner Denkmal, so die Figur von Schlabrendorffs, des Ministers von Schlesien, »das er trefflich verwaltete. Friedrich sagte von ihm: ›Ohne die Fürsorge dieses Mannes wäre ich und meine Armee vielleicht vor Hunger umgekommen.‹ Nach dem Unglückstage von Hochkirch traf er mit Gefahr seines Lebens und gegen Friedrichs Befehle so weise Anordnungen, daß ihn der König umarmte und den Erretter Schlesiens nannte.« (ebd., S. 167)

Im Relief an der nordöstlichen Seite des Denkmalpostaments erfährt die schlesische Weberstube eine mythisch-klassizistische Überhöhung.

Unter den Linden 7 steht das Opernhaus. 1842 wurde Carl Ferdinand Langhans nach Berlin berufen, um als Architekt seinen Umbau zu leiten. Denn mit dem Neubau des Stadttheaters in Breslau in den Jahren 1839 bis 1841 hatte er sich deutschlandweit einen Namen gemacht und seine Laufbahn als bedeutendster Theaterarchitekt seiner Zeit begonnen. Da er als künstlerischer Berater des Breslauer Stadttheaters auch Dramaturg und Regisseur war, kannte er das Metier von allen Seiten. Schon sein Vater Carl Gotthard war wegen des Umbaus des Opernhauses nach Berlin berufen worden. Dieser setzte sich für eine Verbesserung der Innenraumgestaltung ein, die, wie er schrieb, »das Aeussere, als ein wahres Denkmal edler Schönheit, unberührt erhalten ließ« (zit. n. Grundmann, *Carl Gotthard Langhans,* S. 36). Langhans der Ältere optimierte im Zuschauerraum die Sichtverhältnisse durch ein ansteigendes Parkett und durch die Umwandlung der Logen in Ränge. Nachdem das Opernhaus dann 1843 abgebrannt war, wurde es von Carl Ferdinand Langhans in Anlehnung an den Knobelsdorffschen Vorgängerbau wieder errichtet, im Inneren aber völlig verändert. Das Deckengemälde in der königlichen Loge, *Putten mit Königskrone* von 1844, stammte vom Breslauer Maler Friedrich August von Kloeber. Danach plante Carl Ferdinand Langhans nicht nur das Viktoriatheater in Berlin und das Theater in Liegnitz, sondern er wurde auch bei Theaterneubauten in vielen deutschen Städten als Berater hinzugezogen. Darüber hinaus hinterließ er eine Vielzahl von Schriften zum Theaterbau.

Ein weiterer bedeutender Architekt aus Schlesien, der Berlin einige Bauwerke hinterlassen hat, war der 1766 in Breslau geborene Heinrich Gentz. Sein Meisterwerk wurde das Gebäude der Königlichen Münze am Werderschen Markt um 1800, das im ausgehenden 19. Jahrhundert einem Kaufhaus weichen musste. Reste des Frieses von Johann Gottfried Schadow, eines Höhepunkts der Berliner Skulptur, befinden sich heute unbeachtet in den Gewölben unter dem Kreuzbergdenkmal. 1809 erhielt Gentz von König Friedrich Wilhelm III. und Königin Luise, die nach dreijähriger Abwesenheit aus Königsberg nach Berlin zurückkehrten, den Auftrag, das barocke Prinzessinnenpalais durch einen Kopfbau in Richtung der Linden zu erweitern. Entstanden ist ein Gebäude für die Töchter des Königspaars, in dem sich heute das Operncafé, Unter den Linden 5, befindet. Die Fassade ist mit glatten Pilastern gleichmäßig gegliedert. Der Triglyphenfries ist eine Antwort auf das gegenüberliegende Zeughaus. Helmut Börsch-Supan beschreibt das Palais als herausragend: »Der Bau mit seinen lediglich vier Achsen und der beide Geschosse zusammenfassenden Pilastergliederung wirkt majestätisch und doch wohnlich. Er behauptet sich in der Umgebung als eine Aussage mit ganz eigenem Charakter.« (Börsch-Supan, *Künstlerwanderungen nach Berlin,* S. 243 f.) Ein ebenfalls von Heinrich Gentz stammender Bogen, der die Oberwallstraße überspannt, verbindet das ehemalige Prinzessinnen- mit dem Kronprinzenpalais.

Ein weiteres, sehr bekanntes Gebäude von Heinrich Gentz, das sich in Berlin erhalten hat, ist das Mausoleum der Königin Luise im Schlosspark Charlottenburg, das 1810, bald nach ihrem Tod entstand. Lieferte Schinkel den Riss für die dorische Tempelfront, so gehen die weniger strengen Formen des Inneren auf Heinrich Gentz zurück.

Heinrich Gentz errichtete nicht nur den Kopfbau des Prinzessinnenpalais mit Brücke zum Kronprinzenpalais, sondern er entwarf auch einen Hörsaal für die schräg gegenüberliegende Berliner Universität im Prinz-Heinrich-Palais.

Auf der anderen Straßenseite befindet sich die Humboldt-Universität, das ehemalige Palais des Prinzen Heinrich. Die Gründung der Universität geht maßgeblich auf Johann Gottlieb Fichte und den aus Breslau stammenden Friedrich Schleiermacher zurück. An der Universität lehrten, wirkten und forschten auch viele Wissenschaftler aus Schlesien, darunter der Mathematiker Leopold Kronecker aus Liegnitz, der das Königliche Gewerbeinstitut (später Technische Hochschule bzw. Universität Berlin) mitaufbaute, und der protestantische Theologe Paul Kleinert aus Vielguth bei Oels. Auch der berühmte, aus Breslau stammende Erkenntnis- und Kulturphilosoph Ernst Cassirer war von 1906 bis 1919 als Privatdozent an der Berliner Universität tätig.

In seinem bereits mehrfach zitierten Buch *Künstlerwanderungen nach Berlin* begibt sich Helmut Börsch-Supan mit seinen Charakterisierungen von Künstlern und ihren Werken durchaus mutig auf schwieriges, da schwankendes Terrain, wenn er versucht, regionale, landschaftliche Prägungen auszumachen. So bemüht er sich in dem Kapitel über Künstler aus Schlesien, typisch schlesische Elemente ihres Schaffens aufzuspüren. In seiner Charakteristik von Carl Gotthard Langhans beispielsweise heißt es: »Für seinen Klassizismus ist eine Schmiegsamkeit der Formen und eine Neigung zum Reichtum an schmückenden und bedeutsamen Details, so z. B. erzählenden Reliefs, charakteristisch. Diese Verbindlichkeit des Stiles, in dem man ein süddeutsches Element sehen möchte, erlaubte ihm Anpassung an Traditionen und historisierende Zitate. [...] Das variable Oval mit seiner Neigung zum Organischen ist seine Lieblingsfigur.« (Börsch-Supan, *Künstlerwanderungen nach Berlin*, S. 239 f.)

Im Zusammenhang mit zwei aus Schlesien stammenden Bildhauern, Theodor Kalide und August Kiss, beide um 1800 geboren und beide Söhne von Hütteninspektoren in Oberschlesien, wird Börsch-Supan noch deutlicher. Er beschreibt zwei Skulpturengruppen, eine rücklings auf einem Panther liegende Mänade von Kalide, und eine kämpfende Amazone, deren Pferd von einem Panther angefallen wird, von Kiss, folgendermaßen: »Diese Neigung zu barocker Sinnenhaftigkeit, ein Gespür für Animalisches, könnte vielleicht als ein schlesisches Element in [… ihrer] Kunst gesehen werden« (ebd., S. 246). Die erwähnte Skulptur von Theodor Kalide, *Bacchantin auf dem Panther* von 1848, ist als durch Kriegshandlungen entstandener eindrucksvoller Torso in der Friedrichswerderschen Kirche zu sehen. Die sehr dynamische Amazonengruppe von August Kiss kann man auf diesem Spaziergang, der weiter in Richtung Alexanderplatz führt, am Alten Museum besichtigen, wo sie sich auf der östlichen der beiden Treppenwangen des Schinkelbaus befindet. Börsch-Supan attestiert dieser Skulpturengruppe aus den Jahren 1838 bis 1841 einen »Ausdruck wilder Leidenschaft«, sie stehe »in einem merkwürdigen Kontrast zu den abgeklärten Formen der Architektur und des übrigen Bildschmuckes« (ebd.).

In der Vorhalle des Alten Museums befinden sich zwei Gemälde des aus Breslau stammenden Malers Friedrich August von Kloeber, *Herkules auf dem Scheiterhaufen* und *Herkules tötet Kentauren* von 1833/34. Auch eine weitere, recht bekannte Skulptur von August Kiss, der hl. Georg als Drachentöter, zeigt ein Kampfmotiv. Wieder werden hier ungezügelte Leidenschaften und höchste Erregungszustände vorgeführt. Die Figurengruppe allegorisiert die Bekämpfung des Übels der Revolution. In Unkenntnis ihrer antirevolutionären Bedeutung wurde sie 1987, also noch in der DDR-Zeit, zur Verschönerung des Nikolaiviertels verwendet, wo sie heute noch zu sehen ist. Ursprünglich war sie 1865 von König Wilhelm I. im ersten Hof des Schlosses aufgestellt worden. Auch im Zusammenhang mit diesem aus dem Stadtbild verschwundenen Schlüterschen Prachtbau gibt es schlesische Spuren. So entwirft Willibald Alexis zu Beginn seines Romans *Cabanis*

Neben seinem kriegsbeschädigten Hauptwerk, der hier abgebildeten Mänade auf dem Panther, schuf Kalide den *Sterbenden Löwen* auf dem Scharnhorstdenkmal, Invalidenfriedhof Berlin, den *Knaben mit Schwan* im Schlosspark Charlottenburg und Standbilder preußischer Könige.

Obwohl sich Kiss mit der Amazonen-Skulptur, die hier zu sehen ist, als Verfechter eines expressiven Stils zeigte, schuf er auch repräsentative Reiterstandbilder Friedrichs II. in Breslau und Friedrich Wilhelms III. in Königsberg, die nicht mehr existieren.

ein Bild der ausgehenden Ära des Soldatenkönigs in Berlin, das gerade in der Umgebung des Schlosses von einer beklemmenden Atmosphäre geprägt ist:

> Anno 1740 [war] die Zahl der Müßiggänger noch sehr gering in Berlin [...] Ich erinnere mich, nie einen müßigen Spaziergänger auf der Straße gesehen zu haben; alles nahm den Schein äußerster Beschäftigung an, man trug gern etwas unter dem Arm und in der Gegend des königlichen Schlosses sah man die Männer mehr laufen als gehen [...]. Denn allzu gefährlich war es, dem alternden Könige zu begegnen, wenn ihn etwa die üble Laune trieb, einen, der ihm auffiel, heranzuwinken und ein Examen mit ihm anzustellen. Wer nicht bestand, wer geckenhafter gekleidet war, als es ihm erlaubt schien und keine nützliche Beschäftigung nachzuweisen wußte, hatte eine üble Behandlung zu fürchten, wovor ihn Stand und Familienrücksichten am wenigsten schützten. [...] Die Straßen waren still, die Fenster mit Jalousien geschlossen und um die Nähe des kriegerischen Lustgartens ließen sich nur die Einwohner sehen, deren Geschäfte es unumgänglich nötig machten, oder für die es ebensowenig gut war, wenn sie der Monarch vermißte. [...] Öffentliche Lustbarkeiten, Volksaufläufe, Singen und Lachen auf der Straße gehörten zu den Seltenheiten, und wenn es die Laune des Fürsten einmal wollte, konnte man merken, daß der Jubel nur erzwungen war, immer mit einer Art Peinlichkeit vermischt.
>
> (Alexis, *Cabanis*, Bd. 1, S. 6 f.)

August Kopisch dann bringt in seiner Abhandlung über die Schlösser und Gärten die Veränderungen, ja Verschönerungen des Stadtschlosses unter Friedrich II. mit der Eroberung der Provinz Schlesien in Verbindung. Bei der detaillierten Beschreibung der Ausstattung des Stadtschlosses wie auch des Lustgartens erwähnt Kopisch immer wieder weißen, grauen, hellgrünen, dunkelgrünen und bläulichen schlesischen Marmor:

Die bisherige grüne Treppe am Lustgarten sollte sich in eine Rampe zu bequemer Auffahrt vor dem großen Saal verwandeln, die hölzerne Treppe im Hofrisalit aber in eine von grauem schlesischen Marmor. Es war als wolle der König hier den Boden seines neueroberten Landes betreten. Eine Marmorgallerie fast ganz mit schlesischem Marmor bekleidet, sollte oben an der Treppe mit einer Thür empfangen [...]
(Kopisch, *Die königlichen Schlösser und Gärten*, S. 77)

Auf dem Spaziergang zum Alexanderplatz gelangt man nun zum Berliner Dom. Etwa hundert Jahre nach dem Bau des Brandenburger Tores durch den Schlesier Langhans war es der Schlesier Julius Raschdorff, der ihn als Hauptkirche des preußischen Protestantismus in den Jahren 1894 bis 1895 schuf. Er gilt als unübersehbares und gewichtiges Beispiel der Neorenaissance und des Neobarock in Berlin. Für die Statik des Domes war der aus Breslau stammende Bauingenieur Heinrich Müller-Breslau verantwortlich. Die wuchtigen, klobigen Formen haben allerdings wenig mit dem schlesischen Barock gemein. Von Beginn an stieß der Dom auf Kritik. Er sei der »Höhepunkt des Verfalls«, er sei ein »Lärmend protziger Schwall« (zit. n. *Berlin*, S. 85). Alfred Lichtwark, der Direktor der Hamburger Kunsthalle, war entsetzt über die »bösartige Architektur. Wo man sie anpackt, Augenverblendung. Nichts Gewachsenes, kein Organismus ...«. (zit. n. Nowel, *Berlin*, S. 91) Als auffälliges Zeugnis des Repräsentationsbestrebens unter Kaiser Wilhelm II. ist der Dom allerdings von nicht zu unterschätzender historischer Bedeutung. In der heute zugänglichen Hohenzollerngruft wird der Besucher von der Kiss'schen Skulpturengruppe *Glaube, Liebe, Hoffnung* aus dem Jahr 1865 empfangen, deren marmorne Glätte nach der leidenschaftlichen Expressivität anderer Skulpturen des Künstlers erstaunt.

An der Marienkirche unweit des Fernsehturms auf dem ehemaligen Neuen Markt war im 19. Jahrhundert der aus

Heinrich Müller-Breslau, der Statiker des hier zu sehenden Berliner Doms, der von Julius Raschdorff erbaut wurde, fügte seinem Namen seinen Geburtsort hinzu. Auf ihn gehen auch das Große Tropenhaus und das gotische Formen zitierende Mittelmeerhaus im Botanischen Garten Berlin zurück.

Bunzlau stammende Organist Otto Dienel tätig, der nicht nur zahlreiche romantische Kompositionen hinterlassen hat, sondern mit seinen kostenlosen Orgelkonzerten für alle Stände derart viele Besucher anzog, dass die Kirche regelmäßig wegen Überfüllung polizeilich geschlossen werden musste. Das relativ schlichte Zeugnis norddeutscher Backsteingotik entstand größtenteils zwischen dem 13. und dem 15. Jahrhundert. Mehrfach wurde der Turmaufsatz durch Blitzschlag zerstört, und die letzte barocke Fassung war Ende des 18. Jahrhunderts so schadhaft, dass Carl Gotthard Langhans 1787 den Auftrag erhielt, einen neuen Turmhelm zu entwerfen. 1790 wurde der neue Turmabschluss fertiggestellt und konnte in seiner Eleganz zu einer Art Markenzeichen der Marienkirche werden, wie der Berliner Denkmalpfleger Jörg Haspel es ausdrückt. Der Turmhelm baut sich sozusagen doppelstöckig über dem steinernen Sockel auf: Korinthische Säulen tragen das konkav geschwungene Gebälk, darüber erhebt sich die aufgelöste Maßwerkkonstruktion in den Formen der Neugotik, eine sich überkreuzende, filigrane Bogenstellung, die auch schon die spitzbogigen Fenster des unteren Geschosses umrahmt. Der Turmhelm ist ein Mischgebilde aus barocken und neugotischen Formen und das erste Zeugnis des Gothic Revival in Berlin. In diesem Zusammenhang sollen Langhans' neugotische Gebäude im Neuen Garten zu Potsdam sowie in Charlottenburg und weitere schlesische Spuren im dortigen Schlosspark betrachtet werden.

Die neugotischen, sich überschneidenden Bögen am Turmhelm der Marienkirche kehren in den verschränkten Gittern wieder, die auf alten Berliner Friedhöfen viele Gräber einfassen.

Die stilbildende Strömung der Neugotik stammte aus England, wo in den zwanziger und dreißiger Jahren des 18. Jahrhunderts begonnen wurde, mit neugotischen Staffagebauten in den englischen Landschaftsgärten das nationale Mittelalter zu beschwören und damit ein Gegengewicht zur Antikenrezeption herzustellen. Nach Deutschland gelangte die Stilrichtung erst Jahrzehnte später. Eines der ersten Gebäude ihrer Art stellt das von Friedrich Wilhelm von Erdmannsdorff erbaute Gotische Haus im Wörlitzer Park bei Dessau dar, das Langhans auf seiner großen Reise durch Deutschland,

Holland und England 1775 kennenlernte. In England studierte Langhans unter anderem die dortige Garten- und Landschaftsgestaltung. Sicher ist, dass er die Königlichen Gärten von Kew aufsuchte, wo er verschiedene exotische, nämlich chinesische, maurische und arabische Staffagebauten sah, sehr wahrscheinlich ist auch, dass Langhans das Landhaus Strawberry Hill bei London besichtigte und die Anfänge des Gothic Revival in Augenschein nehmen konnte. Langhans selbst errichtete später, vor 1790, ein Angelhaus im gotisierenden Stil am Spreeufer des Charlottenburger Schlossparks, das nicht mehr erhalten ist. Die von ihm 1791 bis 1794 erbaute Gotische Bibliothek im Neuen Garten in Potsdam wurde unter Verwendung des Originalmaterials nach 1993 komplett rekonstruiert. Es handelt sich dabei um ein kleines, doppelstöckiges Aussichtsgebäude mit spitzbogigen Fenstern und gotisierendem Maßwerk, das sich in der Ornamentik der Treppen- und Terrassengeländer wiederfindet. Hier war die Privatbibliothek König Friedrich Wilhelms II. untergebracht.

Schon als Kronprinz hatte Friedrich Wilhelm ein Gartengelände am Heiligen See in Potsdam erworben, wo er sich eine Sommerresidenz schaffen wollte. Ihm schwebte keine repräsentative Barockanlage vor, sondern ein idyllischer, romantischer Garten, wie er ihn in Wörlitz gesehen hatte. Der dortige englische Landschaftspark, das klassizistische Schloss und die pittoresken Staffagebauten im Park wurden seine Vorbilder. Der junge Johann August Eyserbeck, dessen Vater den Wörlitzer Park angelegt hatte, übernahm die Gestaltung der Gartenanlagen des Neuen Gartens, der bewusst *neu* genannt wurde, weil in ihm ein anderer Geist als im friderizianischen Sanssouci herrschen sollte. Die Planung für das Marmorpalais übernahm zunächst Gontard, 1790 wurde sie Carl Gotthard Langhans übertragen. Langhans wurde mit der Fertigstellung des Palais und mit der gesamten Innenausstattung betraut. Bereits früh hatte er sich als fähiger Innenarchitekt ausgewiesen. Zu seinen wichtigsten Ausstattungen gehören der Muschelsaal in Schloss Rheinsberg für den Prinzen Heinrich 1766, die Inneneinrichtung des Palais von Zedlitz in Berlin 1775, der Tanzsaal im Schloss Bellevue für Prinz Ferdinand 1789/90, die Inneneinrichtung des Niederländischen Palais in Berlin 1787, die Inneneinrichtung des Palais Dönhoff in Berlin 1790 und die Einrichtung der Wohnung der Königin Friederike Luise im Berliner Schloss 1791. Bis auf den Rheinsberger Muschelsaal und den ovalen Tanzsaal in Schloss Bellevue existieren diese Innenräume nicht mehr.

Die Baugeschichte des Marmorpalais ist insofern von Bedeutung, als dass der Wechsel von Gontard zu Langhans nicht nur personeller Natur war, sondern sich dadurch der Charakter von Gebäude und Garten fundamental änderte. Unter Gontard war das Marmorpalais 1787 zunächst als ein Schloss am Wasser geplant worden, mit der repräsentativen Seite zum Heiligen See. Die Seelage sollte einer kulturellen Durchdringung des Umlandes beider Residenzstädte dienen, wobei die Pfaueninsel in der Ferne in ihrer Vedutenhaftigkeit den sentimentalen Garten ergänzte. Die romantische Überfahrt nach Kythera sollte gewissermaßen eine Fahrt in ein erneuertes Staats- und Wirtschaftssystem werden. Aber durch die Umbrüche der Französischen Revolution 1789 und die politisch-ökonomischen Widersprüche in Preußen änderten sich die Pläne Friedrich Wilhelms II. um 1790. Er beauftragte Langhans und Erdmannsdorff, die Fassade des Marmorpalais vom See weg in Richtung des Gartens zu verlagern. Auch der ursprünglich an der Seeseite vorgesehene Eingang richtete sich nun dorthin. Dadurch wurde das Marmorpalais zu einem Element des empfindsamen Gartens, das sich der Landschaft unterordnet. Nicht mehr die Offenheit der Seeseite stand im Zentrum der Anlage, sondern das Gartenrefugium eines politisch schwachen Königs, dem eine gewisse Resignation eignete und der sich dorthin zurückziehen konnte. Daher gewinnen die Innenausstattung des Marmorpalais und die Staffagebauten im Park nun auch eine größere Bedeutung. Im unteren Stockwerk des Marmorpalais befindet sich der als Speisezimmer dienende Grottensaal, der in etruskischem Geschmack gestaltet ist und mit von Piranesi überlieferten antiken Zitaten aufwartet. Im Obergeschoss bilden die Gesellschaftsräume von Carl Gotthard Langhans ein abwechslungsreiches Hintereinander: Auf das grüne Landschaftszimmer folgt ein orientalisches Kabinett in Form eines türkischen Zeltes, wie es in Landschaftsgärten der Zeit Mode war, ein Raum, zu dessen Dekoration schwarze und weiße Straußenfedern gehören, und der Konzertsaal, dessen Fußboden Michelangelos Pflasterung des Kapitolplatzes zitiert und damit auf die Gründung Roms anspielt. Der Marmor für die Verkleidung des Palais stammte aus Schlesien, ebenso wie die diversen Sorten des Materials im Obergeschoss des Marmorpalais. Die Deckengemälde der vier Jahreszeiten und mythologische Wandgemälde, die sich im linken Seitenflügel befinden, fertigte der Breslauer Maler Friedrich August von Kloeber 1845 an.

Ebenso wie die Innenausstattung des Marmorpalais zitieren auch die Staffagebauten des Parks verschiedene Stile und Epochen. Sie weisen in die Ferne des Raumes und in die Ferne der Zeit und sollten in der Ära der Empfindsamkeit unterschiedliche Stimmungen und Gefühle hervorrufen. Die Bedienstetenwohnungen nach holländischem Vorbild und das Küchengebäude in Gestalt einer eingesunkenen antiken Tempelruine stammen noch von Gontard, die bereits erwähnte Gotische Bibliothek mit ihrem nicht mehr erhaltenen Pendant, dem Maurischen Tempel, von Langhans. Neben einem ägyptischen Obelisken, einem Eiskeller in Form einer Pyramide, einer später unter Persius sehr veränderten Meierei im neugotischen Stil, einer Muschelgrotte und einer mit Baumrinde verkleideten Eremitage,

Der musikbegabte König Friedrich Wilhelm II. ließ im holzgetäfelten Palmensaal der Orangerie öffentliche Konzerte abhalten, bei denen er nicht selten selbst Cello spielte. Auch heute ist die Orangerie ein beliebter Ort für klassische Konzerte.

die nicht mehr erhalten ist, stammt die Orangerie im Neuen Garten von Langhans. Ihre Stirnseite gestaltete er als monumentalen Portikus. Die dahinterliegende Apsis wird von einer Halbkuppel überwölbt. Auf dem seltsam freiliegenden, geradezu schwebenden Gebälk ruht eine ägyptische Sphinx. Angeregt zu dieser originellen Fassadengestaltung wurde Langhans von einem von Claude-Nicolas Ledoux ähnlich gestalteten Portikus – allerdings für ein Theater – , den er 1775 während seines Aufenthalts in Paris besichtigte. Die ruhende Sphinx, der Obelisk und die Pyramide entsprachen der Vorliebe Friedrich Wilhelms II. für alles Ägyptische, da er Mitglied des geheimen Rosenkreuzerordens war, der seine Entstehung auf die Priesterschaft Ägyptens zurückführte. Auch das Innere der Orangerie weist durch die in pompejanischem Stil ausgemalte Decke in die Ferne der Zeit und durch den Exotismus der holzgeschnitzten Palmen zwischen den Fenstern in die Ferne des Raumes. Der Neue Garten in seiner

Verbindung von Klassik und Romantik ist das umfangreichste und besterhaltene Ensemble, das auf Carl Gotthard Langhans zurückgeht. Es präsentiert eine kunstvolle Collage aus der ägyptischen, antiken und mittelalterlichen Baukunst, wobei die historischen Zitate spielerisch in eine eigenständige Architektur verwandelt werden.

Bevor Langhans den Auftrag erhielt, den Neuen Garten in ein sentimentales Refugium zu verwandeln, hatte er bereits im Charlottenburger Schlosspark einige Bauten errichtet: das nicht mehr erhaltene gotische Angelhaus am Spreeufer und das ebenfalls nicht mehr existente Otahitische Korbhaus mit geflochtenen Wänden und Strohdach, das auf Daniel Defoes Roman *Robinson Crusoe* Bezug nahm und die romantische Vorstellung des guten und edlen Wilden sowie des einfachen Südsee-Lebens fern jeder Zivilisation hervorrufen sollte. Das einzige erhaltene Bauwerk von Langhans im Schlosspark stellt das Belvedere dar, das 1789 ursprünglich als Teehaus und Aussichtsturm entstanden war. Es handelt sich um einen ovalen Zentralbau, um den herum sich an den vier Seiten unterschiedlich gestaltete Anbauten herumgruppieren, die abwechselnd mit Loggien und Balkonen verschiedene Aussichten in den Garten bieten. Der Wechsel von geschwungenen und geraden Wänden, die Synthese von runden und eckigen Formen macht das Belvedere zu einem komplexen architektonischen Gebilde, das an jeder Seite neue Perspektiven eröffnet. Es ist ein beschwingter Bau, der Klassizismus mit Barock, Strenge und Grazie verbindet.

In der Nähe des Belvedere führt eine rotgestrichene Eisenbrücke über den Karpfenteich, die sogenannte Hohe Brücke. Sie ist das älteste noch erhaltene Bauwerk ihrer Art in Berlin und Umgebung. Mit ihr verbindet sich ein wichtiges industriegeschichtliches und kunsthandwerkliches Kapitel der Beziehungen zwischen Schlesien und Berlin: der Eisenguss. Im Jahr 1800 wurde sie in der Königlichen Eisengießerei Malapane in

Neben Kammermusikkonzerten hielt Friedrich Wilhelm II. im Belvedere spiritistische Rosenkreuzer-Sitzungen mit Geisterbeschwörungen ab.

Oberschlesien gegossen und 1802 dann im Charlottenburger Schlosspark aufgestellt. Gegründet worden war das Eisenhüttenwerk Malapane 1754 von Friedrich II., der die Bedeutung der nahegelegenen Steinkohle- und Eisenvorkommen im Gebiet von Gleiwitz, Beuthen und Kattowitz erkannt hatte. Zunächst diente das Hüttenwerk Malapane ebenso wie die 1755 gegründete Kreuzburger Hütte der Waffen- und Rüstungsproduktion. Eine wichtige Persönlichkeit in diesem Zusammenhang ist Friedrich Wilhelm Graf von Reden, der 1779 zum Direktor des Oberbergamts in Breslau ernannt wurde und als Neubegründer des Bergbaus und der Hüttenindustrie in ganz Schlesien gilt. Nach seiner Englandreise ließ er ab 1790 Dampfmaschinen im Eigenbau fertigen. Die technischen Errungenschaften der oberschlesischen Hütten verdankten sich der Übernahme englischer Methoden des Schmelzens und Gießens. In der Hütte von Malapane wurde 1794 die erste, vielbestaunte gusseiserne Brücke mit einer Spannweite von zwölfeinhalb Metern gegossen. Auch die Themse-Brücke im Wörlitzer Park und die nicht mehr existente Brücke über den Kupfergraben in Berlin entstanden in Malapane. Unter von Reden wurde 1794 bis 1796 ein weiteres Hüttenwerk erbaut, die Hütte in Gleiwitz, die für den Einfluss Schlesiens auf Berlin besonders bedeutend wurde, weil sie sich auf den Eisenkunstguss spezialisierte. Hier wurden vor allem Gemmen und Medaillons hergestellt, die berühmte, preußisch-patriotische Persönlichkeiten zeigten. Aufgrund des preiswerten Materials erfreuten sich diese kleinen Denkmäler großer Beliebtheit und weiter Verbreitung. 1804 zeigte die Gleiwitzer Hütte ihre Produkte – neben Portraitmedaillons auch Kleinplastiken, Gebrauchsgegenstände, Ornamente, Altargerät, Leuchter und Kreuze – auf der Berliner Akademie-Ausstellung. Der Eisenguss wurde geschwärzt und verzichtete ansonsten auf Farbe. Der asketische Eindruck entsprach dem Ethos eines kargen und sparsamen Preußentums. In der Zeit der Erhebung gegen Napoleon avancierte Eisen gar zum vaterländischen Material. Die Bevölkerung wurde zu Schmuck- und sonstigen Edelmetallspenden aufgerufen, um die Bewaffnung zu unterstützen. Im Gegenzug erhielten die Spender eiserne Fingerringe mit der Inschrift *Gold gab ich für Eisen*. 1813 entwarf Schinkel in diesem Zusammenhang das Eiserne Kreuz als Auszeichnung für Krieger jeden Standes, was in der Bevölkerung die Hoffnung auf Reformen nährte. Helmut Börsch-Supan schreibt über die Bedeutungsfacetten des Eisenschmucks: »Filigraner Eisenschmuck von großer Schönheit und Feinheit der Formen kompensierte den bescheidenen Wert des Materials durch die technische Qualität des Gusses. In der Verherrlichung des Eisens wurde zugleich also auch der technische Fortschritt gefeiert, der sich hier mit hohem ästhetischem Reiz verbinden ließ, ja im Schmuck gelang es, eine mit militärischen Assoziationen verbundene Technik der weiblichen Grazie dienstbar zu machen.« (Börsch-Supan, *Künstlerwanderungen nach Berlin*, S. 246)

Die oberschlesischen Gießereien wurden das große Vorbild für die Königliche Eisengießerei Berlin, die 1804 auf einem Grundstück vor dem Oranienburger Tor gegründet wurde und die viele Jahrzehnte lang so erfolgreich arbeitete, dass die Bezeichnung *fer de Berlin* für Eisengusskunst zu einem Qualitätsbegriff auch weit über die Stadt hinaus werden konnte. Das Formenlager für die Bijouteriewaren aus Eisenguss aber blieb auch weiterhin Gleiwitz. Zahlreiche Exponate aus der Königlich Preußischen Eisengießereien (KPEG) Berlin und Gleiwitz befinden sich im Märkischen Museum.

Zurück auf dem Platz vor dem Roten Rathaus steht vor einem der Neptunbrunnen von Reinhold Begas von 1891. Die Figur des Neptun ist umgeben von ruhig lagernden weiblichen Allegorien am Brunnenrand. Hier handelt es sich um vier Personifikationen damals preußischer Ströme mit ihren Attributen: Der Rhein ist mit Weinlaub und Fischnetz dargestellt, die Elbe mit Früchten und Ähren, die Weichsel mit Holzstämmen beziehungsweise -klötzen und die Oder mit Ziege und Schaffell, ein Bezug auf den berühmten Breslauer Wollmarkt (s. Abb. S. 23) Dieser war über Jahrhunderte hinweg und vor allem auch im ganzen 19. Jahrhundert berühmt für die hohe Qualität seines Angebots. Hier konnte die Ware besichtigt und geprüft werden. Danach wurde sie auch in größerem Stil über die Oder nach Berlin verschifft.

Komödienhäuser am Alexanderplatz, Berliner Witz und Altberliner Posse von Karl von Holtei bis Alfred Kerr

Für die Veranschaulichung dieses Kapitels über den Berliner Humor und die Altberliner Posse fehlen leider die Entsprechungen im heutigen Stadtbild, da alle dafür maßgeblichen Theater, vor allem das Königsstädtische Theater am Alexanderplatz und das Wallner-Theater in der Blumenstraße nicht mehr existieren. Sichtbar erinnert an diese Ära im Straßenbild nur noch die Figur des Eckenstehers Nante gegenüber dem Roten Rathaus. Hier regierten übrigens auch einige Oberbürgermeister, die aus Schlesien stammten, so Martin Kirschner aus Freiburg in Schlesien von 1899 bis 1912, der dritte Oberbürgermeister, der nach Arthur Hobrecht und Max von Forckenbeck zuvor dieses Amt in Breslau bekleidet hatte – die schlesische Hauptstadt scheint in mancherlei Hinsicht eine Art Sprungbrett für Berlin gewesen zu sein. Ferdinand Friedensburg aus Schweidnitz übernahm 1948 die Regierungsgeschäfte kommissarisch für die erkrankte Louise Schroeder in der Zeit der Blockade. In den sechziger Jahren war der aus Breslau stammende Theologe Heinrich Albertz, der während der NS-Zeit der Bekennenden Kirche angehörte, im Rathaus Schöneberg Regierender Bürgermeister für den

Die Nante-Figur gehört zur Figurengruppe »Berliner Originale« und wurde 1987 vom Bildhauer Gerhard Thieme anlässlich der 750-Jahr-Feier Berlins und der Neugestaltung des Nikolaiviertels Am Nußbaum aufgestellt.

Westteil der Stadt. Und der letzte Oberbürgermeister von Ost-Berlin von 1990 bis 1991, Tino-Antoni Schwierzina, stammte aus Königshütte in Oberschlesien.

Das Königstädtische Theater, das sich an der südlichen Ecke des Alexanderplatzes befand, wurde 1824 als erstes bürgerliches Theater in Berlin eröffnet und bildete einen Gegensatz zu den Hofbühnen der Stadt. Willibald Alexis erinnert sich, dass es die Breslauer Bühne war, die »durch mehrere Jahrzehente die ersten Talente des deutschen Theaters gepflegt hat« (Alexis, *Theater-Erinnerungen*, S. 331), bevor diese dann in Berlin zu Berühmtheit gelangten.

Das Königstädtische Theater, das weder Tragödien noch ernste Opern, sondern Boulevard- und Volksstücke, Possen, Melodramen, Vaudevilles, Singspiele und Pantomimen aufführte, ist besonders mit drei Namen verbunden: Karl von Holtei, Friedrich Beckmann und David Kalisch, alle gebürtige Breslauer.

Als das Theater 1824 eröffnet wurde, war Karl von Holtei dort unter Karl Friedrich Cerf als Direktionsekretär und Dramaturg tätig, ab 1825 dann als Hausautor. Holtei, der vor seiner Zeit am Berliner Theater in Breslau lebte und um 1820 Wanderungen ins Riesengebirge unternahm, lernte dort zufällig Willibald Alexis kennen:

> Wir überschritten selb Vier den rauschenden Zackenfluß und suchten von Quarz zu Quarz steigend, einen möglichst trocknen Pfad, als uns von der andern Seite Breslauer Burschen begegneten, die selb Drei daher zogen. Einer derselben, mir bis dahin kaum vom Sehen bekannt, wurde [...] als ein »Dichter« bezeichnet, »Wilibald Alexis« genannt. Wir tauschten Händedrücke und flüchtige Worte, mit dem gegenseitigen Versprechen, uns in Breslau bald aufzusuchen und näher kennen zu lernen; was denn zu beiderseitiger Zufriedenheit geschah.

(Holtei, *Vierzig Jahre*. Bd. 3, S. 69)

Holteis Possen mit Titeln wie *Wiener in Berlin* und *Berliner in Wien* erfreuten sich großer Beliebtheit, da sich der Witz am Zusammenstoß zweier unvereinbarer Mentalitäten und sprachlicher Besonderheiten entzündet:

> *Franz.* [...] die Sprach' versteh' ich eben so wenig, wie man die meinige verstehen möcht', wann ich recht los leget'. Manchmal gieb' ich mir wohl Müh', mich zu berolinisieren, – aber wie man bei uns sagt: es thut's halt nimmermehr.
> *Eugen.* Was heißt das: Es thut's halt nimmermehr?
> *Franz.* Das soll heißen: Es geht nicht, – man bringt's nicht zu Stande, – es paßt nicht, – es will nill nicht vom Fleck – es geht nicht z'sammen – es wird nix draus – es thut's halt nicht – Mein Gott, das kann man in Eurer Sprach' gar nicht beschreiben. [S. 114]
> *Hubert.* Laß's eini gehn und plausch' nit so dalketes Zeug daher. Freili soll's kommen.
> *Dörthe.* (im Gehen für sich) Wenn ich diesenjigten Wiener Dialog alle Dage hören müßte, des würde mich meine reene deutsche Sprache janz verderben.

(Holtei, *Wiener in Berlin*, S. 114, 123)

Holtei und seine Frau traten auch selber als Komödianten auf und verkörperten einige Figuren seiner Possen, Berliner, Wiener, Pariser. Als Holteis Schauer- und Kriminaldrama *Ein Trauerspiel in Berlin* 1832 am Königlichen Schauspielhaus aufgeführt wurde, das mit einigen komischen Berolinismen wie »gemorken« und »geschumpfen« aufwartet, trat erstmals die Figur des Nante auf die Bühne. Nante ist hier eine gaunerische Figur aus dem Volk, die sich kräftiger Berliner Redensarten bedient:

> *Nante.* [...] Daß du mir nicht gestohlen wirst, das war ja wohl gar der August mit dem schwarzen Trararum? Willst du mir etwa durch die Lappen gehen? mir Fisematenten machen, du pfiffiger Wippchendreher? Da ist gesorgt vor! Dir krieg' ich beim Kanthacken, und rückst du nicht die Chatuille raus, so

wahr ich lebe, geb' ich dir an, und sollts mein eigen Mallheur sind! – Du Stiefelputzer, du!
(Holtei, *Ein Trauerspiel in Berlin*, S. 220)

Durch die Schauspielkunst Friedrich Beckmanns entdeckte Adolf Glaßbrenner die Nante-Figur und entwickelte sie in seinen Nante-Dialogen weiter. Beckmann, der zwischen 1824 und 1844 als Komiker am Königsstädtische Theater auftrat, wurde durch seine Verkörperung des Eckenstehers Nante berühmt und schuf damit den ersten komischen Rollentypus Berlins. Als 1845 Holteis *Trauerspiel in Berlin* neu aufgelegt wurde, schrieb dieser selbst im Vorwort:

> »[...] einen Ruhm wird man meinem ›Trauerspiel‹ zugestehen: daß es der Vater und Erzeuger des weltberühmten Nante ist. Beckmann hatte den im hier vorliegenden Schauspiel erscheinenden Nante durch Maske und Spiel zu einer Hauptfigur gemacht und so viel Beifall gefunden, daß ihm der glorreiche Gedanke kam, in einer von ihm zusammengestellten Szenenreihe dem vortrefflichen Eckensteher längeres Dasein zu verleihen, als mein Stück ihm gewähren konnte. Der Erfolg jener Idee ist weltbekannt.
>   Und wenn nun auch all meine theatralischen Versuche in nichts zerfallen – daß ich der Schöpfer des Nante bin, werden künftige Literaturhistoriker mir lassen müssen.«

(zit. n. Henseleit, *Dem Vergnügen der Einwohner*, S. 6)

Holtei rühmte an Friedrich Beckmann, den auch Alexis einen witzigen Komiker nennt, vor allem den geschickten Einsatz des schlesischen Dialekts auf der Bühne:

> In dem Winter von 25 zu 26 wurde auch sehr oft eine kleine, werthlose Posse »*der Kalkbrenner*« [sie bezieht sich auf die Kalköfen von Langhans in Breslau] aufgeführt, welche ich für *Beckmann* geschrieben. Er entfaltete in der Hauptrolle zum Erstenmale sein angeborenes, komisches Talent, vielleicht deshalb in ungebundener Freiheit, weil er im schlesischen

Dialekt zu sprechen hatte. Der Dialekt, die provinzielle Mundart und Ausdrucksweise, ist für die Posse von höchster Wichtigkeit. [...] Beckmann erreichte diese so vollkommen, daß jeder Hörer von der Aechtheit der Darstellung ergriffen wurde, und daß sogar diejenigen Berliner, denen Schlesien und Schlesische Ausdrücke fremd und unverständlich waren, an der naturgetreuen Auffassung Behagen fanden.

(Holtei, *Vierzig Jahre*. Bd. 4, S. 248 f.)

An die Premiere des *Trauerspiels,* vor allem an sein ängstliches Warten als Autor auf die Publikumsreaktion erinnert sich Holtei, der in der Holzmarktstraße, gegenüber dem Köpenicker Feld, einer noch unbebauten Brachfläche auf der anderen Seite der Spree wohnte. Interessant ist, dass nicht nur

Vorbilder für das Königsstädtische Theater am Alexanderplatz waren die Pariser Boulevard- und die Wiener Vorstadt-Theater. Friedrich Beckmann (rechts) feierte hier Triumphe als Eckensteher Nante.

Eder Schauspieler Beckmann und Willibald Alexis, sondern auch der erwähnte Autor Karl Schall aus Breslau stammen.

Ferdinand Raimund war eben in Berlin eingetroffen, um eine Reihe von Gastrollen auf dem Königstädter Theater zu geben. [...] Raimund trat mit den Worten bei mir ein: »Ich weiß, wie einem zumute ist, der ein neues Stück geben läßt, deshalb komm' ich *jetzt* zu Ihnen, um Ihre Angst ein wenig zu zerstreuen.« [...] Als er mich verlassen, hüllt' ich mich in meinen Mantel und ging unterm grauen Märzhimmel, der sich bald in feinen Staubregen löste, in die Abenddämmerung hinein, die menschenleeren Wege verfolgend, welche zu den Bretterzäunen des Köpenicker Feldes führen, eine Gegend, welche damals durchaus keine Spuren glänzender Residenz trug, in welcher jedoch jetzt, wie ich vernehme, neue Städte aufwachsen sollen. Dort trieb ich mich, wie wenn ich selbst zu dem Diebsgesindel [Nante] gehörte, desgleichen im Trauerspiel vorkommt, ungesehen und nur von heiserm Gebell der Kettenhunde verfolgt, bis zum völligen Einbruch der Finsternis umher. Um acht Uhr war ich wieder zu Hause. [...] Nun erst begann ich mich so recht zu ängstigen. Ich legte die Uhr auf den Tisch, von Minute zu Minute berechnend, wie weit sie auf der Bühne sein könnten [...] – da erblick' ich, vor dem kalten Regen fest vermummt, Beckmann. »Bin ich der erste?« fragt dieser. Und als ich, kaum begreifend, was er mit dieser Frage meint, dies bejahe, brüllt er »Hurra!!« und ist auch schon verschwunden. Indem ich seinen Tritt die öde Holzmarktstraße entlang am Eingang zur Alexanderstraße verhallen höre, vernehm' ich zugleich rasche Schritte, die sich nähern. Der alte Diener mit dem »Theaterkorb« voran. Dann meine Frau, der dicke Schall neben ihr keuchend, Willibald Alexis, andere Freunde ... bald war die kleine Hütte voll! Ich brauchte nicht zu fragen, wie's gegangen. [...]

   Das »Trauerspiel in Berlin« machte in Berlin Aufsehen. Man sah sich's an, um sich zu »jraulen« – und um sich rühren zu lassen. »Es weint sich nirgend so gut als in Ihren Stücken!« – sagte eine junge Dame zu mir [...]

(Holtei, *Vierzig Jahre*. Bd. 6, S. 321 ff.)

Wie stark der schlesische Einfluss bereits 1828 auf Berlin war, zeigt ein dialektales Gedicht Holteis mit dem Titel *Schlaesinger in Perlin*, das hervorragende Schlesier in Politik, Geldwesen, Kirche und Theater besingt. Gustav Freytag entwirft 1850 in seiner Zeitschrift *Die Grenzboten* das Porträt Karl von Holteis als das eines typisch schlesischen Autors, hatte er sich doch nicht nur als Theaterdichter, sondern auch als erster, der den schlesischen Dialekt in die Literatur einführte, einen Namen gemacht:

> [...] Gar wenig kennt man in dem übrigen Deutschland das schöne Grenzland gegen Polen, wo die gelbe Oder noch jung und unruhig durch weite Thalflächen zieht und der Granitwall des Gebirges von gräulichen Riesen gegen das Nachbarland Böhmen aufgeworfen ward. Und wenig kennt man das Volk, das dort zwischen Berg und Stromthal lebt; es wohnt ein wenig entlegen, und im Winkel. Das fühlt man in Schlesien und sendet deshalb Boten durch die deutschen Lande [...]. Auch Holtei ist ausgezogen, schlesische Laune, Sitte, Poeterei und Sprache in der Welt zu verbreiten und den Schlesiern Ruhm zu verschaffen. Und er hat ihn redlich verschafft. Er ist unglaublich viel herumgereist und hat vielerlei gethan, sein Vaterland berühmt zu machen; hat Stücke geschrieben, Lebensläufe verfaßt, Gedichte gemacht, Komödie gespielt, Theater regiert, gesungen und vorgelesen [...]. Auf dem deutschen Parnaß, welcher übrigens etwas flach geworden ist und gar keinen unangenehmen Gipfel mehr hat, sitzen sehr viele Schlesier – ich glaube die Hälfte aller vorhandenen Poeten sind Schlesier – aber Holtei ist der bekannteste [...] Es ist hier durchaus nicht die Absicht, seine Verdienste um Literatur und Theater auszuführen, es ist jetzt nur Holtei der Schlesier, um den es sich handelt [...]. Nur unsichere Ahnungen hatte man früher in der Außenwelt von dem schlesischen Gemüth: dem allerliebsten Gemisch von polnischer Lebhaftigkeit und altsächsischer Bedächtigkeit, von gutmüthiger Einfalt und calculirendem Scharfsinn, von sentimentaler Weichheit und reflectirender Ironie; von lauter Fröhlichkeit und andächtigem Ernst. [...] Alles was man auf Erden nur

werden kann, wird der Schlesier mit Leichtigkeit: Engländer und Russe, Minister und Seiltänzer, Posaune und Klapphorn, fromm und gottlos, reich und arm. Am liebsten wird er allerdings Poet, weil ihm das die Einseitigkeit erspart, irgend etwas Specielles zu werden.

Der deutsche Dialekt, welcher sich in diesem Stamme allmählich aus dem Zusammenstoß fränkischer und sächsischer Colonistensprache mit slavischen Lauten gebildet hat, ist so wunderlich, wie die Anlage des Volkes. Bald dehnt er phlegmatisch kurze Vocale zu unerhörter Länge, bald schnellt er ungeduldig lange Silben als kurze heraus; platt und behaglich drückt er die Worte zwischen Zunge und Lippen, dunkle Doppelvocale macht er hell, er dröhnt nicht aus der Brust und rollt nicht aus der Kehle, sondern bildet sich die Laute zur Vermeidung von Anstrengungen im Vordertheil des Mundes mit breiter Zunge und sehr beweglichem Munde. […] Holtei hat vortrefflich verstanden, dies Gemeinsame des Dialekts in der Schrift zuzurichten und dichterisch zu verwenden.

(Freytag, *Karl von Holtei*, S. 157 ff.)

Auch Willibald Alexis hebt am Charakter Holteis das enthusiastische Vielfältige, nicht Festgelegte hervor:

Immer im Schaffen und Plänemachen, den Augenblick ergreifend und die Gelegenheit umarmend […]. Anregend und angeregt von allem; immer mit ganzer Seele, ausschließlich bei dem Einen, was er vorhat, darauf schwörend und Luftschlösser bauend. Ein so liebenswürdiger Partheimann kommt vielleicht nicht zum zweiten Male vor. […] Ein so bewegliches Gemüth, ein so rasches Talent, eine solche Fähigkeit, den Moment zu ergreifen und mit dem auf die Menge zurück zu wirken, was sie im Augenblick bewegt, hätte ein Schatz sein sollen für dieses Theater.

(Alexis, *Theater-Erinnerungen*, S. 375)

Worin besteht nun Holteis Humor? Seine Possen am Königsstädtischen Theater leben stark vom Sprachwitz, vom Aufeinanderprallen verschiedener Mundarten. Holtei versuchte, das Deutsche gegenüber dem Französischen, das damals in der Literatur- und Theatersprache noch sehr vorherrschend war, aufzuwerten. Dazu bediente er sich verschiedener Dialekte, ein Stilmittel, das es so im Französischen nicht gab. Holtei selbst schreibt 1827:

> Unsre Sprache ist, wegen ihres Reichthums eben, arm an feinen Wortspielen und Kalembourgs, welche eigentlich die Würze des französischen Vaudevilles sind; auch das lebendige Auffassen zarterer Pointen liegt nicht im Charakter unseres Publikums. [...]
> [...]
> Das neue Königstädtische Theater schien recht eigentlich berufen, dem Vaudeville sein Recht zu thun. [...]
> [...]
> »Der Kalkbrenner« sollte eine Probe seyn, den schlesischen Dialekt auf der Bühne einzuführen. Herr Beckmann hat die Aufgabe vortrefflich gelöst. Ich halte es für wünschenswerth, das Feld des Komischen auf der Bühne, durch die Einführung verschiedener Dialekte zu benutzen.
>
> (Holtei, *Flüchtige Betrachtungen*, S. 278 ff.)

Holtei war schlesischer Lokalpatriot. Zwischen seinen frühen Stücken und Gedichten in schlesischem Dialekt und seinen späteren Würdigungen der schlesischen Autoren Martin Opitz und Andreas Gryphius lag ein unstetes Wanderleben, das ihn schließlich nach Breslau zurückführte. Im Zusammenhang mit Martin Opitz heißt es:

> Der Schlesier spricht aus mir. Schon der ewige Lessing ruft's gerade heraus in der Vorrede zum Logau [von Holtei mitherausgegebene Sinngedichte von Friedrich von Logau], die schlesische Mundart sei darum vorzüglicher Beachtung würdig, weil wir aus Schlesien die *ersten guten Dichter* empfingen. Wir dürfen eine selbständige Entwickelung schlesischer Poesie, der *Mutter aller übrigen Schulen*, anerkennen [...]
>
> (Holtei, *Martin Opitz von Boberfeld*, S. 321 f.)

Die Aufwertung des Dialekts gegenüber der Hochsprache diente auch einer Aufwertung des Bürgerlichen gegenüber dem Aristokratischen. Aber Holtei war kein Revolutionär, sondern er versuchte eher, zwischen Adel und Bürgertum zu vermitteln. Daher sind die Konflikte seiner Stücke im biedermeierlichen Sinne vorwiegend privater Natur. Aus dem Zusammenstoß verschiedener Dialekte entwickelt sich dann aufgrund von Missverständnissen, Wortspielen und Sprachverdrehungen ein Witz, der sich in abgeschwächter Form später auch in den Komödien Gerhart Hauptmanns, etwa im *Biberpelz* findet. Die Verständigungsversuche zwischen Berlinern und Wienern bilden den zentralen dramaturgischen Motor in der entsprechenden Holtei'schen Posse:

Diese Bühnenzeichnung zeigt Karl von Holtei und seine Frau Julie Holzbecher um 1830 in einer seiner Possen über das Aufeinandertreffen von Berlinern und Wienern.

    Kellner. An'n g'segneten Appetit.
    Andreas […] Hören Sie, mein Lieber, wie schreiben Sie denn Xegnet?
    Kellner. Mit an'n X, Ihr Gnaden.
    Andreas. 's is' wahr! – Es is doch jut, wenn der Mensch reisen thut, da erfährt er immer wat Neues! Und wenn et och nischt Neues ist, so macht er doch alte Erfahrungen. – Also mit enen X. Nich wahr, mein Juter, dazu is des X in den Alphabet, daß man xegnet und Xundheit mit schreiben kann? Weiter kommt es jar nich vor?
    Kellner. O doch! Wir schreiben a Ochs mit an X. (Ab.)
    Andreas (allein). Ochse? – Ick jlobe, des sollte en Stich sind,

weil ick ihn jeneckt habe. – Na, mag er nu jeseegnet mit X oder Ypsilon schreiben, ick will mir den Kaffee jeseegnet lassen sind! (zit. n. Henseleit, *Dem Vergnügen der Einwohner*, S. 8)

Sprachspielereien sind ein Hauptmerkmal des schlesischen Witzes, die dieser zum Berliner Witz beigetragen hat. Es ist durchaus möglich, dass die Randlage Schlesiens und damit verbunden verschiedene sprachliche Einflüsse, vor allem durch das Slawische, der Grund dafür sind, dass hier der Sprachwitz eine besondere Rolle spielt. Fest steht jedenfalls, dass der schlesische Witz ohne Sprachspielereien, ohne das Wörtlichnehmen der Sprache und die damit verbundenen semantischen Verdrehungen und Verschiebungen nicht zu denken ist. Der oberschlesische Witz »stammt vorwiegend aus der proletarischen Umwelt der Zechen und Gruben und ist oft aufsässig gegen die Großen. Vertrackt pfiffig war dieser Witz wie der des ›böhmackelnden‹ Schwejk aus Prag. Das von feinen ›deutschbewußten‹ Kreisen verlästerte ›Wasserpolackische‹ schuf zwei köstliche Figuren: Antek und Franzek. An Originalität stehen sie den rheinischen Originalen Tünnes und Schääl in nichts nach. Wegen ihres zweisprachigen ›Zwiedenkens‹ wollte man ihnen in der Nazizeit den Garaus machen – sie haben das tausendjährige Reich glanzvoll überlebt und feiern in Janoschs ›Cholonek oder Der liebe Gott aus Lehm‹ eben wieder fröhliche Urständ.« (Hartung, *Der Witz der Schlesier*, S. 59)

Den niederschlesischen Witz, in dem Bauern und Dorf- sowie Kleinstadthonoratioren im Mittelpunkt stehen, zeichnet ein Hang zu starker Übertreibung, Respektlosigkeit und vertrackter Schlitzohrigkeit aus. Es ist noch nicht der knapp pointierte, scharfe Großstadtwitz, aber manch ein Breslauer liegt sehr direkt auf dem Weg zum Berliner Witz, so dass man die den Titel des vorliegenden Buches noch zuspitzende Redensart, jeder zweite Berliner stamme aus Breslau, gern glaubt. Einige der wichtigsten deutschen Kabarettisten, Werner Finck, Dieter Hildebrandt und Wolfgang Neuss, sind aus Schlesien gebürtig. Bei ihnen ist das oft bilderreiche, barocke Spiel mit Wörtern und Begriffen stark ausgeprägt. Von Werner Finck, einem Meister des feinen Gespürs für den Doppelsinn von Worten, sind zahlreiche Auftritte während der NS-Zeit überliefert. Bekannt für seine kritischen Beiträge, war er wieder einmal von der Gestapo aus dem Verkehr gezogen worden. Kaum freigelassen, trat er gleich wieder auf und sagte: »Gestern war ich zu, heute bin ich offen. Wenn ich aber heute zu offen bin, bin ich morgen wieder zu.« Dann kündigte er an, immer wieder ins Manuskript schauen zu müssen, denn »ich bin es nicht mehr gewohnt, frei zu sprechen« (zit. n. *Schlesische Lebensbilder*. Bd. 7, S. 402). Gerne begann er seine Auftritte mit erhobenem Arm und sagte: »Heil – wie war doch gleich der Name?« (ebd., S. 400) Nach 1945 sprach er sich in sprachspielerischer Weise entschieden für die Demokratie aus: »Ich stehe hinter jeder Regierung, bei der ich nicht sitzen muß, wenn ich nicht hinter ihr stehe« (ebd., S. 404).

Auch andere aus Schlesien überlieferte Witze nehmen die Sprache in irritierender Weise wörtlich: So rufen drei Schaffner auf der langen Strecke Berlin–Wien die Station Birawa aus. *Bi*rawa ruft der erste, Bi*ra*wa ruft der zweite, Bira*wa* ruft der dritte Schaffner, so dass der Reisende, der in Birawa aussteigt, sich verwirrt an den Bahnhofsvorsteher wendet und ihn fragt, wie denn der Name nun richtig ausgesprochen werde. Daraufhin antwortet dieser, er selbst wisse es auch nicht genau, aber der verehrte Herr Reisende könne sich gerne in diese Richtung wenden, nach zwei Kilometern käme dann im Wald eine Fabrik, dort könne man ihm sicherlich weiterhelfen, das sei nämlich eine Be*ton*fabrik. Eine bekannte Scherzfrage lautete in Schlesien: Wer ist größer? Messer oder Gabel? Antwort: Die Oder! Und nicht nur der Breslauer Volksschullehrer, der gerne trank, nahm die Sprache beim Wort, wenn er die Frage nach seinem Beruf mit den Worten beantwortete: »Am Tage bin ich Lehrer, abends aber voller.« Auch der Reisende am Breslauer Hauptbahnhof tat desgleichen, wenn er auf die Heiße-Wiener-Rufe eines Würstchenverkäufers verärgert aus seinem Abteilfenster rief: »Will nicht wissen, wie Sie heißen!« Dazu passt auch eine über Menzel erzählte Anekdote: »Menzel hatte in einer Ausstellung sich sehr abfällig über ein Bild geäußert, da stürzte der gekränkte Maler herbei und schrie: ›Flegel!‹ – ›Freut mich sehr‹, versetzte der Meister, ›Ihren Namen kennenzulernen, der meine ist Menzel.‹« (Lammel, *Eine giftige kleine Kröte*, S. 67) Christoph, ein Eulenspiegel-Original aus Ratibor um 1925, ging in eine Bäckerei, griff nach einem Brot und begann zu essen. Auf das empörte Eingreifen der Bäckersfrau erwiderte er nur, er habe sich an die Aufforderung gehalten, denn da stünde ja »Komm-iß-brot«!

Der Berliner Witz lag um die Mitte des 19. Jahrhunderts brach. Aus der Tradition der im 18. Jahrhundert vom Soldatenkönig auf der Straße verabreichten willkürlichen Prügel entwickelten sich im 19. Jahrhundert im Handwerkermilieu die Volksbelustigung der Schlägereien und Keilereien, eine Gepflogenheit, die sich noch im Berliner Lied *Bolle reiste jüngst zu Pfingsten* erhalten hat. Langsam aber wurde der direkte Schlag durch die verbale Schlagfertigkeit ersetzt, aus der sich dann der Berliner Witz entwickelte. Doch wurde bereits um die Mitte des 19. Jahrhunderts die zunehmende Abwesenheit eines tatsächlich treffenden, aufrüttelnden Witzes beklagt. So meinte Theodor Fontane 1846:

> [Die] »Berliner sehen sich gar nicht mehr ähnlich, entweder werden gar keine Bonmots und beißende Bemerkungen anjetzt gemacht, oder es fehlt der Geschmack daran, und was sonst wie ein Lauffeuer von einem zum andern ging, bleibt jetzt beim dritten, vierten stecken und stirbt«
>
> (zit. n. Binger, *Berliner Witz*, S. 108)

Und ein anderer Zeitgenosse äußerte 1847:

> »Der Berliner Witz ist vom Pferde auf den Esel und von da auf den Hund und von da auf die Maus gekommen, so dass man witzig zu sein glaubt, wenn man sich ›mausig‹ macht«
> (Ebd.)

Der Schlesier Heinrich Laube urteilte 1850 über den Berliner Witz:

> »Ein Bajonett des schnellsten, willkürlichen Urteils geht durch alle Berliner, und gewissermaßen sind sie auch alle Soldaten«
> (Ebd., S. 123)

Und schon 1841 fällte Willibald Alexis ein vernichtendes Urteil über den partout witzig sein wollenden Berliner Dialekt, den er auf der Bühne für gänzlich untauglich hält:

> Jener Jargon, aus dem verdorbenen Plattdeutsch und allem Kehricht und Abwurf der höhern Gesellschaftssprache auf eine so widerwärtige Weise componirt, daß er nur im ersten Moment Lächeln erregt, auf die Dauer aber das Ohr beleidigt, konnte auf der Bühne wenigstens das nicht erwecken, was er sollte, eine reine Lustigkeit.
> (Alexis, *Theater-Erinnerungen*, S. 368)

So wundert es nicht, dass es auf diesem Tiefstand des Berliner Witzes die aus Schlesien Zugezogenen waren, die ihn neu belebten, ja, die geradezu als Entwicklungshelfer fungierten. Karl Gutzkow schreibt über das 1848 gegründete Satireblatt *Kladderadatsch*:

> Wer »würde verkennen, daß ›Kladderadatsch‹ ganz Deutschland […] vorm Einschlafen geschützt hat? Aber die ›Gelehrten‹ des ›Kladderadatsch‹ sind witzige Ausländer, die sich nur Berliner Formen bedienen. Ohne die Schärfe dieses Blattes würden diese Formen, wie die Erfahrungen auf den neu eröffneten hiesigen

Bühnen zeigen, ins Quatsche zurückfallen.«[...] nur in Berlin finden sich Erscheinungen, die man damit bezeichnen muss. [...] Quatsch ist der Anlauf zum Witz, der, auf halbem Wege stehen bleibend, dann natürlich noch hinter dem halben Verstande zurückbleibt [...]. Der halbe Witz aber ist schrecklich.«
(zit. n. Binger, *Berliner Witz*, S. 109)

Mit den Gutzkowschen »witzigen Ausländern« sind vor allem jüdische Schlesier gemeint, so der Vater oder einer der Väter der Berliner Lokalposse und Mitbegründer des *Kladderadatsch*, David Kalisch, so die Hauptstützen des Blattes Ernst Dohm und Rudolf Löwenstein – alle drei aus Breslau stammend. Dem Leitungsgremium gehörte später auch Julius Lohmeyer aus Neiße an, der im aufkommenden Wilhelminismus vor allem patriotische Gedichte verfasste. Ernst Dohm dagegen, 1819 in Breslau im assimilierten jüdischen Bürgertum geboren und ab 1849 einer der führenden Köpfe des *Kladderadatsch*, wurde von seinen Zeitgenossen, unter anderem von Otto von Bismarck, für seine sprühende Intellektualität und ironische Schärfe gerühmt.

Rudolf Löwenstein leitete das Magazin zeitweilig allein. Er war es, der die berühmten typischen Figuren des *Kladderadatsch*, die erzreaktionären, in Herrenreitermanier berlinernden Barone Prudelwitz und Strudelwitz, ersann. Als die Zeitschrift 1848 gegründet wurde, verstand sie sich in ihrer politischen Ausrichtung als liberal und demokratisch. Angeblich wurde die Idee zu dem Satiremagazin in der Hippelschen Weinstube am Alexanderplatz geboren, wo Kalisch, der Verlagsbuchhändler Albert Hofmann und sonstige Berliner Publizisten verkehrten. Obwohl es kein radikales Blatt war, sondern sich um eine gemäßigte Position bemühte, fiel es immer wieder der Zensur zum Opfer und wurde konfisziert. Der verantwortliche Redakteur Ernst Dohm wurde sogar inhaftiert. In einer der ersten Nummern vom 2. Juli 1848 findet man unter dem Titel *Politische Bummeleien* eine manifestartige Bezugnahme auf Friedrich II., der, wie oft in der Zeit um 1848, als Gewährsmann freiheitlicher Ideen herangezogen wurde. In den in Klammern gesetzten Zwischenbemerkungen werden die Friedrich-Zitate durch Bezüge auf die beiden protestantischen Theologen Adolf Sydow und Ludwig Jonas, die die 1848er-Bewegung unterstützten, ebenso aktualisiert wie durch den Hinweis auf den preußischen Militärschriftsteller Johann Blesson, der 1848 die Berliner Bürgerwehr leitete.

Politische Bummeleien.

Wir wollen Schwarz auf Weiß, wenn erst Alles „schwarz auf weiß" d. h. eine preußische Constitution auf den breitesten Grundlagen gegeben sein wird.

Vorläufig behalten wir Schwarz, Roth, Gold!

Wir wollen aber keinen schwarzen Absolutismus, auch keine rothe Republik,

sondern die goldne Mittelstraße einer Regierung wie die Friedrich des Großen, herrlichen Andenkens.

Dieser geniale Mensch, der auch zufällig König von Preußen war, hat aber, u. a. gesagt:

Die verfluchten Pfaffen soll der Teufel holen!
Th. 3. S. 146.

(Wir bemerken ausdrücklich, daß wir uns die Herren Sydow und Jonas hierbei nicht gedacht haben.)

In meinem Staate kann jeder nach seiner Façon
seelig werden! (Th. 2. S. 28.)

(Keine Anspielung auf Ansichten höchster Personen!)

Mit jedem Spione, wenn man ihn gebraucht, an den
Galgen! (Th. 2. S. 281.)

(Keine Idee an den Assessor Ullrich, Präsident des Vereins für constitutionelles Königthum und Schwiegersohn des Herrn Blesson.)

Die Ansichten Friedrich des II. sind die Unseren. Es lebe Friedrich der Große.

Nr. 21 u. 22.   Berlin, den 6. Mai 1855.   **8. Jahrgang.**

Kladderadatsch.

Wochen-Lieder.

Montag, den 7. Mai.
Wer weiß, wie nahe mir mein Ende.
Palmerston.

Dienstag, den 8. Mai.
Fordre Niemand mein Schicksal zu hören.
Raglan.

Mittwoch, den 9. Mai.
Wundert euch, ihr Freunde nicht, wie ich mich geberde; wahrlich, es ist allerliebst auf der schönen Erde. Darum schwör' ich feierlich und ohn' alle Fährde, daß ich mich nicht freventlich weggeben werde. *N.*

Wochen-Lieder.

Donnerstag, den 10. Mai.
Mir ist Alles eins, mir ist Alles eins, ob i Geld hab' oder keins. *Bruck.*

Freitag, den 11. Mai.
Ich weiß nicht, wie mir ist! Ich bin nicht krank, bin nicht gesund, ich bin blessirt und hab' keine Wund'. Ich weiß nicht wie mir ist! *Ein Neutraler.*

Sonnabend, den 12. Mai.
Ich hab' mein' Sach' auf Nichts gestellt; Drum ist so wohl mir in der Welt.
Kladderadatsch.

Humoristisch-satyrisches Wochenblatt.

Dieses Blatt erscheint täglich, mit Ausnahme der Wochentage. — Man abonnirt mit 21 Sgr. vierteljährlich für 15 Nummern bei allen Buchhandlungen sowie bei den Postanstalten des In- und Auslandes. Jede einzelne Nummer kostet 1½ Sgr.   Die Redaction.

Ausbruch der höchsten Verzweiflung.

Für verständige Menschen gibt es keine Dummheit. **Es ist keine Kunst,** geistreich zu sein, wenn es erlaubt ist. Es ist schwer, **groß zu erscheinen,** wenn man sich beugen muß. Es ist leicht zu gefallen, **wenn man nur allein mit dem Publicum zu thun hat.** Eine Zeit wie diese, wo man **Alles sprechen darf und** sagen kann, ist nie dagewesen. Unsinn, du siegst, wenn **Alles Andere schweigen muß!** Ein schönes Weib ist mehr werth als ein ganzes Herrenhaus! **Es ist kein Verdienst,** Musterknaben zu erziehen, sagte Malmène. **Andere zum Schweigen zu bringen,** ist schwer, wenn man nicht die Kunst der Rede besitzt; **wenn man den Muth hat,** der ganzen Welt die Wahrheit zu sagen, hat man Veranlassung, **kein Mittel zu schenen,** um bald ins Tollhaus zu kommen. Wir wissen Vieles; **was aber eigentlich mit** uns einst vorgehen wird, wissen wir so wenig, als was mit **diesem Unsinn gemeint ist,** der an Kühnheit Alles überträfe, wenn nicht eben, und **das versteht sich wohl am** Ende von selbst, die Verzweiflung ihn dictirt hätte. Gott sei Dank, wir sind zu **Rande!**

                                                                                       Kladderadatsch.

Um mit der Zensur Spott zu treiben, präsentierte das Titelblatt des *Kladderadatsch* vom 6. Mai 1855 einen scheinbar unverfänglichen Text, der durch die fettgedruckten Wörter am rechten Rand subversive Zeilen darbot.

Radikalere Töne – mit spezifischen Sprachspielereien, die sich vor allem auf restaurative Kräfte und Ereignisse beziehen, vermischt – klingen auf der Titelseite des Magazins vom 4. März 1849 an:

> Bis zum 18. März 1848
> **herrschte in Berlin die rothe Republik**
> wenn wir bedenken wie wir jetzt
> im März **1849**,
> im fünften Monat des Belagerungszustandes
> **trotz kirchhofähnlicher Ruhe in der guten Stadt Berlin**
> *gebajonettet, geknutet, gewrangelt, gehinkeldeyt, gereitpeitscht, gemathisst, gehundejungt, gewarschaut, gewindischgrätzt, getreten, gestoßen* und *geniederträchtigt werden!*
> *Haha! lächerlich! auf Ehre und Seeligkeit lächerlich!*

(*Kladderadatsch*, S. 22)

Am 19. Januar 1851 heißt es spöttisch:

> **Brechen wir**
> mit der
> **Revolution.**
> *Das versteht sich! Was soll denn das ewige Revolutioniren? Was hat man davon? – Gar nichts hat man davon!* [...] *Also* **brechen** *wir mit der Revolution so lange – bis wir uns übergeben müssen!*

(Ebd., S. 37)

David Kalisch, von Zeitgenossen als Vater der Berliner Posse, als ein humoristisches Genie allerersten Ranges tituliert, erfand sowohl für seine Possen als auch für den *Kladderadatsch* Typen wie den Kaufmann Zwickauer, der in gestelzter jiddisch-deutscher Sprache über wirtschaftliche Fragen parliert, oder den naiv-schlauen Berliner Schüler Karlchen Mießnick. Als Neuerfindung in Kalischs Stücken wurden die Rollentypen aus der Berliner Gesellschaft angesehen, die nicht in Schablonenhaftigkeit erstarrten, sondern mit wacher Beobachtung der Realität entnommen waren. Seine Dialoge galten als zündend und anspielungsreich, seine neuartigen Couplets waren mit scharfen Spitzen und treffenden Pointen versehen, seinen revolutionären Witz verbarg er unter scheinbarer Harmlosigkeit. Die hochdeutsche Sprache und den Berliner Dialekt handhabte Kalisch mit gleicher Virtuosität. Die Art seines Humors trägt wieder schlesische Züge insofern, als dass sich Kalisch ganz dem wörtlichnehmenden Sprachwitz verschrieben hatte, was sich auch in einigen Anekdoten zeigt. So erregte sich einer seiner Bekannten über die Gewissenlosigkeit eines Theaterkritikers, über ein Stück und die Schauspieler geurteilt zu haben, ohne überhaupt in der Vorstellung gewesen zu sein.

»Im Gegenteil,« erwiderte Kalisch, »das ist ein Beweis seines kunstrichterlichen Ernstes.«
»Unmöglich! Sie meinen –?«
»Freilich! Denn soll nicht auch der Richter über einen Schauspieler *ohne Ansehen der Person* urteilen?« –
(zit. n. Kohut, *Die Großmeister des Berliner Humors,* S. 59 f.)

Charakteristisch für Kalischs Altberliner Possen sind Sprachspielereien, Verballhornungen, komische Reime, die Lust an sprachlichen Übertreibungen, selbstbezügliche Witzkritik und satirische Passagen über den Typus des Berliner Vielsprechers. Viele Kostproben von Kalischs Sprachwitz, der auch heute noch sehr frisch wirkt, zeigen seine geistreiche Lebendigkeit. In Abgründe des Berliner Dialekts führt folgende Passage aus einem Couplet:

Wie wollt Shäkspern ich un Göthen
Uf de Bretter verarbeeten:
[...]
Singen tät ich neu'ste Schule:
»Lucia« und de »Somnambule«,
Romeo und och de Jule,
Wie es grade mich gefule!
(Kalisch, *Hunderttausend Taler.* Bd. 2, S. 146)

Auch die beinahe barocke Lust an sprachlichen Überdrehungen findet sich in David Kalischs Possen, beispielsweise bei dem Dienstmädchen Wilhelmine in *Einmal hunderttausend Taler,* den Rätinnen oder dem Dichter Spadelius in *Junger Zunder – Alter Plunder:*

> WILHELMINE *(schnell, gesprächig klagend):* Ja, mit so 'nen Wochenmarchtgüterzug als weibliche Lokomotive von Alexanderplatz übern Molken-, Spittel-, Cöllnschen Fischmarcht un Dönhofsplatz nach de neue Orangenstraße, mitten durch die Berliner Höflichkeit un Ehrlichkeit mit Bürgersteigbegehrlichkeit, ohne Herrlichkeit, is 'ne Beschwerlichkeit voll Gefährlichkeit ohne Erklärlichkeit!

(Kalisch, *Hunderttausend Taler.* Bd. 1, S. 141 f.)

> R. PULEKE: Wie wollen wir zischeln.
> R. KNUTSCHE: Wie wollen wir muscheln.
> R. QUASELPICHLER: Wie wollen wir tuscheln.
> ALLE: Hecheln, ärgern, zischeln, muscheln, tuscheln.

(Kalisch, *Hunderttausend Taler.* Bd. 2, S. 217)

> SPADELIUS:
> [...]
> Wie wird mir ach so muckerlich!
> So ducker-, mucker- zuckerlich!

(Ebd., S. 227)

Dieses überschäumende Verdoppeln und Verdreifachen von ähnlich klingenden Wörtern, dieses Reim-Spielvergnügen und hemmungslose Vorführen des Sprachreichtums findet sich auch in Gedichten und Balladen von August Kopisch, vor allem in seinem berühmtesten, den *Heinzelmännchen* von 1836:

> Wie war zu Köln es doch vordem
> Mit Heinzelmännchen so bequem!
> Denn, war man faul, ... man legte sich
> Hin auf die Bank und pflegte sich:

> Da kamen bei Nacht,
> Ehe man's gedacht,
> Die Männlein und schwärmten
> Und klappten und lärmten,
> Und rupften
> Und zupften,
> Und hüpften und trabten
> Und putzten und schabten ...
> [...]
> Und kneteten tüchtig
> Und wogen es richtig,
> Und hoben
> Und schoben,
> Und fegten und backten
> Und klopften und hackten.
> [...]
> Die spülten,
> Die wühlten,
> Und mengten und mischten
> Und stopften und wischten.
> [...]
> Und rollten und hoben
> Mit Winden und Kloben,
> Und schwenkten
> Und senkten,
> Und gossen und panschten
> Und mengten und manschten.
> [...]
>
> (Kopisch, *Die Heinzelmännchen*, S. 290 f.)

Diese Art von sprachlichen Übertreibungen, die vor allem bei Autoren aus Schlesien auftreten, finden sich auch später in Gerhart Hauptmanns Komödie *Schluck und Jau*:

> JAU: [...] Ich hoa mich verkallupiert, verpokuliert, vertefentiert und verkalkuliert, vermengeliert und verbengeliert.
>
> (Hauptmann, *Schluck und Jau*, S. 327)

Auch Verballhornungen sind bei Kalisch ein beliebtes Mittel, soziale Unterschiede in Hinsicht auf Bildung, Halbbildung und Unbildung sprachspielerisch aufzuspießen. So heißt es in *Einmal hunderttausend Taler* von einem Berliner Parvenu:

> Wir haben Bücher, Broschüren geschrieben, unter andern auch die Oper: »Ein Pelzlager bei Schlesinger« – nein, wollt' ich sagen: »Ein Feldlager in Schlesien« [...]

(Kalisch, *Hunderttausend Taler,* Bd. 1, S. 153)

Aus Halb- und Unbildung geborene Wortneuschöpfungen erzeugen witzige semantische Verschiebungen, wie in *Junger Zunder – Alter Plunder:*

> FRIEDERIKE: [...] O denken Sie sich, wenn ich auftrete in den Gesangspossen, in den Wodu, Wasdu, Wiedu –
> FLÖRICKE: Wodewills!
> FRIEDERIKE: Woduwillst? Richtig! [...]

(Kalisch, *Hunderttausend Taler,* Bd. 2, S. 150)

Auch der Typus des prahlerischen Berliner Vielsprechers wird von Kalisch satirisch aufs Korn genommen:

> STULLMÜLLER: [...] Ich muß mich heute abend ungeheuer zusammennehmen, meine Berliner Individualität in den Hintergrund zu drücken, sonst glaubt mir kein Mensch, daß ich vierzehn Tage in Paris war. [S. 188]
> STULLMÜLLER (*vornehm lächelnd*): Berlin? Ah – schwach, sehr schwach, Marktflecken, Dorf, Nest, Winkel gegen Paris. Place de la Concorde größer als ganz Berlin, hahahaha. Berlin gar keine Stadt – Linden keine Bäume. Champs élysées müssen Sie sehen, ganz was anders. Tiergarten – lächerlich, gar nichts. Jardin des Plantes – ah! Das lasse ich mir gefallen, 50 Elefanten, 100 Hyänen, 1000 Orang-Utans und – Bären, Bären, Bären – Oh!
> ALLE (*lachen.*)

(Kalisch, *Hunderttausend Taler.* Bd. 1, S. 188, 192)

Andere Berliner Wichtigtuer werden in ihrer Gehemmtheit durch die Zensur vorgeführt, sozusagen mit ihrem Maulkorb, durch dessen Geflecht nur noch Plattitüden sickern wie in dem Stück *Berlin bei Nacht* von 1849:

> PRÖSICKE: [...] Wat für eene politische Stimmung herrscht denn so bei euch in die Provinz?
> FISCHER *(wichtig, auseinandersetzend)*: Nu, ick will dir sagen – das heißt – wenn man – sonst allen Respekt – wenn aber – das heißt – zuweilen – – Sonst aber ist alles ruhig.
> PRÖSICKE: Na, ick danke dir für die gütige Auskunft, bei uns is es ooch so.
> FISCHER: Was hast denn du für eine politische Stimmung?
> PRÖSICKE: Nu, ick will dir sagen, ick als Charlottenburger bin für den besonnenen, gemäßigten Rückschritt, verwahre mir aber gegen jede Reaktion.
>
> (Kalisch, *Hunderttausend Taler*. Bd. 2, S. 52)

Kalischs Possen wurden im Königsstädtischen Theater am Alexanderplatz zu einer Zeit aufgeführt, als es den Höhepunkt seines Ruhmes längst überschritten hatte. Obwohl sich Kalischs Stücke großer Beliebtheit erfreuten – die Lieder aus seinen Possen wurden als Gassenhauer von Köchinnen, Dienstboten, Handwerksburschen und Gassenjungen gepfiffen und gesungen –, bildeten sie nur noch den Abglanz früherer Triumphe, die an diesem Theater gefeiert worden waren. 1851 wurde das Königsstädtische Theater sang- und klanglos geschlossen. Das Gebäude diente dann als Wollmagazin und als Mietshaus, bis schließlich das Gasthaus Aschinger einzog. 1932 wurde das ehemalige Theater abgerissen.

Ab 1855 ging das alte Königsstädtische Theater am Alexanderplatz in das neugegründete Wallner-Theater in der Blumenstraße, Ecke Grüner Weg Nr. 9 (heute Singerstraße) auf. Der Ausdruck »Ach du grüne Neune!« soll von dieser Hausnummer herstammen. Auch hier wurden noch Possen Kalischs gegeben. 1864 zog das Theater in einen

Neubau in die Wallner-Theater-Straße um. Diese Straße existiert heute nicht mehr, und so erinnert nicht einmal mehr ein Straßenname an die komischen Theater des 19. Jahrhunderts. Für das neue Wallner-Theater komponierte Victor Hollaender aus dem schlesischen Leobschütz, der Bruder von Felix und Vater von Friedrich Hollaender. Kapellmeister war Rudolf Bial aus dem schlesischen Habelschwerdt, der zum Fest anlässlich des Erscheinens der tausendsten Nummer des *Kladderadatsch* im Jahr 1866 einen Kladderadatsch-Jubiläums-Marsch komponierte und aufführte.

Kalischs Theaterschaffen war auch noch im ausgehenden 19. Jahrhundert so beliebt, dass der alte Fontane dazu bemerken konnte, Kalisch erschaffe auf dem Theater das, »was wir das moderne Berlinertum nennen, ein eigentümliches Etwas, darin sich Übermut und Selbstironie, Charakter und Schwankendheit, Spottsucht und Gutmütigkeit, vor allem aber Kritik und Sentimentalität die Hand reichen« (zit. n. Nöbel, *Damals war's ...*, S. 43 f.). Noch am 1.1.1909 jubelte die Berliner Morgenpost über die Aufführung einer Kalisch-Posse am Operettentheater in der Charlottenstraße:

> Frohsinn und Humor mit der sprudelnden Laune unseres besten und berlinischsten Possendichters! Ihr Herren der modernen Schwänke und Ausstattungsclownerien, geht in die Charlottenstraße und lernt, wie man eine Posse schreibt. Was hatte dieser David Kalisch doch für Einfälle! Aber die Possenfabrikanten von heute werden sich kopfschüttelnd fragen, warum der Humorist des Biedermeier und der Märzrevolution seine Perlen so verschwenderisch verstreute. Zehn Possen würden sie aus den Bonmots und Aperçus zimmern.
>
> (zit. n. Henseleit, *Dem Vergnügen der Einwohner*, S. 22)

Auch der Breslauer Alfred Kerr, der die Theater- und Literaturkritik zu einer Kunstgattung zu erheben bestrebt war, verzeichnet bereits im Jahr 1895 eine gewisse Verflachung der

Berliner Witzkultur, die sich für ihn besonders durch den Komiker Martin Bendix ausdrückt:

> Es ist ein Gemisch von Parodie und blutigen Kalauern – jener von Schopenhauer so tief verachteten Humorgattung, in der vom Hausdichter dieses Musentempels, dem urkomischen Bendix, das Menschenmögliche und etwas mehr geleistet wird. Die landesübliche Neigung zur Schadenfreude, die in der Berliner niederen Kunst fast überall zu beobachten ist, fehlt auch hier nicht. Aber dabei schimmert in der blödsinnigen Handlung, soweit man diesen Ausdruck brauchen kann, ein Zug zur Idyllik und zur Genügsamkeit durch, der ebenfalls ein ziemlich regelmäßig wiederkehrendes Merkmal der Berliner niederen Kunst bildet. [S. 78 f.]
>
> [...] Noch vieles, was heut in Süddeutschland und am Rhein, vielleicht auch in Schlesien, volksmäßig gedichtet wird, könnte in des Knaben Wunderhorn aufgenommen werden. Jedes geflügelte Wort aber, das die verödete Phantasie der Panke-Athener erzeugt, würde das Buch verunreinigen.
>
> (Kerr, *Wo liegt Berlin?*, S. 78 f., 323 f.)

So verwundert es nicht, wenn Kerr in einem Brief vom 12. April 1896 eine Lanze für die Schlesier in allen Bereichen des kulturellen Lebens bricht, ja, er entrollt ein ganzes Panorama schlesischer Künstler in Berlin um 1900, unter ihnen viele Humoristen:

> Der Abstammung nach ist dieser Künstler [der komische Schauspieler Adolf Ernst] übrigens Schlesier. Wie denn die meisten bedeutenden Leute in Berlin Schlesier sind. Menzel ist es, Gerhart Hauptmann ist es, die Sorma ist es (sie wurde in der Friedrich-Wilhelm-Straße [in Breslau] geboren), Rittner ist es (er kam auf der »drübigen« Seite, in Weißbach [auf der damals zu Österreich gehörenden Seite Schlesiens], zur Welt), Marie Meyer ist es, die genialste Charakterdarstellerin Berlins, und der Dichter des »Lumpengesindels« ist es, Ernst von Wolzogen; »ich stamme aus Breslau«, sagte er mir einmal, »ich mache aber keinen Gebrauch davon«. In diesem erlauchten

Kreis tritt, Lorbeer ums Haupt gewunden, die Beine etwas geknickt, der Meister Adolf Ernst. Auch in der sonstigen Literatur und Kunst gibt es an der Spree auffallend viele Schlesier. Der grimmigste ist Konrad Alberti, der lustigste wahrscheinlich der Possendichter Julius Freund, der die geschicktesten Couplets in Berlin schreibt. Aus Schlesien stammt der gelesenste Musikrezensent, der gefürchtete Wilhelm Tappert, lockenumwallt. Einer, den er neulich verriß (um eines Ballets willen), der Serenadenkomponist Moritz Moszkowski, ist gleichfalls Schlesier; nicht minder sein Bruder Alexander, der Humorist. Ganze Zeitungen sind schlesisch; am »Berliner Tageblatt« wirken vom Leiter der Politik bis zu dem jüngsten flotten Feuilletonredakteur Fritz Engel mindestens vier Schlesier. Die Schlesier wuchern im Berliner öffentlichen Leben.

(Ebd., S. 142 f.)

Adolph Menzel, Festkarte für Ludwig Pietsch, 1889, Zeichnung, Berlin, Kunstbibliothek. Hier liest der Berliner Bär in der *Vossischen Zeitung* einen Ausstellungsbericht des Journalisten Pietsch, der auch für die Breslauer *Schlesische Zeitung* schrieb.

Einige Jahre später, im März 1899, schreibt Kerr in einem sarkastischen Kommentar zu dem als »Judenschläger« bekannten schlesischen Grafen Walter von Pückler-Klein-Tschirne, der um 1900 mehrfach öffentlich zu Mordpogromen aufrief:

Ich hab' es immer gesagt: die Schlesier sind in den gegenwärtigen Zeitläuften obenan. Gerhart Hauptmann ist unser größter Dichter, die Sorma ist die erste Schauspielerin, Menzel der gefeiertste Maler und Pückler unser stärkster Antisemit.

(Ebd., S. 473)

Alfred Kerr verfasste neben Theater- und Literaturkritiken impressionistisch hingeworfene Skizzen der Großstadt Berlin und der Provinz, auch seiner »schlesischen Heimat« (Kerr, *Erlebtes*, S. 457). Hebt er im Zusammenhang mit Berlin eher das Schnoddrig-Schnöde ironisch hervor, so klingen seine Reiseschilderungen im Zusammenhang mit dem Riesengebirge, mit schlesischen Dörfern und der Stadt Breslau weicher, gemütvoller, sentimentaler:

> Sind aber gute Leute. Das Gemüt spricht stärker als in der Mark Brandenburg. [...]
> [...]
> Katholiken und Protestanten stehn einander – nicht feindlich gegenüber, im Gegenteil, denn hier ist in allem ein Schuß Wohlwollens [...]

(Kerr, *Erlebtes*, S. 466)

Alfred Kerr wirkt in seinen Schriften wie ein prototypischer Vertreter jener schlesischen Eigentümlichkeiten, die Gustav Freytag im Zusammenhang mit Karl von Holtei anführt, allen voran die Mischung aus »sentimentaler Weichheit und reflectirender Ironie«. Kerr beschreibt im Jahr 1900 seinen Weg von Schlesien nach Berlin und seine Jahre in der Metropole und ihrer Umgebung so:

> Auf dem Breslauer Elisabetan wurde man ja gezwiebelt, das ist wahr, und der Versuch, das Selbstbewußtsein totzuknicken, mißlang nur durch einen Zufall – aber auch dort ist so vieles zum Guten gewesen. Dann die schönen zwei Semester mit den schlesischen Vereinsbrüdern; dann die Stadt der Befreiung, Berlin; dort der Anfang des Lebens, dort mit zwanzig Jahren der Anfang geistiger Entwickelung; dort die wundersamen Liebschaften, das selige Umfassen aller Stände sozusagen, dort das Ergreifen des wundersamsten Berufes, den ein Mensch haben kann, und nochmals die Liebe, und ein paar wundersame italienische Reisen, und ein kurzes Zauberdasein im Lande Frankreich, und nochmals die Liebe, und alle Jahre kehrt Frühling und Sommer

wieder, alle Jahre erscheint der Monat Juni, man reist nach Potsdam, man reist nach Sanssouci, man steht am Heiligen See und geht in dem Garten spazieren, wo in schwerem Fliederduft das Marmorpalais aus grüner, regenfeuchter, dampfender, abendlicher Erde steigt – man lehnt sich über die steinerne Balustrade, blickt über die feuchte, stille Wasserfläche und atmet den naßwarmen Regenwind [...]
(Kerr, *Mein Berlin*, S. 9)

Immer wieder fasst Kerr Berlin und seine Umgebung in stimmungsvollen Impressionen. Gleichzeitig sentimental und scharfzüngig-polemisch aber wird es bei ihm, wenn es um seine kulinarischen Sehnsüchte geht, nämlich um den aus »heimlich-kätzchenhaft-vertraulich« emporkriechender Erinnerung geborenen Vergleich der Mohnklöße, dem traditionellen Weihnachtsessen der Schlesier, mit den Berliner Mohnpielen, der für Letztere verheerend ausfällt:

Und auch ihr, meine lieben Mohnklöße, seid eine Melancholie, ein Märchen aus alten Zeiten. Ihr seid versunkene Kränze. Semmel in Wasser mit schwarzem Mohn und Vanille, darin liegt eure Größe. Hier nennt man euch – uäh, uäh! – Mohnpielen. Das ist die gemengte Speise aus süßlichem Rosenwasser, mit kleinen, glitschigen Würfelchen und weißem fadem Mohn und etwas Zucker, und schmeckt nach nichts. Uäh, uäh! Steigt einmal noch empor, Mohnklöße meiner Jugend; meiner bittersüßen und vergehenden Jugend. [...] der Kindelmarkt liegt fern. Die Nichten wachsen heran. Unvermählt ist man ja Gott sei Dank noch, und neulich hat man einen Puppenwagen besorgt. »Ist es für Ihre Kleine?« fragte das Ekel. Töchter mit halbmeterhohen Puppenwagen traut man uns schon zu. Mohnklöße meiner Jugend, lebt wohl. Zieht hinab den leuchtenden Strom der Vergänglichkeit, in die Dämmerung, in die seltsam dunkle Ferne, wo die große Stille herrscht. Schade, daß man bloß einmal lebt. Schade, daß man bloß einmal jung ist.
(Ebd., S. 153 f.)

Läuft man von der Nante-Figur zum Ostbahnhof, dem ehemaligen Schlesischen Bahnhof, führt der Weg zunächst durch das Nikolaiviertel. Hier sieht man in der Nikolaikirche ein Grabmal für den berühmtesten Berliner Goldschmied des ausgehenden 17. Jahrhunderts, Daniel Männlich, geschaffen im Jahr 1700 von Andreas Schlüter. Der Berliner Hofgoldschmied Männlich stammte aus dem schlesischen Troppau.

Vorbei geht es an der St. Georgs-Plastik von August Kiss, dann am nördlichen Spreeufer, dem Rolandufer, in östliche Richtung entlang der Mühlendammschleuse, die für die Oder-Schiffahrt von großer Bedeutung war, bis zur Jannowitzbrücke. Hinter der Lichtenberger Straße liegt nördlich der Holzmarktstraße, wo es angesichts von Tankstellen und anderen Nutzgebäuden schwerfällt, sich am Spreeufer Holteis Wohnhaus vorstellen zu können, das ehemalige Schlesische Viertel: Andreasstraße, Lange Straße, Krautstraße, Koppenstraße, Am Ostbahnhof (ehemals Breslauer Straße), Erich-Steinfurth-Straße (ehemals Madaistraße), Straße der Pariser Kommune (ehemals Fruchtstraße).

Die Drachentöter-Plastik von August Kiss entstand im Jahr 1853. Vorausgegangen war dieser Skulptur 1849 eine Figur des Heiligen Michael, der einen Drachen, die Verkörperung der Revolution von 1848, bezwingt. Diese erste Plastik schuf Kiss für den anti-revolutionären »Kartätschenprinzen« Wilhelm, der sie im Schlosspark Babelsberg aufstellte. Vier Jahre später modellierte Kiss eine sehr expressive Replik dieser Plastik, diesmal allerdings mit dem Heiligen Georg, der den Drachen der Revolution niederringt. Während der Kladderadatsch die Niederschlagung der Revolution von 1848 verurteilte und Menzel im selben Jahr sein unvollendet gebliebenes Ölgemälde Aufbahrung der Märzgefallenen schuf, waren die Skulpturen von August Kiss pathetisch-dramatischer Ausdruck für die restaurative Haltung der Hohenzollern.

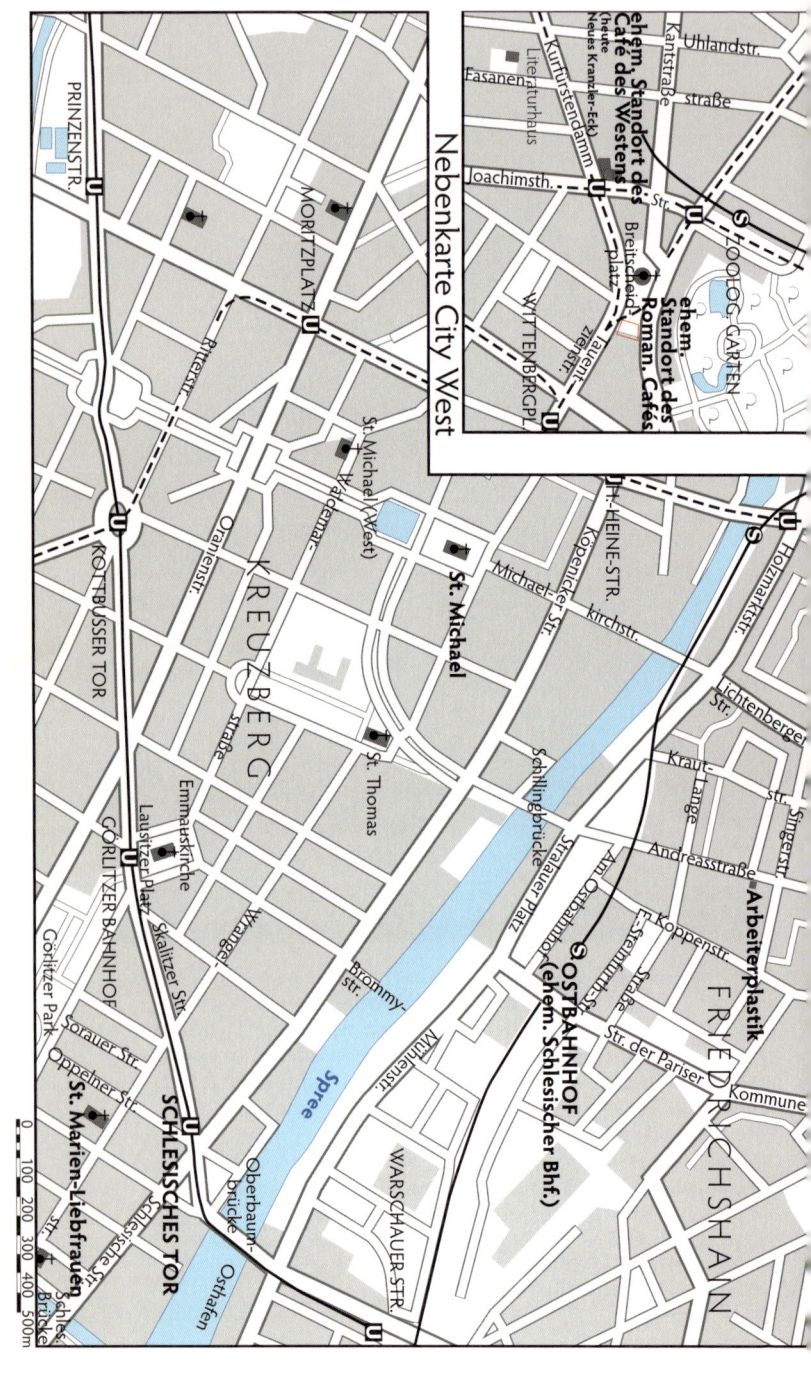

Dritter Spaziergang

Sozialer Brennpunkt Schlesischer Bahnhof und die schlesischen Väter der Sozialdemokratie

Die Viertel um den ehemaligen Schlesischen Bahnhof und um das Schlesische Tor in Kreuzberg wurden Mitte bis Ende des 19. Jahrhunderts von vielen aus Schlesien Angereisten, in Berlin Arbeit Suchenden bewohnt. Zu dieser Zeit hieß es, dass jeder zweite Berliner Schlesier oder Breslauer sei. Zahlreiche junge Frauen kamen als Dienstmädchen nach Berlin, oft gelang ihnen die Etablierung nicht und sie rutschten in die Prostitution ab.

Doch waren Schlesier nicht nur Opfer gesellschaftlicher Ungerechtigkeiten. Vielmehr schien die Sensibilität für soziale Missstände bei den aus Schlesien stammenden Persönlichkeiten besonders ausgeprägt zu sein. Adolph Menzel

August Borsig schaffte den Aufstieg aus einfachen Verhältnissen in Schlesien bis zum reichen Berliner Unternehmer. Ende des 19. Jahrhunderts wurden die Borsigwerke – hier das burgartige Eingangstor von 1898 – aus dem Stadtzentrum nach Tegel verlagert.

schuf das erste Arbeiterporträt und das erste Industriebild mit sozialer Dimension, Gerhart Hauptmann scheute nicht vor einem Skandal zurück, als er die Weberkonflikte auf die Bühne brachte, und Willibald Alexis schrieb einen der ersten Romane, die sich mit dem aufkommenden industriellen Zeitalter befassten: *Zwölf Nächte* aus dem Jahr 1838 beschreibt die sozialen Verhältnisse, die Arbeiter als neue soziale Schicht, den Häuserbau in der Großstadt und die Dampfmaschine. Alexis selbst beobachtete das Baugeschäft in Berlin, an dem er sich teilweise sogar als Makler beteiligte, genau und pries die neuerrichteten Häuser und Stadtviertel im Brockhaus von 1838.

Berlin war im 19. Jahrhundert der große Magnet, der zahlreiche Schlesier anzog. Viele blieben nur auf Zeit und gingen dann fort oder kehrten später in ihre Heimat zurück, andere verbrachten ihr ganzes Leben in Berlin und assimilierten sich hier. Bekannte Namen sind Joseph von Eichendorff und Gustav Freytag, die beide eine gewisse Zeit ihres Lebens in Berlin verbrachten, ohne sich sonderlich wohl zu fühlen. So schrieb Eichendorff, der 1815 hier eine Stellung suchte, an einen Freund:

> Ich kann mich hier in Berlin noch immer in nichts finden. Es ist und bleibt mir hier alles fremd: Religion, politische Gesinnung, ja selbst die allgemeine Fertigkeit, über Kunst und Wissenschaft abzusprechen, erschreckt und stört mich mehr, als es mich erfreut, denn es scheint mir wenig Liebe darin zu sein.
>
> (zit. n. Düspohl, *Arbeitsmigration nach Berlin*, S. 191)

Zwar lebte Eichendorff immer wieder für einige Jahre, später dann als preußischer Beamter, in Berlin, aber schließlich zog er sich doch wieder nach Schlesien zurück. Auch Gustav Freytag äußert sich in seinen Erinnerungen eher befremdet als angezogen von Berlin:

Im Herbst 1836 kam ich nach Berlin. Mein großer Freund [Hollmann] freute sich über mein Staunen und forderte Bewunderung für alles Neue und Prächtige, das er mir vorstellte. Er war gekränkt, weil ich den Breslauer Ring für schöner erklärte als den Gensdarmenmarkt und nicht zugeben konnte, daß die Feldherrnstatuen um die Hauptwache viel großartiger wären, als unser Blücher auf dem Salzring. Er räumte mir sehr ungern ein, daß Breslau in Kirchen mehr leiste als sein Berlin mit der großen Domschachtel. Aber als er die breiten Straßen seiner Stadt vorzeigte, wurde er unwillig, wenn ich ihm verstockt entgegenhielt, daß sie aussähen wie ein weites schlotteriges Kleid an einem mageren Leibe, denn auf der Leipziger Straße konnte man 1836 bequem die Menschen zählen so weit das Auge reichte, das war bei den dichtgefüllten Gassen Breslaus doch unmöglich. Freilich gegen das Königsschloß, das Brandenburger Thor und das [Alte] Museum konnte wieder ich nicht aufkommen, und als ich die Räume des Museums betrat, war er mit der Wirkung zufrieden und wunderte sich nur, daß ich an den Antiken, für die ich etwas mehr Kenntnisse und Verständniß mitbrachte, größeren Antheil nahm als an den Bildern.

Auch das Tagesleben der Stadt war mir fremdartig und unheimlich. Wir Schlesier sprachen behaglich und breit mit dem Vordermunde, die Berliner benutzten beim Sprechen energisch Alles, was im Munde vorhanden ist, und außerdem, wenn sie hochmüthig wurden, noch die Nase; wir daheim waren lässig und behäbig im Umgange und ertrugen mit gutherziger Höflichkeit Eigenheiten in Sprache und Benehmen der Andern, die Berliner faßten lauersam und spottlustig Alles, was ihnen ungeschickt und lächerlich erschien, gaben scharfe Antwort und freuten sich des Angriffs. Wenn am Spätabend das Volk der Straßen aus den Schenken kam, hatten auch meine Schlesier gelärmt, und so oft zwei Haufen zusammenstießen, hatten sie einander reichlich Schimpfworte gegönnt und waren dann friedlich nach Hause gegangen. In Berlin gab es bei solchem Zusammenstoß nicht lange Beschwerden, sondern sogleich Hiebe und jeden Abend hörten wir aus unseren Stuben – wir wohnten auf dem Hackeschen Markt – den scharfen Lärm der Prügelei.

(Freytag, *Erinnerungen aus meinem Leben*, S. 85 f.)

Zu der Zeit dieser Aufenthalte Eichendorffs und Freytags in Berlin gab es noch keine Eisenbahnverbindung zwischen Schlesien und der Hauptstadt. Die Schlesier zogen mit Kutschen, Pferdefuhrwerken oder zu Fuß gen Westen. Im Jahr 1842 wurde der Frankfurter Bahnhof, der Vorgängerbau des heutigen Ostbahnhofs, errichtet, 1869 wurden die wichtigsten Strecken in Richtung Schlesien fertiggestellt und der Bahnhof zwischen 1881 und 1950 Schlesischer Bahnhof genannt. Ab den siebziger Jahren des 19. Jahrhunderts entwickelte sich dann ein reger Eisenbahnverkehr zwischen Schlesien und Berlin. Wie wichtig diese Verbindung für die Schlesier war, spiegelt folgende Berliner Scherzfrage, warum so viele Schlesier abstehende Ohren hätten: »[...] weil der Vater sie genommen hätte und an die Eisenbahn mit ihnen gegangen sei – da hätte er sie so hochgehalten und hätte gesagt: ›Siehste da hinten, da mußte mal hinkommen, da liegt nämlich Berlin‹« (zit. n. Treziak, *Die vertriebenen Schlesier in West-Berlin*, S. 497).

Nach 1870 stiegen die Zuwandererzahlen in der boomenden Reichshauptstadt sehr stark an. Aber auch viele Jahrzehnte vorher schon drängten Arbeitssuchende vor allem aus der schlesischen Provinz nach Berlin. Oft handelte es sich um Handwerker, um Spinner, Weber und Seidenwirker, die dann für Hungerlöhne in der Textilindustrie oder in Heimarbeit tätig waren. Auch Adolph Menzels Vater war ja 1829 mit seiner Familie von Breslau in die preußische Hauptstadt gezogen, um hier mit seiner lithografischen Werkstatt sein Glück zu versuchen. Aber nicht nur Wanderarbeiter wurden von Berlin angezogen, sondern auch junge Handwerker, die neue Ausbildungsmöglichkeiten suchten. So schrieb sich 1823 der Sohn eines Breslauer Zimmermanns in der 1821 gegründeten und später in Königliches Gewerbeinstitut umbenannten Königlich-Technischen Schule in der Klosterstraße ein. Dem 19-jährigen August Borsig, der wie sein Vater das

Zimmereihandwerk gelernt hatte, ermöglichte ein Stipendium am Berliner Gewerbeinstitut seine Ausbildung zu erweitern. Bevor er schließlich mit seiner eigenen Maschinenbauanstalt zu einem der Pioniere der industriellen Revolution in Preußen wurde, bewährte er sich als Mitarbeiter der Neuen Berliner Eisengießerei von Franz Anton Egells an der Chausseestraße und erhielt bereits 1827 von diesem die Verantwortung für die Aufstellung sowie Instand-

Hans Baluschek, *Wanderarbeiter (Saisonarbeiter)*, 1926, Lithografie, Berlin, Bröhan Museum. Der bedeutendste Arbeitermaler seiner Zeit stammte aus Breslau.

setzung einer Dampfmaschine in der Spinnerei Alberti im schlesischen Waldenburg. Der dortige Fabrikbesitzer bezeugt, dass eine Dampfmaschine von »Herrn August Borsig zu unserer völligen Zufriedenheit hier zusammengesetzt und aufgestellt worden ist. Mehrere dazugehörige Teile sind hier nach seinen Rissen und unter seiner Leitung noch angefertigt, wobei derselbe von seiner Sachkenntnis im Maschinenfach uns zu überzeugen Gelegenheit hatte.« (zit. n. Düspohl, *Arbeitsmigration nach Berlin*, S. 194)

1837 gründete Borsig ebenfalls an der Chausseestraße vor dem Oranienburger Tor – in dieser Zeit Zentrum des privaten Berliner Maschinenbaugewerbes – seine eigene Maschinenbauanstalt und Eisengießerei, von der es bereits 1844 hieß, sie sei »die ausgedehnteste und wichtigste, nicht nur unter denen Berlins, sondern im ganzen preußischen Staate«, sie habe »die erste vaterländische Lokomotive hervorgebracht, und kann Monat für Monat zwei neue herstellen« (zit. n. Vorsteher, *Borsig*, S. 9).

Schon Friedrich II. hatte auf den Ausbau des Eisenhüttenwesens seine besondere Aufmerksamkeit gerichtet, zunächst in Oberschlesien, durch dessen Gewinn der ansonsten rohstoffarme preußische Staat bedeutende Bodenschätze erhielt: Kohle, Blei, Kupfer und Erze. Nach der Errichtung einiger Eisenhüttenwerke in Schlesien, so Malapane 1754, Kreuzburg 1755, Friedrichshütte bei Tarnowitz 1755 und Krascheow 1768, wurde erst 1804 die Berliner Eisengießerei vor dem Neuen Tor gegründet, aufgebaut von Hüttenbaumeistern aus Oberschlesien. Über die Dominanz der oberschlesischen Industriellen gegenüber denjenigen der Rheinprovinzen zu Beginn des 19. Jahrhunderts heißt es: »Während sich das Unternehmertum in den westlichen Provinzen aus den Handelshäusern (Haniel) und dem Handwerk (Harkort, Krupp) entwickelte, standen in Oberschlesien zu Beginn des 19. Jahrhunderts die ersten Industrieanlagen unter der Führung des preußischen Adels. Graf Colonna zu Groß-Strehlitz, Fürst Pleß, Graf von Ballestrem und Graf Henckel zu Donnersmarck waren die ersten Industriemagnaten der schlesischen Privathütten.« (Vorsteher, *Borsig*, S. 16)

1847 bis 1849 eröffnete Borsig zusätzlich ein Walzwerk in Moabit, 1850 wurde die Maschinenbauanstalt und Eisengießerei in der Moabiter Kirchstraße hinzugekauft. Die drei Berliner Betriebe beschäftigten bereits 1800 Menschen und stellten so zur damaligen Zeit ein Großunternehmen dar. 1854 erwarb Borsig Kohlengruben in Biskupitz/Oberschlesien, um mit eigener Kohle in Berlin einen Hochofen zu errichten. Borsigs Sohn Albert verlegte das Moabiter Walzwerk 1870 nach Schlesien, um auf dem freigewordenen Gelände Platz für den Schmiede- und Lokomotivbau zu gewinnen. Seine Söhne zogen 1887 mit dem Unternehmen nach Tegel um.

Diesen raren Erfolgsgeschichten wie von Borsig und Menzel stehen Tausende Schicksale schlesischer Wanderarbeiter gegenüber, die, zumindest in der ersten Generation, in Berlin nur Elend und Ausbeutung kennenlernten. 1846 erschien ein Buch des Publizisten Friedrich Saß unter dem Titel *Berlin in seiner neuesten Zeit und Entwicklung,* das auf Gesprächen mit Arbeitsuchenden, Tagelöhnern, Handwerksgesellen und kleinen Gewerbetreibenden beruht. Über die Arbeiter aus Schlesien schreibt Saß:

> Nach Berlin und weiter pflegt ein Land seine Bevölkerung zum Proletarierdienste zu senden, ein Land, welches berühmt ist durch die Schönheit seiner Gegenden und seinen Überfluß an allen denjenigen Erzeugnissen, welche zur Befriedigung der notwendigen menschlichen Bedürfnisse dienen, [...] ich meine: Schlesien. Nicht die Dürftigkeit der Natur [...] treibt Schlesiens Proletarier in die Ferne hinaus, sondern ein mächtiger Faktor der Gegenwart, der in Schlesien wachsende Industrialismus. Wie man im ganzen preußischen Staate bei den Erdarbeiten der Eisenbahnen auf eine große Anzahl ausgewanderter Schlesier stößt, so auch in Berlin bei allen schweren, mit kargem Lohne verbundenen Arbeiten, bei der Ramme, beim Handlangern, bei Karrendiensten. Den Berliner Proletarier beseelt dieser armen Bevölkerung gegenüber der Hochmut. Er stellt sich mit ihnen selbst in seinem elendesten Zustande nicht leicht auf dieselbe Stufe; nur die schrecklichste Not treibt ihn zu ihnen in dieselbe Beschäftigung, welche hier höchstens mit acht Groschen pro Tag belohnt wird. Während der Berliner damit kaum zu leben weiß, versteht der Schlesier davon zu sparen, und zur Winterzeit bringt er einige sauer erworbene Taler in seine Heimat zurück. Dafür lebt er aber dann wie der Ire in London. Acht bis zehn Mann liegen nachts zusammen in einem stinkigen Loche, in einer elenden Bretterbude. Die Nahrung besteht aus Abfall, aus Kartoffeln und Hering, von Schmutz starrt der Körper. [...] Ihre gutmütige, heitere Natur bricht selbst in ihrem Elende hervor, und in ihrem Gesichte entdeckt man niemals jene schrecklichen Züge, welche uns aus dem Gesichte eines vollendeten

Berliner Proletariers entgegenstarren. Überhaupt das Proletariat, welches der Hauptstadt aus den Provinzen entgegenströmt, ist an innerer Verwahrlosung und Zerknifftenheit durchaus nicht mit demjenigen, welches die Hauptstadt in ihrem eigenen Schoße gebärt, zu vergleichen. Der Berliner Proletarier hat für den armen Schlesier Spott und Verachtung, und es pflegt häufig zu ernstlichen Kollisionen zu kommen.

(Saß, *Berlin in seiner neuesten Zeit*, S. 150)

Wer Berlin nicht nur als Durchgangsstation auf dem Weg nach Westen, zum Teil auch nach Amerika, ansah, versuchte, ein Unterkommen in einer der schnell hochgezogenen Mietskasernen in unmittelbarer Nähe des Schlesischen und des Görlitzer Bahnhofs zu finden. Manchen Mietern bzw. ihren Nachkommen gelang schließlich der Aufstieg, zumindest die Assimilation, viele rutschten aber auch in Kriminalität und Verwahrlosung ab. Vor allem die jungen Frauen, die als Dienstmädchen, als Mädchen für alles aus Schlesien nach Berlin kamen, wurden von ihrer Herrschaft oft ausgenutzt, schlecht behandelt und gerieten nicht selten in die Prostitution. Friedrich Saß beschreibt dieses Problem bereits für die vierziger Jahre des 19. Jahrhunderts:

Besonders gefährlich ist es, wenn junge, unerfahrene Frauenzimmer vom Lande, aus der Provinz ohne bestimmtes Dienstverhältnis nach Berlin kommen und, ohne irgendeinen Anhalt, dadurch genötigt sind, sich vorläufig bei irgendeinem alten Weibe in Schlafstelle zu legen. [...] Berlin ist gesegnet mit jungen und alten Lüstlingen, die auf »frisches Fleisch« – wie der Kunstausdruck heißt – aus der Provinz Jagd machen [...]

(zit. n. Peters, *Wie tausend andere auch*, S. 213)

Oft begann das Unglück bereits im Zug oder am Bahnhof, wo Kupplerinnen und Zuhälter Obdach und Arbeit versprachen, dabei aber die Prostitution meinten. Um den Mädchen aus der Provinz zu helfen, eröffneten zwei Frauen aus Schlesien

Hans Baluschek, *Mittag bei Borsig*, 1911, Öl auf Leinwand, Berlin, Kunstamt Kreuzberg. Auf dem düsteren Gemälde sind herandrängende Frauen und Kinder mit Körben zu sehen, die ihren in der Fabrik arbeitenden Angehörigen das Mittagessen bringen. Die Werksuhr steht auf fünf Minuten vor zwölf. Verstanden werden kann dies auch als symbolischer Hinweis des politisch aktiven Malers, der vor dem aus gesellschaftlichen Ungerechtigkeiten entstehenden sozialen Sprengstoff warnt.

Anfang der achtziger Jahre eine Herberge für Dienstboten am Bahnhof Börse: Gertrud Guillaume, eine geborene Gräfin Schack aus Oberschlesien, und Lina Morgenstern aus dem jüdischen Bürgertum Breslaus engagierten sich gemeinsam für die sogenannten verlorenen Töchter. Als Begründerin der Berliner Volksküchen sollte Lina Morgenstern später zu einer der bekanntesten Frauen Berlins werden. Ebenfalls sehr populär war die aus Gleiwitz stammende exzentrische Sozialrevolutionärin und Frauenrechtlerin Agnes Wabnitz, an deren Beerdigung im Jahr 1894 mehr Menschen teilnahmen als am Begräbnis Wilhelms I. Wie verbreitet Arbeitskräfte aus Schlesien in Berlin waren, spiegelt ein kurzer Dialog zwischen Baron Botho Rienäcker und einem Kutscher in Theodor Fontanes Roman *Irrungen, Wirrungen*, der im Berlin der 1870er Jahre spielt:

> »Un nachher, bis dicht an den Kirchhof ran, hat's ihrer auch noch.«
> Botho lächelte. »Sie sind wohl ein Schlesier?«
> »Ja«, sagte der Kutscher. »Die meisten sind. Aber ich bin schon lange hier und eigentlich ein halber Richtiger-Berliner.«
> »Und 's geht Ihnen gut?«
> »Na, von gut is nu woll keine Rede nich. Es kost't allens zuviel un soll immer von's Beste sein. [...]«
>
> (Fontane, *Irrungen, Wirrungen*, S. 135)

Alfred Kerr trifft im schlesischen Heuscheuer-Gebirge ein junges Mädchen, das gerne nach Berlin gehen möchte:

> [Sie] erzählte mir, sie würde so gern dieses Nest verlassen. Ihre Mutter gebe das nicht zu. Die Schwester sei auch nicht wiedergekommen. – Verdorben, gestorben? – Nein; nach Berlin geheiratet.
> Wiederholt fiel es mir auf, daß die Leute Schlesiens ein weggezogenes Kind so gut wie ein verloren gegangenes Kind ansehn.
>
> (Kerr, *Erlebtes*, S. 463)

Eigentümlicherweise war es nicht so sehr das Proletarierelend der schlesischen Arbeiter in Berlin, das die soziale Frage aufwarf, als vielmehr der Aufstand der schlesischen Weber im Jahr 1844, den Gerhart Hauptmann später in seinem Drama *Die Weber* thematisierte. Gustav Freytag schreibt in seinen Erinnerungen über das Weberelend:

> Da drang in unser politisches und geselliges Treiben ein lauter Klageschrei von Noth der Spinner und Weber in den Gebirgskreisen. Dort saß in den Thälern eine dichte Bevölkerung, welche sich mit Hausindustrie auf eigenen Webstühlen zu erhalten suchte. Durch die neue Maschinenarbeit und durch das dürftige Leben mehrer Generationen war sie verkümmert und in sklavische Abhängigkeit von den Kaufherren, den regelmäßigen Abnehmern ihrer Waare, gerathen. Jetzt aber hatte Ungunst der Handelsverhältnisse ihr Leiden so hoch gesteigert, daß ein schnelles Eingreifen menschenfreundlicher Thätigkeit geboten war, um die Schrecken der Hungersnoth abzuwenden. Überall in Deutschland wurde für sie gesammelt [...]

(Freytag, *Erinnerungen aus meinem Leben*, S. 108)

Für den jungen Studenten Ferdinand Lassalle, Sohn eines jüdischen Breslauer Seidenhändlers, der 1843 in die studentische Öffentlichkeit der niederschlesischen Stadt trat, hatte der Weberaufstand den Charakter einer Initialzündung. Der Aufstand war der Prolog des Arbeiterkampfs, den Lassalle später führte. 1844 immatrikulierte er sich in Berlin. Auf die Erhebung der schlesischen Weber in diesem Jahr, die er als Vorboten einer neuen Zeit begrüßte, reagierte Lassalle in einem Brief an seinen Vater:

> Merkt Ihr etwas? Hört Ihr's gewittern am Horizont? Fürchtet Euch nicht, es wird diesmal vorübergehen, und noch einmal vorübergehen – aber dann wird's einschlagen! [...]
> [...]
> [...] Weberarmut und Aktienschwindel, das ist auf das engste innerlich verknüpft [...]

Wird man mir nun endlich glauben, daß an den modernen Prophezeiungen doch etwas dran ist? [...]
[...] Das ist der Anfang jenes Krieges der Armen gegen die Reichen, der fürchterlich nah ist. Das sind die ersten Regungen und Zuckungen des Kommunismus, der theoretisch und praktisch unsere Adern erfüllt [...]

(Lassalle, *Nachgelassene Briefe*, S. 101 f.)

Lassalle ging es nicht wie Gustav Freytag um wohltätige Vereine zur Milderung des Elends, sondern um die revolutionäre Umstrukturierung der Gesellschaft. Zwischen 1845 und 1846 wechselte er mehrfach zwischen Breslau, Paris und Berlin. In Berlin entschloss er sich zu einem sehr straffen Privatstudium, da »ihm schwer erträglich ist, einen anderen als sich auf dem Katheder zu sehen, einen andern als sich sprechen zu hören« (Arno Schirokauer, *Lassalle*, S. 85). Um 1848 begann Lassalle, der auch der »Dandy der Revolution« genannt wurde, einen Briefwechsel mit Karl Marx und Friedrich Engels. Da gegen ihn seit 1848 ein Aufenthaltsverbot für Berlin verhängt war, zog er ins Rheinland. Doch sein Wunsch, wieder in die Hauptstadt, den Mittelpunkt des wissenschaftlichen und politischen Lebens in Deutschland, zu ziehen, war so groß, dass er sich durch Bittgesuche um die Aufhebung seines Aufenthaltsverbots bemühte, was jedoch abschlägig beschieden wurde. Des ungeachtet fuhr er 1855 nach Berlin, wurde verhaftet, verhört und abgeschoben. Weitere Bittgesuche an den reaktionären Polizeipräsidenten von Hinckeldey blieben erfolglos. Erst 1859 erhielt er das endgültige Niederlassungsrecht für Berlin:

Das Wachstum der Stadt entzückt ihn; ihre Wirklichkeit, ihre Helle, ihre Dichte reißen ihn hin; die Luft dieser Straßen scheint ihm nahrhafter als die balsamischen Winde Kairos und Smyrnas; [...] die Linie der ›Linden‹ scheint ihm die Achse der Welt.
[...]

[…] Der Rhein ist ihm der Mahlstrom der Unterwelt, die Spree das Wasser der Welt. Der Rhein ist der Schlußstrich seiner Pläne, die Spree trägt die Barke seiner Hoffnungen.
(Ebd., S. 191 f.)

Lassalle, der gut mit Ernst Dohm bekannt war und in dessen Salon verkehrte, versuchte, seine historische Tragödie *Franz von Sickingen* 1858 durch Dohm beim Berliner Hoftheater einzureichen, allerdings ohne Erfolg. Das Stück wurde nie aufgeführt. Jedoch erfuhr er durch seine frühere Arbeit *Heraklit* die Anerkennung der gelehrten Welt Preußens, allen voran Alexander von Humboldts. Lassalle fand Zugang zu allen maßgeblichen Berliner Salons und unterhielt selbst einen Salon in seiner Wohnung in der Bellevuestraße, über die er an seine Freundin Gräfin Hatzfeldt, Schlesierin und Sozialistin auch sie, schreibt:

> Ich gab nämlich ein *äußerst* glänzendes Souper, glänzend sowohl nach den dabei entwickelten materiellen Genüssen als nach der höchst gewählten Gesellschaft. […] Wir tranken fünf Flaschen Bordeaux, vier Flaschen Steinberger Kabinett und acht Flaschen Champagner, also siebzehn Flaschen auf dreizehn Personen … Es gibt niemand in Berlin, der Ihnen jetzt eine bessere zahlreichere und glänzendere Gesellschaft zu bieten vermöchte als ich. […]
> Vier große Salons, die ineinandergehen in einer Suite. Erst ein immenser blauer Salon, Boiserie, vergoldete Plafonds usw., dann Speisesaal, wo ich dreißig Personen setzen kann, und prachtvoll dekoriert. Dann großes Bibliothekzimmer, dann kleineres Arbeitszimmer, dessen Glasfenster auf ein Treibhaus stoßen, so daß ich stets die Palmen vor mir habe … Seitwärts Schlafzimmer. Im Souterrain Küche, Keller, Dienerwohnung. Ich kann, wenn ich will, hundert Personen bei mir sehen.
> (zit. n. Uexkuell, *Ferdinand Lassalle*, S. 91)

Sein luxurierender Lebensstil und sein Engagement für die Arbeiterschaft standen für Lassalle nicht im Widerspruch.

Hans Baluschek, *Proletarier (Streik, Die Ausgesperrten)*, 1920, Lithografie, Berlin, Märkisches Museum. Die hochgereckte Faust eines Fabrikarbeiters deutet auf die Formierung einer politischen Bewegung hin.

1862 hielt er im Handwerkerverein der Oranienburger Vorstadt vor Maschinenbauern Berlins, in erster Linie also vor den Borsig'schen Arbeitern, den Vortrag *Über den besonderen Zusammenhang der gegenwärtigen Geschichtsperiode mit der Idee des Arbeiterstandes*, kurz *Arbeiterprogramm* genannt. Dies war sein erster Kontakt zu den Arbeitern Berlins. Die Rede beinhaltete eine Kritik am preußischen Dreiklassenwahlrecht, am ungerechten Steuersystem und an der bürgerlichen Presse. Hier begann die Wechselbeziehung zwischen der erwachenden Arbeiterbewegung und dem großem Redner, der in den Arbeitern das Klassenbewusstsein zu erwecken versuchte. Seine rhetorischen Fähigkeiten als Massenagitator beschreibt Lassalles Sekretär Bernhard Becker:

> Er beherrschte vollständig seine umfangreichen Stimmittel, hatte mit Sorgfalt die Rhetorik großer Redner und Dichter studiert und verstand die Mimik und Gestikulation so meisterhaft zu benutzen, daß derjenige, der bei seinen Reden kalter Beobachter hätte bleiben können, leicht an einen vollendeten Schauspieler erinnert worden wäre. Doch dieses Schauspielartige konnte nicht widerlich werden, da der geistige Gehalt die als spielende Zugabe erscheinende Darstellung meist überwog und sie in den Hintergrund drängte.
>
> (zit. n. Uexkuell, *Ferdinand Lassalle*, S. 74)

1863 wurde der Allgemeine Deutsche Arbeiterverein (ADAV) unter der Präsidentschaft von Lassalle gegründet, für den er in Berlin eine Agitationskampagne veranstaltete. Mit seiner Ansprache *An die Arbeiter Berlins* im Jahr 1863 wollte Lassalle Vorwürfe entkräften, aufgrund seines Kontakts zu Otto von Bismarck ein Werkzeug der Reaktion zu sein. Obwohl die Rede sogar gedruckt und in den Arbeitervierteln Berlins verteilt wurde, erwies sich sein Engagement als Fehlschlag: Zum einen reagierten viele Arbeiter der Borsigwerke empört, spuckten ihn an, pfiffen ihn aus und wandten sich von ihm ab, zum anderen wurde Lassalle wegen dieser Rede des Hochverrats angeklagt. Bei seiner Verteidigung erinnerte er daran, dass alles Königtum ursprünglich ein Volkskönigtum gewesen sei, das in Zeiten der Bedrängnis das Volk zur Hilfe rufen könne:

> Ein Königtum von der Schöpfung der Bourgeoisie könnte dies freilich nicht. Aber ein Königtum, das noch aus seinem ursprünglichen Teige geknetet dasteht, auf den Knauf des Schwertes gestützt, könnte das vollkommen wohl, wenn es entschlossen ist, wahrhaft große, nationale und volksgemäße Ziele zu verfolgen.
>
> (zit. n. Friederici, *Ferdinand Lassalle*, S. 194)

Bereits 1859 hatte Lassalle eine an den König von Preußen und seine Ratgeber, vor allem Bismarck, gerichtete Schrift veröffentlicht, in der es heißt:

> Wenn jetzt ein Friedrich der Große auf dem preußischen Thron säße, so kann wenig Zweifel sein, welche Politik er befolgen würde. Er würde erkennen, daß jetzt der Moment gekommen sei, den deutschen Einheitsbestrebungen endlich Ausdruck zu verleihen.
>
> (zit. n. Uexkuell, *Ferdinand Lassalle*, S. 96)

Später, im Jahr 1878, wird Bismarck in einer Reichstagsrede diese dem Königtum verbundene Seite Lassalles bestätigen:

> [...] er war einer der geistreichsten und liebenswürdigsten Menschen, mit denen ich je verkehrt habe, ein Mann, der ehrgeizig im großen Stil war, durchaus nicht Republikaner; er hatte eine sehr ausgeprägte nationale und monarchische Gesinnung. Seine Idee, der er zustrebte, war das deutsche Kaisertum, und darin hatten wir einen Berührungspunkt. Lassalle war ehrgeizig im hohen Stil, und ob das deutsche Kaisertum gerade mit der Dynastie Hohenzollern oder mit der Dynastie Lassalle abschließen solle, das war ihm vielleicht zweifelhaft [große Heiterkeit] – aber monarchisch war seine Gesinnung durch und durch.

(zit. n. Uexkuell, *Ferdinand Lassalle*, S. 98)

Über die Frage, ob Lassalle aus Gründen der politischen Strategie das Königtum verteidigte, oder ob sich in dieser Haltung gar ein Zug schlesischer Loyalität gegenüber den Hohenzollern manifestierte, können nur Vermutungen angestellt werden. Fest steht, dass Wilhelm Liebknecht, den Lassalle 1863 in Berlin traf, über dessen Votum für das Königtum, das ein Bündnis mit den Arbeitern schließen könnte, mit diesem aneinandergeriet. Liebknecht vereinte dann die oppositionellen Kräfte im ADAV unter sich.

1864 traf eine Delegation schlesischer Weber aus dem Waldenburger Bergland in Berlin ein, um vom König Staatshilfe zu erbitten. Die Weber hatten gegen die Ausbeutung in der Spinnerei von Wüstegiersdorf protestiert und waren sofort entlassen worden. Lassalle machte sie mit seinem Arbeiterprogramm vertraut, während Bismarck beim König Geld, Rechte und den Empfang der schlesischen Weberdelegation erwirkte. Bismarck beauftragte den Delegationsleiter damit, durch ganz Schlesien zu reisen, Arbeiterversammlungen einzuberufen und ihm die Vorschläge und Anliegen der Arbeiter mitzuteilen. Dadurch wollte Bismarck die Arbeiterbewegung und Lassalle unter Kontrolle halten. Lassalle hingegen glaubte, Bismarck für seine Zwecke benutzen zu können und nannte ihn seinen Bevollmächtigten für Schlesien. Bei weiteren Agitationsreisen auch in den Westen gebärdete sich Lassalle mehrfach wie ein Religionsstifter:

> Wohin ich gekommen bin, überall habe ich von den Arbeitern Worte gehört, die sich in den Satz zusammenfassen: Wir müssen unserer Aller Willen in einen einzigen Hammer zusammenschmieden und diesen Hammer in die Hände eines Mannes legen, zu dessen Intelligenz, Charakter und guten Willen wir das nöthige Zutrauen haben, damit er aufschlagen könne mit diesem Hammer. [...]
> [...]
> [...] Ich habe, wie ihr denken könnt, dieses Banner nicht ergriffen, ohne ganz genau voraus zu wissen, daß ich dabei persönlich zu Grunde gehen kann. [...] Die Gefühle, die mich bei dem Gedanken, daß ich persönlich beseitigt werden kann, durchdringen, kann ich nicht besser zusammenfassen, als in die Worte des römischen Dichters:
> »Exoriare aliquis nostris ex ossibus ultor!«
> zu Deutsch:
> Möge, wenn ich beseitigt werde, irgend ein Rächer und
> Nachfolger aus meinen
> Gebeinen auferstehen!

(Lassalle, *Die Agitation*, S. 38 ff.)

Hans Baluschek, *Fabrikarbeiterinnen*, 1892, Aquarell, Kreide auf Karton, Berlin, Märkisches Museum. Hier zeigt der Meister des sozialkritischen Realismus vor der geisterhaften Kulisse einer Fabrik gebeugte Arbeiterinnen, denen durch ihren niederdrückenden Alltag die Kraft zum Aufbegehren abhanden gekommen zu sein scheint.

Der noch nicht vierzigjährige Lassalle kam in einem Duell um eine junge Frau in Genf ums Leben. Begraben wurde er auf dem jüdischen Friedhof in Breslau. Von dem durch seinen frühen Tod hervorgerufenen Lassalle-Kult zeugt folgendes Arbeiterlied vom Ende des 19. Jahrhunderts:

> Zu Breslau ein Friedhof
> Ein Todter im Grab,
> Dort schlummert der Eine,
> Der Schwerter uns gab.
>
> (zit. n. Łagiewski, *Das Pantheon der Breslauer Juden*, S. 136)

Der von Lassalle ins Leben gerufene Allgemeine Deutsche Arbeiterverein befand sich nach seinem Tod in Konkurrenz zur Sozialdemokratischen Arbeiterpartei, die von Wilhelm Liebknecht und August Bebel gegründet worden war, bis sich beide Organisationen 1875 zur Sozialistischen Arbeiterpartei Deutschlands, der heutigen SPD, vereinigten.

Literarische Denkmäler setzten Lassalle Wilhelm Raabe mit der zweifelhaften Figur Moses Freudenstein im Roman *Der Hungerpastor* von 1864 und Friedrich Spielhagen mit der Figur des Leo im Roman *In Reih' und Glied* von 1866. Neben Arno Schirokauers biografischem Lassalle-Roman von 1928 und dem geschichtlichen Roman von Alfred Schirokauer *Lassalle. Ein Leben für Freiheit und Liebe* von 1911 gibt es weitere literarische Verarbeitungen der Figur des Arbeiterführers und seines bewegten Lebens, unter anderem von George Meredith und Stefan Heym. In seinen schlesischen Reiseskizzen wandelte Alfred Kerr zur Zeit des Ersten Weltkriegs auf Lassalles Spuren in Breslau, nachdem er zuvor geschrieben hatte:

> Und Ferdinand Lassalle? Lassalle, der noch eben einen Präsidententraum geträumt, die Völker aufgewiegelt hatte, nicht nur gegen die Machthaber, sondern gegen das sozusagen angestammte liberale Bürgertum; der als Breslauer Gymnasiast in

sein Tagebuch schrieb, er möchte Aristokratenführer werden, doch wolle er, als Jude geboren, Demokratenführer werden: dieser selbe Lassalle vergaß das Ziel des Lebens vor einem Unterrock, ließ sich totschießen und erklärte vorher, die Sozialdemokratie sei ihm schnuppe gegenüber dieser Liebschaft. War er darum keine ganze Natur? Er war eine.

(Kerr, *Wo liegt Berlin?*, S. 484)

Im Gegensatz zum radikalen und widersprüchlichen Ferdinand Lassalle, der als ein Mitbegründer oder Urvater der Sozialdemokratie gilt, war der ebenfalls aus Schlesien stammende Paul Löbe ein Sozialdemokrat gemäßigterer Ausrichtung. Das Paul-Löbe-Haus am Berliner Spreeufer, das Abgeordnetenbüros und Ausschüsse des Deutschen Bundestags beherbergt, ist nach ihm, dem letzten demokratischen Reichstagspräsidenten vor 1933, benannt. Geboren 1875 in ärmlichen Verhältnissen im schlesischen Liegnitz, gründete Löbe eine der ersten sozialistischen Jugendgemeinschaften Deutschlands. 1899 wurde er zum Vorsitzenden der Breslauer Sozialdemokratischen Partei ernannt. Paul Löbe erinnert sich an die Gedenkfeiern für Lassalle auf dem Breslauer Jüdischen Friedhof:

> Jedes Jahr am 31. August, seinem Todestage, zogen Hunderte, später Tausende Breslauer Arbeiter an das schlichte Grab, an dem sich eine Plakette mit dem Kopf des Volkstribunen und eine Tafel mit der Inschrift befand:
>
> *Hier ruht*
> *was sterblich war*
> *von Ferdinand Lassalle*
> *dem Denker und Kämpfer*
>
> Jedes Jahr gab es ein Gerauf mit der Polizei um die roten Kranzschleifen. Mit Scheren bewaffnet stellten sich am frühen Morgen die Ordnungshüter am Grabe ein und schnitten jede Schleife mit »revolutionär« klingender Inschrift ab, um sie als Trophäe ins Polizeipräsidium zu führen. [...] Die konfiszierten roten Schleifen fielen uns übrigens im November 1918 wieder in

die Hände, sie waren im Polizeipräsidium sorgsam aufbewahrt worden!

(Löbe, *Der Weg war lang*, S. 58 f.)

Zwischen 1905 und 1919 gehörte Löbe der Breslauer Stadtverordnetenversammlung an. Breslau war zu jener Zeit eine der Hochburgen der SPD. Mehrfach kandidierte er für den Deutschen Reichstag. Nach dem Ersten Weltkrieg »bemühte er sich um die Sicherung Schlesiens gegen eine kommunistische und nationalpolnische Bedrohung. Die Gestaltung der politischen Zukunft Deutschlands erwartete Löbe von einer demokratisch gewählten Nationalversammlung, eine Rätediktatur lehnte er dagegen strikt ab.« (Oliwa, *Paul Löbe*, S. 308) Wiederholt versuchte Friedrich Ebert Löbe zu animieren, in die Berliner Regierung einzutreten, verantwortungs- und ehrenvolle Ämter wurden ihm angetragen, er aber lehnte sie immer wieder aufgrund seiner kritischen Selbsteinschätzung ab. Doch konnten Löbes Bescheidenheit und Zurückhaltung seinen politischen Aufstieg nicht bremsen. So wurde er 1920 mit überwältigender Mehrheit zum Präsidenten des Deutschen Reichstags gewählt. In seinen Erinnerungen schildert er Etappen der Weimarer Republik auf dem Weg in die Katastrophe. Er beschreibt die stürmische, ja tumultuöse Sitzung des Reichstags nach dem Attentat auf Walter Rathenau. Er schildert seine quälenden Tischgespräche mit Paul von Hindenburg, die sich dann fast rituell auf schlesische Themen zurückzogen:

> Mit Ebert hatte ich mich stundenlang unterhalten können, bei Hindenburg riß der Faden schnell ab, es traten peinliche Verlegenheitspausen ein. Schließlich entwickelte sich ein bestimmter Dialog. Ich erzählte ihm von meiner Wanderschaft als Handwerksgeselle, er erzählte aus seiner Kadettenzeit in Wahlstatt, von der Ritterakademie in meiner Heimatstadt Liegnitz, von seinem Quartier beim Kaisermanöver in Schlesien. Siebenmal

hintereinander wandelten wir dasselbe Thema ab – zu beiderseitiger Zufriedenheit.

(Ebd., S. 115)

Paul Löbe beschreibt auch die Störungen im Reichstag der Weimarer Zeit durch undisziplinierte und unverschämte Parlamentarier sowie durch einen verantwortungslosen Journalismus, Faktoren, die maßgeblich zum Verfall des Parlamentarismus beitrugen. Die Nachricht vom Reichstagsbrand am 27. Februar 1933 erreichte Löbe in seinem Wahlkreis in Mittelschlesien, nicht viel später wurde er ins Gefängnis am Alexanderplatz, dann ins Strafgefängnis Spandau gebracht, kurze Zeit darauf ins Polizeigefängnis Breslau und ins Breslauer KZ Dürrgoy. Nach seiner Entlassung Ende 1933 arbeitete Löbe in Berlin beim wissenschaftlichen Verlag Walter de Gruyter. Er schloss sich der Widerstandsgruppe um Wilhelm Leuschner, Julius Leber und Carl Friedrich Goerdeler an. Nach dem missglückten Hitler-Attentat am 20. Juli 1944 wurde Paul Löbe ins Breslauer Gestapogefängnis transportiert, kurz darauf ins KZ Groß-Rosen bei Striegau in Schlesien. Anfang 1945 wurde er überraschend entlassen und erlebte nun das Kriegsende, Flucht und Vertreibung in Schlesien mit. Das Einrücken der polnischen Milizen schildert Löbe als noch rücksichtsloser als das Gebaren der sowjetischen Besatzer:

> Vergeblich bemühten sich vereinzelt polnische Bürgermeister, die schlimmsten Ausschreitungen zu verhüten, doch waren sie meist machtlos gegenüber der wilden Soldateska, welche die noch anwesende deutsche Bevölkerung bis auf die Leibwäsche ausplünderte. Jetzt tauchten auch Schlachtfeldhyänen mit ordnungsmäßigen polnischen Pässen auf, die den Vermerk trugen »Acht Tage Urlaub ins Beutegebiet«! Die Inhaber schleppten weg, was irgendwie transportabel erschien, in Rucksäcken, Koffern, Riesenbündeln und auf Handwagen.

(Ebd., S. 250)

Die schlesische Bevölkerung drang auf Löbe mit dem Wunsch ein, dass er in Berlin auf ihre unerträgliche Lage aufmerksam machen möge. Die kommunistischen Funktionäre der Grafschaft Glatz und Waldenburg in Schlesien gaben ihm Beschwerden und Bittgesuche an ihre »Gesinnungsfreunde in Berlin« mit, in denen es hieß:

> Hunderttausende von Bewohnern in einem absolut deutschen Gebiet, in dem nie der kleinste Bruchteil polnischer Bevölkerung gelebt hat, werden in Dorf und Stadt aus ihren Behausungen vertrieben. [...]
> Die polnische Polizei wendet sich im obengenannten Gebiet in vielen Fällen mit aller Schärfe gegen die alten Kommunisten, gegen Antifaschisten, vereinzelt sogar gegen die politischen Häftlinge der Nazikonzentrationslager, weil nach ihrer Ansicht jeder Deutsche ein Faschist ist.

(Ebd., S. 251 f.)

Löbe suchte in Berlin den Kontakt zu Otto Grotewohl und zum sowjetischen Marschall Schukow, ohne selbstverständlich in der ihm aufgetragenen Angelegenheit etwas ausrichten zu können. Die Zwangsvereinigung von SPD und KPD zur SED lehnte er strikt ab und engagierte sich stattdessen für die SPD in den Westsektoren. Die Blockade Berlins 1948 erlebte Löbe teilweise in seiner Trümmerwohnung in der Fasanenstraße. Als Alterspräsident des Deutschen Bundestages während der ersten Legislaturperiode hielt er in Parlamentsreden die Erinnerungen an die nationalsozialistische Diktatur, an die Judenverfolgung und an ungeklärte Fragen im Zusammenhang mit der Oder-Neiße-Linie wach. So sagte er 1949:

> Der Zufall hat es gefügt, daß ich als Alterspräsident vor Ihnen stehe als einer der Vertreter der alten deutschen Hauptstadt Berlin. [...]
> [...]

Sozialer Brennpunkt Schlesischer Bahnhof

Die im Oktober 1930 aufgenommene Fotografie zeigt den großen Aufmarsch der SPD gegen den Faschismus im Lustgarten. Paul Löbe, der Präsident des Reichstags, spricht vor dem Berliner Schloss zu den Versammelten.

In dem Augenblick, in dem zum ersten Male wieder frei gewählte Abgeordnete eines erheblichen Teils von Gesamtdeutschland zusammentreten, um eine deutsche Regierung einzusetzen und eine neue Gesetzgebung zu beginnen, schweifen die Gedanken von uns Älteren zurück zu jener Sitzung des Deutschen Reichstags in der Berliner Krolloper, der wir beiwohnten und in der durch das Hitlersche Ermächtigungsgesetz die staatsbürgerlichen Freiheiten für lange Jahre begraben wurden. Das war ein illegaler Akt, durchgeführt von einer illegalen Regierung. Der Widerstand dagegen war eine patriotische Tat. (Ebd., S. 278 f.)

Im Jahr 1950 trat Löbe im Namen aller Fraktionen und Gruppen des Bundestages mit Ausnahme der Kommunisten der Anerkennung der Oder-Neiße-Linie durch die DDR-Regierung entgegen:

Gemäß dem Potsdamer Abkommen ist das deutsche Gebiet östlich von Oder und Neiße als Teil der sowjetischen

Besatzungszone Deutschlands der Republik Polen nur zur
einstweiligen Verwaltung übergeben worden. Das Gebiet bleibt
ein Teil Deutschlands.
[...]
Meine Damen und Herren, niemand hat das Recht, [...] aus
eigener Machtvollkommenheit Land und Leute preiszugeben
oder eine Politik des Verzichts zu treiben. [...]
Die Regelung dieser wie aller Grenzfragen Deutschlands, der
östlichen wie der westlichen, kann nur durch einen Friedensvertrag erfolgen, der von einer demokratisch gewählten deutschen
Regierung als ein Vertrag der Freundschaft und der guten Nachbarschaft mit allen Nationen baldigst geschlossen werden muß.
Die Mitwirkung an der Markierung der Oder-Neiße-Linie
als angeblich »unantastbarer« Ostgrenze Deutschlands, zu der
sich die sogenannte Provisorische Regierung der Deutschen
Demokratischen Republik bereit gefunden hat, ist ein Beweis
für die beschämende Hörigkeit dieser Stelle gegenüber einer
fremden Macht.
(Ebd., S. 293 f.)

Das Schlusskapitel seiner Erinnerungen trägt den Titel *Die
schlesischen Landsleute,* ein Zeichen dafür, wie stark Löbe
die Problematik der Schlesier nach dem Zweiten Weltkrieg
beschäftigte. Mehrfach nahm er an großen Schlesiertagungen und Massenkundgebungen der Landsmannschaft aktiv
als Redner teil. Immer wieder das Recht auf Heimat verteidigend, weist er doch 1953 darauf hin, dass auf das Unrecht
der Vertreibung nicht mit einem erneuten Unrecht, etwa einer Vertreibung der Polen, reagiert werden dürfe, eine Haltung, die zu lautstarkem Widerspruch führte.

Acht Jahre sind seit dem Beginn der Austreibung vergangen.
Viele Wandlungen haben sich in dieser Zeit vollzogen. Eine
Generation von Alten ist für immer von uns gegangen, ehe ihre
Sehnsucht nach der Heimat Erfüllung fand. Eine junge ist herangewachsen, von der die Jüngsten nur aus Erzählungen der
Eltern und aus ihren Liedern die alte Heimat kennen.

Viele haben sich in fremder Erde festgewurzelt und dort eine neue Heimat gefunden. Aber die Erinnerung, die Sehnsucht nach der alten, kann uns niemand aus dem Herzen reißen, wenn wir auch wissen, diese alte Heimat hat in den acht Jahren ein anderes Gesicht bekommen und bekommt es täglich mehr. Wie sie einst aussieht, wenn unser Fuß sie wieder betritt, können wir nicht wissen, höchstens ahnen. Fremd wird auch dort vieles geworden sein, und anderes, was wir suchen, wird nicht mehr da sein. Fremde Menschen werden dort wohnen, und doch wird es keine neue Austreibung geben können, keine Wiederholung dessen, was wir selbst in den Jahren nach 1945 erdulden mußten. Keine Austreibung, die wieder Millionen Menschen treffen würde, darunter Kinder, Frauen und Greise. Wir werden Wege suchen müssen, daß an vielen Orten alte und neue Bürger nebeneinander leben können, wie einst in Oberschlesien Polen und Deutsche, wie in Böhmen Tschechen und Deutsche, wie im Baltikum Deutsche, Letten, Esten und Russen beieinander wohnten und arbeiteten. [...]

(Ebd., S. 298 f.)

Ganz aktuell verweist Löbe auf den Wohnungsbau für die Vertriebenen und ihre Integration im Westen, bevorzugt durch Heiraten. 1967 erhielt er ein Ehrengrab des Berliner Senats auf dem Waldfriedhof Zehlendorf. Die Trauerfeier im Rathaus Schöneberg wurde vom Protest zahlreicher Studenten gestört, darunter Andreas Baader, Gudrun Ensslin und Hans Magnus Enzensberger.

Die große Zeit des Wirkens von Paul Löbe war die Periode der Weimarer Republik, eine Zeit, die von verzweifeltem Ringen um demokratische Strukturen, von sozialen Spannungen und einer Radikalisierung der Gesellschaft geprägt war. Auch Ernst Niekisch, geboren 1889 in Trebnitz, engagierte sich in dieser Zeit für die Sozialdemokratie und war Vorsitzender des Deutschen Arbeiter- und Soldatenrats. Niekisch trat öffentlich gegen Hitler auf, wurde 1939 zu lebenslanger Haft verurteilt, trat nach Kriegsende in die SED ein und wurde Professor für Soziologie an der Humboldt-Universität. Nach der Niederschlagung des Aufstands von 1953 trat Niekisch aus der SED aus und siedelte 1963 in die Bundesrepublik über. 1967 starb er in West-Berlin.

Gerade im Viertel um den Schlesischen Bahnhof, der im Volksmund auch »Kathol'scher Bahnhoff« genannt wurde, hatte sich, auch durch die Zuzügler aus den östlichen Provinzen, ein Milieu von Elend, Orientierungslosigkeit und Verbrechen entwickelt, das zwei Unterhaltungsromane in drastischer Weise spiegeln. Der eine, *Berlin, Schlesischer Bahnhof* vom Berliner Theatermann Julius Berstl, spielt 1930. Der andere, ein »dokumentarischer Kriminalroman aus den 20er Jahren« mit dem Titel *Die Bestie vom Schlesischen Bahnhof*, wurde 2002 vom Krimiautor Horst Bosetzky geschrieben.

Dreh- und Angelpunkt des Romans von Julius Berstl ist der Wartesaal 3. Klasse im Schlesischen Bahnhof. Hier treffen zufällig einige junge Leute zusammen, die entweder auf der Durchreise sind oder in Berlin ihr Glück versuchen wollen. Die Stadt wird ihr Schicksal. So lernt der naive Lehrling Alfred aus Niedersachsen, der auf dem Weg nach Schlesien ist, im Wartesaal des Schlesischen Bahnhofs einen Mann kennen, der ihn zunächst umschmeichelt, sich dann aber als pädophiler Gewalttäter entpuppt, der den Jungen umbringt und die Leiche hinter dem Schlesischen Bahnhof von der heute nur noch als Ruine existierenden Brommybrücke in die Spree wirft. Dem pfiffigen Paul aus Allenstein in Ostpreußen gelingt es nach vielen Wirrnissen, sich im Berliner Dschungel zu behaupten. Der temperamentvolle Gymnasiast Kurt aus Glogau in Schlesien hingegen, der nach Südafrika durchbrennen will und sich in Berlin mit Gelegenheitsarbeiten durchschlägt, begeht im auflodernden Jähzorn einen Totschlag, an dem er aber nicht zerbricht, sondern der ihn zu einem fanatischen soldatischen Mann umpolt:

»Nehmen Sie die Sache als Mann hin und tragen Sie die Folgen aufrecht!« [...] Kurt Heinersdorf reißt sich zusammen und steht wie ein Soldat, der den Befehl erhält, ins Feld zu rücken. Das Leben braust ihm entgegen – das Leben? der Tod? – Granaten sausen durch die Ferne, ein Aufruhr trommelt durch sein Blut, und Fieber leuchtet aus jungen, erfahrungslosen Augen. Dann »Schritt gefasst« und – »Marsch«!

(Berstl, *Berlin, Schlesischer Bahnhof*, S. 70)

Vom Viertel um den Schlesischen Bahnhof heißt es:

Hans Baluschek, *Wartesaal IV*, 1926, Lithografie, Berlin, Bröhan Museum. Das Bild verbindet Baluscheks soziale Beobachtungen mit dem bei ihm beliebtem Bahnmotiv.

Die Häuser rücken dichter, werden grauer. Die Höfe sind verrußt, die Wohnungen verwanzt. Brandmauern vor den Fenstern. Ein Stück Himmel oben zwischen den Dächern. Die Schupos gehen zu zweien und vieren. Unsichere Gegend um den Schlesischen Bahnhof.

(Ebd., S. 202)

Der Wartesaal des Schlesischen Bahnhofs wird zum Zentrum, zum Kulminationspunkt hochgespannter Wünsche und bitterer Enttäuschungen, von Rausch und Ernüchterung, von Verbrechen, Elend, Hunger und Hoffnungslosigkeit:

Im Wartesaal 3. Klasse des Schlesischen Bahnhofs (für Reisende mit Traglasten) ist vom Erwachen des Frühlings nichts zu spüren. Zwölf Uhr nachts steht der Tabaksqualm senkrecht unter den Glühkörpern. Man kann ihn, bildlich gesprochen, mit

Messern zerschneiden. Es riecht nach unausgelüfteten Menschen, Bier, Käse und Knoblauch. Tabaksasche und Straßenschmutz bedecken den Fußboden. [...] Einer liegt mit dem Oberkörper überm Tisch, in einer Lache von saurem Bier, und schnarcht. [...] Schupo! Schupo! Wo is –? Ich hatte doch –! Mein Portmanneh –!! Die Hand des Gesetzes winkt ab: Vor Taschendieben wird gewarnt! Denkst wohl, liegst in Mutters Bett, die Hose überm Schemel, fern vom Schuß? Hier is Berlin. Hier is Betrieb. Hier sind die scharfen Jungen, die Leichenfledderer, die Hosentaschenspezialisten. Wozu denn immer gleich Schupo? Mensch, paß uff uff die Klamotten! Er wendet sich majestätisch zur Theke. Frollein, mir auch eine große Molle! Jawoll, Herr Wachmeister! For Ihnen mit Bejeisterung!

[...]

[...] Durch den Türbogen hinter der Theke zieht ein Duft von Koschwitz-Würstchen oder Breslauer. Es duftet zart und warm und erregend. Richtig wie Fleisch. Die Fleischtöpfe Israels. Aber sie sitzen in der Wüste und verdorren bei lebendigem Leibe, Schlesischer Bahnhof, Wartesaal 3. Klasse. Junge Menschen, alte Menschen, Männer, Frauen, kräftig und schlaff, *mit* Gefühlen und *ohne* Gefühle, wie Fleisch- und Knochenstücke in einem Sieb zum Abtropfen.

(Ebd., S. 5 ff.)

Horst Bosetzkys dokumentarischer Kriminalroman setzt hier ein: Im Zentrum steht der Frauenmörder Carl Großmann, der größte Serienmörder in der Geschichte Berlins, der seine Opfer in der Gegend um den Schlesischen Bahnhof kennenlernte, nach längerer oder kürzerer Frist ermordete, zerhackte und in seinem Ofen verheizte. Bosetzky, nicht nur Krimiautor, sondern auch emeritierter Soziologieprofessor, rekonstruierte den grausigen Fall der Bestie vom Schlesischen Bahnhof sehr genau nach Quellen, Prozessakten und Polizeiberichten. Die einzigen hinzuerfundenen Figuren, die ein positives Gegengewicht zu dem ansonsten schwer erträglichen Todesreigen darstellen sollen, sind Grete Tschau und ihr Verlobter Friedrich Zetzscha, beide aus Breslau stammend. Grete, von Breslau nach Berlin durchgebrannt, gerät auch in die Fänge Großmanns, bleibt aber als einzige der Frauen am Leben und wird von ihrem Verlobten gerettet. Der Roman spielt in den Straßen um den Schlesischen Bahnhof, Koppenstraße, Andreasstraße, Lange Straße, Fruchtstraße, Breslauer Straße. Um Bahnhof und Viertel ein wenig schlesisches Kolorit zu verleihen, erfindet Bosetzky mit der Figur des Verlobten Friedrich einen Breslauer Studenten, der sich in Berlin Unter den Linden immatrikuliert. Zuvor aber wird eine Droschkenfahrt durch Breslau beschrieben, bei der Friedrich Abschied nimmt von all den Gebäuden und Türmen seiner Heimatstadt, von dem »Sträselkucha« seiner Mutter und vom schlesischen Dialekt: »Geihste meite neiber eiber die Auder?« (Bosetzky, *Die Bestie vom Schlesischen Bahnhof,* S. 141)

Im Zug von Breslau nach Berlin gehen Friedrich Verse seines Lieblingsdichters, des schlesischen Mystikers Angelus Silesius, durch den Kopf. In Berlin kommt er am Schlesischen Bahnhof an und gelangt von dort in die Zorndorfer Straße, heute Mühsamstraße:

> »Zorndorf, ah ja ... « Zetzscha hatte seinen Namen vom großen Friedrich her, und sein Vater hatte dafür Sorge getragen, daß er alle Schlachten des Preußenkönigs auswendig kannte. »25. August 1758 – Schlacht von Zorndorf. Die Russen unter General Fermor gegen die Preußen mit Friedrich II. und Seydlitz, dem großen Reitergeneral. Am Ende ein unentschiedener Ausgang und 31 000 Tote und Verwundete.«

(Ebd., S. 158)

Aus allen diesen schlesischen Versatzstücken komponiert Bosetzky seine Figur Friedrich Zetzscha, die der Sozialdemokratie nahesteht und die später einen Artikel über das Viertel und das Milieu um den Schlesischen Bahnhof für eine

Breslauer Zeitung schreiben wird. Dieser ist von einem empathischen soziologischen Interesse geprägt:

> Es war ein Sumpf, in den ich da geraten war, ein Sumpf im Berliner Osten, gelegen zwischen dem Alexanderplatz, den Hunderte von Mädchen und Frauen jeden Tag aufsuchen, um die Sittenkontrolle des Polizeipräsidiums zu frequentieren, und dem Schlesischen Bahnhof, wo tagtäglich noch einmal Hunderte von bettelarmen Menschen angespült werden, die Arbeit suchen. Doch kaum einer von ihnen findet eine Beschäftigung. Da liegen sie denn auf dem Pflaster, haben keine Wohnung und kein Essen und leiden bitteren Mangel. Was bleibt ihnen da, als dem Verbrechen und der Prostitution anheimzufallen. [...] Kommen jene hinzu, die – mit oftmals nur geringen Strafen – aus den Gefängnissen entlassen worden sind und nun erst recht keine Stellung und kein Unterkommen mehr finden, und all die abgeglittenen Mädchen, die einmal Verkäuferinnen, Dienstmädchen, Buchhalterinnen oder Fabrikarbeiterinnen waren, dann eine Zeitlang ausgehalten wurden und jetzt keine andere Wahl mehr haben, als vom Verkauf ihres Körpers zu leben. Doch der ist meist schon elend und ihre Nerven sind zerrüttet. [...] Da sitzen sie denn auf den Bänken der großen Plätze, in den Kaffeeklappen und Destillen und warten ebenso offensichtlich wie verstohlen auf mögliche Freier, krank, elend und am Verhungern. Eigentlich hätten sie allen Grund, sich fallen zu lassen, ins Wasser zu gehen oder sich vor die U-Bahn zu werfen, doch sie hängen mit einer schier unfaßbaren Zähigkeit an ihrem jammervollen Dasein. Ohne Mitleid laufen die Menschen an ihnen vorüber. Das Proletariat kämpft noch um seine Existenz, das Lumpenproletariat hingegen ist verloren. Die, die keine Arbeit und kein Heim mehr haben, verrecken wie die Hunde.
>
> (Ebd., S. 143 f.)

Heute sieht man diesem Viertel, das im Krieg stark zerstört wurde und dann komplett abgetragen wurde, seine Elendsvergangenheit nicht mehr an. Außer der Arbeiterplastik eines Schmiedes mit seinem Sohn von Wilhelm Haverkamp aus dem Jahr 1898 an der Andreasstraße und einiger weniger alter Häuser in der Koppenstraße erinnert auf den ersten Blick nichts an das frühere Aussehen dieses Viertels, schon gar nicht an seinen Charakter als Elends-, Rotlicht- und Verbrecherquartier. Nur die etwas labyrinthische Ansiedlung von Imbissbuden in der Erich-Steinfurth-Straße, das Gemeindehaus der gesprengten St. Andreas-Kirche neben den neobarock geschwungenen Giebeln des ehemaligen Zentralmagazins der städtischen Gaswerke von 1908 am Stralauer Platz und die dem Gemeindehaus benachbarte Schlafstätte für Obdachlose verweisen auf den historischen Charakter dieser Gegend.

Über das Schlesische Tor in den Westen: Kirchen, schlesische Expressionisten und Mystik, Vertriebene in Berlin

Geht man vom Ostbahnhof über die Schillingbrücke, vorbei am Haus der Gewerkschaft Verdi, zeigt sich die halbe Ruine von der zu St. Hedwig gehörenden Kirche St. Michael Ost im ehemaligen Grenzstreifen. Die Michaelsfigur an ihrem Giebel stammt von August Kiss. Nach dem Mauerbau wurde die Kirche St. Michael West in der Kreuzberger Waldemarstraße neu erbaut. Nach der Wende fusionierten nicht die beiden Michaelsgemeinden, sondern St. Michael West mit der Kirche St. Marien-Liebfrauen in der Kreuzberger Wrangelstraße. St. Michael Ost ist die zweitälteste katholische Gemeinde Berlins nach der des Hedwigsdoms. Auf dem Alten und dem Neuen St. Michael-Friedhof in Neukölln (Hermannstr. 191–195) und Tempelhof (Gottlieb-Dunkel-Str. 29) befinden sich viele Gräber von Katholiken aus Schlesien. Die Zuzügler ließen sich im ausgehenden 19. Jahrhundert oft in den eigens für sie gebauten Schlesischen Vierteln nieder. Später dann, in den zwanziger Jahren, siedelten viele sich auch in Weißensee an, wovon der dortige St. Hedwig-Friedhof (Smetanastr. 36–54) mit den zahlreichen Namen aus Oberschlesien (wie Knossalla, Kaluza, Cimbollek, Skrobotz) und aus Niederschlesien (wie Giesel, Witzel, Zobel) auf den Grabsteinen beredtes Zeugnis ablegt.

Für die neu zugezogenen Katholiken aus Schlesien gab es außer der Hedwigs-Kathedrale und der 1861 fertiggestellten Kirche St. Michael keine katholischen Gotteshäuser in Berlin. 1890 lebten 20 000 Katholiken im Gemeindegebiet von St. Michael. Eine vor dem Halleschen Tor gelegene Tochtergemeinde von St. Hedwig feierte die Hl. Messe zunächst in einer Tischlerwerkstatt in der Yorckstraße, dann im Lager einer Metallwarenfabrik, Yorckstraße 11:

Dieser Raum liegt eingebettet in einen laufenden Fabrikbetrieb. Hinter dem Altar zischen Kessel und über der Kapelle rattern Maschinen. Erst das persönliche Entgegenkommen des Fabrikbesitzers bewirkt die Abstellung der Maschinen wenigstens während des Hochamtes.

(Düspohl, *Arbeitsmigration nach Berlin*, S. 200)

Erst 1906 wird die katholische Kirche St. Bonifatius in der Yorckstraße gebaut. Die katholischen Bewohner des Schlesischen Viertels erhalten die Möglichkeit, in einer Notkapelle neben dem 1895 von Breslauer Marienschwestern errichteten Krankenhaus in der Lausitzer Straße Gottesdienst zu feiern. Die Kirche St. Marien-Liebfrauen wurde 1898 vom Breslauer Fürstbischof Kopp konsekriert und hatte polnische Gemeindeteile, die einen eigenen Altar mit einem der »Schwarzen Madonna von Tschenstochau« nachempfundenen Bild in der Kirche besaßen. Heute befindet es sich als Leihgabe im Kreuzberg-Museum. Bereits drei Jahre zuvor war die St. Matthias-Kirche am Winterfeldtplatz,

Die 1905 erbaute neuromanische Kirche St. Marien-Liebfrauen wurde dem Kloster Maria Laach nachgebildet. Neben ihrer Ausstattung mit neuer Sakralkunst befindet sich dort auch eine Figur der heiligen Hedwig.

deren Gemeinde hauptsächlich aus Schlesiern und Westfalen bestand, vom Breslauer Fürstbischof Kopp eingeweiht worden. Auch in anderen, Ende des 19. Jahrhunderts in Berlin neu erbauten Kirchen gab es große schlesische Gemeindeteile. Die Protestanten aus Schlesien konnten sich leichter in die bereits existierenden Kirchen – in Kreuzberg St. Thomaskirche, Emmauskirche, Taborkirche – eingliedern.

Sozialer Brennpunkt war das Viertel um das Schlesische Tor schon seit Beginn des 19. Jahrhunderts. Bei Friedrich Saß heißt es 1846:

> Unsere meisten großen Fabriken befinden sich in der Nähe des Schlesischen Tores, der Köpenicker Straße. [...] Dieses wüste Leben kann jeder deutlich bemerken, der abends durch die Köpenicker Straße geht, wo sich solche Arbeiterlokale in Kellern usw. befinden. Er wird häufig durch wüste Lieder, schallendes Gelächter, Gekreische und Geschrei festgehalten, es ist ihm aber nicht zu raten, sich in die Lokale selber zu wagen, denn er ist dort der unangenehmsten Behandlung ausgesetzt. Die Erbitterung, mit der der Fabrikarbeiter alle übrigen Stände und Gesellschaftsstellungen betrachtet, liegt ganz natürlich in der unnatürlichen Lage, worin er sich ihnen gegenüber befindet. [...] unsere Gendarmen fühlen sich nirgends unsicherer als in der Gegend des Schlesischen und des Hamburger Tores.

(Saß, *Berlin in seiner neuesten Zeit*, S. 21)

Auch heute noch kann man sich gerade in der Köpenicker Straße angesichts alter Werks- und Lagerhallen den Charakter des 19. Jahrhunderts ein wenig vorstellen. Empfehlenswert ist ein Blick vom Spreebalkon in der Brommystraße auf den ehemaligen Schlesischen Bahnhof, auf die Spree mit den ruinenhaften Resten der Brommybrücke und auf die Oberbaumbrücke.

Die Kirchengemeinden in Kreuzberg haben heute in der komplett veränderten, aber nicht minder brisanten Sozialstruktur des Viertels eine stark gemeinnützige Ausrichtung, unter anderem betreiben sie Suppenküchen und bieten Schlafstätten für Obdachlose an. Interessant ist, dass sich in den kirchlichen Gesangbüchern beider Konfessionen viele Lieder, also Texte und Melodien schlesischer Komponisten, Dichter, Geistlicher und Theologen finden. So stehen im heutigen Evangelischen Gesangbuch zum Beispiel Lieder der Schlesier Michael Weisse (Neiße), Valentin Triller (Guhrau) und Joachim Sartorius (Reibnitz bei Hirschberg) aus dem 16. Jahrhundert, von Christiana Cunrad (Brieg), Martin Opitz (Bunzlau), Andreas Gryphius (Glogau), Johann Scheffler/Angelus Silesius (Breslau) und Christian Knorr von Rosenroth (Alt-Raudten) aus dem 17. Jahrhundert, von Benjamin Schmolck (Brauchitschdorf), Gottfried Tollmann (Lauban), Ignaz Franz (Protzan) und Samuel Bürde (Breslau) aus dem 18. Jahrhundert sowie von Gerhard Schwarz (Reußendorf), Jochen Klepper (Beuthen a. d. Oder) und Dietrich Bonhoeffer (Breslau) aus dem 20. Jahrhundert. Zahlreiche schlesische geistliche Dichter finden sich auch im katholischen *Gotteslob*, allen voran Angelus Silesius und Jochen Klepper. Im Berliner Anhang des *Gotteslob* sind Lieder aus Oppeln aufgenommen – so das berühmte, aus Schlesien nach Berlin gelangte Osterlied *Triumph, der Tod ist überwunden!* (Nr. 821) –, Lieder aus dem Liegnitzer Gesangbuch, aus Sagan, aus Breslau ebenso wie zwei Grüssauer Wallfahrtslieder. Zu den Eigenfeiern des Erzbistums Berlin zählen neben dem Fest der heiligen Hedwig, Herzogin von Schlesien und Patronin der Kathedrale des Erzbistums Berlin, auch das des heiligen Hyazinth, polnischer Ordenspriester und Glaubensbote in Preußen und Schlesien, der eine Ordensprovinz der Dominikaner gründete, die auch Brandenburg umfasste.

Einige der Kirchenlied-Verfasser waren für Berlin und weit darüber hinaus bedeutsam, so der aus Breslau stammende Theologe Dietrich Bonhoeffer. 1912 mit seinen Eltern nach Berlin umgesiedelt, war er nach seinem Studium an der theologischen Fakultät bis 1933 an der TU Berlin-Charlottenburg als Studentenpfarrer tätig. Zugleich kümmerte er sich 1931/32 um verwilderte Weddinger Konfirmanden. Bonhoeffer schreibt über diese Erfahrung:

> Das ist so ungefähr die tollste Gegend von Berlin mit den schwierigsten sozialen und politischen Verhältnissen. Anfangs benahmen sich die Jungen wie verrückt, sodaß ich zum ersten Mal wirkliche Disziplinschwierigkeiten hatte. Aber auch hier half eines, nämlich daß ich den Jungen ganz einfach biblischen Stoff erzählte in aller Massivität [...].
>
> (Bonhoeffer, *Gesammelte Schriften*, S. 25)

Während der NS-Zeit engagierte sich Bonhoeffer in der Bekennenden Kirche und gehörte zum weiteren Verschwörerkreis um Graf von Stauffenberg. Ab 1943 kam er ins Gefängnis Berlin-Tegel, wo er viele seiner theologischen Schriften verfasste, so auch die Gedanken zu einem religionslosen Christentum. Ende 1944 wurde er aus dem Tegeler Militärgefängnis ins Kellergefängnis der Prinz-Albrecht-Straße gebracht, im April 1945 in Flossenbürg hingerichtet. Weitere bekannte NS-Widerstandskämpfer aus Schlesien, die für Berlin eine große Bedeutung hatten, waren Helmuth James von Moltke aus Kreisau und dessen Freund, wie dieser Mitbegründer des Kreisauer Kreises, Peter Yorck von Wartenburg aus Klein-Oels. Andere waren Walther Arndt aus Landeshut, Hans Lukaschek und Lothar Erdmann aus Breslau sowie die katholischen Pfarrer Josef Lenzel aus Breslau und August Froehlich aus Königshütte. Das havelländische Gut Groß Behnitz, während der NS-Zeit im Besitz des Urenkels von August Borsig, Ernst von Borsig, wird auch »märkisches Kreisau« genannt.

Die schlesische Religiosität zeichnet sich durch eine gewisse innige Frömmigkeit und einen konfessions-, ja religionsübergreifenden Hang zur Mystik aus, wie sie in den vorherigen Kapiteln bereits bei Felix Hollaender und Jochen

Klepper erkennbar waren. Auch für die aus Schlesien stammenden Expressionisten spielt Mystik, wie im Folgenden zu sehen sein wird, eine wichtige Rolle.

Der polygonale U-Bahnhof Schlesisches Tor wurde zwischen 1899 und 1901 von Hans Grisebach vor allem im Stil der Neorenaissance gebaut. Dieser Architekt errichtete auch das Haus Wiesenstein in Agnetendorf für Gerhart Hauptmann.

Vom Schlesischen Tor geht es mit der Hochbahn in Richtung Westen, Nollendorfplatz, Wittenbergplatz, Kurfürstendamm, Uhlandstraße. Die schlesische Firma Beuchelt & Co. aus Grünberg beteiligte sich an der Eisenkonstruktion der Berliner Hochbahnlinie 1. So stammen Viadukt und Haltestelle Schlesisches Tor, dessen Eisenteile auch von Borsig gefertigt wurden, die Haltestelle Möckernbrücke, Viadukt und Haltestelle Bülowstraße und das Gleisdreieck von der Firma Beuchelt. Der aus Fraustadt in Schlesien stammende Hochbahndirektor und Ingenieur Paul Wittig baute um 1900 und später unter anderem Hochbahntreppenhäuser, von denen nur noch das am U-Bahnhof Warschauer Straße erhalten ist, sowie die nicht mehr existierende wilhelminisch-futuristische Hausdurchfahrt der Hochbahnlinie 1 über den Landwehrkanal zwischen Halleschem Tor und Möckernbrücke. Bei Horst Bosetzky heißt es von einer U-Bahnfahrt des Breslauer Studenten Friedrich Zetzscha:

> Dann ging es über die Spree hinweg, und unten lag der Osthafen. Wenn er in Breslau einen Oderkahn bestiege – wie lange würde er brauchen, um hier im Osthafen zu sein? Bald eine Woche, schätzte er. Die Oberbaumbrücke mit ihrem vielen Backstein liebte er ganz besonders. Wie eine Burg, wie eine Wehranlage kam sie ihm vor, und auch der nächste Bahnhof, Schlesisches Tor, begeisterte ihn.

(Bosetzky, *Die Bestie vom Schlesischen Bahnhof*, S. 160)

In August Scholtis' Roman *Jas der Flieger* von 1935 bietet die Oberbaumbrücke dem obdachlosen Jas aus der schlesischen

Provinz einen Unterschlupf für die Nacht auf seiner Odyssee durch das Berlin des Jahres 1922:

> Die Spuren des neuen Morgens erreichen die Märkische Erde, huschen ins Zentrum der unendlichen Stadt Berlin, und hinter dem Schlesischen Bahnhof geht wieder die Sonne auf. [...] Breiter und immer gewaltiger dehnt sich der Osthafen in seinen Fluten, und die magische Backsteinburg der westöstlichen Oberbaumbrücke wächst aus dem staubiggrauen Hochbahnprospekt der Warschauer Straße. Südländische Nischen, venetianische Säulen, Spitzbogenfenster, gotische Pfeiler hat hier die Technik unter gleißende Hochbahnschienen gepreßt und den trotzig aufgereckten, mittelalterlichen Brückentürmen die Fundamente abgeschnitten. [...] hinab zur Silhouette der verschnittenen Traumlandschaft des alten Berlins der Märkischen Historie [...]
>
> In den verstaubten Schlupfwinkeln des Hochbahnprospektes der Warschauer Straße, in den südländischen Nischen jener monströsen und westöstlichen Oberbaumbrücke hatte Jas seine Nacht verbracht.

(Scholtis, *Jas der Flieger*, S. 86 f.)

Weiter geht die Hoch- und U-Bahnfahrt bei Julius Berstl 1930:

> Schlesisches Tor. Die Männer tragen Windjacken oder Strickweste unterm Rock. Blaue Schiffermütze, Sportdeckel. Die Frauen und Mädchen sehen blaß aus, ein wenig unterernährt. Blusennähen tagein, tagaus. Oberhemden auf neu bügeln. Glühbirnen verpacken. Da wird der Teint grau und käsig. [...]
>
> Du nimmst die Hochbahn und saust gen Westen. Gleisdreieck unten, oben fahren Züge. Der Potsdamer Bahnkörper. Da sind die Vorortzüge. Und die D-Züge, Donnerwetter! Ein paar Schlafwagen dösen in der grauen Frühe auf totem Gleis. Ein Mitropa-Restaurationswagen. Großreinemachen. Kurfürstenstraße wird unterirdisch. Du steigst Wittenbergplatz aus, und alles hat sich gewandelt. Die Frauen und Mädchen haben Lippenrot aufgelegt, ihre Hautfarbe ist zart. Man verwendet Gesichtswasser und Radiumcreme. Das Haar ist dauergewellt, in

allen Phantasiefarben, Henna ist Trumpf. Die Augenbrauen wegrasiert bis auf einen chinesisch dünnen Strich, der dämonisch wirkt. Dämonie ist die große Mode.
Tauentzien-Straße. Am Kadewe die Tauentzien-Huren. [...]
(Berstl, *Berlin Schlesischer Bahnhof*, S. 86 f.)

Auch viele schlesische Expressionisten kamen am Schlesischen Bahnhof oder am heute nicht mehr existierenden Görlitzer Bahnhof an. Sie zog es vor allem in den Berliner Westen, ins Romanische Café und ins Café des Westens, auch Café Größenwahn genannt.

Zu den Autoren, Malern und sonstigen Figuren des geistigen Lebens, die aus Schlesien stammten und im 20. Jahrhundert auch in Berlin wirkten, gehören der Maler Oskar Moll aus Brieg, Berliner Vertreter eines lyrischen Expressionismus und Kubismus und ab 1918 Leiter des sogenannten Breslauer Bauhauses, sowie die aus Breslau stammenden Maler Hans Baluschek und Eugen Spiro. Letzterer war im Vorstand der Berliner Secession und übte bis 1933 ein Lehramt an der Staatlichen Kunstschule Berlin aus. Über den mystisch-religiösen Maler Willy Jaeckel aus Breslau, der an der Kunsthochschule in Berlin lehrte, heißt es: »Das überaus große Interesse Willy Jaeckels an der religiösen Motivik läßt sich einerseits aus seiner schlesischen Herkunft und seinem von Natur aus bedingten Hang zur Verinnerlichung, zum Göttlichen, Jenseitigen und Magischen herleiten« (Klein, *Der Expressionist Willy Jaeckel*, S. 130).

Aus Glatz in Schlesien stammte die Bildhauerin Renée Sintenis. Ihre berühmten Tierplastiken sind bis heute im öffentlichen Raum Berlins zu sehen. Dazu zählen vor allem das *Grasende Fohlen* auf dem Renée-Sintenis-Platz in Berlin-Friedenau, das Fohlen vor der Renée-Sintenis-Grundschule in Berlin-Frohnau und der bronzene *Berliner Bär* von 1932, der 1957 auf dem Mittelstreifen der Bundesautobahn 115 zwischen Berlin-Zehlendorf und der Stadtgrenze nach Dreilinden aufgestellt wurde. Diese Skulptur ist Vorbild für den *Goldenen Bären,* den Preis der Berliner Filmfestspiele Berlinale. Auf dem Mittelstreifen der Autobahn 111 befindet sich an der Stadtgrenze nach Norden der *Berliner Bär* des aus der Nähe von Bunzlau stammenden Bildhauers Günter Anlauf aus dem Jahr 1983.

Die meisten Bildwerke des aus Breslau gebürtigen Bildhauers Joachim Karsch, von dem es heißt, es stecke etwas von den schlesischen Mystikern in

Renée Sintenis, *Berliner Bär,* 1957, Bronze. Die Bärenplastiken von Renée Sintenis und Günter Anlauf rahmen die Stadt wie mit einer schlesischen Klammer ein.

ihm, wurden im Zweiten Weltkrieg zerstört, viele von den erhaltenen befinden sich heute im Besitz der Berliner Galerie Nierendorf. Auch der Maler und Tänzer Alexander Camaro stammte aus Breslau. Er stattete 1963 die Berliner Philharmonie mit farbigen Glasbausteinwänden aus und gestaltete gut zehn Jahre später ebensolche für die Staatsbibliothek. In den achtziger Jahren schuf Camaro farbige Glasbausteinwände für das Berliner Musikinstrumenten-Museum und den Kammermusiksaal am Potsdamer Platz. 1969 erwarb die Bundesrepublik Deutschland für das Reichstagsgebäude Camaros Triptychon *Großer Kanon. Tag und Nacht.* Ebenso hinterließ der aus dem oberschlesischen Königshütte stammende, gemäßigt expressionistische Maler Ludwig Peter Kowalski viele Kunstwerke im Berliner öffentlichen Raum, so die Glaswand *Deutsche Heimat im Osten* im Deutschlandhaus sowie die Glasfenster in den Sitzungssälen des Bundeshauses Berlin und des Kreuzberger Rathauses. Kowalski gestaltete die Glaswand im Foyer des Schillertheaters sowie Glasfenster und Fresken für viele Berliner Kirchen, sakrale Kunstwerke von religiöser Innigkeit. Aus Schlesien stammten auch die Expressionisten Ludwig Meidner, Otto Mueller, Max Herrmann-Neiße, Georg Heym, Franz Jung und August Scholtis sowie die später zeitweilig in der DDR tätigen Autoren und Künstler Arnold Zweig, Horst Strempel und Roger Loewig.

Ludwig Meidner, der in einer schlesischen Kleinstadt bei Oels als Sohn jüdischer Eltern geboren wurde, besuchte um 1900 die Oberrealschule in Kattowitz, wo er mit einem Konglomerat jüdisch-orthodoxer, sozialistischer, atheistischer und christlich-mystischer Ideen in Berührung kam. Einer seiner Mitschüler war Arnold Zweig. Meidner zeichnete in dieser Zeit ekstatische religiöse Sujets und Inquisitionsszenen. Hans Poelzig nahm den jungen Meidner 1903 an der Königlichen Kunst- und Gewerbeschule in Breslau auf. Über seine künstlerischen Anregungen und Impulse in Schlesien schrieb Meidner um 1918:

> War ich nicht wie ein Besessener aus der kleinen Stadt hergerannt, die Mappe voll von fanatischen Figuren, Mönchsbildern, Flagellanten, Aszeten und Demütigen. Alles ein wenig ungeschickt gezeichnet, aber bis ins Letzte erlebt, sehr selbständig, tief gefühlt und unter Tränenschauern mit der Feder aufs Papier gestrichelt. [...]
> [...]
> [...] einmal kam ein Sommertag im großen Kahn auf der Oder. Die Kunstschulmädchen ruderten in den dampfenden Morgen hinein und mit uns der sanfte, gütige Lehrer; singend, leise jubilierend und frohlockend in Jugendherrlichkeit. O, dies war einer der Höhepunkte meiner verzagenden Tage. In meine Schwermut tropften die Gesänge, strichen mir die schmerz-

verzückte Stirn und das erstemal weinte ich vor Seligkeit. Wir schwebten an Kloster Leubus vorbei, stiegen ans Land und ich wunderte mich tief, daß die Deutschen einen ihrer größten Maler ganz vergessen konnten, den pinselgewaltigen Michael Willmann. Einen Rasenden der Barockzeit, der eine Welt von Inbrunst, Märtyrertum und Blutgier auf berstende Leinwände peitschte. Die Klosterkirche mit diesen Flammenmalen entzündete eine Fackel in meiner aufjauchzenden Brust.

(Meidner, *Hymnen und Lästerungen*, S. 29 ff.)

Ähnlich wie Jochen Klepper durch die Grüssauer Gemälde Willmanns angeregt wurde, erging es Meidner mit dem eindrucksvollen Verismus der Leubuser Apostelmartyrien. 1905 zog Meidner von Breslau nach Berlin und begann recht bald, die Abseiten der Stadt, Gasometer, den Bau der Untergrundbahn, Straßenbaustellen zu malen. 1912 gründeten die drei jungen Schlesier Meidner, Jakob Steinhardt und Richard Janthur die Künstlergruppe *Die Pathetiker* in einer kleinen Kutscherkneipe in einem Vorort Berlins. Thomas Grochowiak, dessen Verdienst es ist, Meidner nach dem Zweiten Weltkrieg wiederentdeckt zu haben, schreibt über diese Künstlervereinigung: »Man schwärmt für gotische Meister, wie Grünewald, Veit Stoß, Bernd Notke, Urs Graf, und begeistert sich am Barock« (Grochowiak, *Ludwig Meidner*, S. 38). Meidner begann expressionistische Bilder zu malen, mit Titeln wie *Apokalyptische Landschaft, Cholera, Brennendes Fabrikgebäude, Ich und die Stadt, Brennende Stadt, Apokalyptische Stimmung, Betrunkene Straße mit Selbstbildnis, Spreehafen Berlin, Potsdamer Straße, Wogende Menge*, und *Revolution (Barrikadenkampf)*.

Mit seiner Ausstellung in Herwarth Waldens Galerie *Der Sturm* gelang Meidner 1912 der künstlerische Durchbruch. Mit den Brücke-Mitgliedern, die er für zu kühl und seelisch unbeteiligt hielt, befreundete er sich allerdings nicht. Die einzige Ausnahme war Otto Mueller, interessanterweise auch aus Schlesien, aus dem kleinen Ort Liebau am Fuße des Riesengebirges, stammend. Muellers Mutter war von der Tante Gerhart Hauptmanns an Kindes statt aufgezogen worden. Otto Mueller gehörte zum Kreis der Hauptmann-Brüder in Dresden und war oft in Schreiberhau zu Gast. Gerhart Hauptmann verlieh dem Maler Arnold Kramer in seinem Drama *Michael Kramer* die Züge Muellers, der später oft in Agnetendorf bei dem Schriftsteller weilte. 1908 zog Mueller nach Berlin und wurde dort Mitglied der Brücke. Seine starke Empfindsamkeit hielt ihn von den grell-revolutionären Tönen des Expressionismus fern. In der Zurückgezogenheit seines Breslauer Ateliers schuf er unzählige traumgeleitete Bilder von schlanken Gestalten im Uferschilf.

In seiner *Anleitung zum Malen von Großstadtbildern* schrieb der doppelbegabte Ludwig Meidner 1913 in bester expressionistischer Manier:

> Eine Straße besteht nicht aus Tonwerten, sondern ist ein Bombardement von zischenden Fensterreihen, sausenden Lichtkegeln zwischen Fuhrwerken aller Art und tausend hüpfenden Kugeln, Menschenfetzen, Reklameschildern und dröhnenden, gestaltlosen Farbmassen.
> [...]
> [...] Zwischen hohen Häuserreihen blendet uns ein Tumult von Hell und Dunkel. Lichtflächen liegen breit auf Wänden. Mitten im Gewühl von Köpfen zerplatzt eine Lichtrakete. Zwischen Fahrzeugen zuckt es hell auf. Der Himmel dringt wie ein Wasserfall auf uns ein. Seine Lichtfülle sprengt das Unten. Scharfe Konturen wanken in der Grelle. Die Scharen der Rechtecke fliehen in wirbelnden Rhythmen.
> Das Licht bringt alle Dinge im Raume in Bewegung. Die Türme, Häuser, Laternen scheinen zu hängen oder zu schwimmen.
> [...]
> [...] Malen wir das Naheliegende, unsere Stadt-Welt! die tumultuarischen Straßen, die Eleganz eiserner Hängebrücken, die Gasometer, welche in weißen Wolkengebirgen hängen, die

Ludwig Meidner, *Brennendes (Fabrik-)Gebäude*, 1912, Öl auf Leinwand, Kunstmuseum Tel Aviv. Die Bilder und Zeichnungen des aus einer schlesischen Kleinstadt stammenden Künstlers scheinen wie elektrisch geladen zu sein, so stark wirkt die Energie in den Formen und Farben eingefangen.

brüllende Koloristik der Autobusse und Schnellzugslokomotiven, die wogenden Telephondrähte (sind sie nicht wie Gesang?), die Harlekinaden der Litfaß-Säulen, und dann die Nacht … die Großstadt-Nacht …

Würde uns nicht die Dramatik eines gut gemalten Fabrikschornsteins tiefer bewegen als alle Borgo-Brände und Konstantinsschlachten Raffaels?

(zit. n. Grochowiak, *Ludwig Meidner*, S. 78 ff.)

Meidners rauschhafte Weltsicht ist getragen von einem religiösen Erweckungserlebnis im Jahr 1912:

Ganz plötzlich, während ich eines Abends malte, merkte ich, daß mir nichts gelang. Ich konnte nicht malen. Dann plötzlich gelang es mir in einem Maße, daß ich meinem eigenen Malen zuschaute. Mein Arm schrieb von selbst, und ich war im höchsten Maße überrascht. Dann kam etwas über mich: der Heilige Geist. Das Merkwürdige war: ich glaubte nicht an Gott. Ich kann nun die Anwesenheit des Heiligen Geistes nicht schildern. Das war außerordentlich eruptiv. Es dauerte zwei bis drei Minuten, hinterließ aber einen Nachklang. Ich merkte, daß es das war, was man Ekstase nennt. Daß es mit Gott zusammenhängt, konnte ich nicht gleich wahrnehmen, weil ich nicht an ihn glaubte.

(zit. n. Berankova/Riedel, *Apokalypse und Offenbarung*, S. 12)

Durch seine überraschende Gotteserfahrung grenzte sich Meidner von den anderen Berliner Expressionisten ab, die ihm als zu kalt, zu dreist, zu schlau und zu seicht erschienen:

> Auch ich war kürzlich noch wie ihr. Rausch, Wahn und Unbesonnenheit war meine Fahne. Meine Götter hießen Kunst und Dichtung und Kommunismus und Erotik und Großstadttreiben und heute dies und morgen das.
>
> Jetzt ist der *wahre* Gott mein Gott, der *persönliche,* der *lebendige* Gott – nicht der tote Vernunftgott der Philosophen, nicht der Traumgötze der Flunkerer und Literaten …

(Ebd., S. 11)

Dennoch ist Meidner sehr gerne im Café des Westens und porträtiert viele seiner expressionistischen Kollegen, so immer wieder den aus Schlesien stammenden Max Herrmann-Neiße. Aber nicht nur in den Cafés trafen sich die Expressionisten. Meidner gab in seinen Berliner Wohnungen einen Jour fixe, an dem neben Georg Heym und anderen Autoren auch der aus Gleiwitz stammende Lyriker Arthur Silbergleit teilnahm, der später nach Auschwitz deportiert wurde und dem Horst Bienek in seiner Romantetralogie *Gleiwitz* ein literarisches Denkmal setzte. Meidner erzählt aus dieser Zeit um 1912/13:

Ein paarmal kam auch der Schriftsteller Arthur Silbergleit, der von niemandem ernstgenommen wurde, sich selbst nicht ernstnahm und sich mit spöttischem Vergnügen den Namen Goldrutscher zulegte. [...]
[...]
[...] Da war auch *Max Herrmann-Neiße,* mein langjähriger Freund, ein gebrechliches Wrack, ein eckiger Totenschädelkopf voll Schwermut, ein unglücklich Verwachsener, der auf fast unerschöpfliche Weise seine zarten und ergreifenden Gedichte verfaßte.

(Meidner, *Dichter, Maler und Cafés,* S. 19 ff.)

Meidner erinnerte sich nach dem Zweiten Weltkrieg:

Religiöse Stimmungen und Erlebnisse, die Mystik, tauchten in jenen äußerlich so erbärmlichen Jahren in mir auf und packten mich gewaltig an. Und bald fanden solche Erlebnisse auch Formung in ekstatischen Gebilden und Kompositionen. Ich war auf meine Weise, ganz für mich in der Einsamkeit, zu dem gelangt, was auch eine Anzahl anderer deutscher Maler zu gleicher Zeit, ebenfalls in Einsamkeit, gefunden hatten, und das unter dem Sammelnamen »Expressionismus« bald von sich reden machte.

(Ebd., S. 84 f.)

Meidner wurde einer der bedeutendsten Vertreter des urbanen Expressionismus, er reflektierte die tiefen Brüche einer Welt, die im Ersten Weltkrieg explosionsartig aus den Fugen geraten war. Seine Bilder und Dichtungen sind von kompromissloser Intensität. Während des Ersten Weltkriegs beschreibt Meidner Berlin in expressionistischer Diktion:

Auch du heller Tag hast deine Brünste und einen feurigen Schein. Hell Orange strömt hinauf. Die Dächer, Feueressen und Rauchwolken explodieren mitten in dem Kunterbunt und die Hirsche in fernen Parks horchen auf deine Musik, helle Stadt. Türme zerbrechen in dem Wind und das Domgeläut macht unsre Gedanken schwer.

Der Vorstädte grausiger Trompetenton zerschmettert alle Zarten. Wie die Häuser durcheinander galoppieren, die Fassaden buntgefleckt sich räuspern. Die Kinder jagen ihr Lachen herum. Die Pumpen erbrechen Wasser und verdorrte Bäume krümmen sich vor Wut.

Aber die Wände geben sich willig hin dem Tag und seinem Sausen. Fenster zerfleischen sich gegenseitig, und Grammophone blöken Marseillaisen und zerreißen unsern Mut, und unsre Hände sind ratlos und unsre Häupter brennen lichterloh. Wann wird es dämmern? Wann wird der Tag verbrausen!!

(Meidner, *Hymnen und Lästerungen*, S. 37 f.)

1919 beteiligte sich Meidner kurzzeitig an der sozialistischen Novembergruppe und dem Arbeiterrat für Kunst in Berlin. Er arbeitete als Zeichenlehrer und veröffentlichte zahlreiche Feuilletons, Erzählungen und Betrachtungen, bis er ins Londoner Exil ging, wo er auch Max Herrmann-Neiße wiedertraf. 1966 starb Meidner in Darmstadt. Zu seinem achtzigsten Geburtstag 1964 schreibt sein alter Weggefährte Herbert Ihering:

Meidner kritisierte. Meidner schlug durch. Er, der Schlesier, schien immer abseits zu stehen und stand doch allen echten, das heißt: allen den Menschen innerlich bewegenden Ereignissen und Ideen nahe. Wo die »O-Mensch« Ekstasen hochflammten und den Schrei der Menschheitsdämmerung zwar laut und aggressiv, aber oft inhaltslos machten, wühlte sich Ludwig Meidner tiefer in das Innere des Menschen bis zur Entdeckung einer fast ergreifenden religiösen Welt, die sich ihm, dem Juden, alttestamentarisch, aber nicht unchristlich erschloß.

(Ihering, *Röntgenmaler der Zeit,* S. 106)

Der aus Breslau stammende Schriftsteller Heinz Winfried Sabais lotet in seinem Text über Meidner Quelle und Ursprung von dessen außergewöhnlicher Schaffenskraft aus und entdeckt, neben dem Jüdischen, das Schlesische, den Barock und die Mystik:

Als man den greisen Meister einmal als Deutschen und Juden preisen wollte, wie das getrübtem Gewissen allzu leicht von der Zunge geht, erwiderte er mit zurückweisendem Sarkasmus, er sei »ein fanatischer Mittelschlesier«.

Wohin er gehörte, entdeckte Meidner als blutjunger Schüler der Breslauer Akademie im Kloster Leubus an der Oder, der im 12. Jahrhundert von dem Piastenherzog Boloslaus gegründeten Pflanzstätte schlesischer Kultur, im Angesicht der Apostelmartyrien des großen Barockmalers Michael Willmann. [...]

Ekstase und Vision, wie eine Fackel aus dem Barock herübergereicht in die phantasielose Dürre des Jahrhundertbeginns, bestimmen fortan das bildnerische Pathos Ludwig Meidners. [S. 116]

Sein Standpunkt lag im Mystischen, außerhalb des Ichs.

(Sabais, *Über Ludwig Meidner*, S. 116, 121)

Kurt Pinthus, Herausgeber der *Menschheitsdämmerung*, einer Anthologie expressionistischer Lyrik, entdeckt zwischen Ludwig Meidner und Georg Heym eine Seelen- beziehungsweise Geistesverwandtschaft:

Zu gleicher Zeit als Georg Heym, sein visionärer Bruder im Bereich der Dichtung, seit 1910 die Schrecknisse des Krieges, der Zerstörung der großen Städte in hämmernden Versen voraussah, begann Meidner Bilder zu malen, die er betitelte »Schrecken des Krieges« [...] und immer wieder »Apokalyptische Landschaft«, und »Brennende Stadt«.

(Pinthus, *Ludwig Meidner*, S. 113)

Tatsächlich wirken viele Berlin-Bilder und Grafiken Meidners wie direkte Illustrationen zu Berlin-Gedichten Heyms. Georg Heym besaß allerdings viel weniger Erinnerungen an das Land seiner Herkunft, da die Familie wegen den dienstlichen Versetzungen des Vaters schon recht früh, als der Sohn fünf Jahre alt war, von Hirschberg nach Posen, Gnesen und später nach Berlin umziehen musste. Heym erinnert sich an die frühe Kindheit in Hirschberg am Fuße des Riesengebirges:

»Ich bin in einer kleinen Stadt geboren, die mitten zwischen Bergen ein weltentlegenes Dasein führt. So kam auch ich in meiner Jugend nicht über die trennenden Berge, aber dafür wußte ich schon als kleiner Junge im Bergkessel überall gut Bescheid.«
[...]
»Meine Kindheit verging in einer schlesischen Bergstadt wie alle Kindheiten, langweilig und träumerisch. Dann wurde ich über verschiedene Gymnasien hinweg deportiert ...«
(Heym, *Der Städte Schultern knacken*, S. 9)

1900 zog Familie Heym nach Berlin, wo Georg, von seiner Mutter schlesisch Georgel genannt, fünf Jahre später vorzeitig vom Joachimsthalschen Gymnasium Wilmersdorf abgehen und sein Abitur in Neuruppin ablegen musste. 1910 wurde das *Neopathetische Cabaret für Abenteurer des Geistes* in Berlin eröffnet, bereits am zweiten Abend las Heym dort seine Gedichte, mit denen er sich schnell einen Namen machte. Sie wurden von der zeitgenössischen Kritik als ein Taumel des Sehens gepriesen, sein glühend-pathetischer Blick auf die Abseiten der Stadt wurde als sehr bedeutsam empfunden. Georg Heyms Berlin-Gedichte leben von den Spannungen zwischen Naturidylle, die an die dunklen Bilder Walter Leistikows erinnert, und Großstadtchaos, zwischen manchmal voyeuristischer Elendsschilderung und pathetischer Überhöhung, zwischen greller Aggressivität und geheimnisvoller Milde, zwischen Visionen und realen Stadtfragmenten. Sie leben von dem Versuch, das Gesicht der Stadt mit allen seinen Verwerfungen, Falten, Ausstülpungen und Auswürfen, Zumutungen, Grobheiten und Entsetzlichkeiten mit den Mitteln manchmal fast zarter, manchmal heroischer Lyrik zu fassen. Das Gedicht *Berlin VIII* aus dem Jahr 1910 zeigt besonders deutlich Heyms Changieren zwischen sozialrevolutionären Utopien und ihrem Abgesang – denn die rätselhaften armen Toten des Gedichts weben nicht einmal mehr, sie stricken nur noch:

BERLIN *VIII*

Schornsteine stehn in großem Zwischenraum
Im Wintertag, und tragen seine Last,
Des schwarzen Himmels dunkelnden Palast.
Wie goldne Stufe brennt sein niedrer Saum.

Fern zwischen kahlen Bäumen, manchem Haus,
Zäunen und Schuppen, wo die Weltstadt ebbt,
Und auf vereisten Schienen mühsam schleppt
Ein langer Güterzug sich schwer hinaus.

Ein Armenkirchhof ragt, schwarz, Stein an Stein,
Die Toten schaun den roten Untergang
Aus ihrem Loch. Er schmeckt wie starker Wein.

Sie sitzen strickend an der Wand entlang,
Mützen aus Ruß dem nackten Schläfenbein,
Zur Marseillaise, dem alten Sturmgesang.

(Heym, *Dichtungen und Schriften,* Bd. 1, S. 188)

Hans Baluschek, *Der Bahnhof,* 1904, Öl auf Leinwand, zerstört. Heyms Gedicht scheint von einem Realismus à la Baluschek auszugehen, um ihn dann um symbolhafte bis surreale Bedeutungsschichten zu erweitern.

Georg Heyms Großstadtlyrik ist wie die Bilder und Prosatexte Meidners oft von erhabener Wucht. Möglich, dass sie bei Heym aus seiner ersten Begegnung mit Berlin als Dreizehnjährigem entspringt, der sich, aus den eher beschaulichen östlichen Provinzen kommend, mit einem angsteinflößenden Moloch konfrontiert sah. Als Gegenwelt zum Babel-Berlin entwirft der 22-jährige Heym den *Versuch einer neuen Religion,* die aus und neben einem zerschlagenen Christentum mit einem entgötterten Jesus auferstehen soll, seine »Hauptlehre, die Liebe, kann man herüberretten« (Heym, *Dichtungen und Schriften.* Bd. 2, S. 164).

Heym entwarf einen genauen Plan, wie diese Religion auszusehen habe, mit Ausführungen zur Erziehung und zum Wesen der Priester, zur Beschaffenheit der Tempel und zum Charakter der Gottesdienste. Sein enthusiastischer Heroismus zielte aber nicht nur auf eine neue Religion. Denn er bekannte, dass er mit seinem brachliegenden Enthusiasmus in dieser banalen Zeit ersticke und nun wenigstens auf einen Krieg hoffe. Diesen erlebte er aber nicht mehr, da er vorher bei dem Versuch, seinen ertrinkenden Freund zu retten, selbst beim Schlittschuhlaufen auf dem Wannsee tödlich verunglückte. Anderthalb Jahre zuvor hatte Heym in seinem Tagebuch eine Traumsequenz notiert, die sich im Nachhinein wie eine sich selbst erfüllende Prophezeiung liest:

> Ich stand an einem großen See, der ganz mit einer Art Steinplatten bedeckt war. Es schien mir eine Art gefrorenen Wassers zu sein. Manchmal sah es aus wie die Haut, die sich auf Milch zieht. Es gingen einige Menschen darüber hin, Leute mit Tragelasten oder Körben, die wohl zu einem Markt gehen mochten. Ich wagte einige Schritte, und die Platten hielten. Ich fühlte, daß sie sehr dünn waren; wenn ich eine betrat, so schwankte sie hin und her. Ich war eine ganze Weile gegangen, da begegnete mir eine Frau, die meinte ich sollte umkehren, die Platten würden nun bald brüchig. Doch ich ging weiter. Plötzlich fühlte ich, wie

die Platten unter mir schwanden, aber ich fiel nicht. Ich ging noch eine Weile auf dem Wasser weiter. Da kam mir der Gedanke ich möchte fallen können. In diesem Augenblick versank ich auch schon in ein grünes schlammiges, schlingpflanzenreiches Wasser. Doch ich gab mich nicht verloren, ich begann zu schwimmen. Wie durch ein Wunder rückte das ferne Land mir näher und näher. Mit wenigen Stößen landete ich in einer sandigen, sonnigen Bucht.

(Heym, *Der Städte Schultern knacken*, S. 141)

Viele Weggefährten Heyms verfassten Nachrufe auf seinen frühen Tod. Stellvertretend seien hier Zeilen aus dem Gedicht *Gedenken* von Alfred Kerr angeführt:

[...]

II.
Nordwärts reist man. Wälder, Schnee.
Nadeldickicht schwarzverästelt.
Und Berlin tropft an der Spree,
Wenn sie freudlos in sich fröstelt.
Schweigend liest man von dem jungen
Dichter, den das Eis verschlang;
Diese Stimme jäh entklungen,
Die zu Donnerwipfeln drang.
Wucht und Schwellkraft. Windumbraust.
Wonne, wenn es wilder pfiff.
Eine zwanzigjährige Faust
Mit dem Griff. Mit dem Griff.
»Heym; Georg.« Die Marmortafel
Runzelt bald, umweht und fremd.
Fahl bei Cladow hat die Havel
Diesen Leib ans Land geschwemmt ...

[...]
(Kerr, *Gedenken*, S. 331 f.)

Anders als Georg Heym blieb Max Herrmann-Neiße sein Leben lang ausdrücklich von seiner schlesischen Herkunft geprägt, seine Identität ist ohne die lebenslange Erinnerung an Neiße nicht zu denken. 1886 in der alten schlesischen Bischofsstadt geboren, entwickelte er, der kleine verwachsene junge Mann, früh ein ambivalentes Verhältnis zu dieser Provinzmetropole, das zwischen Idylle und Qual changierte. Mit seinem ebenfalls aus Neiße stammenden Jugendfreund Franz Jung verband ihn die Hinneigung zur Dichtung, einer Poesie, die die borniert Bürgerwelt radikal ablehnte. Nach Studium in München und Breslau kehrte Max Herrmann nach Neiße zurück, wo er sich als Autor zu etablieren beabsichtigte. Doch Gedichte mit Titeln wie *Klagegesang aus den Bleikammern von Neiße* zeigen, dass er der provinziellen Enge schließlich doch überdrüssig wurde. 1917 siedelte er nach Berlin über. Dort fügte er seinem Namen den seiner Heimatstadt bei. Carl Hauptmann, der Bruder Gerhart Hauptmanns, und Alfred Kerr, den Herrmann-Neiße als Idol verehrte, halfen ihm erfolgreich, in Berlin, das er als »Neiße mit tausend multipliziert« empfand, Fuß zu fassen.

Bereits im Jahr 1913 hatte sich Ludwig Meidner entzückt von seinem schlesischen Landsmann gezeigt. Er freundete sich mit ihm an und »gewann ihn als williges ›Opfer‹, das stundenlang fast unbeweglich sitzen musste, ›indes er (es war seine ekstatische Periode) wie ein wilder Indianerhäuptling um den Mann am Marterpfahl herumhüpfte‹« (Völker, »*Im Fremden ungewollt zu Haus*«, S. 181).

Ludwig Meidner, *Porträt Max Herrmann-Neiße*, 1913, Öl auf Leinwand, Chicago, The Art Institute of Chicago. Meidner schuf zahlreiche weitere Porträts, so von Johannes R. Becher, Leo Baeck und der Schauspielerin Lotte Lenya.

Zahlreiche Grafiken, Zeichnungen und Gemälde zeugen von dieser Freundschaft.

Obwohl Gedichte und Prosatexte Herrmann-Neißes in den wichtigsten Zeitschriften des Expressionismus veröffentlicht wurden, stand er doch immer etwas außerhalb dieser Bewegung, da in ihm die mystischen, rebellischen und innerlichen Traditionen der schlesischen Literatur langfristig wirksamer waren. Bereits 1924 formulierte der schlesische Autor Gerhart Pohl es so:

> Was an Max Herrmann immer wieder sympathisch berührt, ist die Unbeirrbarkeit, mit der er seinen Weg geht [...]. Er ist Schlesier, behaftet mit der ganzen Tumbheit und »Metaphysik«, die diesen Volksstamm seit Jahrhunderten charakterisiert. Von Christian Günther hat er die Rebellion, von Jacob Böhme das letzte Schürfen nach den Quellen, von Eichendorff die Gefühlsseligkeit geerbt.
>
> (zit. n. Kunicki, *Max Herrmann-Neisse*, S. 303)

Trotz seiner Großstadtdichtungen im Berlin der ausgehenden zehner, zwanziger und frühen dreißiger Jahre verstand sich Max Herrmann-Neiße als schlesischer Dichter und wurde auch als solcher wahrgenommen. Bereits 1918 veröffentlichte er den Lyrikband *Empörung, Andacht, Ewigkeit* mit Zwischentiteln wie *Aus der Nachfolge Jakob Böhmes*. Er verfasste Theaterstücke, die an Berliner Bühnen aufgeführt wurden und die immer wieder eine als Neiße erkennbare schlesische Provinzstadt als Ort des Geschehens wählten. Um 1930 schrieb er für den Breslauer Sender Schlesische Funkstunde unter Friedrich Bischoff Hörspiele. So bietet *Das Pfingstschießen* von 1931 eine Art Hörbild-Porträt der Stadt Neiße, mit Glockengeläut, Festplatzgeräuschen und schlesischem Dialekteinschlag. In Berlin verfasste Herrmann-Neiße das Gedicht *Eichendorff*, in dem er das Eichendorff-Grab in Neiße besingt, das Gedicht *Die Hauptmann-Menschen*, das die Figuren aus den Dramen Gerhart Hauptmanns mit ihrem schlesischen Dialekt beschwört, Gedichte mit Titeln wie *Fahrt ins Wintergebirge* oder *Wiederkehr der Heimat*, ein melancholischer Hymnus auf Neiße. Selbstverständlich schrieb Herrmann-Neiße auch Großstadtlyrik und explizite Berlin-Gedichte. In diesen Werken mit Titeln wie *Lied zur Drehorgel, Der Stellungslose, Der Obdachlose, Berliner Speisehaus gegen vier Uhr nachmittags, Schlachtensee* und *Berliner Herbstabend 1931* schlägt trotz sozialkritischer Thematik und spöttischer Färbung immer wieder der Ton der Elegie und des Stimmungsgeladenen durch. Max Herrmann-Neißes Verhältnis zu Berlin entwickelte sich von anfänglicher Abneigung aufgrund der Kälte und der Ungemütlichkeit der Metropole zu einer Aussöhnung mit dem Großstadtleben, an dem er vor allem die Kabaretts, Kneipen und Varietés sehr schätzte. So heißt es zunächst in Briefen an Carl Hauptmann 1918:

> [Ich bin] jetzt leider durch ein widriges Schicksal aus den Paradiesen meines geliebten Schlesiens in die harten Gefängnisse eines Berliner Mühsal-Daseins verbannt [...]. Da meine Schwiegereltern in Schmiedeberg im Riesengebirge ansässig sind, streifte ich manchmal, dort zu Besuch, sehnsüchtig um Ihr Haus [...]
> [...]
> [...] Und dazu die unstillbare Sehnsucht nach meinen geliebten Wanderungen durchs offene Land, wo ich im unbelasteten Schreiten durch Felder und Dörfer alles in mir ausklingen lassen konnte! Hier in dieser betriebsamen Steinwirrnis werde ich meines Lebens nicht mehr froh!
> (Herrmann-Neiße, *Der kleinen Stadt Refrain*, S. 135 f.)

In seinem autobiografischen Künstlerroman *Cajetan Schaltermann* aus dem Jahr 1920, der in Neiße, Breslau und Berlin spielt, hat die Reichshauptstadt die Rolle eines verwirrenden Magneten inne, der dem jungen Künstler immer wieder seine Provinzialität grausam vor Augen führt:

> Cajetan fuhr mit Leo, die Untergrundbahn bohrte sich in Schächte, prallte zwischen Häusern voller Licht wieder empor oder flog wie ein Pfeil durch Kirchen, Läden, Treppenflure, die in Helligkeit hingen, Reklamen, schwarze Mauern und Gewudel in eine kleine saubere Küche, Menschen krabbelten ein und aus, sicher, sich selber ihr Recht schaffend, dabei mußte Cajetan Obacht geben, daß er nicht an Haltung ganz einbüßte, und krampfhaft bemüht sein, in jenem Oberflächengeplätscher, in dem sich alle ringsum tummelten, mit Leo nicht aus dem Gleichklang des Geriesels zu sausen. [...]
> [...] Hatten nicht vorhin Schmeicheleien ihn umwedelt, die unter dem Zuckerguß ihrer Außenseite schon bitter wie Neid schmeckten, und jetzt war er viel zu plump, sich zur Geltung zu bringen und mitreden zu dürfen, die vermaledeite Heimatstadt hatte ihn immer noch auf dem Gewissen, grau in grau quetschte er hier, ihre Farbe war nicht loszukratzen, und er wurde vergessen über zwei hochnäsigen Schnatterputen mit Lorgnetten, die Namen von Dichtern mit knalligen Etiketten beklebten und in arroganter Nonchalance zu Boden fallen ließen [...]
> [...]
> Cajetan sprang kopfüber in den Strudel des eigentlichen Berlins, trieb auf Omnibusverdecken wie auf Heufudern durchs Gewirr oder wurde in Botanischen Gärten unter exotischen Gewächsen ohnmächtig, immer verschleppte ihn seine uneingestandene Lebensangst, und manchmal schnellte hinter den Scheiben einer Konditorei oder auf dem Tauentzienstraßenbummel plötzlich eine irgendwie hierher verschlagene heimische Schafsnase auf [...]
>
> (Herrmann-Neiße, *Cajetan Schaltermann*, S. 124 ff.)

Erst in Potsdam-Sanssouci, wo ihn zunächst die touristische Vereinnahmung abstößt, wird Cajetan schließlich heroisch und heimatlich zugleich ergriffen, bezeichnenderweise vom Arbeitszimmer Friedrichs II. Diese Ergriffenheit begleitet ihn auch auf seiner Rückfahrt von Berlin über Breslau nach Neiße:

> [...] und es bohrte sich nur wie eine Sehnsucht heimwärts das Bibliothekszimmer Friedrichs des Großen in sein Gedächtnis, mit der idealen Abschließbarkeit, o, wenn man die Tür zu-

klappte, saß man ganz entrückt, da sie ein Stück Bücherschrank bildete, in einem Abseitsparadies, Hieronymus im Gehäus, [...] und als sie zum Bahnhof stapften, pengte zittrig das Glockenspiel durch die Abendstille: »Üb immer Treu und Redlichkeit ...« [...]
[...]
Zoologischer Garten, Reitwege, Gewässer, Schleusen, Kähne, Stadtbahnhöfe mit Aus- und Einfahrt und Wartenden, Friedrichsstraßengewirr, Theater, Kirchen, durchs offne Fenster ein Klecks Bett oder gedeckter Tisch, Magazine, Schornsteine, Werften, Rennplatzflächen, Villen, Bäume, Waldschenken ... Das Land rotiert: eine Windmühle, Leute auf einem Felde, Schilf. Vor dem Geräusch »Bres-lau« zuckt Cajetan wie schuldbewußt zusammen; [...] aber wahr ist, scheint ihm, das Bibliothekszimmer in Sanssouci! Über seine Lippen rinnt, uneindämmbar wie irrsinnig, das alte Soldatenlied: »In der Hei-mat, in der Hei-mat, da gibt's ein Wiedersehn! – – –«
(Ebd., S. 132 ff.)

Im Londoner Exil, wo er sich fremd, heimatlos, unbehaust fühlte, vermisste Max Herrmann-Neiße Berlin sehr. Hier verfasste er *Die Bernert-Paula,* ein von ihm selbst leicht spöttisch so bezeichneter »Heimatroman«, der in Neiße spielt, dessen schlitzohrige Protagonistin in die Fußstapfen von Gerhart Hauptmanns Mutter Wolfen zu treten scheint und der das abgründige Leben und Treiben in der Provinz kurz vor dem Nationalsozialismus wie unter einem Vergrößerungsglas betrachtet. Obwohl Herrmann-Neiße in zumindest sporadischem Kontakt mit anderen exilierten Landsleuten stand, so mit seinem großen Vorbild Alfred Kerr, obwohl er sich bei Spaziergängen durch den Hyde Park oder den Regent's Park gerne an den Berliner Tiergarten oder an Neiße erinnerte, sind seine späten Gedichte von Ausweglosigkeit und Düsternis durchdrungen. Sie tragen Titel wie *Ich möchte heim, Verfehlte Freundschaft* – eine Erinnerung an die Jugendfreundschaft mit Franz Jung – oder *Heimatlos:*

> Wir ohne Heimat irren so verloren
> und sinnlos durch der Fremde Labyrinth.
> Die Eingebornen plaudern vor den Toren
> vertraut im abendlichen Sommerwind.
> [...]
> Die Eingebornen träumen vor den Toren
> und wissen nicht, daß wir ihr Schatten sind.
>
> (Herrmann-Neiße, *Heimatlos*, S. 257)

Max Herrmann-Neiße starb 1941 mit 56 Jahren in London, ohne Berlin und Schlesien je wiedergesehen zu haben. Sein Verhältnis zum Autor Franz Jung hatte sich im Laufe seines Lebens von überschwenglicher Zuneigung zu seinem Neißer Schulfreund bis hin zur späteren Ablehnung gewandelt. So schreibt Herrmann-Neiße in einem frühen Brief an ihn:

> Ich liebe Dich, empfinde für Dich jenes ganz undefinierbare Etwas, darin viel Körperliches, Physisches auch liegt, Etwas, wenn ich mit Dir rede, von Dir rede, die Thränen unbewußt in die Augen treibt, wie ein Geschmack auf der Zunge liegt, was ich etwa auch empfinde, wenn ich die Namen Hauptmann, Kerr, Wedekind höre. Eine undefinierbare innerlichste Zuneigung!
>
> (zit. n. Mierau, *Das Verschwinden von Franz Jung*, S. 282)

1924 veröffentlichte Herrmann-Neiße sogar einen ganzen Essay über Franz Jung, den er einen »Menschendichter« nannte:

> Unter den zeitgenössischen deutschen Schriftstellern ist mir keiner bekannt, der in seiner künstlerischen Entwicklung so konsequent immer Schritt hielt mit der Entwicklung seiner Epoche überhaupt wie Franz Jung. [...] Jungs Sphäre ist nicht die Literatur: er lebt, was er schreibt, und dies ist mehr, als zu schreiben, was man lebt! Und aus der ganzen Gilde dichtender Zeitgenossen weiß ich niemanden, der so wie Jung keine Kompromisse macht, so wie er beständig mit seiner vollen Persönlichkeit zahlt. Daß alles ohne Nachgiebigkeit im Erlebnis besiegelt ist, das bildet die große Einheit von Jungs künstlerischer

Entwicklung. [...] Wir schlesischen Autoren bleiben meistens mit der oder jenen Neigung immer noch in irgend einer heimatlichen Befangenheit, Franz Jung wurde ganz unabhängig zum aktiv vorstoßenden Menschen!
(zit. n. Kunicki, *Max Hermann-Neisse*, S. 299 ff.)

1939 aber, im Londoner Exil, entwarf Herrmann-Neiße in seinem Roman *Unglückliche Liebe* eine an Jung angelehnte Romanfigur, die er, enttäuscht darüber, dass dieser in der Nazizeit nicht wie er selbst emigriert war, mit den dämonischen Zügen eines gewissenlosen Tyrannen versah. Wer war nun dieser Franz Jung, der in Neiße aufwuchs und dann ein Leben führte, das er in seiner Autobiografie in die grünen, die roten und die grauen Jahre unterteilte und das sich zwischen Einsamkeit im Riesengebirge und Großstadtboheme, zwischen Expressionismus und Wirtschaftsjournalismus, zwischen Dadaismus, Eichendorff und Stifter, zwischen Sowjetrussland und den USA, zwischen Spartakusbund, schlesischem Mystizismus und Katholizismus bewegte? Immer wieder warf er gerne Nebelkerzen über seine Lebensstationen, verwischte Spuren und gab sich bewusst unzuverlässig. Diese umgetriebene, unangepasste, schwer einzuordnende Vielfältigkeit Jungs erscheint als eine moderne Variante der von Gustav Freytag auf Karl von Holtei gemünzten Einschätzung vom Schlesier, dessen Changieren zwischen Extremen und dem Drang, als Poet zu leben, besonders charakteristisch seien.

1888 wurde Franz Jung in Neiße geboren, einer Stadt, an der er scheinbar nicht mit einer solch ambivalenten Sentimentalität hing wie Max Herrmann. Dennoch schilderte er in seiner Autobiografie *Der Weg nach unten* aus dem Jahr 1961 seine Wanderungen durch das Riesengebirge sehr emphatisch, geradezu existentiell:

Vom Krankenzimmer sah man durch ein breites Fenster auf die Berge – die Koppen des Altvater-Gebirges zum Greifen nahe. Der Onkel konnte das vom Bett aus sehen. Ich stand die ganze

Zeit am Fenster ... dorthin werde ich gehen, immerzu und ein ganzes Leben lang wandern, die Bergwege hinauf und hinunter. [...]

Später, solange ich noch in Neiße die Schule besuchte, fuhr ich die Ferien über in die Berge, allein und ohne bestimmtes Ziel, die große Kammwanderung bis ins Riesengebirge [...] Ich habe von Beeren gelebt und Tannennadeln gekaut und bin einige Male erschöpft am Wegrande liegengeblieben, dann aufgegriffen worden und zur nächsten Hütte geschleppt. Ich hätte das alles nicht erklären können, denn ich hatte Geld genug, wie es sich gehört, in den Herbergen zu übernachten und mich satt zu essen. [...] Ich bin allein mit mir gewesen, ich hätte nichts zu sagen gehabt, und niemand hat mit mir gesprochen. Es war herrlich. Es war eine gute Zeit, war es die beste meines Lebens? ... besonders, wenn oben auf dem Kamm die Nebelschwaden mich eingeholt hatten. So wird es noch einmal sein. So wird es dann sein ... [...]

(Jung, *Der Weg nach unten*, S. 24 f.)

1911 war Jung nach München, 1913 nach Berlin gezogen. In beiden Städten hatte er Kontakt zu expressionistischen Autoren. 1912 debütierte er selbst mit expressionistischer Prosa, dem *Trottelbuch*. Dieses Werk hatte Jung in Schlesien verfasst, wo er bei seinem Freund, dem Theologen und Literaten Joseph Grabisch, wohnte, der ein Buch über Jakob Böhme und mittelalterliche Mystiker geschrieben hatte und nun in der Bibliothek des Fürsten Pleß Schleiermachers Einfluss auf Oberschlesien in Verbindung mit den dortigen Siedlungsversuchen der Pietisten studierte. Mit dem *Trottelbuch* erfand Jung eine neue Kunstfigur, den Trottel, der nicht weiß, wohin er sich mit der Wucht seines Gemüts wenden soll. Das letzte Stück des *Trottelbuches*, der *Tolle Nikolaus*, spielt 1490 im Dreieck zwischen Oppeln, Breslau und Neiße. Die Figur des Herzog Nikolaus von Oppeln changiert zwischen Rausch, Träumen, Visionen und realer Enthauptung, sie ist von einer spätmittelalterlichen Wucht, Kraft und Drastik.

Als Deserteur des Ersten Weltkriegs wurde Jung 1915 in Spandau inhaftiert und in die Psychiatrie überwiesen. Nach dem Ersten Weltkrieg beteiligte er sich als Mitglied des Spartakusbund aktiv in Berlin an der Novemberrevolution, so an der Besetzung des Wolffschen Telegraphenbüros. Die Urteile über Jung aus dem Berlin dieser Zeit sind radikal: George Grosz nannte ihn einen »Gewaltmenschen«, Hannah Höch bescheinigte ihm eine »dämonische Ausstrahlung«, Wieland Herzfelde sprach vom »Mephisto unter uns« und bezeichnete ihn als den »Sprengmeister von Berlin« (zit. n. Mierau, *Das Verschwinden von Franz Jung*, S. 96).

Nach abenteuerlichen Jahren in der Sowjetunion lebte Jung von 1923 bis 1928 illegal unter dem Pseudonym Franz Larsz in Berlin und arbeitete als Journalist für verschiedene Berliner Wirtschaftszeitungen, als Händler und als Dramaturg unter Erwin Piscator. In dieser Zeit verfasste er auch Proletarierromane, in denen er als künstlerischer Avantgardist im Sinne der Neuen Sachlichkeit mit der dokumentarischen, nicht-fiktionalen Schreibmethode arbeitete und sich des Montage-Verfahrens bediente. In seinem »oberschlesischen Industrieroman« *Gequältes Volk* aus dem Jahr 1927 entwirft Jung mittels der Technik der Montage ein bizarres Panorama des gesellschaftlichen Verfalls nach dem Ersten Weltkrieg aus den Versatzstücken Streik, Zechenschließungen und Hetze zwischen Deutschen und Polen im oberschlesischen Grenzgebiet. Dieser Anti-Roman changiert zwischen neusachlicher, kühl-rationaler Faktenliteratur und der Schilderung archaischer Rituale, so des »Begießens des Wurms«, eines kollektiven Besäufnisses der Arbeiter, das ihre düsteren, leidvollen Erfahrungen hinwegspülen soll. Das Buch bewegt sich zwischen der trotzigen Herabsetzung aller Potentaten, auch Friedrichs II., und Magnaten, so Graf Henckel von Donnersmarck, Fürst von Pleß, Graf von Schaffgotsch und Cäsar Wollheim, die als bloße Ausbeuter Oberschlesiens geschildert werden, und dem emphatischen Erd-Kult der am Ende auswandernden schlesischen Bevölkerung:

> Und ein Junge, ein vielleicht gerade schulentwachsenes Bürschchen, war nochmal aus der Halle herausgestürzt und hatte angefangen, in jagender Eile auf dem Pflaster zwischen den Katzenköpfen zu kratzen. Kratzte da Erde heraus, die er in ein kleines Säckel tat, das er krampfhaft in der Faust hielt. Muttererde. Oberschlesische Heimaterde.
> Land meiner Heimat, sei gesegnet.
> Land meiner Heimat, sei verflucht!
>
> (Franz Jung, *Gequältes Volk*, S. 146)

Dieser spezifisch schlesische Erd-Kult findet sich auch in Horst Bieneks *Gleiwitz*-Tetralogie und Günther Anders' Breslau-Buch *Besuch im Hades*. Nach einer Odyssee während der NS-Zeit durch verschiedene europäische Länder ging Franz Jung als Wirtschaftskorrespondent 1948 für zwölf Jahre in die USA. 1960 kehrte er nach Europa, auch nach Deutschland zurück, ohne irgendwo sesshaft zu werden. Seine Autobiografie gilt als eine der schonungslosesten und ehrlichsten der deutschen Literatur des 20. Jahrhunderts, da sie mit fast selbstzerstörerischer Genauigkeit das eigene Schwanken und Scheitern ebenso wie die gesellschaftlichen Verwerfungen der vorangegangenen Jahrzehnte beschreibt. Den Ursprung der schillernden Züge Franz Jungs und aller

Hans Baluschek, *Die Auswandernden*, 1924, Öl auf Leinwand, Berlin, Märkisches Museum. Seit dem 19. Jahrhundert emigrierten viele mittellose Schlesier nach Amerika.

seiner wechselnden Weltanschauungen jenseits von Blockdenken, von der dadaistischen Zeitschrift *Vorarbeit* bis zum Katholizismus, vermutet Fritz Mierau, der ebenfalls aus Schlesien, aus Breslau, stammt, im »Jünglingserlebnis der unio mystica« beziehungsweise in der »Rückannäherung an das Sakrament der Kommunion«:

> Alle Unternehmungen Jungs – ›Vorarbeit‹ und Dada, Anschluß an Spartakus und Kommunistische Internationale – werden dieser einen Sehnsucht entspringen, der Sehnsucht, Gemeinschaftsformen zu finden, die ihre lebendige Dauer von der geistigen Liebe empfangen, und sie werden das eine Schicksal haben: der mangelnden Lebendigkeit der Formen wegen ständig vom Scheitern bedroht zu sein.
>
> (Mierau, *Das Verschwinden von Franz Jung*, S. 64)

Mierau unterteilt die komplexe Persönlichkeit Jungs wie folgt: in den »*verführerische[n] Experimentator*« den »*rücksichtslose[n] Analytiker*« und den »*schlesische[n] Mystiker* mit den franziskanischen Neigungen, […] der bis zuletzt bei Eichendorff mehr zu beherzigen fand als in der ganzen Moderne« (ebd., S. 140 ff.). Ausführlich schildert Mierau auch Jungs Hinneigung zum Fürstbischof von Breslau, Kardinal Kopp, der ihm nicht nur in seiner linksradikalen Jugendphase, sondern bis ans Lebensende Bundesgenosse blieb, da er ihm die Begriffe von Askese, Besitzlosigkeit und mönchischer Einkehr nahebrachte.

Franz Jung hat Schlesien nicht wiedergesehen und er machte seine Leser glauben, dass das für ihn als ohnehin Heimatlosen keinerlei Bedeutung habe. Und doch schimmert, wie auch in den Riesengebirgserinnerungen im *Weg nach unten,* in einer späten Äußerung eine, wenn auch gebrochene Sehnsucht durch, die alle gegenteiligen Behauptungen Lügen straft:

Ich möchte in einem kleinen schlesischen Dorf, mit einem kleinen Bahnhof, wo die Eisenbahn nicht immer stehen bleibt, verhungern, verrecken, das wäre wenigstens ein Zuhausesein.

(zit. n. Fähnders, Nachwort, S. 180)

Wie Franz Jung schrieb später August Scholtis ein Werk über die Situation in Oberschlesien nach dem Ersten Weltkrieg. 1932 publizierte er *Ostwind. Roman der oberschlesischen Katastrophe* im S. Fischer Verlag Berlin und erregte damit in der literarischen Welt sogleich ungeheures Aufsehen. Gerühmt wurde sein erzählerisches Naturtalent und die ergreifende dichterische Kraft, wie sie sich beispielsweise in der Schilderung der oberschlesischen Zechen zeigte:

Die Räder der Fördertürme aber spielen so leicht. So traumhaft. So federnd. So enthoben aller Schwere. So festlich. So gewandt. So zuversichtlich. So sicher. So allverständlich.
Bimbim.

(Scholtis, *Ostwind*, S. 222)

Wenige Monate nach seinem Erscheinen wurde das Buch von den nationalsozialistischen Schrifttumsfunktionären verboten, da Scholtis sich zunächst weigerte, der Reichsschrifttumskammer beizutreten. Dennoch konnte er, der nicht immer Distanz zum neuen Regime wahrte, zahlreiche Texte während der NS-Zeit veröffentlichen. Die phantastische Erzählung *Die Zauberkrücke* geht 1948 kritisch mit der eigenen politischen Verstricktheit während des »Dritten Reiches« ins Gericht.

Scholtis stammte aus einer oberschlesischen Kleinbauernfamilie aus dem Dorf Bolatitz im Hultschiner Ländchen. Er sprach wasserpolnische Mundart, einen mit deutschen Wörtern durchsetzten polnischen Dialekt, und erwarb als Dorfjugendlicher die Grundlagen seiner Bildung durch seinen Posten als Privatschreiber bei Fürst Lichnowsky; ansonsten war er Autodidakt. Nach wirren, durch Arbeitslosigkeit geprägten Wanderjahren in Schlesien – immerhin aber erhielt er 1927 von der Rundfunkgesellschaft Schlesische Funkstunde in Breslau den ersten Preis für eine Novelle –, kam er 1928 nach Berlin, wo er dann mit seinem Roman *Ostwind* den Durchbruch erzielte. Im Nachwort einer späteren Ausgabe heißt es:

> Als Scholtis in deutscher Sprache zu schreiben begann, da meldete sich zum erstenmal ein nach Selbstverständnis und Selbstbewußtsein unbezweifelbarer Abkomme jener zweisprachigen und zwiespältigen Preußengeschlechter zu Wort, die [...] in den Ostprovinzen des Deutschen Reiches zu Hause waren, niemals vollständig assimilierte Mitgift des anationalen preußischen Ordnungsstaats.
>
> (Lipinsky-Gottersdorf, Nachwort, S. 331)

Und Scholtis' Freund Wolfgang Koeppen schreibt:

> Der Verlag S. Fischer veröffentlichte das Buch »Ostwind«. Da lag nun die Heimat in den Schaufenstern am Kurfürstendamm und wurde zum Zankapfel. Scholtis war etabliert in den literarischen, den kritischen, den politischen Kreisen. Es war ein Wunder geschehen. Der Junge aus Bolatitz hatte eine Zukunft. Nur leider war der Mann aus Braunau an die Macht gekommen. Das Romanische Café wehrte sich. Die Gäste verschwanden in alle Welt.
>
> (Koeppen, *Mein Freund August Scholtis,* S. 200 f.)

1934 publizierte Scholtis den Roman *Baba und ihre Kinder* über eine oberschlesische Urmutter, eine Geschichte, in der das Agrarische mit dem industriell-technischen Fortschritt im Widerstreit steht. Im in spätexpressionistischem Sprachduktus verfassten Roman *Jas der Flieger* von 1935 wird die Odyssee des aus der schlesischen Provinz stammenden Titelhelden durch Berlin geschildert. Er schlägt sich in der Großstadt durch, hat Kontakt mit anderen Gescheiterten – so mit einem Schlesier, der sich, umgeben von Büchern Hermann Stehrs und Gerhart Hauptmanns, als Hungerkünstler versucht. Jas flaniert durch die Großstadtanonymität, erfährt Arbeitslosigkeit, Obdachlosigkeit und Elend, ohne seinen Traum, Flieger zu werden, aufzugeben. Er scheint in seiner eindrücklichen Beziehungslosigkeit überall zu Hause und zugleich heimatlos zu sein. Immer wieder vergleicht er das laizistische Berlin mit dem katholischen schlesischen Dorf:

> Das ist die Leipziger Straße, abgeleckt wie die Dorfstraße von Huhlberg am Fronleichnamstag. [...]
> [...]
> [...] Am Spittelmarkt öffnen sie ein Kino, schon vormittags um zehn Uhr. Daß sich die Leut' nicht schämen, im Advent! In Huhlberg gehen sie im Advent um vier Uhr früh zur Roratemesse. [...]
>
> (Scholtis, *Jas der Flieger,* S. 179 ff.)

1939 veröffentlichte Scholtis neben den Oberschlesien-Romanen *Das Eisenwerk* und *Die mährische Hochzeit* die Erzählung *Friedrich in Kamenz,* illustriert mit Menzel-Radierungen. Sie beschreibt in gleichzeitig pathetischem und humoristischem Ton eine Episode Friedrichs II. während der Schlesischen Kriege, seine lebensrettende Camouflage mit einer Mönchskutte. Nach dem Desaster des Kriegsendes wandelte sich Scholtis, wie der Literaturwissenschaftler Marek Zybura es fasst, vom Saulus zum Paulus: In seiner Novelle *Die Fahnenflucht* von 1948 schlägt seine frühere Verherrlichung Friedrichs II. in Ablehnung der historischen Figur mit all ihren zeitgeschichtlichen Implikationen um. Um 1958 findet Scholtis in einem Brief deutliche Worte:

> Die Schlesier [schämen sich] gerade dieses meines Buches, [...] weil sie für den Alten Fritz sind, der *ein Vater allen deutschen Unheils ist.*
>
> (zit. n. Zybura, *August Scholtis,* S. 109)

Nach dem Zweiten Weltkrieg versuchte Scholtis als Autor und Feuilletonist in Berlin (West) wieder Fuß zu fassen. Unter Zuhilfenahme der Nante-Metapher – er bezeichnete Berlin als den »phänomenale[n] Eckensteher Europas« (zit. n. Hollender, *Mittelmaß in schlechten Zeiten*, S. 214) – beschwor Scholtis die vergangene Größe der Stadt. Er verfasste in mehr als hundertfünfzig Artikeln eine Art Glaubensbekenntnis an die Metropole und wollte nicht wahrhaben, wie sehr sie sich unter dem Vier-Mächte-Status verändern musste. Nur den Verlust des östlichen Hinterlands von Berlin, allen voran Schlesiens, konstatiert Scholtis in Briefen von 1946 und 1952 genau, kritisch und bitter:

> Jedenfalls ist es völlig ausgeschlossen, in punkto Schlesien auch nur ein Wort zu publizieren [...]
> [...]
> Es wird in der Tat immer schwieriger, in der deutschen Presse Arbeiten unterzubringen, die schlesischen heimatlichen Charakter tragen. Wenn man es noch mit irgendeinem religiösen Wunschtraum ausstattet, mag es gehen. Versucht man aber nur etwa in realistischer Weise ein schlesisches Schweineschlachten zu schildern, dann hat man die Arbeit umsonst geschrieben.
> (zit. n. Hollender, *Mittelmaß in schlechten Zeiten*, S. 214 f.)

Martin Hollender schreibt hierzu: »[...] nach der Abtretung der deutschen Ostgebiete [...] war Schlesien schlichtweg aus dem Blickfeld der seriösen Presse verschwunden. Das Feuilleton gab sich zeitgenössisch modern und hatte kein Verlangen nach großmütterlichen Reminiszenzen und schlesischen Schnurren. Der Berliner Zeitgeist zwischen Reinickendorf und Lankwitz orientierte sich am kulturellen Geschmack der Westalliierten. Überdies litt Scholtis – unverdient – unter dem Odium seiner schlesischen Herkunft [...]« (Hollender, *Mittelmaß in schlechten Zeiten*, S. 215)

In einer Mischung aus Trauer und Empörung konstatierte Scholtis bereits 1946, dass alles, was mit Schlesien in Verbindung steht, Verdächtigungen ausgesetzt ist und dass alle von dort stammenden Autoren als Grenzlanddichter und Volksverhetzer beargwöhnt werden, die der zukunftsverheißenden Westorientierung nur im Wege stehen. Zu einer Zeit, als noch tagtäglich Vertriebene aus den östlichen Provinzen in Berlin eintrafen, erkannte Scholtis schon die Entwertung der verlorenen Regionen und ihrer Bewohner durch Desinteresse und vorgefertigte Meinungen. In der Reportage *Reise nach Polen* aus dem Jahr 1962 nähert er sich noch einmal seiner hinter den Eisernen Vorhang entschwundenen Heimat in nüchterner Weise an, was ihm wiederum die strikte Ablehnung der Vertriebenenverbände eintrug.

Auch wenn die Integration der Schlesier in West-Berlin aufgrund der historischen Einflüsse Schlesiens auf die Stadt leichter vonstatten ging – so gab es seit dem 19. Jahrhundert in Berlin Riesengebirgs- und sonstige schlesische Vereine, es gab und gibt traditionelle schlesische Metzger und Bäcker –, war doch wie überall in Deutschland das Interesse der Angestammten an den Vertriebenen verschwindend gering oder manchmal sogar feindselig. Daran änderte auch das Aufstellen von Mahnmalen nichts. Das 1952 in Kreuzberg errichtete Verkehrsschild mit Kilometerangaben zu Städten des ehemaligen deutschen Ostens wurde mittlerweile wieder abgebaut, die Schlesien-Schule in Charlottenburg wurde 2004 in Oppenheim-Schule umbenannt.

Im Ostteil der Stadt und in der gesamten Sowjetischen Besatzungszone durfte von Flucht und Vertreibung oft nicht einmal die Rede sein. Die sozialistische Sprachregelung sah bereits 1945/46 den Ausdruck »Umsiedler« vor, der ab 1948 möglichst auch nicht mehr verwendet werden sollte. Die Herkunft der Vertriebenen wurde spätestens seit Gründung der DDR tabuisiert, sie wurden in der Öffentlichkeit zu Schweigen

Das Foto zeigt Flüchtlinge am Brandenburger Tor im Juli 1945. Während der Zuzugssperre in der zweiten Jahreshälfte war die zerstörte Stadt Durchgangsstation für zwei Millionen Vertriebene aus dem östlichen Europa.

und Verdrängung gezwungen. Nur teilweise gelang es, ihnen eine adäquate Arbeit zu verschaffen, auf dem Land wurden sie bei der Bodenreform in den gewachsenen dörflichen Strukturen oft benachteiligt. Aber auch in der Stadt war die Kluft zwischen den Angestammten und den Vertriebenen sehr stark, Letztere litten darunter, sich mit abgenutzter, schäbiger Kleidung zeigen zu müssen, was das Vorurteil von den dahergelaufenen Habenichtsen zu bestätigen schien. In Stasi-Akten wurde die »Umsiedler«-Eigenschaft als etwas beinahe ebenso Schlimmes wie eine Parteimitgliedschaft in der NSDAP gewertet. Dabei hatte die SED noch 1946 im Namen Wilhelm Piecks an der neuen Grenze gezweifelt:

> Die sozialistische Einheitspartei tritt entschieden dafür ein, daß auf der kommenden Friedenskonferenz die Ostgrenze einer Revision im Interesse des deutschen Volkes unterzogen wird
> (zit. n. Ther, *Von Schlesien in die Lausitz*, S. 494)

1948 kehrte Arnold Zweig aus dem Exil nach Berlin zurück. Er wurde als sozialistischer Autor von Ost-Berlin eingeladen und blieb dort bis zu seinem Lebensende 1968. Geboren 1887 im schlesischen Glogau als Sohn jüdischer Eltern, siedelte die Familie später nach Kattowitz über, wo Zweig die von ihm sehr geschätzte Oberrealschule besuchte. Seinem Direktor, einem kompromisslosen Freigeist, setzte er vierzig Jahre später mit dem Aufsatz *Begegnung mit einem Manne* ein Denkmal. Aus seiner Kattowitzer Schulzeit nahm Zweig die Sehnsucht nach wilder Freiheit mit in sein weiteres Leben. Er schloss dort Freundschaft mit Ludwig Meidner und Arnold Ulitz. Später studiert Zweig in Breslau, 1911/12 verfasste er das Roman-Fragment *Die Verstrickten* aus der Perspektive eines Studenten in Breslau, wird – preußisch-national gesinnt – im Ersten Weltkrieg eingesetzt, wandelt sich aber durch seine Erlebnisse vor Verdun zum Pazifisten. Mit seinem Roman *Der Streit um den Sergeanten Grischa* von 1927 entwirft er mit der Hauptfigur eines Generals den altpreußisch fühlenden Nachkommen des Prinzen von Homburg. In diesem Roman wie in seinem gesamten Kriegszyklus geht es um den moralischen Verfall des altpreußischen Staatsgedankens. Arnold Zweig war 1915 als Soldat nach Küstrin gekommen, woran er sich 1945 erinnerte:

> In der Umgebung Küstrins aber, in die wir bald hinausverlegt wurden, um im Sande Schanzen zu bauen und Schützengräben auszuheben, atmete alles die glorreiche Vergangenheit Preußens aus der Zeit dieses Friedrich, der, von Natur ein begabter Musiker und Literat, dank der Erziehung durch seinen brutalen Vater ein noch begabterer Feldherr wurde, da er vor Blutvergießen nicht mehr zurückzuscheuen brauchte.
>
> (Zweig, *Die Festungen meiner Jugend*, S. 317)

Auch seinen Romanhelden in *Junge Frau von 1914* versetzte er nach Küstrin:

[…] jetzt steckt er bei dieser Armierung in Küstrin, wo es dem Alten Fritz so schlecht ging, als er noch Kronprinz war, und gar seinem armen Freund, dem Katte.
(Zweig, *Junge Frau von 1914*, S. 37)

Als Zweig 1923 nach Berlin übersiedelte, war die Stadt zur liberalen Kulturmetropole der Republik aufgestiegen. Zweig interessierte sich sehr für die Psychoanalyse Freuds, befreundete sich mit diesem und baute Traumsequenzen in seine Romane ein, die den Lesern den Blick auf die verkümmerten Seelen einer ganzen Generation und die daraus resultierenden unmenschlichen Handlungen eröffnen. 1931 wurde Zweigs Atelier Im Eichkamp fertiggestellt, in dem er nur zwei Jahre lang arbeiten konnte:

Das ist ein Raum für geistige Arbeit. Seine Schönheit verdankt er ganz seinen Proportionen, die auf den Wuchs des Menschen abgestimmt sind: weder überhöht noch verniedlicht, – genau so, wie wir uns bemühen zu schreiben.
[…]
So steht der weiße Würfel des Ateliers am Rande der großen Stadt Berlin, zwischen kleinen Gärten und dem Walde, Spielplätzen, Kiefern. Nachts tastet der Scheinwerfer des Funkturms an seine Ostwand […]
(Zweig, *Arnold Zweig 1887–1968*, S. 185 f.)

Von seiner Orientreise, unter anderem nach Palästina, 1932 zurückgekehrt, vermisste Zweig geistiges Leben als Kraftquelle für seine Arbeit in Deutschland und schrieb an Freud:

Und da sah ich auf dem Schreibtisch Ihr Bild, das meine Sekretärin inzwischen auf einen Metallfuß zwischen Glasplatten gesetzt hatte, und das war solch ein Gruß aus der Mitte der Schöpferzone, der herzlichsten Güte und der großen europäischen Vernunft, daß ich mich seufzend und lachend auf dem Absatz umdrehte und mir sagte: jetzt mußt du erst die einge-

laufene Post erledigen und dann die neue Arbeit anfangen und
hübsch dableiben und nicht ausreißen. Freud ist auch nicht aus-
gerissen. Und das habe ich getan.

(Ebd., S. 187)

In einem 1932 geführten Gespräch mit dem damaligen französischen Botschafter in Berlin, François-Poncet, schätzte
Zweig die Lage weiterhin falsch ein:

> Und als wir so aufs Brandenburger Tor hinaussahen, sagten
> Sie unvermittelt: »Übrigens möchte ich Sie darauf aufmerk-
> sam machen, Herr Zweig: Hitler kommt.« – »Wenn Hitler
> kommt«, antwortete ich unerschrocken, »so wird sich, Ex-
> zellenz, wiederholen, was wir schon einmal erlebt haben, in
> München Herbst 1923: Herr Severing wird auf einen Knopf drü-
> cken, die Schutzpolizei wird feuern wie damals die Reichswehr,
> und der ganze Spuk wird platzen.«

(zit. n. Sternburg, »*Um Deutschland geht es uns*«, S. 167)

Im Sommer 1933 musste Zweig fliehen. Er ging nach Palästina
und wohnte auf dem Berg Karmel. In diesem Jahr nimmt er
in seinem Selbstporträt auf seine Herkunft Bezug:

> Die Vorfahren des Schriftstellers A. Z. leben und sterben als
> kleine Schankpächter und Landjuden im Kreise Lublinitz in
> Oberschlesien, wo Kartoffelbau, Getreide und Wald die Cha-
> rakteristika der Landschaft bilden.

(Ebd., S. 39)

Nach dem Zweiten Weltkrieg erhielt Zweig eine Einladung
in das mittelböhmische Schloss Dobříš, Sitz des tschecho-
slowakischen Schriftstellerverbands, wo er die europäische
Kulturatmosphäre genoss. Von dort aus machte er sich in die
kleine mährische Stadt Freiberg/Příbor auf und besuchte
das Geburtshaus Freuds. Hier befand er sich auch in relativer Nähe zu Lublinitz, dem Herkunftsort seiner Familie, den
er in seinem Werk jedoch so gut wie gar nicht thematisiert.
Nach seinem Umzug nach Ostberlin 1948 und der dankbaren

Entgegennahme zahlreicher Ehrungen durch die DDR-Regierung war eine Erwähnung Schlesiens ohnehin nicht opportun. Wilhelm von Sternburg schreibt in seiner Biografie: »Zeit seines Lebens fühlte sich Arnold Zweig mit der Landschaft verbunden, in der er geboren wurde« (Sternburg, »*Um Deutschland geht es uns*«, S. 38). Er bleibt aber entsprechende Äußerungen des Schriftstellers dafür schuldig. Dabei gibt es zwei kleine Hinweise im späteren Schaffen Zweigs, die auf seine Verbundenheit mit seiner Herkunft hinweisen. So erwähnte er einmal in dem Text *Gefährliche Nachbarschaft entgiftet* von 1960 einen Besuch der – nicht mehr vorhandenen – Gräber seiner Eltern in Kattowitz im Jahr 1949, geht dann aber in die Verteidigung der Potsdamer Beschlüsse und der DDR als das bessere Deutschland über. Interessanter, freier, weil noch nicht von einer ideologischen Doktrin bestimmt, ist der Essay *Die Festungen meiner Jugend* von 1945, also noch in Palästina verfasst, in dem Zweig die Städte und gleichzeitig preußischen Festungen seiner Kindheit – Glogau – und Jugend – Kattowitz, Breslau, Küstrin, Frankfurt an der Oder – Revue passieren lässt. So heißt es schwärmerisch von Glogau:

> Sie war ein Jugendparadies, diese Stadt Glogau mit ihren hellen Jesuitenkirchen aus dem Barock und dem gotischen Dom jenseits des Flusses, der, aus Ziegeln aufgeführt, uns durch seine Strebepfeiler und Bögen fesselte und der ein Altarbild von Lukas Cranach enthielt, von dessen Reiz wir nichts verstanden. Aber grüne Wiesen lagen umher, Felder voll Kartoffeln und Hafer und nicht allzu weit entfernt Kiefernforste, in denen wir unsere Schulferien verbrachten. Und diese niederschlesischen Menschen, wie freundlich und betulich erschienen sie uns, wenn die Mutter uns auf den Markt mitnahm, wo die Bauernfrauen der Umgebung in ihrem gemütlichen Schlesisch Eier, Hühner oder Butter anpriesen! Das war die Gegenwart, angstlos und friedlich, und daß im Schloßgarten, nahe dem Stromufer, ein Hungerturm stand, in welchem Gefangene zu Tode gebracht wurden dadurch, daß man ihnen immer weniger ließ –

Mit »Sileski Woksal« wurde der Name des Schlesischen Bahnhofs auf den kyrillischen Schildern, die die Rote Armee 1945 dort anbrachte, getreu übersetzt. In der DDR hieß er seit 1950 Ostbahnhof, ab 1987 Hauptbahnhof.

> das war Mittelalter, gruseliges Inferno, niemals wiederkehrend. Ach, wir ahnten damals nicht, daß die moderne Gesellschaft auf tönernen Füßen errichtet war, dort, wo das Volk von der wirklichen Lenkung seiner Geschicke durch das »geschichtliche Wachstum der Staatsgewalt« von wirklicher Selbstregierung ausgeschlossen war.
>
> (Zweig, *Die Festungen meiner Jugend*, S. 312 f.)

Seine Oberschuljahre in Kattowitz, diesem Kreuzungspunkt zwischen Wien und Berlin, beschreibt Zweig als geistig sehr anregend, da er zu einer Gruppe aufgeweckter Schüler gehörte, die eine Zeitschrift herausgab, an der auch Ludwig Meidner beteiligt war. Zweigs Studentenjahre in Breslau finden ebenfalls positive Erwähnung, wenngleich er konstatierte:

> Der Breslauer neigte zu Minderwertigkeitsgefühlen und dazu, sie zu überkompensieren, einen zu scharfen Akzent auf das zu legen, was er darstellte – Ferdinand Lassalle, Alfred Kerr und Emil Ludwig zeugen davon.
>
> (Ebd., S. 315 f.)

Die *Festungen meiner Jugend* verfasste Zweig, »während nun die Rote Armee das alte Breslau mit seinen Brücken und hinausgeschobenen Forts umzingelt« (ebd., S. 316), er schreibt ihn als Jude, der weiß, was für ein kultureller Bruch 1933 stattgefunden hat, er schreibt ihn in der Unbehaustheit des Exils, wo er sich – im Schlusssatz – eine neue Heimat herbeisehnt, die von einer ähnlichen Wärme und Schönheit wie die des untergegangenen Schlesien seiner Kindheit und Jugend sein möge:

> Und dann, etwas mehr als zehn Jahre danach, stieg ich an einem sonnigen Vorfrühlingsmorgen am Fuß des Riesengebirges aus einem Eisenbahnzug, um über den Kamm des Gebirges die Grenzen Preußens und Deutschlands zu überschreiten und das Land zu verlassen, das inzwischen von seinen herrschenden Klassen und Schichten mit Hilfe einer falsch ausgelegten Demokratie und Legalität den Marschbataillonen der Nazipartei ausgeliefert worden war unter der Führung jenes ostelbischen Marschalls und böhmischen Gefreiten, die sich miteinander in die Ehre teilen werden, das glorreiche bürgerliche Zeitalter der deutschen Republik zu Grabe getragen zu haben. Von Hain und Riesengebirge stiegen wir in behaglichem Schlenderschritt die schneebedeckte Bergstraße empor, die Sonne blitzte auf den Wipfeln der hohen Fichten, die Grenzstation revidierte geübt und ohne Hast unsere beiden Koffer, Handgepäck für ein paar Wochen, und dann lud man sie auf Schlitten und fuhr sie empor zu jenem Bergort, der Spindlerbaude heißt und der damals schon der tschechoslowakischen Regierung unterstand, im März 1933 ein freies demokratisches wahrhaftes Staatswesen. »Deutschland ist schön«, sagte auf dem Wege meine Begleiterin, indem sie die Abhänge hinunterdeutete, auf die Wälder und Skiwiesen, an denen wir vorüberstapften. »Die Welt ist schön«, antwortete ich, und ich wußte damals nicht, daß dies ein Abschiedsgruß war, der die erste Hälfte meines Lebens umfaßte und abschloß und eine neue Epoche eröffnete, in der neue Landschaften, Menschen und Aufgaben auf mich warteten. Ja, die Welt ist schön, aber wir werden noch einiges zu tun haben,

um sie so heimatlich zu gestalten, wie einst jenes Schlesien war, das nun vom Krieg überzogen wird.

(Ebd., S. 318 f.)

Am Ende des vorliegenden Buches sollen noch einige Künstlerpersönlichkeiten Erwähnung finden, in denen sich die Verwerfungen des 20. Jahrhunderts, NS-Zeit, Zweiter Weltkrieg und Kalter Krieg geradezu beispielhaft spiegeln. Hierzu gehören Horst Strempel und der fast eine Generation jüngere Roger Loewig. Beide stammten aus Schlesien und wirkten nach 1945 vornehmlich im geteilten Berlin.

Horst Strempel, 1904 in Beuthen geboren, kam durch seine Herkunft aus dem oberschlesischen Kohlenrevier sehr früh mit der sozialen Thematik in Berührung. Bereits in den zwanziger Jahren hegte er die Absicht, ein Monumentalbild mit dem Titel *Oberschlesien* zu malen:

> Als ich dann auf der breslauer Akademie war, wollte ich das große Bild *Oberschlesien* malen. Ich wollte alles zusammen malen: die karge Landschaft, die Halden, die Industrie, die soziale Spannung zwischen Bürgertum und Proletariat, die Spannung zwischen Proletariat und Kirche, die Gegensätze zwischen Katholizismus und protestantischer Minderheit, die Gegensätze zwischen deutschem und polnischem Proletariat, die fortschrittliche Technik und auch die mittelalterlichen Zustände dieser Landschaft. Meine künstlerischen und intellektuellen Fähigkeiten waren jedoch zu gering, um diese gewaltige Arbeit zu bewältigen.
>
> (zit. n. Saure, *»Nacht über Deutschland«*, S. 23)

Etwa zur gleichen Zeit gestalteten Franz Jung und August Scholtis mit ihren Oberschlesienromanen dieses vertrackte Macht- und Konfliktgefüge literarisch. Als bekennendes KPD-Mitglied seit 1927 konnte sich Strempel nach 1945 im Ostteil Berlins leicht der SED anschließen und sich künstlerisch dem geforderten Antifaschismus und dem sozialistischen Wiederaufbau verschreiben. Die Verheerungen des Dritten Reiches versuchte er mit einem großen Triptychon *Nacht über Deutschland* zu fassen. Sein Wandgemälde *Aufbruch* im Bahnhof Friedrichstraße von 1951 fiel bereits ein Jahr später der Formalismusdebatte zum Opfer. Nachdem Strempel sein Lehramt verloren hatte, zog er nach West-Berlin. Dort saß er zwischen den Stühlen und wurde von beiden Seiten angegriffen. In seinem Spätwerk entstanden

Horst Strempel, *Frau an der Berliner Mauer*, 1962, Mischtechnik auf Papier, Kunsthandel. Viele Bilder des Künstlers wurden ab 1961 zu Epitaphien für unerreichbare, abgetrennte Teile der Nation.

Bilder der Berliner Sektorengrenzen, nach dem Mauerbau anklagende, fast neo-religiöse, passionshafte Mauer-Zyklen. Bis zu seinem Tod 1975 versuchte er, die Kluft zwischen den Machtblöcken des Kalten Krieges künstlerisch zu gestalten.

Der Maler, Zeichner und Schriftsteller Roger Loewig wurde 1930 im schlesischen Striegau geboren. Nachdem er 1945 in die Sowjetische Besatzungszone hatte fliehen müssen, war er traumatisiert durch diese Erfahrung und die Berichte über die deutschen Verbrechen, so dass es ihm schwerfiel, in der DDR Fuß zu fassen. 1962 gestaltete er einen grafischen Zyklus mit dem Titel *Auf der Flucht*. Wegen künstlerischer Unangepasstheit – unter anderem malte er mauerkritische Bilder mit Titeln wie *Der wahnsinnige Christus oder die Rückkehr Christi durch die Berliner Mauer* (1962) und *Flüchtlinge stürzen sich von der Mauer* (1961/62) – wurde Loewig 1963/64 inhaftiert, geriet danach immer stärker in die Isolation und reiste 1972 nach West-Berlin aus. Im Westen nur mäßig erfolgreich, wurde seinem Werk, das er auch als Beitrag zur Versöhnung mit den östlichen Nachbarn verstanden wissen wollte, in Polen größere Wertschätzung entgegengebracht. Loewigs Reisen nach Nordböhmen und Masuren zeugen davon, dass er sich zu den ostmitteleuropäischen Gebieten hingezogen fühlte. Nach der Wende war das Interesse an bekannten DDR-Künstlern wie Heiner Müller, Christa Wolf und Werner Tübke sehr viel größer als an einer komplexen Zwischenfigur wie Loewig, der sich weder mit dem Osten noch mit dem Westen vollständig identifizieren konnte, sondern sich selbst in einem Niemandsland ansiedelte – anders auch als der aus Breslau stammende Maler Bernhard Heisig.

Heisig – hierin ein später schlesischer Nachfahre von Menzel und Alexis – thematisierte in seinen Gemälden immer wieder Preußen, Friedrich II. und den Schrecken des Krieges in seiner Geburtstadt Breslau. Noch 1996/97 malte er ein Bild mit dem bezeichnenden Titel *Friderizianische Totenrede*, auf dem Friedrich II. vor seinen teils stumm-gedrillten, teils aufschreiend-untergehenden Soldaten zu sehen ist. Einerseits sieht Heisig, dessen siedenden, brodelnden und kochenden Malstil Eberhard Roters mit dem Gericht Schlesisches Himmelreich vergleicht, Friedrich II. als Ursache für den moralisch-politischen Untergang Deutschlands an. Andererseits gestaltet er den Preußenkönig als eine tragische Figur, der, hierin ist er Menzel ähnlich, auch seine Sympathie gilt. Im Gegensatz zu Loewig konnte sich Heisig in der DDR etablieren und erreichte schon vor der Wende einen gewissen gesamtdeutschen Bekanntheitsgrad, später auch durch die künstlerische Mitausgestaltung des neuen Parlamentssitzes in Berlin. Dort entwarf er für den Reichstag ein Schreckenspanorama der preußisch-deutschen Geschichte, *Zeit und Leben*, in dem auch Friedrich II. wieder eine zentrale Rolle spielt.

Bernhard Heisig, *Zeit und Leben* (Detail), 1999, Öl auf Leinwand, Parlamentspräsenzbibliothek des Reichstagsgebäudes. Im linken Drittel des langen kritischen Geschichtspanoramas ist Friedrich II. mit entsetzt aufgerissenen Augen zu sehen, seine eigene Totenmaske in der Hand haltend.

Roger Loewigs Lyrik ist geprägt von der radikalen Erfahrung der Heimatlosigkeit und des Unbehaustseins, ja einer transzendentalen Obdachlosigkeit. Im Zusammenhang mit seiner Ausreise aus der DDR schreibt er in einem Gedicht von der »heimatlosigkeit / der unerwünschten«; weiter heißt es:

> wenn ich jetzt gehe / um mich irgendwo zu verkriechen / daß ich nirgends mein haus finden / und nie einen dämmerschein erreichen werde [...]
>
> (Loewig, *An meine Freunde,* S. 105 f.)

In seinen Gedichten spricht Loewig häufig von »heimweh«, »heimatlos«, »heimwehgrau«, »flüchtling«, »fremde«, »zwitterland«. Er formuliert seine Flüchtlingserfahrung als

> störer bei den palmen
> und in den oasen zufriedener
> in den kornsaaten
> und auf rinderweiden
> [...]
>
> (Loewig, *Wanderererbärmlichkeit,* S. 128)

Dabei wusste er, dass seine Sehnsucht unerfüllbar war:

[...]

und du steh wieder
vor ganz versperrten wegen
nicht mehr wissend als ungewißheit
dich klammernd an nichts besseres
als an diesen längst verbrauchten
nie mehr schützenden
schattensaum heimat

[...]

(Loewig, »Schnee [...]«, S. 111)

Seine tiefgehende Erfahrung der Heimatlosigkeit gestaltete er im Zyklus *Odysseus' Heimwehgesänge,* in dem er auch sein Geburtsland Schlesien miteinbezieht, dessen Verlust ihn an »Fluchttierverödung« erkranken ließ:

Geburtsland,
von Winterschlaf träg und sich hügelbreit streckend,
gießt Blei in Pans Blut und in Leibfurchenäcker,
gebannt hockt Gesträuch unterm Giftschlangenauge
des Monds,
das zum Selbstmord die Seemitte sucht.

Mein Herz nur,
gehorchend der Schwere, der Stille, geschaffen
dem Dasein im Tiefen, dem Fremdsein im Flachen,
erkrankte an häßlicher Fluchttierverödung
und flieht,
schon der Flutlast entwöhnt, vor der Nacht.

(Loewig, »Geburtsland, [...]«)

Helmut Börsch-Supan sieht Loewig am Ende einer langen Reihe von Künstlern aus Schlesien, die Berlin wie keine zweite Provinz bereichert habe: »Dieser Gewinn war möglich, weil eine in geistigen, seit der Reformation hauptsächlich konfessionellen Spannungen gereifte Menschlichkeit mit tiefen religiösen Wurzeln die verstandesbetonte preußische Kargheit wohltuend milderte. Die schöne Natur des Landes hat viel zu diesem kulturellen Prozeß beigetragen. Vielleicht gibt es später einmal eine Inspiration für Berlin durch das polnische Schlesien.« (Börsch-Supan, *Künstlerwanderungen nach Berlin*, S. 256)

Roger Loewig, *Auf der Flucht I*, 1962, Rohrfeder auf Papier. Auf diesem Vexierbild verwandeln sich Flüchtende in Bäume, Tote in Vögel oder Äste und umgekehrt. Loewig schenkte einen größeren Teil seines Bildwerks dem Nationalmuseum Warschau.

Naturgemäß wird diese Inspiration noch eine Weile auf sich warten lassen, sind doch die ab 1945 nach Schlesien umgesiedelten Polen und ihre Nachfahren noch damit beschäftigt, eine polnisch-schlesische Identität zu entwickeln, die sich auch aus Rückgriffen auf die deutsche Zeit speist. So ersteigerte die Breslauer Bürgerschaft im deutschen Kunsthandel für eine sehr hohe Summe Gegenstände schlesischen Kunsthandwerks aus dem 17. Jahrhundert für ihr Stadtmuseum. Auch der Autor Marek Krajewski erobert in seinen Breslau-Krimis, die in den 1930er Jahren spielen, das Deutsche als abgesunkene archäologische Schicht der Stadt und verwandelt es der polnisch-schlesischen Eigenart an. Erst wenn es eine neue, stabile und dabei facettenreiche Identität der heutigen Schlesier gibt, wird wohl eine nennenswerte Beeinflussung Berlins wieder möglich sein. Ein kleiner, gleichsam allegorischer Ausblick findet sich dazu auch in der Topografie der Stadt: Es gibt eine Tychyer Straße. Tychy in Oberschlesien hieß früher Tichau, ein Industrieort, nach dem 1926 die Tichauer Straße in Berlin-Karow benannt wurde. Seit 1992 ist das heute polnische Tychy Partnerstadt von Berlin-Marzahn, weshalb die Tychyer Straße in Biesdorf 2002 ihren Namen erhielt. Diese Zweigleisigkeit – Tichauer Straße auf der einen, Tychyer Straße auf der anderen Seite – könnte ein gangbares Modell für die Zukunft sein, nämlich beidem sein Recht einzuräumen: der Vergangenheit und der Gegenwart, die sich gegenseitig bedingen, die sich nicht feindselig gegenüberstehen, sondern miteinander verknüpft sein sollten, die sich gegenseitig stärken und verlebendigen können.

Schlesierinnen und Schlesier in Berlin

Willibald Alexis, eigentlich Georg Wilhelm Heinrich Haering (Häring), Breslau 1798 – Arnstadt 1871, lebte ab 1806 in Berlin. 1815 Kriegsfreiwilliger. Er studierte Jura und Geschichte in Berlin und Breslau. Von 1820 bis 1824 arbeitete er als Referendar am Berliner Kammergericht, dann als Redakteur und freier Schriftsteller. Seit 1827 lebte er fest in Berlin und leitete das *Berliner Konversationsblatt,* dessen Redaktionsleitung er wegen der zunehmenden Zensur niederlegte. Er gründete mehrere Lesegesellschaften, leitete Buchhandlungen, war Theaterkritiker, kaufte und verkaufte Häuser und bereiste viele europäische Länder. Sein Haus in der Wilhelmstr. 97 wurde zu einem Treffpunkt des literarischen Berlin. Aufgrund seines beharrlichen Festhaltens an den Ideen der Revolution hatte er im Nachmärz den Ruf eines »roten Republikaners«. Ständige Angriffe bewogen ihn, Berlin zu verlassen. Schließlich zog er sich 1851 nach Arnstadt in Thüringen zurück. 1867 bekam der gelähmte, erblindete und zunehmend demente Alexis den Hohenzollernschen Hausorden verliehen. Alexis führte nach dem Vorbild von Walter Scott den historischen Roman in Deutschland ein, vor allem über Themen der brandenburgisch-preußischen Geschichte. Wichtige Werke: *Walladmor* (3 Bde., 1823), *Cabanis* (1832), *Der Roland von Berlin* (3 Bde., 1840), *Der falsche Woldemar* (3 Bde., 1842), *Die Hosen des Herrn von Bredow* (1846), *Ruhe ist die erste Bürgerpflicht* (5 Bde., 1852), *Isegrimm* (1854). Neben seinen Romanen schrieb er auch Novellen, Reiseberichte und biografische Abhandlungen, etwa über den Industriellen August Borsig. Sein Teilnachlass befindet sich in der Stadt- und Landesbibliothek Potsdam und in der Zentral- und Landesbibliothek Berlin. Die Willibald-Alexis-Straße in Kreuzberg ist nach ihm benannt. Ein Willibald-Alexis-Denkmal steht in Lehnin, da er dort häufig den Sommer verbrachte. Das Denkmal ist Ausgangspunkt für den Willibald-Alexis-Weg, der seit 2003 zu Stellen im Lehniner Wald- und Seengebiet führt, die Alexis in seinen Werken beschreibt.

Günter Anlauf, Groß Hartmannsdorf, Kreis Bunzlau 1924 – Berlin 2000, nach Studium an der Kunsthochschule Weißensee bei Heinrich Drake von 1946 bis 1950 arbeitete er als Bildhauer. Zwischen 1956 und 1983 war er als Restaurator und Bildhauer am Schloss Charlottenburg tätig. Seine Skulpturen verteilen sich vornehmlich über den öffentlichen Raum Berlins, befinden sich aber auch an anderen Orten. Besonders bekannt sind Anlaufs Bären-Skulpturen, so auf der Moabiter Brücke (1981) oder die Plastik an der Berliner Stadtgrenze auf dem Mittelstreifen der Autobahn 111 (1983). Seine augenzwinkernde Beschäftigung mit dem Hohenzollern-Thema zeigt sich in seiner Pickelhauben-Skulptur *Mars* (1970), der *Bildsäule eines Kurfürsten* (1971) und den vier Attikafiguren (1971/73) auf dem östlichen Flügel des Schlosses Charlottenburg. Anlaufs Interesse an sozialen Belangen im Sinne einer Kunst, die in der städtischen Öffentlichkeit jedem zugänglich ist, zeigt sich in Platz-, Brücken-, Park-, Schul- und Friedhofsskulpturen sowie Gestaltungen Berliner Altbaufassaden. Auch sein Brunnen (1982/83) für die Frauenhaftanstalt am Friedrich-Olbricht-Damm zeugt von Anlaufs sozialem Anliegen. Besonders hervorstechend an seinem Œuvre ist die Ironie, der spielerische Witz, der es dem Künstler ermöglicht, von einer früheren Entwicklungsstufe her zu denken und Kopffüßler, Mondgesichter, phantastisch-geklitterte Tierfiguren, Ornamente, die zu Eulen werden, Stiere, die sich in Möbelblöcke verwandeln, Sprachspielereien und Maskengesichter zu gestalten. Anlauf formte Grabmale von kindlicher Ratlosigkeit, bereits 1968 schuf er eine Skulptur mit dem sprachspielerischen Titel *Popocapitel,* die seit 2000 sein eigenes Grab auf dem Waldfriedhof Heerstraße schmückt (s. Abb.).

Hans Baluschek, Breslau 1870 – Berlin 1935, Sohn eines Bahnbeamten, wohnte ab 1890 in Berlin-Schöneberg. Er studierte an der Königlichen Akademie der Künste, war später Mitglied der Berliner Secession und wurde in den zwanziger Jahren Vorsitzender der Kunstdeputation in Schöneberg für die SPD. Sein Atelier befand sich in der Schöneberger Cheruskerstr. 5. Seit 1929 leitete Baluschek, den der ältere Heinrich Zille als sein unerreichbares Vorbild bewunderte, die Große Berliner Kunstausstellung. Neben seiner Tätigkeit als Maler zeichnete er für Zeitschriften, illustrierte Bücher und arbeitete für Filmproduktionen. Der technische Fortschritt, besonders das Eisenbahnmotiv, die sozialen Spannungen in der Großstadt und die Milieustudien der Berliner Vorstadt prägen sein Œuvre thematisch. Einem breiten Publikum sind bis heute seine Illustrationen zu *Peterchens Mondfahrt* bekannt. Zwischen 1929 und 1933 erhielt er im Atelierturm der neu erbauten Cecilien-gärten in Schöneberg eine Ehrenwohnung. Dort, Haus Semperstr. 1, Ecke Ceciliengärten 27, befindet sich eine Gedenktafel mit einer für Baluschek typischen Berliner Straßenszene (s. Abb.). In der NS-Zeit wurde er als »entarteter Künstler« verfemt. Er starb

1935 im Berliner Franziskus-Krankenhaus. Sein Ehrengrab befindet sich auf dem Wilmersdorfer Waldfriedhof Stahnsdorf. Einige seiner Gemälde, die immer wieder sozialpsychologisch eindringlich Proletarierer und Ausgestoßene darstellen, sind im Märkischen Museum, weitere im Bröhan-Museum zu sehen. Der Hans-Baluschek-Park zwischen den S-Bahnhöfen Priesterweg und Südkreuz sowie der Baluschekweg in Staaken erinnern an den Maler des kritischen Realismus. Die Baluschek-Grundschule in der Bergmannstraße in Kreuzberg fusionierte 1976 mit der Reinhardswaldschule an der Gneisenaustraße.

Benjamin Bilse, Liegnitz 1816 – Liegnitz 1902, erlernte den Beruf eines »Stadtmusicus«, eine Ausbildung, die den Umgang mit fast allen Instrumenten beinhaltete. In Wien spielte er in der Kapelle von Johann Strauß (Vater). 1842 wurde er Leiter der Stadtkapelle Liegnitz. Ab dem Jahr 1867 spielte sein Musikensemble, das sich *Bilse'sche Kapelle* nannte, im Berliner Konzerthaus an der Leipziger Straße. Hier fanden die legendären Bilse-Konzerte statt, mehr als 3 000, deren geringer Preis jedermann den Eintritt ermöglichte und bei denen Bilse gern mit dem Rücken zum Orchester dirigierte, wie es Adolph Menzel in seiner 1871 geschaffenen Gouache *Konzert bei Bilse* zeigt (s. Abb.). Nach einem Streit zwischen Bilse und seinen Musikern 1882 verließen ihn 54 bestens von ihm ausgebildete Kapellenmitglieder und gründeten das Berliner Philharmonische Orchester, aus dem die heutigen Berliner Philharmoniker hervorgingen. Im Alter zog sich Bilse wieder nach Liegnitz zurück, wo seit 2002 die Straße *ulica Benjamina Bilsego* an ihn erinnert. In Berlin ist die Bilsestraße in Grunewald nach ihm benannt.

Dietrich Bonhoeffer, Breslau 1906 – KZ Flossenbürg 1945, siedelte mit seinen Eltern 1912 nach Berlin um, da sein Vater, der Neurologe und Psychiater Karl Bonhoeffer, einen Ruf an die Humboldt-Universität erhalten hatte. Die Familie wohnte ab 1916 in der Wangenheimstr. 14 in Berlin-Grunewald, wo eine Gedenktafel für Dietrich und Karl Bonhoeffer angebracht ist. Nach Studium und Habilitation war er Privatdozent, Studentenpfarrer an der Technischen Hochschule Berlin sowie Pfarrer an der Zionskirche. Dort befinden sich eine Gedenktafel und eine Bronzeplastik, eine Kopie steht vor der Breslauer Elisabethkirche. 1931 wurde Bonhoeffer zum Pfarrer der St. Matthäuskirche in Berlin-Tiergarten ordiniert, woran eine Gedenktafel von Johannes Grützke erinnert (s. Abb.). 1935 war Bonhoeffer Leiter des illegalen Predigerseminars der Bekennenden Kirche in Finkenwalde, 1936 wurde ihm die Lehrbefugnis entzogen, 1938 wurde er aus Berlin ausgewiesen. Er setzte seine wissenschaftliche Arbeit fort und schloss sich der Widerstandsbewegung an. Das Haus der Familie Bonhoeffer in der Marienburger Allee 43 in Berlin-Westend, aus dem heraus Dietrich Bonhoeffer 1943 verhaftet wurde, dient heute als Erinnerungs- und Begegnungsstätte für kirchliche und gesellschaftliche Gruppen. 1943 bis 1944 war er im Militärgefängnis Tegel, Seidelstr. 39, inhaftiert, dann im Kellergefängnis Prinz-Albrecht-Straße.

1945 wurde er im KZ Flossenbürg hingerichtet. Auf dem Dorotheenstädtischen Friedhof erinnert der Grabstein für ermordete Widerstandskämpfer auch an Dietrich Bonhoeffer. Dokumente und Erinnerungsstücke von Bonhoeffer befinden sich im Hugenottenmuseum im Französischen Dom auf dem Gendarmenmarkt. Das Bonhoeffer-Ufer in Charlottenburg, die Dietrich-Bonhoeffer-Straße in Prenzlauer Berg, die Dietrich-Bonhoeffer-Grundschule in Charlottenburg, das Hotel Dietrich-Bonhoeffer-Haus in Mitte und die Dietrich-Bonhoeffer-Bibliothek für Charlottenburg und Wilmersdorf in der Brandenburgischen Straße erinnern an den großen Theologen.

Albert Borsig, Berlin 1829 – Berlin 1878, führte die von seinem Vater August gegründeten Borsig-Werke weiter. Er baute Kohlengruben und zusätzliche Werke in Oberschlesien auf. 1870 verlegte Albert Borsig das Moabiter Walzwerk nach Schlesien. In den freigewordenen Hallen in Moabit kurbelte er den Lokomotivenbau weiter an. Da die Produktivität seiner Werke kontinuierlich zunahm, gelang es ihm, auch internationale Märkte zu erobern. Kurz vor seinem Tod ließ er in der Voßstr. 1, Ecke Wilhelmstr. das Palais Borsig errichten, das er selbst nicht mehr nutzen konnte. Im Garten der Technischen Universität sind die Reste der Eingangsarkaden der Borsig'schen Maschinenbauanstalt an der Chausseestraße, die 1860 entstanden und 1887 abgebrochen wurden, zu sehen. Das Grab Albert Borsigs befindet sich auf dem landwirtschaftlichen Mustergut Borsig im havelländischen Groß-Behnitz, dessen Eingang Teile des abgebrochenen Oranienburger Tores von Gontard zieren. Die dendrologische Liebhaberei der Familie Borsig war bei Albert Borsig besonders stark ausgeprägt: Als ausgewiesener Pflanzenkenner ließ er den Park seines Mustergutes mit seltenen, exotischen Bäumen bepflanzen.

August Borsig, Breslau 1804 – Berlin 1854, Sohn eines Zimmermanns in Breslau, kam 1823 an das Königliche Gewerbeinstitut nach Berlin, arbeitete kurz darauf für die Berliner Eisengießerei von Anton Egells, bis er 1837 selbst in Berlin eine Maschinenfabrik gründete, aus der sich die größte europäische Lokomotivenfabrik entwickelte. Borsigs Unternehmen befand sich an der Chausseestraße vor dem Oranienburger Tor, 1849 ging sein Eisenwerk in Moabit in Betrieb, 1850 kaufte er die Eisengießerei und Maschinenbauanstalt in der Moabiter Kirchstraße hinzu. Seine Villa in Moabit wurde 1911 abgerissen, vier daraus stammende Wandbilder von Paul Meyerheim, die den Triumph der Borsig-Werke zeigen, befinden sich im Märkischen Museum. Im dortigen Borsig-Raum sind eine Borsig-Büste von Rauch und das 1847 von Karl Eduard Biermann geschaffene Gemälde *Borsigs Maschinenbauanstalt zu Berlin* zu sehen. August Borsig ist auf dem Dorotheenstädtischen Friedhof begraben. Der Borsigdamm mit Borsigdammbrücke und Borsighafen in Tegel, der Borsigturm, die Borsighallen und die Villa Borsig am Tegeler See, der Borsigplatz in Heiligensee, die Werkssiedlung Borsigwalde und der Borsigwalder Weg in Wittenau, die Borsigstraße in Mitte und die Borsig-Realschule am Lausitzer Platz in Kreuzberg erinnern an die Unternehmer-Familie.

Albert Emil Brachvogel, Breslau 1824 – Berlin 1878, kam nach einer Ausbildung als Kupferstecher in Breslau 1848 nach Berlin, wo er sich, zunächst erfolglos, als Schriftsteller zu betätigen versuchte. Bekannt wurde er durch sein Trauerspiel *Narziß* (1856), das mit großem Erfolg am Berliner Königlichen Schauspielhaus aufgeführt wurde, und vor allem durch seinen Roman *Friedemann Bach* (3 Bde., 1858), der sich größter Popularität erfreute. Er schrieb zahlreiche, meist historische Unterhaltungsromane. 1857 wurde er Mitglied in der Berliner Freimaurer-Loge »Friedrich Wilhelm zur Morgenröte«. Ab 1871 wohnte er in Berlin-Lichterfelde. Sein Ehrengrab befindet sich auf dem Friedhof der Domgemeinde in der Liesenstraße. Die Brachvogelstraße in Kreuzberg ist nach ihm benannt.

Alexander Camaro, eigentlich Alfons Bernhard Kamarofski, Breslau 1901 – Berlin 1992. Bereits 1917 schloss er sich einer Artistentruppe an, wurde Hochseil-Akrobat und entdeckte die bildende Kunst in der Großstadt Berlin als seine Ausdrucksform. 1920 bis 1925 studierte er an der Akademie für Kunst und Kunstgewerbe in Breslau bei Otto Mueller. Zwischen 1928 und 1930 wurde Camaro in Dresden bei der Ausdruckstänzerin Mary Wigman ausgebildet. 1930 siedelte er nach Berlin über, wo er als Grafiker und Maler ein Atelier in der Wilmersdorfer Straße bezog, hauptsächlich aber von seiner Tanztätigkeit an großen Bühnen der Stadt lebte. Seine Malerei galt während der NS-Zeit als »entartet«. 1945 wurde bei Bombenangriffen fast sein gesamtes Frühwerk in seinem Berliner Atelier zerstört. 1945/46 entstand in Kleinmachnow Camaros Zyklus *Das hölzerne Theater,* mit dem er in den fünfziger Jahren bekannt wurde. Zwischen 1952 und 1969 lehrte Camaro als Professor an der Hochschule der Bildenden Künste Berlin. 1956 gestaltete er eine Außenwand am Elefantenhaus des Zoologischen Gartens mit einer Keramikarbeit, später die farbigen Glasbausteinwände der Philharmonie (1963), der Staatsbibliothek (1974/75), des Musikinstrumenten-Museums (1980/81) und des Kammermusiksaals (1986). Im Reichstagsgebäude hängt sein 1969 entstandenes Triptychon *Großer Kanon. Tag und Nacht,* im St. Gertrauden-Krankenhaus gestaltete er 1979 zwei Glasfenster der Heiligen Katharina und Gertraudis, 1982 erwarb das Klinikum Steglitz Camaros Triptychon *La Vie.* Darüber hinaus schuf er Ölbilder, in denen sich Gegenständliches mit Abstraktem mischt, Wandbehänge, Bühnenbilder, Buchillustrationen, Theater-Figurinen, großflächige Collagen, Wandkeramikfriese, poetische Aquarelle und Meditationsbilder. Camaro starb 1992 in Berlin und wurde auf dem Waldfriedhof Zehlendorf beigesetzt.

Ernst Dohm, eigentlich Elias Levy, Breslau 1819 – Berlin 1883, stammte aus einer Breslauer jüdischen Kaufmannsfamilie, die sich 1828 taufen ließ und den Namen Dohm annahm. Nach einem

Studium der Theologie und Philosophie in Halle wurde Dohm zum ersten Mitarbeiter der 1848 in Berlin gegründeten politisch-satirischen Zeitschrift *Kladderadatsch*. Ab 1849 deren Chefredakteur, machte er sie zur bedeutendsten satirischen Zeitschrift Deutschlands. Der Sitz des *Kladderadatsch*-Verlags von Hofmann in Berlin änderte sich häufig. Er begann 1848 in der Friedrichstr. 172, zog 1849 in die Unterwasserstr. 1 um, 1851 zum Hausvogteiplatz 3, 1859 zum Hausvogteiplatz 1 und 1862 schließlich in die Leipziger Str. 39. Dohm wohnte in der Potsdamer Str. 27 a (heute 72) in Berlin-Tiergarten, wo er mit seiner Frau, der Schriftstellerin und Frauenrechtlerin Hedwig Dohm, geb. Schlesinger, einen literarischen Salon führte, zu dem sich Persönlichkeiten wie Ferdinand Lassalle, Fanny Lewald und Franz Liszt einfanden. Das Grab von Ernst und Hedwig Dohm befindet sich auf dem St. Matthäikirchhof an der Schöneberger Großgörschenstraße.

Joseph Freiherr von Eichendorff, Schloss Lubowitz (bei Ratibor) 1788 – Neiße 1857, besuchte das katholische Gymnasium in Breslau und studierte Jura in Halle und Heidelberg. Erstmalig kam er 1809 als Student an die von Wilhelm von Humboldt gegründete Friedrich-Wilhelms-Universität in Berlin, hörte Fichte und traf mit Arnim, Brentano und Kleist zusammen. Er wohnte zunächst in der Königstraße, später in der Neuen Friedrichstraße (heute Littenstr. 14/15). Er nahm an den Befreiungskriegen teil und trat 1816 als Referendar in den preußischen Staatsdienst ein (Breslau, Danzig, Königsberg, Berlin). In Berlin lebte und arbeitete er als Beamter von 1831 bis 1844, ab 1848 auch immer wieder während seines Ruhestands. 1850 wohnte er im Gartenhaus Am Karlsbad 5. Schließlich zog es ihn doch wieder nach Schlesien zurück, wo er 1857 starb. Berühmt wurde er durch seine Gedichte, Höhepunkten der spätromantischen Lyrik. Wichtige Werke: *Ahnung und Gegenwart* (1815), *Das Marmorbild* (1817), *Aus dem Leben eines Taugenichts* (1826), *Dichter und ihre Gesellen* (1834), *Das Schloß Dürande* (1836), *Die Glücksritter* (1841). Die Eichendorff-Straße in Mitte, die Joseph-von-Eichendorff-Gasse in Tiergarten am Potsdamer Platz und die Eichendorff-Grundschule in der Charlottenburger Goethestraße sind nach ihm benannt.

Gustav Freytag, Kreuzburg (Schlesien) 1816 – Wiesbaden 1895, studierte Germanistik in Breslau bei Heinrich Hoffmann von Fallersleben und 1836–37 in Berlin bei Karl Lachmann. Nach seiner Habilitation an der Universität Breslau lehrte er dort als Privatdozent bis 1847, danach lebte er als freier Schriftsteller und Kulturhistoriker in Dresden und Leipzig. Er machte die Wochenschrift *Die Grenzboten* (Leipzig) zum einflussreichsten Organ des nationalliberalen Bürgertums. 1867–1870 war er Abgeordneter im Norddeutschen Reichstag, 1867 Abgeordneter im konstituierenden Reichstag Berlin. 1870 begleitete er seinen Freund, den Kronprinzen Friedrich, als Kriegsberichterstatter nach Frankreich. Wichtige Werke: *Soll und Haben* (1855), *Bilder aus der deutschen Vergangenheit* (5 Bde., 1859–67), *Die Technik des Dramas* (1863), *Die Ahnen* (6 Bde., 1872–80), *Erinnerungen aus meinem Leben* (1887). Die Gustav-Freytag-Straßen in Grunewald und in Schöneberg sowie die Gustav-Freytag-Oberschule in Reinickendorf sind nach ihm benannt.

Heinrich Gentz, Breslau 1766 – Berlin 1811, Sohn des Breslauer Münzmeisters Johann Friedrich Gentz, der 1779 als Generalmünzdirektor nach Berlin berufen wurde und mit Lessing, Mendelsohn und Kant befreundet war. Heinrich Gentz erhielt seine Ausbildung zum Architekten zwischen 1783 und 1790 an der Berliner Akademie der Künste durch Carl von Gontard. Nach mehrjährigem Italienaufenthalt wurde er 1795 in Berlin Oberhofbauinspektor, wirkte seit 1796 auch an der Akademie der Künste und war 1799 einer der Mitbegründer der Bauakademie. 1801 holte Goethe ihn nach Weimar, wo er am Residenzschloss tätig wurde. 1803 nach Berlin zurückgekehrt, wurde er Mitglied des Senats der Kunstakademie und 1810 erster Direktor der Berliner Schlossbaukommission. Im selben Jahr war er mit Wilhelm von Humboldt verantwortlich für die

Umgestaltung des Prinz-Heinrich-Palais zur Universität. Heinrich Gentz ist ein bedeutender Vertreter des Frühklassizismus, der für eine Erneuerung der Baukunst unter Rückgriff auf Formen der griechischen Antike eintrat und damit zu einem Vorläufer Schinkels wurde. Sein Bruder war der Schriftsteller und Politiker Friedrich von Gentz. Wichtige Bauten in Berlin: Königliche Münze am Werderschen Markt, 1886 abgebrochen, Hörsaalentwurf für die Berliner Universität (1810/11), Kopfbau des Berliner Prinzessinnenpalais mit Brücke zum Kronprinzenpalais (1810/11), Mausoleum für Königin Luise im Schlosspark Charlottenburg (1810/11, erweitert durch Schinkel). In Berlin ist keine Straße nach ihm benannt.

Anna von Gierke, Breslau 1874 – Berlin 1943, als Tochter des Juristen und Sozialpolitikers Otto von Gierke aus dem angesehenen Breslauer Bürgertum stammend, wurde sie in Berlin zu einer berühmten Sozialpädagogin. Nachdem sie in den 1880er Jahren ihre Erfahrungen u. a. im Berliner Pestalozzi-Fröbel-Haus gesammelt hatte, engagierte sie sich für Kindergartenpädagogik, Schulspeisung und Horterziehung. Sie schuf eine Ausbildungsstätte für neue soziale Frauenberufe, »Jugendheime e. V.«, die auf ganz Deutschland ausstrahlte. In den zwanziger Jahren war sie Mitbegründerin eines Wohlfahrtsverbandes, aus dem der heutige Deutsche Paritätische Wohlfahrtsverband hervorging. Ebenfalls in der Zeit der Weimarer Republik gründete sie das vorbildhafte Landjugendheim Finkenkrug, eine Erholungs- und Ausbildungseinrichtung, und knüpfte ein dichtes Netz von Institutionen, Vereinen und Verbänden der Kinder- und Jugendfürsorge. 1919/20 gehörte sie der Weimarer Nationalversammlung an und war Politikerin der Deutschnationalen Volkspartei. Wegen ihrer »halbjüdischen« Abstammung aus ihren Ämtern entlassen, engagierte sich Anna von Gierke für in Not geratene Menschen, gleichgültig welcher Herkunft und Religion. Als Mitglied der Bekennenden Kirche führte sie in ihrer Wohnung Carmerstr. 12, wo sich heute eine Gedenktafel befindet, regelmäßige Versammlungen durch, an denen Martin Niemöller, Helmut Gollwitzer, Theodor Heuss und Romano Guardini teilnahmen. Anna von Gierke wurde auf dem Friedhof der Kaiser-Wilhelm-Gedächtniskirche im Westend bestattet. Der Gierkeplatz und die Gierkezeile in Charlottenburg sind nach ihr benannt.

Gerhart Hauptmann, Ober-Salzbrunn (Schlesien) 1862 – Agnetendorf 1946, zog nach seinem Schulbesuch und Kunststudium in Breslau 1887 nach Berlin, wo er zunächst in der Kleinen Rosenthaler Str. 11, danach in der Lüneburger Str. 5 in Moabit wohnte. In Erkner verfasste er seine ersten wichtigen literarischen Werke. 1891 bezog er gemeinsam mit seinem Bruder Carl ein Bauernhaus in Schreiberhau. 1900/1901 ließ er das »Haus Wiesenstein« in Agnetendorf erbauen, das bis zu seinem Tod sein bevorzugter Wohnsitz blieb. Gleichzeitig hatte er wechselnde Wohnungen in Berlin, so in der Schlüterstr. 78, später in der Gravelottestr. 9 (heute Fasanenstr. 39) in Charlottenburg, dann in Grunewald, zunächst in der Boothstr. 9, dann in der Villenkolonie Trabener Str. 54, später in der Kaiserin-Augusta-Str. 74 (heute Köbisstraße) nahe dem Tiergarten, und zuletzt in der Hubertusallee 25/54 wieder in Grunewald. 1912 erhielt er den Nobelpreis für Literatur. Zunächst verfasste er sozialkritische und naturalistische Dramen wie *Vor Sonnenaufgang* (1889), *Die Weber* (1902), *Der Biberpelz* (1893) oder *Die Ratten* (1911). Aus seinem epischen Schaffen ragt die Erzählung *Bahnwärter Thiel* (1888) heraus. Mit seinen als »Traumdichtungen« und »Märchen« betitelten Dramen wie *Hanneles Himmelfahrt* (1893), *Die versunkene Glocke* (1897) und *Und Pippa tanzt* (1906) wandte sich Hauptmann der Neuromatik zu. An Hauptmanns Charlottenburger Haus in der Schlüterstraße befindet sich (heute am Neubau) eine Gedenktafel für den Dichter, in der Gerhart-Hauptmann-Anlage Bundesallee Ecke Meierottostraße steht eine

1920 geschaffene Stele mit Büste von Fritz Klimsch (s. Abb.), und die von Hauptmann bewohnte Villa Lassen in Erkner wurde zu einem Gerhart-Hauptmann-Museum umgestaltet. Dort, in und um Erkner, finden sich viele Orte, die mit Schauplätzen in Hauptmanns Dramen oder in der Prosa in enger Beziehung stehen, es gibt dort auch eine Biberpelz-Straße. In Berlin-Friedrichshagen gibt es eine Gerhart-Hauptmann-Schule (Oberschule und Gymnasium, Bruno-Wille-Straße), in Kreuzberg eine Gerhart-Hauptmann-Oberschule (Reichenberger Straße) und in Friedenau die Gerhart-Hauptmann-Bibliothek. An der Freien Volksbühne wurde von 1927 bis 1996 der Gerhart-Hauptmann-Preis für Dramatiker verliehen. Die Bibliothek Hauptmanns befindet sich in der Staatsbibliothek Potsdamer Straße, zugänglich in der Handschriftenabteilung.

Bernhard Heisig, Breslau 1925 – Strodehne (Havelaue) 2011, besuchte die Kunstschule in Breslau, bis er ab 1941 als Freiwilliger bei einer SS-Division am Zweiten Weltkrieg teilnahm, u. a. am Kampf um die »Festung Breslau«. 1945–47 arbeitete er als Grafiker im nun polnischen Wrocław. 1947 ausgewiesen, zog er in die DDR und trat der SED bei. Nach Grafikstudium in Leipzig wurde Heisig 1954 als Dozent an die dortige Hochschule für Grafik und Buchkunst berufen, 1961 zum Professor ernannt und als Rektor gewählt. 1964 setzte man ihn nach seiner Kritik an der SED-Kulturpolitik ab, 1968 kündigte er auch seine Dozententätigkeit. 1976 wurde er erneut Rektor der Leipziger Hochschule, zwei Jahre später 1. Stellvertreter des Präsidenten des Verbandes Bildender Künstler. 1989 gab Heisig die ihm verliehenen Nationalpreise der DDR zurück. 1998 war er an der Ausgestaltung des neuen Parlamentssitzes in Berlin beteiligt. In seinem Œuvre, das sich in Grafik bzw. Buchillustrationen und große, historisch-politische Panoramagemälde teilt, thematisierte Heisig immer wieder Preußen und Friedrich II., Gemälde mit Titeln wie *Preußisches Museum* (1977/78), *Preußischer Soldatentanz* (1978–86), *Preußisches Stilleben* (1983, 1988), *Ja, wir sind die Garde* (1987), *Fritz und Friedrich* (1987), *Der*

Feldherrenhügel (1988) oder *Friderizianische Totenrede* (1996) zeugen davon. Er malte mehrere Bilder zum Thema Festung Breslau (1969, 1972/78) und immer wieder seine schlesische Mutter (*Meine Mutter vor brennender Stadt*, 1976).

Guido Georg Friedrich Graf Henckel von Donnersmarck, Breslau 1830 – Berlin 1916, entstammte einem alten oberschlesischen Adelsgeschlecht mit ausgedehntem Großgrundbesitz, auch in Osteuropa (so in Galizien und im russisch besetzten Polen), und Industrieanlagen. 1853 gründete er die Schlesische AG für Bergbau, widmete sich dann vor allem der Kohleförderung, Zink- und Eisenindustrie. 1875 ließ er in Neudeck, dem Stammsitz der Familie, eine riesige Schlossanlage errichten, das sogenannte oberschlesische Versailles. 1877 wurde Henckel von Donnersmarck Mitglied des preußischen Herrenhauses, später des Berliner Stadtrates. Er gehörte zu den Beratern und Freunden Wilhelms II., der oft auf Schloss Neudeck zur Jagd weilte. 1901 erhielt Donnersmarck den Fürstentitel. 1908 besaß er nach Krupp das höchste zu versteuernde Vermögen in Deutschland. Er war maßgeblich an der Gründung Frohnaus beteiligt. Zu Beginn des Ersten Weltkriegs finanzierte er die Errichtung und Unterhaltung eines Kriegslazaretts in Frohnau und stattete es mit tausend Morgen Land aus. 1916 wurde daraus die Fürst-Donnersmarck-Stiftung, die bis heute existiert und Angebote für Behinderte schafft. In Frohnau erinnern die Donnersmarckallee und der Donnersmarckplatz an ihren Gründer.

Max Herrmann-Neiße, eigentlich Max Herrmann, Neiße 1886 – London 1941, studierte zwischen 1905 und 1909 in München und Breslau, kehrte zunächst nach Neiße zurück, von wo aus er in wichtigen Berliner Literaturzeitschriften (Franz Pfemferts *Aktion* und Alfred Kerrs *Pan*) Gedichte veröffentlichte. 1914 erhielt er den Eichendorff-Preis. 1917 kam er nach Berlin, wo er zunächst in Friedenau im Gartenhaus Parterre der Stierstr. 14/15 wohnte. Als Dichter und Dramatiker hatte er in Berlin Erfolg, nebenher war

er auch journalistisch tätig. In den
zwanziger Jahren wandte er sich
verstärkt der Prosa zu. Seine Texte
dieser Zeit sind stark von sozialer
Thematik und expressionistischem
Ausdruck geprägt. 1927 wurde ihm
der Gerhart-Hauptmann-Preis für
Dramatik verliehen. Er war einer
der bekanntesten Berliner Literaten, wozu auch seine auffällige,
verwachsene Erscheinung beitrug. Kurz nach dem Reichstagsbrand 1933 floh er ins Exil und ließ
sich schließlich in London nieder.

Zwar gehörte er zum Exil-PEN, war aber weitgehend schriftstel-
lerisch isoliert. Wichtige Werke: *Lied der Einsamkeit. Gedichte von
1914–1941, Ich gehe, wie ich kam. Gedichte, Gesammelte Werke,* hg. v.
Klaus Völker, (10 Bde., 1986–88). Eine 1956 eingeweihte Gedenktafel mit einem Porträt nach einer Zeichnung von George Grosz
befindet sich an seinem Wohnhaus Kurfürstendamm 215 (s. Abb.).

Georg Heym, Hirschberg (Schlesien) 1887 – Berlin 1912, kam nach
Schulbesuchen in Posen und Gnesen 1900 an das Königlich Joa-
chimsthalsche Gymnasium nach Berlin-Wilmersdorf, legte sein
Abitur in Neuruppin ab und studierte dann Jura in Würzburg, Jena
und Berlin, wo er sich 1908 immatrikulierte. Zwischen 1909 und
1911 wohnte er in der Neuen Kantstr. 12/13 in Charlottenburg, eine
Gedenktafel befindet sich am Nachfolgebau. Unglücklich mit seiner juristischen Ausbildung – sein Dienst im Amtsgericht Lichterfelde dauert nur vier Monate – , dichtete er bereits sehr früh, erste
Versuche stammen sogar von 1899. Entscheidend wird für ihn das
Jahr 1909/1910 mit der Gründung der Künstlervereinigung Neuer
Club, in dem Heym seine Gedichte zu Gehör bringen konnte. Er
gilt als ein bedeutender Vertreter des Frühexpressionismus, der

in ausdrucksstarker, teilweise formstrenger Sprache Chaos und Grauen des einsamen Menschen in der Großstadt schildert, dämonisch-apokalyptische Visionen ebenso entwerfen wie zarte lyrische Töne anschlagen kann. Er ertrank beim Schlittschuhlaufen auf dem Wannsee. Sein Grab auf dem Friedhof III der Luisenkirchengemeinde, Fürstenbrunner Weg, wurde 1942 aufgelöst, 2009 jedoch neu gestaltet. Wichtige Werke: *Der ewige Tag. Gedichte* (1911), *Umbra vitae. Gedichte* (1912), *Marathon. Gedichte* (hg. 1914), Werkausgabe *Dichtungen und Schriften,* hg. v. Karl Ludwig Schneider (4 Bde., 1962–79).

Felix Hollaender, Leobschütz (Schlesien) 1867 – Berlin 1931, Bruder von Gustav Hollaender (Leobschütz 1855 – Berlin 1915), der in Berlin bei dem berühmten Geiger Joseph Joachim studierte und ab 1895 Direktor des Stern'schen Konservatoriums wurde, und Bruder von Victor Hollaender (Leobschütz 1866 – Hollywood 1940), Komponist von Operetten und bekannten Berliner Revuen wie *Hurra, wir leben noch* (1910) und *Die Nacht von Berlin* (1910). Victor Hollaender ist der Vater des Tonfilmkomponisten Friedrich Hollaender (London 1896 – München 1976), der in Berlin-Halensee bis 1933 in der Cicerostr. 14 wohnte, wo sich eine Gedenktafel befindet. Sein Onkel Felix Hollaender verbrachte seine Schulzeit in Berlin, machte 1886 hier sein Abitur und studierte in Berlin u. a. bei Dilthey und Simmel. In seinem Elternhaus hatte er früh Kontakt zum Theaterregisseur Otto Brahm. Seine ersten Romane waren sehr erfolgreich. Er war Mitherausgeber und Theaterkritiker der Berliner Wochenzeitung *Die Welt am Montag.* Ab 1902 wirkte er als Dramaturg, ab 1904 als Regisseur bei Max Reinhardt in Berlin. Um 1910 wohnte er in der Mommsenstr. 22 in Charlottenburg. Von 1920 bis 1924 leitete Felix Hollaender das Deutsche Theater. Von 1921 bis zu seinem Tod wohnte er in Westend in der Oldenburgallee 1, wo sich eine Gedenktafel befindet. Er liegt auf dem Waldfriedhof Heerstraße an der Trakehner Allee begraben. Wichtige Prosawerke: *Sturmwind im Westen* (1896), *Der Weg des Thomas*

Truck (1902), *Unser Haus* (1911), Operettenlibretto *Die fromme Helene*, Musik von Friedrich Hollaender (Berlin 1923).

Karl von Holtei, Breslau 1798 – Breslau 1880, Philosophie- und Jurastudium in Breslau, führte ein unstetes Wanderleben als Schauspieler, Bühnendichter und meisterhafter Rezitator. 1821 war er Theaterdichter und -sekretär am Breslauer Theater und gab gemeinsam mit Karl Schall die Literaturzeitschrift *Deutsche Blätter* heraus. 1824 wurde er Spielleiter und Dramaturg am Königsstädtischen Theater am Alexanderplatz, wo viele seiner Stücke und Liederspiele aufgeführt wurden, so *Wiener in Berlin* (1824) und *Berliner in Wien* (1825). Durch sein Stück *Ein Trauerspiel in Berlin* (1832) gilt er als Erfinder der Nante-Figur. In Berlin heiratete er 1830, fünf Jahre nach dem Tod seiner ersten Frau, die Schauspielerin Julie Holzbecher, mit der er gemeinsam in einigen seiner Stücke auftrat. Zunächst wohnte er in Charlottenburg, dann in der Holzmarktstraße an der Spree. Nach vielen Reisen war er von 1837 bis 1839 Theaterdirektor in Riga, später Theaterleiter in Breslau. Er verfasste zahlreiche Volksstücke und gilt als literarischer Entdecker der schlesischen Mundart (*Schlesische Gedichte*, 1830). Ein kulturhistorisches Dokument ist seine Autobiografie *Vierzig Jahre* (8 Bde., 1843–50) und *Noch ein Jahr in Schlesien* (2 Bde., 1864). Preußentreu sind sein frühes Drama *Leonore* (vor 1828) und seine *Preußischen Kriegs- und Siegeslieder* (1867). Sein literarisches Werk umfasst fünfzig Bände (1861 ff.) Die Holteistraße in Friedrichshain ist nach ihm benannt.

Emma Ihrer, geb. Rother, Glatz 1857 – Berlin 1911, zog jung verheiratet mit ihrem Mann, einem Apotheker, nach Berlin, wo sie 1881 den »Frauen-Hilfsverein für Handarbeiterinnen« und vier Jahre später den »Verein zur Vertretung der Interessen der Arbeiterinnen« mitgründete. Getragen von frauenrechtlerischen und

sozialistischen Ideen und Idealen diente der Verein vor allem der juristischen und medizinischen Unterstützung von Arbeiterinnen. Bei seiner Auflösung durch die Polizei ein Jahr später zählte er bereits über tausend Mitglieder. Nachdem ihrem Mann aufgrund ihrer politischen Betätigung die Konzession für seine Apotheke in Velten entzogen wurde, zog das Ehepaar Ihrer nach Berlin-Pankow. Beim Internationalen Sozialistenkongress 1889 in Paris, an dem Emma Ihrer zusammen mit Clara Zetkin teilnahm, engagierte sie sich für Frauenerwerbstätigkeit und für Gleichberechtigung der Frauen in den Gewerkschaften. Als erste Frau wurde sie in die Generalkommission der Gewerkschaften Deutschlands gewählt. In den neunziger Jahren gab sie nicht nur die frauenrechtlerisch und sozialistisch orientierten Wochenzeitschriften *Die Arbeiterin*, später umbenannt in *Die Gleichheit* heraus, sondern gründete auch mehrere, ebenso ausgerichtete Vereine, was zu häufigen Konflikten mit der Obrigkeit führte. Emma Ihrer ist auf dem Zentralfriedhof Friedrichsfelde begraben (s. Abb.). Die Emma-Ihrer-Straßen in Berlin-Rummelsburg und in Velten bei Berlin sind nach ihr benannt. In der Breiten Straße in Velten erinnert eine Gedenktafel an der Concordia-Apotheke an die Gewerkschafterin.

Willi Jaeckel, Breslau 1888 – Berlin 1944, studierte 1906 bildende Kunst an der Breslauer Kunstakademie, wechselte 1908 nach Dresden und lebte seit 1913 in Berlin zunächst als Dekorationsmaler. Durch seine expressionistischen monumentalen Wandgemälde bekannt geworden, wurde er 1915 Mitglied der Berliner Sezession. Während des Ersten Weltkriegs lithografierte er drastische Kriegsszenen, seine 1916 erschienene Mappe *Memento mori* zeigt den Krieg als apokalyptische Katastrophe. Als Künstler zwischen Expressionismus und Neuer Sachlichkeit stehend, plädierte er für eine neue Spiritualität. Die Kaltnadelradierungen zur Bibel, *Menschgott – Gott – Gottmensch* (1919–1923) zeugen davon. 1919 wurde Jaeckel Mitglied der Preußischen Akademie der Künste und lehrte nach 1925 an der Staatlichen Hochschule für Kunsterziehung, Berlin.

Er schuf charaktervolle Ölporträts sowie Zeichnungen und Grafik mit aktuellen, literarischen und religiösen Themen. Vor den Nationalsozialisten zog er sich nach Aufgabe seiner Lehrtätigkeit 1943 auf die Insel Hiddensee zurück. Jaeckel starb bei der Zerstörung seines Berliner Ateliers durch Brandbomben im Januar 1944.

Franz Jung, Neiße 1888 – Stuttgart 1963, studierte nach Schulbesuch in Neiße in Leipzig, Jena, Breslau und München. 1912 debütierte Jung mit expressionistischer Prosa und veröffentlichte *Das Trottelbuch*. 1913 zog er nach Berlin, wo er engen Kontakt zu Franz Pfemfert hatte. Jung meldete sich freiwillig zum Ersten Weltkrieg, desertierte jedoch 1915 nach der Schlacht bei Tannenberg und wurde zunächst in Spandau inhaftiert, dann in die Psychiatrie (Wittenau) überwiesen. Nach seiner Teilnahme an der Novemberrevolution als Mitglied des Spartakusbunds wurde er von den Kommunisten nach Moskau delegiert und entführte ein Schiff auf hoher See nach Murmansk. In den frühen zwanziger Jahren wurde er nach Verbüßen seiner Haftstrafe in Hamburg in die Sowjetunion abgeschoben, wo er den Aufbau einer Zündholz- und eine Werkzeugfabrik leitete. Zwischen 1923 und 1928 lebte er illegal unter dem Pseudonym Franz Larsz in Berlin, arbeitete als Wirtschaftsjournalist und als Dramaturg unter Piscator und handelte mit verschiedensten Dingen: Kronkorken, Getreideentmuffungsanlagen, Immobilien, Goldminen-Konzessionen, Kartoffeln und Theaterinszenierungen – unter anderem finanzierte er Brechts *Mahagonny*-Aufführung. Er schrieb revolutionäre Romane und Dramen in expressionistischem Stil. 1928 wohnte er in Lichterfelde, in der Apoldaer Str. 7. Während der NS-Zeit schlug er sich als Handelsjournalist durch, floh vor der Gestapo über Prag, Wien, Genf nach Budapest, wurde im KZ Bozen inhaftiert und von den Amerikanern befreit. Er bekehrte sich zum Katholizismus, ging als Wirtschaftskorrespondent 1948 für zwölf Jahre in die USA und kehrte 1960 nach Europa, auch nach Deutschland, zurück, ohne irgendwo sesshaft zu werden. Er starb in einem ärmlichen

Hotelzimmer. Wichtige Werke sind der oberschlesische Industrieroman *Gequältes Volk* (1927) und die Autobiografie *Der Weg nach unten* (1961). Jungs Schriften liegen in *Werke in Einzelausgaben* (12 Bde., 1981–99) vor.

David Kalisch, Breslau 1820 – Berlin 1872, ging nach seiner Tätigkeit als Kaufmann in Breslau 1844 nach Paris, um Schriftsteller zu werden. Dort begegnete er Herwegh, Marx, Heine und Proudhon. 1846 kehrte er nach Deutschland zurück und war zunächst in kaufmännischer Stellung in Berlin tätig. Seine Lokalposse *Einmalhunderttausend Taler* (1847) brachte den Durchbruch als Autor. Das Erfolgsstück entstand nach dem Vorbild französischer Vaudevilles. Kalisch schilderte in seinen Stücken, die im Königsstädtischen Theater, später im Wallner-Theater aufgeführt wurden, das Berliner Milieu derart lebendig, dass Zitate aus seinen Stücken in die Berliner Umgangssprache übernommen wurden. Wichtige Werke waren *Berlin bei Nacht* (1849), *Berliner Leierkasten* (1857) und *Berlin, wie es weint und lacht* (1858). 1848 gründete Kalisch zusammen mit dem Verleger Hofmann die politisch-satirische Zeitschrift *Kladderadatsch,* ein Wochenblatt, für das er 24 Jahre lang hauptberuflich arbeitete. Seine Stücke sind gesammelt erschienen in *Hunderttausend Taler. Altberliner Possen* (2 Bde., 1988), hg. v. Manfred Nöbel. Kalischs Ehrengrab befindet sich auf dem St. Matthäikirchhof an der Schöneberger Großgörschenstraße

Alfred Kerr, eigentlich Alfred Kempner, Breslau 1867 – Hamburg 1948, studierte Geschichte, Philosophie und Germanistik in Breslau und ab 1887 in Berlin. Durch seine Theaterkritiken und Essays, die ab 1890 in Zeitungen wie der *Neuen Rundschau,* in *Der Tag* und im *Berliner Tageblatt* erschienen, wurde er zu einem der einflussreichsten Berliner Kritiker. Ab 1895 wohnte er in der Gneisstr. 9 in Grunewald, um 1900 am Holsteiner Ufer 17 in Moabit, um 1905 siedelte er in die Bamberger Str. 42 in Schöneberg über, um 1910 zum Kurfürstendamm 145, und zwischen 1910 und 1930 wohnte er in der Höhmannstr. 6 in Grunewald, in der Nähe von Gerhart Hauptmann, mit dem er in regem Austausch stand. An diesem Haus befindet sich eine Gedenktafel. 1910–15 war er Herausgeber der Zeitschrift *Pan*. Von 1930 bis zu seiner Emigration 1933 wohnte er in der Douglasstr. 10 in Grunewald. 1935 ging er ins Exil nach London. Kerr sah in der Kritik eine eigene literarische Gattung, die er selbst durch seinen ironischen, knappen und überraschenden Stil wesentlich prägte, wie es in der Feuilletonsammlung *Wo liegt Berlin? Briefe aus der Reichshauptstadt 1895–1900* deutlich wird. In seinen Reisebeschreibungen *Die Welt im Licht* (1920) skizzierte er auch seine Wiederbegegnung mit Breslau. Werkausgaben: *Mit Schleuder und Harfe. Theaterkritiken aus drei Jahrzehnten* (1981), *Werke in Einzelbänden* (1988 ff.), darin enthält *Erlebtes. Deutsche Landschaften, Menschen und Städte* (Bd. 1, 1) impressionistische Berlin-Skizzen. Der Kerrweg in Staaken und die einen Theaterpreis vergebende Alfred-Kerr-Stiftung in Berlin sind nach ihm benannt.

August Kiss, Paprotzan (Oberschlesien) 1802 – Berlin 1865, Sohn eines Hütteninspektors, ging nach Besuch der Fürstenschule in Pleß, einer zweijährigen Lehre in Paprotzan und einer Lehre an der königlichen Eisengießerei Gleiwitz 1822 nach Berlin, wo er in der königlichen Eisengießerei, an der Akademie und in Rauchs Atelier lernte. Berühmt wurde er durch seine 1837 modellierte, mit einem Panther kämpfende Amazone, die später an der Treppe zum Alten Museum aufgestellt wurde. Er gestaltete viele Denkmäler für die preußischen Könige: 1841 entstand die Reiterstatue Friedrichs II. für Breslau, 1844 das Reiterstandbild Friedrich Wilhelms III. für Königsberg, die Statue Friedrich Wilhelms II. für Potsdam und das Standbild Friedrich Wilhelms III. für Breslau. Kiss schuf die Figur des Erzengels Michael auf der gleichnamigen Kirche, die kolossale Reiterstatue des Heiligen Georg als Drachentöter (ehemals Schlosshof, heute Nikolaiviertel, 1855) und Bronzefiguren mit preußischen Militärs für den Wilhelmplatz in Berlin. Ein größeres Marmorwerk ist das Grabmonument für die Gräfin Laura Henckel von Donnersmarck (Mausoleum Wolfsberg, Kärnten, 1862). Zuvor hatte Kiss das Grabmal für Karl Friedrich Schinkel auf dem Dorotheenstädtischen Friedhof (nach 1841), das Porätmedaillon am Grabmal Christian Daniel Rauchs ebendort (nach 1857) und die Grabstele für Ludwig Persius auf dem Bornstädter Friedhof in Potsdam (nach 1845) gestaltet. Auch das Zinkgussrelief *Die Kunst unterweist Industrie und Kunstgewerbe* (1862) am Westgiebel des Neuen Museums Berlin und die Greifen am Johannitertor von Schloss Glienicke (1862) modellierte Kiss. Er starb hochgeehrt in Berlin und hinterließ ein so großes Vermögen, dass er der Berliner Nationalgalerie eine Stiftung von 300 000 Reichsmark für den Ankauf von Kunstwerken vermachen konnte. Ebenso stiftete er ein Haus für arme evangelische Konfirmanden an der Nikolaikirche.

Jochen Klepper, Beuthen an der Oder 1903 – Berlin 1942, Sohn eines evangelischen Pfarrers, arbeitete nach Schulbesuch in Glogau und Theologiestudium in Erlangen und Breslau journalistisch für Presse und Rundfunk in der schlesischen Hauptstadt, bis er 1932 nach Berlin zog, wo er für den Berliner Rundfunk arbeitete. Zunächst wohnte er in Südende, wo heute auf der Höhe Gurlittstraße/Sembritzkystraße der Jochen-Klepper-Park mit Gedenkstein nach ihm benannt ist. Später lebte er in der Karlstr. (heute Oehlertring) 6. Am Haus befindet sich eine Gedenktafel. Sein erster Roman, *Der Kahn der fröhlichen Leute* (1933), beschreibt das Schifferleben auf der Oder. Nach der Machtergreifung Hitlers erreichte Klepper zwar eine Aufnahme in die Reichsschrifttumskammer, jedoch wurden seine Berufsmöglichkeiten wegen seiner jüdischen Frau immer weiter eingeschränkt. 1937 erschien sein Hauptwerk, der christlich-historische Roman *Der Vater,* der besonders in Offizierskreisen ein großer Erfolg wurde. Dennoch wurde Klepper aus der Reichsschrifttumskammer ausgeschlossen. 1938 gab er *In tormentis pinxit. Briefe und Bilder des Soldatenkönigs* heraus. Ab 1938 wohnte Klepper in seinem Haus in der Teutonenstr. 23 in Nikolassee. 1940 wurde er zur Wehrmacht einberufen, 1941 wegen seiner jüdischen Frau entlassen. Unter dem politischen Druck der NS-Herrschaft beging er mit seiner Frau und seiner Stieftochter 1942 Selbstmord. Das Grab befindet sich auf dem Friedhof der evangelischen Kirchengemeinde Nikolassee in der Nähe des Jochen-Klepper-Weges mit Gedenkstein. Kleppers literarisches Schaffen ist von tiefer protestantischer Frömmigkeit geprägt. Er verfasste zahlreiche, heute noch in Gesangbüchern präsente geistliche Lieder, die Gedichtsammlungen *Kyrie* (1938), *Ziel der Zeit* (hg. 1962). Seine Tagebuchaufzeichnungen *Unter dem Schatten deiner Flügel* (hg. 1956) und *Überwindung* (hg. 1958) sind erschütternde Zeitdokumente.

August Kopisch, Breslau 1799 – Berlin 1853, ging nach Besuch der Kunstakademie in Prag und Wien 1823 für mehrere Jahre nach Italien, vor allem nach Rom und Neapel. 1826 entdeckte er auf Capri die Blaue Grotte wieder. 1829 kehrte er nach Breslau zurück  und ging 1833 nach Berlin, wo er 1840 zum königlichen Kunstbeirat ernannt wurde und im Hofmarschallamt als Maler tätig war. 1844 erhielt er von Kronprinz Friedrich Wilhelm IV. den Professorentitel und verhielt sich auch während der Revolution 1848/49 äußerst loyal gegenüber dem Königshaus. Seine Wohnung befand sich in der Friedrichstr. 218. Seit 1847 war er zeitweise, zwischen 1849 und 1851 ganz in Potsdam wohnhaft, wo er in offiziellem Auftrag *Die königlichen Schlösser und Gärten zu Potsdam* (1854) beschrieb. Volkstümlich, humorvoll und vom Geist der Spätromantik geprägt sind seine Schwänke, Sagen, Novellen und Gedichte (*Allerlei Geister* von 1848, darin *Die Heinzelmännchen, Der Nöck*). Auch Dramen und Übersetzungen aus dem Italienischen sind überliefert. Sein literarisches Œuvre erschien 1856 als *Gesammelte*

Werke (5 Bde.), hg. v. Carl Böttcher. In der Alten Nationalgalerie hängt Kopischs Gemälde *Die Pontinischen Sümpfe bei Sonnenuntergang* (1848). Sein Ehrengrab befindet sich auf dem Dreifaltigkeitskirchhof 11 in Berlin-Kreuzberg. Die Kopischstraße in Kreuzberg ist nach ihm benannt.

Ludwig Peter Kowalski, Königshütte (Oberschlesien) 1891 – 1967 Berlin, erhielt seine künstlerische Ausbildung an der Breslauer Akademie unter Hans Poelzig. Dem Expressionismus nahestehend, schloss er sich dem ebenfalls schlesischen Künstler Otto Mueller an. Romantische Landschaftsauffassung, fast Naturmagie und eine auratische Behandlung des menschlichen Körpers zeichnen Kowalskis Werk aus. Ab 1927 war er Leiter der Kunstgewerbeschule in Breslau, 1934 wurde er von den nationalsozialistischen Machthabern abgesetzt. Kowalski wurde 1945 aus Breslau vertrieben, sein Œuvre in der »Festung Breslau« fast restlos vernichtet. Ab 1948 gelang ihm im Westteil Berlins ein Neuanfang. Seine Landschafts- und Städtebilder, Porträts, Stilleben und Aquarelle werden unter anderem in der Neuen Nationalgalerie aufbewahrt. Neben den Glasfenstern im Bundeshaus und im Kreuzberger Rathaus sowie der Glasschliffwand im Schiller-Theater sind seine sakralen Kunstwerke für Berliner Kirchen von Bedeutung. So schuf er fünf Rundfenster für die Kaiser-Friedrich-Gedächtniskirche im Hansaviertel, einen monumentalen Kreuzweg für die dortige Kirche St. Ansgar, die Glasfenster der Luisenkirche in Charlottenburg sowie die Fenster der Kirchen St. Rita in Reinickendorf, Herz Jesu in Tegel, St. Elisabeth in Schöneberg und für die Kapelle des katholischen Studentenwohnheims »Wilhelm-Weskamm-Haus« in Charlottenburg. Für die alte Hohenzollernbrücke, die in den fünfziger Jahren der Stadtautobahn weichen musste, fertigte Kowalski 27 Mosaik-Wappen »ehemals ostdeutscher Länder und Städte« an, die 1957 im Innenhof des Rathauses Wilmersdorf angebracht wurden, darunter sieben Wappen schlesischer Provinzen und Städte. Auf einer Tafel ist dort seit 1992 zu lesen: »Die Länder und

Provinzen existieren nicht mehr als Gebietskörperschaften. [...] Mit den Wappen werden keine Ansprüche verbunden. Sie erinnern an einen Teil der deutschen und europäischen Geschichte.« Kowalski starb 1967 in Berlin.

Carl Ferdinand Langhans, Breslau 1782 – Berlin 1869, war Schüler seines Vaters Carl Gotthard Langhans und Friedrich Gillys. Er war von Friedrich Schinkel beeinflusst und trat vor allem als Theaterarchitekt hervor. In Breslau hinterließ er wichtige Gebäude, so die Börse (1822–25), die Elftausend-Jungfrauen-Kirche (1821–23), die Synagoge Zum Weißen Storch (1820–29) und das ehemalige Stadttheater, heute Niederschlesische Oper (1839–41). 1834 siedelte er nach Berlin über, errichtete Theater in Liegnitz (1841/42), Stettin (1846), Dessau (1855/56) und Leipzig (1864–67). Wichtige Bauten in Berlin sind das Gasthaus in Alt-Treptow (später Zenner, um 1820), das Palais Wilhelms I. (Altes Palais, 1834–37) und der Neubau der Staatsoper Unter den Linden (1843/44). Am Bau der Krolloper war Langhans 1844 beteiligt, das Victoria-Theater in der Münzstraße wurde 1859 nach seinen Plänen errichtet. Langhans' Grab befindet sich auf dem Friedhof III der Jerusalems- und Neuen Kirchengemeinde vor dem Halleschen Tor am Mehringdamm in Kreuzberg.

Carl Gotthard Langhans, Landeshut (Schlesien) 1732 – Grüneiche bei Breslau 1808, studierte Jura in Halle und beschäftigte sich autodidaktisch mit Architektur. 1764 erzielte er mit seinem Entwurf der Kirche *Zum Schifflein Jesu* in Glogau seinen Durchbruch als Architekt, im selben Jahr erhielt er beim Fürsten Hatzfeldt eine Anstellung als Bauinspektor. In dieser Zeit unternahm er viele Studienreisen ins europäische Ausland. 1775 wurde er Kriegs- und Domänenbaurat für Schlesien, 1788 unter Friedrich Wilhelm II. zum Direktor des neugegründeten Oberhofbauamtes in Berlin ernannt. Seit diesem Jahr wohnte Langhans in der Charlottenstr. 48 (Ecke Behrensstraße). Stilistisch ist er zwischen

Barock und Klassizismus einzuordnen. Seine wichtigsten Bauten in Berlin sind das Schlosstheater Charlottenburg und das Belevedere (1787–91), das Anatomische Theater der Tierarzneischule (1789–90), der Turmhelm der Marienkirche (1787–90), das Brandenburger Tor (1789–91), das Deutsche Nationaltheater am Gendarmenmarkt (1800–02) und viele Gebäude im Neuen Garten Potsdam (1789–98). In Berlin ist keine Straße nach ihm benannt (die Langhansstraße in Weißensee geht auf einen Hamburger Kaufmann zurück, der diesen Stadtteil gegründet hat), nur in Potsdam gibt es nahe dem Neuen Garten eine Langhansstraße.

Ferdinand Lassalle, Breslau 1825 – Genf 1864, eigentlich Ferdinand Johann Gottlieb Lassal, zog nach seinem Schulabschluss in Breslau 1844 nach Berlin, wo er Philologie, Geschichte und Philosophie studierte. 1845/46 hatte er wechselnde Wohnorte in Breslau, Berlin und Paris. In Berlin wohnte er Unter den Linden. Zwischen 1846 und 1854 übernahm er die Vertretung der Gräfin von Hatzfeldt in ihrem Scheidungsprozess in Düsseldorf, der für ihn auch eine gesellschaftspolitische Bedeutung hatte. 1848 setzte er sich für die Einführung einer demokratischen Verfassung ein, woraufhin er strafrechtlich verfolgt wurde. Zwischen 1859 und 1863 wohnte er sehr luxuriös in der Bellevuestr. 13 in Tiergarten, wo sich seit 2005 eine Gedenktafel auf dem Bürgersteig befindet, da das Haus nicht mehr steht. 1861 war Karl Marx in dieser Wohnung für viele Tage zu Gast, die gelehrte Welt Preußens ging hier ein und aus. Neben philosophischen Untersuchungen, so *Die Philosophie des Herakleitos* (1858), entstand sein politisches Hauptwerk *Das System der erworbenen Rechte* (1861). Seine Stellungnahmen zur Arbeiterfrage brachten ihn in Kontakt mit den Arbeitervereinen, in seiner Berliner Rede von 1862, dem *Arbeiterprogramm*, forderte er die Beteiligung der Arbeiter an der Produktion, den Abbau sozialer Ungleichheit und ein allgemeines und gleiches Wahlrecht. 1863 gründete Lassalle den Allgemeinen Deutschen Arbeiterverein (ADAV), zu dessen erstem Präsident er gewählt wurde. Als wirkungsvoller Agitator reiste er durch Deutschland. Er trat für ein »soziales Königtum« ein und hatte Kontakt zu Bismarck. 1864 starb er bei einem Duell um eine Frau in Genf. Nach seinem Tod ging der ADAV 1875 in der deutschen Sozialdemokratie auf, die wesentlich von Lassalles Gedankengut geprägt wurde. Werkausgabe: *Gesammelte Reden und Schriften* (12 Bde., 1919/20), hg. v. Eduard Bernstein. Die Lassallestraßen in Berlin-Kaulsdorf und Berlin-Rahnsdorf sind nach ihm benannt.

Joseph Lenzel, Breslau 1890 – Dachau 1942, war ab 1929 Pfarrkurat an der katholischen Gemeinde St. Maria Magdalena in Berlin-Niederschönhausen und Präses der Kolpingsfamilie für Berlin-Zentral. Aufgrund seines Engagements für polnische Zwangsarbeiter in seiner Gemeinde wurde er von der Gestapo überwacht und schließlich während der Vorbereitung eines Gottesdienstes für Zwangsarbeiter 1942 verhaftet. Einige Monate später starb er im KZ Dachau. Seit 1980 steht vor der St. Maria Magdalenenkirche ein Denkmal für Lenzel. An der Hedwigs-Kathedrale ist eine Gedenktafel angebracht. In Berlin-Neukölln wurde der Lenzelpfad, in Pankow die Pfarrer-Lenzel-Straße nach ihm benannt, in der Nähe liegt in einer Grünanlage ein Gedenkstein. Sein Grab befindet sich auf dem St. Hedwigs-Friedhof III an der Ollenhauerstr. 24–28 in Berlin-Reinickendorf.

Bernhard Lichtenberg, Ohlau (Schlesien) 1875 – Hof 1943, kam nach seinem Theologiestudium in Innsbruck und Breslau 1900 nach Berlin, 1900–02 als Kaplan nach St. Mauritius in Lichtenberg (Gedenktafel), 1905–10 als Kurat an die Kirche Zum Guten Hirten in Friedrichsfelde (Gedenktafeln dort, s. Abb., und am Pfarrhaus St. Marien in Karlshorst) und von 1913–30 als Pfarrer an die Herz-Jesu-Kirche in Charlottenburg (Gedenktafel und Büste). 1932 wurde er Dompfarrer an der Hedwigs-Kathedrale, ab 1938 Dompropst. Er trat mutig gegen das NS-Regime auf, seit der Reichspogromnacht hielt er täglich öffentlich Fürbitte »für

die verfolgten nichtarischen Christen und für die Juden« und organisierte vielfältige praktische Hilfe für sie. 1941 wurde er wegen »Kanzelmissbrauchs« zu Haft verurteilt, zunächst im Zuchthaus Tegel, dann im Durchgangslager Berlin-Wuhlheide. Er starb 1943 an seinen schweren Herz- und Nierenerkrankungen in Hof auf dem Transport in das KZ Dachau. 1965 wurden seine sterblichen Überreste in die Krypta der Hedwigs-Kathedrale überführt, 1991 im Foyer des benachbarten Bernhard-Lichtenberg-Hauses eine Büste aufgestellt. Das Erzbistum Berlin hat einen Bernhard-Lichtenberg-Fonds zur Unterstützung unverschuldet in Not geratener Migranten eingerichtet. 1962 wurde die Bernhard-Lichtenberg-Straße in der Nähe der Hinrichtungsstätte Plötzensee nach ihm benannt, 1974 in Ostberlin eine Straße am Prenzlauer Berg. Auch der Platz vor der JVA Tegel trägt seinen Namen. 1996 wurde er von Papst Johannes Paul II. in Berlin seliggesprochen. Die katholische Bernhard-Lichtenberg-Grundschule in Spandau und das Seniorenheim Bernhard-Lichtenberg-Haus in Alt-Lietzow, Charlottenburg, erinnern an ihn. Lichtenberg wird in der israelischen Gedenkstätte Yad Vashem geehrt. Der israelische Botschafter überreichte dem Berliner Erzbischof Kardinal Sterzinsky 2005 die entsprechende Urkunde und Medaille in der Hedwigs-Kathedrale.

Paul Löbe, Liegnitz 1875 – Bonn 1967, absolvierte als Sohn eines Tischlers eine Schriftsetzerlehre in Liegnitz, arbeitete in Breslau in einer Druckerei und war zwischen 1899 und 1919 Chefredakteur der *Breslauer Volkswacht*. Als Mitglied der SPD wurde er 1919/20 Vize-Präsident der Weimarer Nationalversammlung, 1920–33 Mitglied des Reichstags, 1920–32 (mit Unterbrechung im Jahr 1924) dessen Präsident. In der Zwischenkriegszeit war er auch Präsident der Paneuropa-Union. Seit 1919 in Berlin, wohnte er zunächst in der Charlottenburger Uhlandstraße, dann in der Friedenauer Rubensstraße. 1933 wurde er vom NS-Regime inhaftiert, zunächst im Gefängnis Alexanderplatz, dann in Spandau, im Breslauer KZ Dürrgoy und wieder am Alexanderplatz. Nach der Entlassung arbeitete er beim wissenschaftlichen Verlag de Gruyter. Nach dem Attentat vom 20. Juli 1944 wurde er erneut verhaftet, da er Kontakt zum Goerdeler-Kreis hatte. Das Kriegsende erlebte er in der Grafschaft Glatz. 1945 musste er Schlesien für immer verlassen. Bis an sein Lebensende setzte er sich für die Belange der Heimatvertriebenen ein. Nach dem Zweiten Weltkrieg war er maßgeblich am Wiederaufbau der SPD beteiligt. 1948–49 war er Mitglied des Parlamentarischen Rates, 1949–53 Mitglied des Bundestags, 1949–1954 Präsident der Europäischen Bewegung in Deutschland, 1954–67 Präsident des Kuratoriums »Unteilbares Deutschland«. Sein Ehrengrab befindet sich auf dem Waldfriedhof Zehlendorf, Potsdamer Chaussee, Ecke Wasgensteig. Löbes Lebenserinnerungen erschienen unter dem Titel *Der Weg war lang. Erinnerungen* (1949). An seinem Wohnhaus Rubensstr. 118 in Schöneberg hängt eine Gedenktafel. Die Paul-Löbe-Allee in Tiergarten, das Paul-Löbe-Haus (Parlamentsgebäude im Berliner Regierungsviertel, Konrad-Adenauer-Str. 1), und die Paul-Löbe-Oberschule in Reinickendorf sind nach ihm benannt.

Roger Loewig, Striegau (Schlesien) 1930 – Berlin 1997, war nach der Flucht mit seiner Mutter aus Schlesien in die Sowjetische Besatzungszone 1945 zunächst als Land- und Forstarbeiter in der Lausitz tätig. 1953 schloss er eine pädagogische Ausbildung ab und arbeitete in Ost-Berlin als Russisch-, Deutsch- und Geschichtslehrer. Er wohnte in der Gutenbergstr. 24 in Köpenick. In seiner freien Zeit war er als Maler, Zeichner und Schriftsteller tätig. 1960 zog er in die Friedrichshagener Str. 50 in Köpenick. 1963/64 wurde Loewig inhaftiert, ihm wurde »staatsgefährdende Hetze und Propaganda« vorgeworfen. Nach seiner Entlassung erhielt er als

Lehrer keine Anstellung mehr und geriet immer stärker in die Isolation. Zwischen 1964 und 1972 hielt er sich oft in Belzig bei Freunden auf. Dort befindet sich seit 2009 das Roger-Loewig-Haus, ein Museum mit Gedenkstätte. 1972 reiste er nach West-Berlin aus, wo er eine Atelierwohnung eines Hochhauses im neuerbauten Märkischen Viertel (Wilhelmsruher Damm 120) bezog. Loewig thematisiert in seinem künstlerischen und literarischen Werk immer wieder die Brüche und Verwerfungen der jüngeren deutschen Geschichte. 1992 wurden Arbeiten von ihm als erstem deutschem Künstler im Staatlichen Museum Auschwitz-Birkenau gezeigt. 1997 wurde er für sein Lebenswerk mit dem Verdienstkreuz 1. Klasse der Bundesrepublik Deutschland ausgezeichnet. Kurz danach starb er. An seinem Wohnhaus im Märkischen Viertel erinnert eine Gedenktafel an ihn. Die 1998 gegründete Roger-Loewig-Gesellschaft, die auch das Haus in Belzig unterstützt, hat ihren Sitz in Berlin.

Ludwig Meidner, Bernstadt (Schlesien) 1884 – Darmstadt 1966, siedelte nach dem Studium an der Breslauer Kunstakademie 1903–05 nach Berlin über und illustrierte für die expressionistische Zeitschrift *Die Aktion*. 1906/07 hielt er sich in Paris auf und befreundete sich mit Amedeo Modigliani. Zurück in Berlin porträtierte er das hektische Großstadtleben, ab 1912 malte er Katastrophenszenarien, die wie Vorahnungen des Ersten Weltkriegs wirken. In der Vorkriegszeit gab Meidner einen Jour fixe in seiner Friedenauer Wohnung in der Wilhelmshöher Straße, danach in der Landauer Str. 16. In den zwanziger Jahren wandte er sich auch religiösen Sujets zu und porträtierte zahlreiche Intellektuelle der Weimarer Republik, vor allem Künstler und Schriftsteller. In dieser Zeit wohnte er in der Motzstr. 55. 1924/25 arbeitete er als Zeichenlehrer am Studien-Atelier für Malerei und Plastik in Berlin-Charlottenburg, zwischen 1927 und 1935 veröffentlichte er zahlreiche Feuilletons, Erzählungen und Betrachtungen in verschiedenen Zeitungen und Zeitschriften, darunter im *Berliner Börsen-Courier*. Als Jude und »entarteter Künstler« verfemt, zog er 1935 nach Köln, bis er 1939 ins Exil nach London ging, wo er auch Max Herrmann-Neiße wiedertraf. 1953 kehrte er nach Deutschland zurück, erst nach Frankfurt a. M., später nach Darmstadt. Viele seiner Gemälde und Zeichnungen befinden sich in Berliner Museen. Wichtige literarische Werke: *Im Nacken das Sternenmeer* (1918), *Septemberschrei* (1920), *Gang in die Stille* (1929).

Adolph Friedrich Erdmann von Menzel, Breslau 1815 – Berlin 1905, zog mit seiner Familie 1830 von Breslau nach Berlin, wo er bereits 1832 die väterliche Steindruckerei übernahm und sich autodidaktisch weiterbildete. Vor 1839 wohnte er in der Wilhelmstr. 39. Sein Aufstieg begann 1833 mit einer Folge von sechs lithografierten Federzeichnungen zu dem Gedicht *Künstlers Erdenwallen* von Goethe. Mit den Lithografien zu *Denkwürdigkeiten aus der Brandenburgisch-Preußischen Geschichte* (1836) und *Die Armee Friedrichs des Großen in ihrer Uniformierung* (1851–57) profilierte er sich als der wichtigste Vertreter dieser Kunst in Deutschland. 1839–42 schuf er 400 Federzeichnungen für Holzstiche zu Kuglers Werk *Geschichte*

Friedrichs des Großen. Bis 1845 wohnte er in der Zimmerstr. 4, bis 1847 in der Schöneberger Str. 18 (später Nr. 52). Um 1845 wandte er sich in bedeutenden, damals aber kaum beachteten Bildern scheinbar anspruchslosen Motiven zu (Gegenstände, Landschaften, Innenräume, so *Das Balkonzimmer* von 1845, Hinterhäuser) und griff aktuelle Themen des aufkommenden Industriezeitalters auf, die damals kaum als darstellungswürdig galten (*Die Berlin-Potsdamer Bahn,* 1847, *Das Eisenwalzwerk,* 1875). Bis Ende 1860 wohnte er in der Ritterstr. 43, wo sich eine Gedenktafel befindet. 1853 wurde Menzel Mitglied der Königlichen Akademie der Künste, 1856 Professor. Bis 1864/65 wohnte er in der Marienstr. 22 im Hause seines Schwagers Krigar. 1861 erhielt er seinen einzigen staatlichen Auftrag: Er schuf das offizielle Monumentalbild der Krönung Wilhelms I. in

Königsberg. Menzel unternahm viele Reisen, bevorzugt in den Süden und schuf frühimpressionistische Bilder barocker Innenräume. Bis 1871 wohnte er in der Luisenstr. 24, bis 1876 in der Potsdamer Str. 7 und bis zu seinem Tod in der Sigismundstr. 5. 1885 wurde er Ehrendoktor der Berliner Universität, 1895 Ehrenbürger Berlins und 1898 zum Ritter des Hohen Ordens vom Schwarzen Adler und damit in den Erbadel erhoben. Sein Ehrengrab auf dem Dreifaltigkeitskirchhof II an der Bergmannstraße in Kreuzberg schmückt eine Bronzebüste nach Begas (s. Abb.). Nach seinem Tod erwarb die Nationalgalerie Berlin Menzels Nachlass. Die Menzelstraßen in Schöneberg (seit 1892), in Grunewald (seit 1898) und in Mahlsdorf sowie die Adolf-Menzel-Straße in Kaulsdorf sind nach ihm benannt, ebenso die Menzel-Schule an der Altonaer Straße in Tiergarten.

Lina Morgenstern, geb. Bauer, Breslau 1830 – Berlin 1909. Ihr soziales Engagement begann bereits 18-jährig mit der Gründung des »Breslauer Pfennigvereins zur Unterstützung armer Schulkinder«. Mit ihrem Mann Theodor Morgenstern zog sie nach Berlin und verfasste, angeregt durch ihre fünf Kinder, Kinderbücher, die auch zur Ernährung ihrer Familie beitrugen. 1854 schuf sie trotz dem seit 1851 geltenden preußischen Kindergartenverbot die erste Berliner Einrichtung dieser Art. 1859 gründete sie zusammen mit Adolf Lette den »Berliner Frauen-Verein zur Beförderung der Fröbel'schen Kindergärten«, der sich gegen das Verbot engagierte. Ihr Ziel war es, die Kindergartenidee von Friedrich Fröbel zu befördern und Kindergärtnerinnenseminare einzurichten. Ihr Handbuch zur Ausbildung von Kindergärtnerinnen, *Das Paradies der Kindheit,* löste frühe öffentliche Debatten über die vorschulische Kindererziehung aus. Zur Milderung drohender sozialer Konsequenzen der Kriege von 1866 und 1870 richtete sie in Berlin Großküchen ein. Die preußische Königin Augusta unterstützte die Arbeit der mittlerweile im Berliner Volksmund »Suppenlina« genannten Sozialreformerin. Gleichzeitig gründete sie eine »Akademie zur Fortbildung junger Damen«,

Kinderschutzvereine sowie Erziehungs- und Krankenpflegeschulen. Auch im Ausland fanden ihre Ideen und Werke Widerhall: 1873 wurde der erste Kindergarten in England eingerichtet, die erste schwedische Volksküche entstand 1885. Seit 1874 gab Lina Morgenstern die *Deutsche Hausfrauenzeitschrift* heraus und engagierte sich bis an ihr Lebensende für Frauenrechte und für Frieden. Sie wurde auf dem Jüdischen Friedhof in Berlin-Weißensee beigesetzt. Die Lina-Morgenstern-Straße in Berlin-Rummelsburg und die Lina-Morgenstern-Oberschule in Berlin-Kreuzberg erinnern an die bedeutende Sozialreformerin.

Otto Mueller, Liebau (Schlesien) 1874 – Obernigk 1930, studierte nach einer Lithografielehre an den Kunstakademien von Dresden und München. 1908 zog er nach Berlin. Vergeblich versuchte er, sich der Berliner Secession anzuschließen und gründete 1910 mit anderen Künstlern die Gruppe Neue Secession. Hier lernte er Mitglieder der Künstlergruppe Brücke kennen und arbeitete bis zur Auflösung 1913 in ihr mit. Obwohl er eng mit Kirchner und Heckel zusammenarbeitete, bildete sich bei Mueller ein sehr eigener Schaffensstil heraus, der bevorzugt schlanke Mädchengestalten in der Natur darstellte. 1911 zog er aus seinem Atelier in der Mommsenstr. 66 in Berlin-Steglitz aus, das Heckel übernahm. Mueller bezog ein neues Atelier in der Hewaldstraße in Schöneberg. Nach der Teilnahme am Ersten Weltkrieg lehrte er ab 1919 an der Akademie in Breslau, wo die *Zigeuner*-Mappe (1927) den Höhepunkt seines Schaffens bildete. Das Brücke-Museum in Berlin-Dahlem und die Neue Nationalgalerie Berlin besitzen einige Hauptwerke.

Julius Carl Raschdorff, Pleß (Oberschlesien) 1823 – Waldsieversdorf 1914, studierte nach dem Abitur in Gleiwitz 1845–53 an der Berliner Bauakademie. 1854–72 war er Stadtbaumeister in Köln, 1878 wurde er Professor der TH in Berlin-Charlottenburg. Während dieser Zeit errichtete er den Neubau der TH (TU Berlin), ein Monumentalgebäude im Stil der italienischen Hochrenaissance mit fünf Innenhöfen. Seit 1892 war er Dombaumeister in Berlin. Der Berliner Dom entstand zwischen 1894 und 1905. Raschdorff entwarf über 220 Bauwerke in Deutschland und im benachbarten Ausland, von denen etwa hundert ausgeführt wurden. Neben Kirchen und (Hoch-)Schulen schuf er an vierzig verschiedenen Orten Museen, Bibliotheken, Krankenhäuser, Theater, Rathäuser, Bahnhöfe, Schlösser, Villen und Geschäftshäuser. Sein Ehrengrab befindet sich auf dem Dorotheestädtischen Friedhof II an der Liesenstraße. Die Raschdorffstraße in Reinickendorf ist nach ihm benannt. Im Dom befindet sich eine von Adolf Brütt geschaffene Büste des Architekten.

Friedrich Schleiermacher, Breslau 1768 – Berlin 1834, nach Besuch von Schulen der Herrnhuter Brüdergemeinde in Niesky und Barby und einem Theologiestudium in Halle war er von 1796 bis 1802 Prediger an der Charité und lernte Friedrich Schlegel und Henriette Herz kennen. 1804–07 war er Theologieprofessor in Halle, ab 1809 Prediger an der Berliner Dreifaltigkeitskirche, an der sich eine Gedenktafel befindet. 1807 trat er in die Sing-Akademie Carl Friedrich Zelters ein, die sich zum geistig-kulturellen Zentrum Berlins entwickelte. Er war Lehrer am Gymnasium zum Grauen Kloster in der Klosterstr. 74. Zusammen mit Freiherr vom Stein und Wilhelm von Humboldt setzte er sich für die Gründung der Friedrich-Wilhelms-Universität ein, an der er ab 1810 bis zu seinem Lebensende als Theologieprofessor lehrte. 1811 wurde er Mitglied der Preußischen Akademie der Wissenschaften. Darüber hinaus war er Mitglied verschiedener Intellektuellenvereine, so der *Deutschen Tischgesellschaft* und der *Gesetzlosen Gesellschaft*. Zwischen 1809 und 1816 wohnte er im Pfarrhaus Ecke Tauben-/Kanonierstr. (heute Glinkastr.) 16, eine Gedenktafel befindet sich am Nachbarhaus. Um 1830 wohnte er in der Wilhelmstr. 30. Seine

Schriften umfassen mehr als dreißig Bände und erschienen in Berlin zwischen 1834 und 1864: *Sämmtliche Werke* (Abt. I, *Zur Theologie*, 11 Bde., Abt. II, *Predigten*, 10 Bde., Abt. III, *Zur Philosophie*, 9 Bde.). Die von ihm gesuchte Synthese von Bildung und Religion sowie von christlichem und philosophischem Bewusstsein bestimmte die liberale Theologie des 19. Jahrhunderts. Der Einfluss seiner Sprachphilosophie reicht bis in die Gegenwart. Schleiermachers Ehrengrab befindet sich auf dem Dreifaltigkeitskirchhof II an der Bergmannstraße in Berlin-Kreuzberg (s. Abb.). Die Schleiermacherstraße in Kreuzberg ist nach ihm benannt.

August Scholtis, Bolatitz (bei Troppau) 1901 – Berlin 1969, wuchs im nach dem Ersten Weltkrieg der Tschechoslowakei zugeschlagenen Hultschiner Ländchen auf und arbeitete als Sekretär für den Diplomaten Fürst Lichnowsky. Nach Gelegenheitstätigkeiten und Arbeitslosigkeit kam er 1928 als Schriftsteller und Journalist nach Berlin. Sein spätexpressionistischer Roman *Ostwind* (1932), in dem er die oberschlesischen Aufstände thematisierte, wurde ein großer Erfolg. Während der NS-Zeit schlug Scholtis sich mitunter systemnah in Berlin durch. Nach dem Zweiten Weltkrieg schrieb er viele Essays, Reiseberichte, Novellen und Erzählungen, musste aber erkennen, dass kaum noch Interesse an Schilderungen von Menschen und Schicksalen aus Oberschlesien bestand. Weitere wichtige Werke: *Baba und ihre Kinder* (1934), *Jas der Flieger* (1935), *Ein Herr aus Bolatitz* (Lebenserinnerungen, 1959), *Reise nach Polen* (1962). Zuletzt wohnte Scholtis in der Grunewaldstr. 6. Sein Ehrengrab befindet sich auf dem Waldfriedhof Heerstraße an der Trakehner Allee.

Renée Sintenis, Glatz 1888 – Berlin 1965, studierte 1908–11 Dekorative Plastik an der Kunstgewerbeschule Berlin. 1913 war sie in Ausstellungen der Berliner Secession vertreten. Zu ihrem Freundeskreis zählten Rainer Maria Rilke und Joachim Ringelnatz, für dessen Grab sie auf dem Berliner Waldfriedhof Heerstraße die

Platte aus Muschelkalk gestaltete. 1931 wurde sie als erste Frau im Fach Bildhauerei Mitglied der Berliner Akademie der Künste, aus der sie 1934 von den Nationalsozialisten ausgeschlossen wurde. Sintenis schuf Tier- und Aktplastiken sowie Porträts. Viele ihrer Werke wurden während der NS-Zeit beschlagnahmt und zerstört. Zusätzlich verlor sie 1944 bei einem Bombenangriff, der ihre Wohnung traf, große Teile ihres Werkes. Ab 1947 lehrte sie als Professorin an der Hochschule für Bildende Künste Berlin, 1955 wurde sie in die neugegründete Akademie der Künste Berlin (West) aufgenommen. 1948 wurde sie mit dem Kunstpreis der Stadt Berlin, 1952 als »Ritter der Friedensklasse« des Ordens »Pour le mérite« und 1953 mit dem Großen Bundesverdienstkreuz ausgezeichnet. Am Haus ihrer letzten Wohnung Innsbrucker Str. 23 a in Schöneberg befindet sich eine Gedenktafel. Ihr Ehrengrab liegt auf dem Waldfriedhof Dahlem am Hüttenweg. Der Renée-Sintenis-Platz in Friedenau und die Renée-Sintenis-Grundschule in Frohnau erinnern an die Künstlerin.

Horst Strempel, Beuthen (Oberschlesien) 1904 – Berlin 1975, studierte von 1921 bis 1927 bei Oskar Moll und Otto Mueller an der Breslauer Kunstakademie, von 1927 bis 1929 an der Hochschule für Freie und Angewandte Kunst Berlin. Nach einem Parisaufenthalt war er ab 1931 wieder in Berlin ansässig und wurde Mitglied des *Bundes Revolutionärer Bildender Künstler Deutschlands*. Als KPD-Mitglied verfolgt, emigrierte er 1933 nach Paris, wurde 1941 durch das Vichy-Regime an die Gestapo ausgeliefert, in das Gestapo-Gefängnis Berlin überstellt und in eine Strafkompanie nach Jugoslawien geschickt. Nach Entlassung aus britischer Kriegsgefangenschaft trat Strempel nach 1945 im Ostteil Berlins der SED bei. 1947 wurde er Professor an der Hochschule für Bildende und Angewandte Kunst in Berlin-Weißensee. Nachdem sein Wandgemälde im Bahnhof Friedrichstraße wegen angeblich formalistischer Tendenzen 1952 übermalt worden war und Strempel sein Lehramt verloren hatte, ging er 1953 nach West-Berlin, wo er bis zu seinem Tod 1975 lebte und arbeitete. Viele seiner Bilder befinden sich in Berliner Galerien und Auktionshäusern.

Siegfried Translateur, Carlsruhe/Oberschlesien 1875 – 1944 KZ Theresienstadt, erhielt seine musikalische Ausbildung in Breslau, Wien und Leipzig. Bereits mit 17 Jahren komponierte er in Wien den Walzer *Wiener Praterleben,* der in den 1920er Jahren beim Berliner Sechstagerennen als »Sportpalastwalzer« weltberühmt wurde. Schon um die Jahrhundertwende war Translateur als Dirigent und Komponist vor allem auf dem Gebiet der Unterhaltungsmusik äußerst erfolgreich tätig und leitete ein eigenes Orchester. In Berlin, wo er sich im Jahr 1900 niederließ, durfte er die Militärkapelle der Preußischen Garde dirigieren, eine ungewöhnliche Auszeichnung für einen Zivilisten. Translateurs Marsch *Hurrah! Der Kaiser kommt,* später zusätzlich als *Automobilmarsch für Orchester* betitelt, dirigierte er vor Kaiser Wilhelm II. auf dessen Yacht »Hohenzollern«. 1911 gründete er seinen eigenen Musikverlag »Lyra« in Berlin-Wilmersdorf. Translateur war Komponist von über 300 Tänzen, Salon- und Charakterstücken, darunter der Walzer *Berlin, mein Berlin,* die *Deutsche Kriegerquadrille für Klavier* oder der *Japanische Hochzeitsmarsch*. Bereits kurz nach der Machtergreifung durch die Nationalsozialisten 1933 wurde Translateur von den NS-Rassegesetzen als »Halbjude« eingestuft und seine Kompositionen durften nicht mehr öffentlich erklingen. Da sich die Aufführung des sehr populären »Sportpalastwalzers« schwer unterbinden ließ, wurde schließlich das gesamte Sechstagerennen als »amerikanisch-jüdisch« verboten. Der Verlag »Lyra« wurde 1934 als »nichtarische Firma« aus dem Adressbuch des Deutschen Buchhandels gestrichen, Translateur aus der Reichsmusikkammer ausgeschlossen. Nach seiner Deportation ins KZ Theresienstadt 1943 starb Siegfried Translateur dort im März 1944.

Agnes Wabnitz, Gleiwitz 1841 – Berlin 1894, verdiente sich zunächst ihren Lebensunterhalt als Gouvernante auf polnischen

Adelsgütern und zog Anfang der 1870er Jahre nach Berlin, wo sie als Schneiderin und Mantelnäherin arbeitete. Nach der Verhaftung und Ausweisung ihres Bruders unter dem Sozialistengesetz 1879 begann sie sich in der Partei- und Gewerkschaftsarbeit zu engagieren. Aufgrund ihres rednerischen Temperaments stieß sie immer häufiger mit der Polizei und anderen staatlichen Autoritäten zusammen. Unermüdlich setzte sie sich für die Stärkung der Frauenrechte ein. Sie agitierte auch gegen die Doppelmoral der Kirche und gegen die Anmaßung des Kaisers. 1892 wurde sie wegen Majestätsbeleidigung und Gotteslästerung verurteilt und inhaftiert. Im Gefängnis begann sie einen Hungerstreik, woraufhin sie in der Charité zwangsernährt und später in die Berliner Irrenanstalt Dalldorf (Wittenau) eingeliefert wurde. Nach ihrer Entlassung begann Agnes Wabnitz wieder, Reden und Vorträge zu halten, bis sie erneut verurteilt werden sollte. Bevor sie jedoch ihre Strafe antrat, nahm sie sich am 28. 8. 1894 auf dem Friedhof der Märzgefallenen in Berlin-Friedrichshain das Leben. Agnes Wabnitz war damals derart populär, dass ihr Begräbnis nicht öffentlich stattfinden sollte, um eine politische Demonstration zu verhindern. Aber die Geheimhaltung gelang nicht. Am 2. September 1894 gaben ihr Zehntausende das letzte Geleit zum Friedhof der Freireligiösen Gemeinde an der Pappelallee. Ihr Grabstein im dortigen Friedhofspark ist erhalten. 2002 wurde im Stadtentwicklungsgebiet Alter Schlachthof am Prenzlauer Berg eine neu angelegte Straße nach ihr benannt.

Arnold Zweig, Glogau 1887 – Berlin 1968, studierte Germanistik, Philosophie, Psychologie, Kunstgeschichte, Sprachen und Nationalökonomie an der Universität Breslau, später in München, Göttingen, Rostock, Tübingen und ab 1913 in Berlin. 1912 debütierte er literarisch mit den *Novellen um Claudia*, 1915 erhielt er für die Tragödie *Ritualmord in Ungarn,* die von Judenverfolgungen handelt, den Kleist-Preis. Zunächst preußisch-national gesinnt, wandelte er sich unter dem Eindruck des Ersten Weltkriegs zum Pazifisten. Ab 1919 lebte er als freier Schriftsteller am Starnberger See. Nach dem

Hitler-Putsch in München zog er 1923 nach Berlin und arbeitete als Redakteur für die *Jüdische Rundschau*. 1927 erschien sein Roman *Der Streit um den Sergeanten Grischa*. Um diesen herum gruppierte er als breites Gesellschaftspanorama den Zyklus *Der große Krieg der weißen Männer* über die Wandlung eines Kriegsbegeisterten zum Pazifisten im Ersten Weltkrieg (*Junge Frau von 1914*, 1931, *Erziehung vor Verdun*, 1935, *Einsetzung eines Königs*, 1937, *Die Feuerpause*, 1954, *Die Zeit ist reif*, 1957). Bei der Suche nach Erklärungsmodellen mensch-  lichen Handelns näherte er sich dem Marxismus an, wurde aber gleichzeitig Anhänger Freuds. Anfang der dreißiger Jahre wohnte Zweig im Zikadenweg 59 im Westend, wo sich eine Gedenktafel befindet; sein Atelierhaus liegt direkt dahinter am Kühlen Weg. 1933 emigrierte er nach Palästina, wo er sich 1934 in Haifa niederließ. 1947 erschien der Roman *Das Beil von Wandsbeck*, in dem er die Anpassung kleiner Leute an den Nationalsozialismus thematisierte. 1948 kehrte Zweig nach Ost-Berlin zurück. Als bekennender Sozialist wurde er in der DDR hoch geehrt: 1949–67 war er Abgeordneter der Volkskammer der DDR, 1950 erhielt er den Nationalpreis der DDR 1. Klasse, 1950–53 war er Präsident der Akademie der Künste der DDR und ab 1957 Präsident des Deutschen PEN-Zentrums Ost und West (ab 1967 PEN-Zentrum der DDR). Er wohnte in der Homeyerstr. 13 in Niederschönhausen, wo sich eine 1982 geschaffene Gedenktafel von Jo Jastram mit Porträt befindet (s. Abb.). Die einstige Gedenkstätte wurde nach der Wende aufgelöst. Die Arnold-Zweig-Straße in Pankow und die Arnold-Zweig-Grundschule an der Wollankstraße in Pankow sind nach ihm benannt. Sein Ehrengrab befindet sich auf dem Dorotheenstädtischen Friedhof Berlin. Werkausgabe: *Berliner Ausgabe*, hg. v. Frank Hörnigk (bislang 11 Bde., 1996 ff.)

Berliner Straßen nach schlesischen Orten

Altheider Str.
Altvaterstr.
Am Schlesischen Tor
Auraser Weg
Bärdorfer Zeile
Bauerwitzer Weg
Bernstadter Weg
Beuthener Str.
Boberstr.
Bohrauer Pfad
Breslauer Platz
Breslauer Str. (heute Am Ostbahnhof)
Brieger Str.
Bunzlauer Str.
Charlottenbrunner Str.
Flinsberger Platz
Frankensteinstr.
Freystadter Weg
Friedlander Str.
Glatzer Str.
Gleiwitzer Str.
Glogauer Str.
Grottkauer Str.
Grünberger Str.
Habelschwerdter Allee
Haynauer Str.
Hirschberger Str.
Hohenfriedbergstr.
Hultschiner Damm
Hundsfelder Str.
Kamenzer Damm
Kattowitzer Str.
Katzbachstr.
Königshütter Weg
Koseler Weg
Kreisauer Str.
Kreuzburger Str.
Krummhübler Str.
Kudowastr.
Kynaststr.
Landecker Str.
Leobschützer Str.
Leschnitzer Str.
Leuthener Platz
Leuthener Str.
Liegnitzer Str.
Liegnitzer Weg
Lohnauer Steig
Lübener Weg
Mettkauer Weg
Militscher Weg
Mollwitzstr.
Münsterberger Weg
Myslowitzer Str.
Neißestr.
Neudecker Weg
Neue Grottkauer Str.
Neustädter Str.
Oderstr. (Friedrichshain)
Oderstr. (Neukölln)
Ohlauer Str.
Oppelner Str.
Ottmachauer Steig
Parchauer Weg
Parchwitzer Str.
Patschkauer Weg
Pitschener Str.
Plesser Str.
Polkwitzer Str.
Prieborner Str.
Quaritzer Str.
Ratiborstr.
Reichensteiner Weg
Reifträgerweg
Reinerzstr.
Rogauer Weg
Rybniker Str.
Saganer Str.
Sandowitzer Platz
Sausenberger Platz
Schlesische Brücke
Schlesisches Tor
Schlesische Str.

Schlichtingsheimer Weg
Schmiedeberger Weg
Schneekoppenweg
Schreiberhauer Str.
Schweidnitzer Str.
Silberberger Str.
Sorauer Str.
Strehlener Str.
Striegauer Str.
Tarnowitzer Str.
Tichauer Str.
Troppauer Str.
Tychyer Str.
Vor dem Schlesischen Tor
Waldenburger Str.
Waldenburger Weg
Warmbrunner Str.
Wohlauer Str.
Wünschelburger Gang
Zobtener Str.

Berliner Straßen nach schlesischen Persönlichkeiten

Adolf-Menzel-Str.
Arnold-Zweig-Str.
August-Froehlich-Str.
Baluschekweg
Bartschweg
Bendastraße
Bernhard-Lichtenberg-Platz
Bernhard-Lichtenberg-Str.
Berta-Waterstradt-Str.
Bilsestr.
Bissingzeile
Bonhoefferufer
Bonhoefferweg
Borsigdamm
Borsigdammbrücke
Borsigplatz
Borsigstr.
Borsigwalder Weg
Brachvogelstr.
Dietrich-Bonhoeffer-Str.
Donnersmarckallee
Donnersmarckplatz
Ehrlichstr.
Eichendorffstr.
Eichhornstr.
Emma-Ihrer-Str.
Englerallee
Falkplatz
Falkstr.
Ferdinand-Friedensburg-Platz
Friedrich-Kayßler-Weg
Gallwitzallee
Gelfertstr.
Gerhart-Hauptmann-Str.
Gierkeplatz
Gierkezeile
Gryphiusstr.
Gustav-Freytag-Str. (Grunewald)

Gustav-Freytag-Str. (Schöneberg)
Haberstr.
Hedwigkirchgasse
Heinrich-Albertz-Platz
Hermesweg
Holteistr.
Jochen-Klepper-Weg
Josef-Höhn-Str.
Joseph-von-Eichendorff-Gasse
Karsenzeile
Katharina-Heinroth-Ufer
Kerrweg
Kirschnerweg
Kopischstr.
Kramstaweg
Kroneckerstr.
Laehr'scher Jagdweg
Laehrstr.
Lassallestr. (Kaulsdorf)
Lassallestr. (Rahnsdorf)
Lenzelpfad
Lina-Morgenstern-Str.
Loewenhardtdamm
Logauweg
Lohmeyerstr.
Manfred-von-Richthofen-Str.
Martin-Opitz-Str.
Max-Born-Str.
Maximilian-Kaller-Str.
Megedestr.
Mendelstr.
Menzelstr. (Grunewald)
Menzelstr. (Mahlsdorf)
Menzelstr. (Schöneberg)
Menzelweg
Mickestr.
Müller-Breslau-Str.
Nostitzstr.
Nüßlerstr.
Olbrichweg
Opitzstr.
Paul-Löbe-Allee
Pfarrer-Lenzel-Str.
Pücklerstr. (Zehlendorf)
Raschdorffstr.

Renée-Sintenis-Platz
Rübezahlallee
Rübezahlsteig
Rübezahlstr.
Rübezahlweg
Rückerstraße
Schleiermacherstr.
Silingenweg
Stubenrauchstr. (Friedenau)
Stubenrauchstr. (Lichterfelde)
Stubenrauchstr. (Rudow)
Stubenrauchstr. (Wannsee)
Stubenrauchstr. (Zehlendorf)
Weinholdweg
Wilhelm-Wolff-Str.
Willibald-Alexis-Str.

Literaturverzeichnis

100 Jahre Karl-Bonhoeffer-Nervenklinik. Hg. v. der Karl-Bonhoeffer-Nervenklinik. Berlin 1980

Abercron, Wilko von: Eugen Spiro. 1874 Breslau – 1972 New York. Spiegel seines Jahrhunderts. Alsbach 1990

Adolph Menzel. 1815–1905. Das Labyrinth der Wirklichkeit. Hg. v. Keisch, Claude/Riemann-Reyher, Marie Ursula. Berlin 1996

Adolph von Menzel. Reiseskizzen aus Preußen. Hg. v. Marie Ursula Riemann-Reyher. Berlin 1992

Achenbach, Sigrid: Menzel und Berlin. Eine Hommage. Berlin 2005

Alexis, Willibald: Cabanis. Vaterländischer Roman. 2 Bde. Leipzig o. J. [1904]

ders.: Der Roland von Berlin. Historischer Roman. Berlin 1954

ders.: Die Hosen des Herrn von Bredow. Vaterländischer Roman. Berlin o. J. [um 1920]

ders.: Erinnerungen. Hg. v. Max Ewert. Berlin 1900

ders.: Isegrimm. Mit einem Nachwort v. I. M. Lange. Berlin 1955

ders.: Reise durch Österreich, Süddeutschland und die Schweiz. Berlin 1992

ders.: Ruhe ist die erste Bürgerpflicht. 2 Bde. Mit einem Nachwort v. Ekhard Haack. Frankfurt a. M., Wien, Berlin 1985

ders.: Theater-Erinnerungen 1841. In: ders.: Erinnerungen. Hg. v. Max Ewert. Berlin 1900, S. 314–388

Arnold, Carl Franklin: Schleiermachers Anteil an der preußischen Volkserhebung von 1813. Rektoratsrede vom 15. 10. 1912 in der Aula Leopoldina zu Breslau v. Prof. Dr. Arnold. Sonderabdruck aus der *Schlesischen Zeitung.* Breslau 1912, S. 1–21

Arnold Zweig 1887–1968. Werk und Leben in Dokumenten und Bildern. Mit unveröffentlichten Manuskripten und Briefen aus dem Nachlaß. Hg. v. Georg Wenzel. Berlin u. Weimar 1978

August Scholtis 1901–1969. Modernität und Regionalität im Werk von August Scholtis. Hg. v. Bernd Witte u. Grażyna B. Szewczyk. Frankfurt a. M. 2004

Badstübner-Gröger, Sibylle: Die St.-Hedwigs-Kathedrale zu Berlin. Berlin 1976

Baluschek, Hans: 1870–1935. Ausstellungskatalog. Berlin 1991

Baumgart, Peter: Schlesien. In: Panorama der friderizianischen Zeit. Friedrich der Große und seine Epoche. Hg. v. Jürgen Ziechmann. Bremen 1985, S 705–715

Becker, Robert: Adolph Menzel und seine schlesische Verwandtschaft. Straßburg 1922

Berankova, Ljuba und Erik Riedel: Apokalypse und Offenbarung. Religiöse Themen im Werk von Ludwig Meidner. Sigmaringen 1996

Berlin. Kunstdenkmäler und Museen. Reclams Kunstführer, Bd. 7. Hg. v. Eva u. Helmut Börsch-Supan, Günther Kühne, Hella Reelfs. Stuttgart 1977

Berstl, Julius: Berlin, Schlesischer Bahnhof. Berlin 1964. © Eulenspiegel – Das Neue Berlin Verlagsgesellschaft mbH, Berlin

Beta, Ottomar: Neue Gespräche mit A. v. Menzel. In: Deutsche Revue über das gesamte nationale Leben der Gegenwart. Hg. v. Richard Fleischer, 24. Jahrgang, 3. Bd. (Juli bis Sept. 1899.) Stuttgart u. Leipzig 1899

Bethge, Eberhard: Dietrich Bonhoeffer in Selbstzeugnissen und Bilddokumenten. Reinbek bei Hamburg 1976

Beutin, Wolfgang.: Königtum und Adel in den historischen Romanen von Willibald Alexis. Berlin 1966

Binger, Lothar: Berliner Witz. Zwischen Größenwahn und Resignation. Berlin 2006

Bleisch, Ernst Günther: Heitere Leute von Oder und Neiße. München 1958

Böllmann, Wolfgang: Wenn ich dir begegnet wäre. Jochen Klepper und Dietrich Bonhoeffer im Gespräch. Leipzig 2005

Bonhoeffer, Dietrich: Gesammelte Schriften, Bd. 1. München 1958

Borsig und Borsigwalde: Wir entdecken unsere Geschichte. Borsig und Borsigwalde. Museumspädagogischer Dienst. Bd. 16. Berlin 1982

Börsch-Supan, Helmut: Künstlerwanderungen nach Berlin. München u. Berlin 2001

Bosetzky, Horst: Der König vom Feuerland: August Borsigs Aufstieg in Berlin. Berlin 2011

ders.: Die Bestie vom Schlesischen Bahnhof. München 2005. © Jaron Verlag, Berlin

Brachvogel, Albert Emil: Friedemann Bach. Kulturhistorischer Roman. Berlin o. J. [1927]

ders: Geschichte des Königlichen Theaters zu Berlin, Bd. 1: Das alte Berliner Theater-Wesen bis zur ersten Blüthe des deutschen Dramas. Berlin 1877

ders.: Geschichte des Königlichen Theaters zu Berlin, Bd. 2: Die Königl. Oper unter Freiherrn von der Reck und das National-Theater bis zu Iffland. Berlin 1878

ders.: Lieder und lyrische Dichtungen. Berlin 1861

ders.: Oberst von Steuben, des großen Königs Adjutant. Historischer Roman. Berlin o. J. [1926]

Buchheim, Lothar-Günther: Otto Mueller. Leben und Werk. Mit einem Werkverzeichnis der Graphik Otto Muellers von Florian Karsch. Feldafing 1963

Camaro, Alexander: Die Welt als Bühne. Hg. v. Gerhard Leistner. Regensburg 2005

Crevel, René u. Georg Biermann: Renée Sintenis. Berlin 1930

Cullen, Michael S.: Das Brandenburger Tor. Berlin 1998

Das Tal der Schlösser und Gärten. Das Hirschberger Tal in Schlesien – ein gemeinsames Kulturerbe. Berlin u. Jelenia Góra 2002

Demps, Laurenz: Das Brandenburger Tor. Berlin 1991

ders.: Der Schlesische Bahnhof in Berlin. Ein Kapitel preußischer Eisenbahngeschichte. Berlin 1991

Die Großstadt rauscht gespenstisch fern und nah. Literarischer Expressionismus zwischen Neiße und Berlin. Hg. v. Detlef Haberland. Berlin 1995

Dreifuss, Alfred: Deutsches Theater Berlin. Schumannstraße 13 a. Fünf Kapitel aus der Geschichte einer Schauspielbühne. Berlin 1983

Düspohl, Martin: Arbeitsmigration nach Berlin im 19. Jahrhundert. Jeder zweite Berliner stammt aus Schlesien. In: Wach auf, mein Herz, und denke, S. 190–203

Düwert, Viola: Geschichte als Bildergeschichte. Napoleon und Friedrich der Große in der Buchillustration um 1840. Weimar 1997

Elberfeld, Heinrich: Trauer-Rede auf das Absterben des Allerdurchlauchtigsten Friedrich des Zweyten, König von Preußen etc. gehalten den 10. September 1786 zu Berlin in der St. Hedwigs-Kirche. Berlin 1786

Engel, Fritz: Der Schlesier Gerhart Hauptmann. In: Festschrift zum 60. Geburtstag von Gerhart Hauptmann. Hg. v. Felix Hollaender. Berlin 1922, S. 14

Evangelisches Gesangbuch. Ausgabe für die Evangelische Landeskirche Anhalts, die Evangelische Kirche in Berlin-Brandenburg, die Evangelische Kirche der schlesischen Oberlausitz, die Pommersche Evangelische Kirche, die Evangelische Kirche der Kirchenprovinz Sachsen. Berlin u. Leipzig 1994

Fähnders, Walter: Nachwort zu Franz Jung: Gequältes Volk, S. 157–180

Flemming, W.: Felix Hollaender und sein Werk. Nachwort der Gesammelten Werke in 6 Bänden. Bd. 6. Rostock 1926, S. 541–584

Fontane, Theodor: Auf der Treppe von Sanssouci. 7./8. Dezember 1885 (Zu Menzels 70. Geburtstag). In: Gedichte in einem Band. Franfurt a. M. u. Leipzig 1998, S. 291–294

ders.: Irrungen, Wirrungen. Frankfurt a. M. u. Berlin 1988

ders.: Willibald Alexis. In: ders.: Aufsätze und Aufzeichnungen. Aufsätze zur Literatur. Frankfurt a. M., Berlin, Wien 1979, S. 209–264

Franke, Arne: Das schlesische Elysium. Burgen, Schlösser, Herrenhäuser und Parks im Hirschberger Tal. Potsdam 2008

Freytag, Gustav: Bilder aus der deutschen Vergangenheit. Bd. 4: Aus neuer Zeit. Leipzig 1888

ders.: Erinnerungen aus meinem Leben. Berlin 1995

ders.: Karl von Holtei. In: ders.: Gesammelte Werke. Bd. 16: Aufsätze zur Geschichte, Literatur und Kunst. Leipzig 1897, S. 157–167

Friederici, Hans Jürgen: Ferdinand Lassalle. Eine politische Biographie. Berlin 1985

Friedrich der Große: Denkwürdigkeiten zur Geschichte des Hauses Brandenburg. Mit Illustrationen von Adolph Menzel. In: Friedrich der Große.: Werke. Hg. v. Gustav Berthold Volz. Bd. 1. Berlin 1913

ders.: Dichtungen. Teil 1 u. 2. Mit Illustrationen von Adolph Menzel. In: Friedrich der Große: Werke. Hg. v. Gustav Berthold Volz. Bd. 9 u. 10. Berlin 1914

ders.: Geschichte des Siebenjährigen Krieges. Teil 1 u. 2. Mit Illustrationen von Adolph Menzel. In: Friedrich der Große: Werke. Hg. v. Gustav Berthold Volz. Bd. 3 u. 4. Berlin 1913

Giersberg, Hans-Joachim: Friedrich II. als Bauherr. Studien zur Architektur des 18. Jahrhunderts in Berlin und Potsdam. Berlin 1986

Goetz, Christine: Die St.-Hedwigs-Kathedrale zu Berlin. Regensburg 2000

Goetze, Rolf: Von »Sonnenaufgang« bis »Sonnenuntergang«. Gerhart Hauptmanns Berliner Beziehungen. Berlin 1971

Gotteslob. Katholisches Gebet- und Gesangbuch mit dem Anhang für das Erzbistum Berlin. Berlin 1996

Gottschall, Rudolf: Aus meiner Jugend. Erinnerungen. Berlin 1898

Grell, Ursula: Karl Bonhoeffer und die Rassenhygiene. In: Totgeschwiegen 1933–45. Die Geschichte der Karl-Bonhoeffer-Nervenklinik. Berlin 1988, S. 207–218

Grochowiak, Thomas: Ludwig Meidner. Recklinghausen 1966

Grundmann, Friedhelm: Carl Gotthard Langhans. Würzburg 2007

Hartung, Hugo: Der Witz der Schlesier. München 1972. © Susi Piuoré

Hasak, Max: Die St. Hedwigkirche in Berlin und ihr Erbauer Friedrich der Große. Berlin 1932

Hauptmann, Gerhart: Das Abenteuer meiner Jugend. Berlin u. Weimar 1980. Gerhart Hauptmann: Sämtliche Werke, hrsg. von Hans-Egon Hass, © 1996 Propyläen Verlag in der Ullstein Buchverlage GmbH, Berlin

ders.: Sämtliche Werke. Bd. 1. Dramen. Hg. v. Hans-Egon Hass. Centenar-Ausgabe. Frankfurt a. M. u. Berlin 1966. © 1996 Propyläen Verlag in der Ullstein Buchverlage GmbH, Berlin

ders.: Sämtliche Werke. Bd. 2. Dramen. Hg. v. Hans-Egon Hass. Centenar-Ausgabe. Frankfurt a. M. u. Berlin 1965. © 1996 Propyläen Verlag in der Ullstein Buchverlage GmbH, Berlin

ders.: Sämtliche Werke. Bd. 3. Dramen. Hg. v. Hans-Egon Hass. Centenar-Ausgabe. Frankfurt a. M. u. Berlin 1965. © 1996 Propyläen Verlag in der Ullstein Buchverlage GmbH, Berlin

ders.: Sämtliche Werke. Bd. 6. Erzählungen, theoretische Prosa. Hg. v. Hans-Egon Hass. Centenar-Ausgabe. Frankfurt a. M. u. Berlin 1963. © 1996 Propyläen Verlag in der Ullstein Buchverlage GmbH, Berlin

ders.: Schluck und Jau. In: ders.: Das gesammelte Werk. 1. Abt., 3. Bd. Berlin 1943, S. 259–366. Gerhart Hauptmann: Sämtliche Werke, hrsg. von Hans-Egon Hass, © 1996 Propyläen Verlag in der Ullstein Buchverlage GmbH, Berlin

ders.: Zweites Vierteljahrhundert. Berlin u. Weimar 1980. Gerhart Hauptmann: Sämtliche Werke, hrsg. von Hans-Egon Hass, © 1996 Propyläen Verlag in der Ullstein Buchverlage GmbH, Berlin

Henseleit, Felix: Dem Vergnügen der Einwohner. Berlin und der Berliner auf der Bühne. Berlin o. J.

Hermand, Jost: Das Flötenkonzert in Sanssouci. Ein realistisch geträumtes Preußenbild. Frankfurt a. M. 1987

Herrmann-Neiße, Max: Cajetan Schaltermann. In: ders.: Gesammelte Werke. Prosa 1. Hg. v. Klaus Völker. Frankfurt a. M. 1986, S. 5–161

ders.: Der kleinen Stadt Refrain. Mit einem Nachwort v. Helga Bemman. Berlin 1984

ders.: Die Bernert-Paula. Eine Geschichte zum Vorlesen? In: ders.: Gesammelte Werke. Prosa 1. Hg. v. Klaus Völker. Frankfurt a. M. 1986, S. 165–437

ders.: Heimatlos. In: ders.: Der kleinen Stadt Refrain, S. 257

ders.: Künstler, Kneipen, Kabaretts – Schlesien, Berlin, im Exil. Hg. v. Klaus Völker. Berlin 1991

Heym, Georg: Der Städte Schultern knacken. Bilder, Texte, Dokumente. Hg. v. Nina Schneider. Zürich 1987

ders.: Dichtungen und Schriften. Gesamtausgabe. Bd. 1. Lyrik. Hg. v. Karl Ludwig Schneider. Hamburg 1964

ders.: Dichtungen und Schriften. Gesamtausgabe. Bd. 2. Prosa u. Dramen. Hg. v. Karl Ludwig Schneider. Hamburg 1962

ders.: Dokumente zu seinem Leben und Werk. Gesamtausgabe. Bd. 6. Hg. v. Karl Ludwig Schneider u. Gerhard Burckhardt. Hamburg 1968

Heym, Stefan: Lassalle. Ein biographischer Roman. München 1969

Hinrichs, Walther Th.: Carl Gotthard Langhans. Ein schlesischer Baumeister. Straßburg 1909

Hollaender, Felix: Der Weg des Thomas Truck. Rostock 1988

ders.: Festschrift zum 60. Geburtstag Gerhart Hauptmanns. Berlin 1922

ders.: Sturmwind im Westen. Berlin 1896

ders.: Unser Haus. In: ders.: Gesammelte Werke. Bd. 6. Autobiographische Romane. Rostock 1926, S. 348–540

Hollender, Martin: Mittelmaß in schlechten Zeiten – die Berlin-Feuilletons von August Scholtis. In: August Scholtis 1901–1969, S. 209–226

Holtei, Karl von: Ausgewählte Werke. Bd. 1. Gedichte, Lieder, Stücke, Schriften zu Literatur und Theater. Hg. v. Jürgen Hein u. Henk J. Koning. Würzburg 1992

ders.: Berliner in Wien. Liederposse in einem Aufzug. Wien 1826

ders.: Ein Trauerspiel in Berlin. Bürgerliches Drama in 3 Akten. O. O. 1845

ders.: Flüchtige Betrachtungen über Vaudeville und Liederspiel. In: Ausgewählte Werke. Bd. 1, S. 273–291

ders.: Heil dem Könige! Zwölf preußische Lieder. Berlin 1831

ders.: Martin Opitz von Boberfeld (Bunzlau, 4. April 1861). In: Ausgewählte Werke. Bd. 1, S. 320–335

ders.: Schläsinger in Perlin. In: ders.: Schlesische Gedichte. Breslau 1858, S. 218–221

ders.: Vierzig Jahre. Bd. 1. Berlin 1843

ders.: Vierzig Jahre. Bd. 3. Berlin 1844

ders.: Vierzig Jahre. Bd. 4. Berlin 1844

ders.: Vierzig Jahre. Bd. 6. Breslau 1846

ders.: Wiener in Berlin. Liederspiel in einem Akt. Berlin 1824

Hübner, Julius: Helldunkel. Aus dem poetischen Tagebuch eines Malers. Sonette und Lieder. Braunschweig 1871

ders.: Reliquien Friedrichs des Großen. Berlin 1883

Hupka, Herbert (Hg.): Große Deutsche aus Schlesien. München u. Wien 1979

Ihering, Herbert: Röntgenmaler der Zeit. Der achtzigjährige Ludwig Meidner. In: Meidner, Ludwig: Dichter, Maler und Cafés, S. 106–108

Jacobsohn, Siegfried: Das Theater der Reichshauptstadt. München 1904

Janosch: Cholonek oder Der liebe Gott aus Lehm. Roman. Recklinghausen 1970

Jung, Franz: Das Trottelbuch. Berlin 1918

ders.: Der tolle Nikolaus. In: ders.: Das Trottelbuch. Berlin 1918, S. 99–122

ders.: Der Weg nach unten. Aufzeichnungen aus einer großen Zeit. Edition Nautilus, Hamburg 1988

ders.: Gequältes Volk. Ein oberschlesischer Industrieroman. Hamburg 1987

Kalisch, David: Hunderttausend Taler. Altberliner Possen 1846–1851. 2 Bände. Hg. v. Manfred Nöbel. Berlin 1988

Kania, Hans: Begegnung in Sanssouci. Die schönsten Fridericus-Bilder Adolph von Menzels als Spiegel des Lebens Friedrichs des Großen. Berlin 1928

Karsch, Joachim: Plastik, Zeichnungen aus der Zeit 1916–1943. Heilbronn 1978

Kempf, Jens-Oliver: Die Königliche Tierarzneischule in Berlin von Carl Gotthard Langhans. Berlin 2008

Kerr, Alfred: Erlebtes. Deutsche Landschaften, Menschen und Städte. Hg. v. Günther Rühle. Berlin 1989. Alle Rechte vorbehalten S. Fischer Verlag GmbH, Frankfurt am Main

ders.: Gedenken. In: Heym, Georg: Dokumente zu seinem Leben und Werk, Bd. 6, S. 331 f. Erstdruck in *Die Aktion* 3 (1913), Sp. 37–38, 8. 1. 1913. Abdruck mit freundlicher Genehmigung der S. Fischer Verlag GmbH, Frankfurt am Main

ders.: Mein Berlin. Schauplätze einer Metropole. Hg. v. Günther Rühle. Berlin 1999. Alle Rechte vorbehalten S. Fischer Verlag GmbH, Frankfurt am Main

ders.: Wo liegt Berlin? Briefe aus der Reichshauptstadt 1895–1900. Hg. v. Günther Rühle. Berlin 1997. Alle Rechte vorbehalten S.. Fischer Verlag GmbH, Frankfurt am Main

Kindlers Literatur-Lexikon. 18 Bde. Hg. v. Heinz Ludwig Arnold. Stuttgart u. Weimar 2009

Kladderadatsch. Die Geschichte eines Berliner Witzblattes von 1848 bis ins Dritte Reich. Hg. v. Ingrid Heinrich-Jost. Köln 1982

Klein, Dagmar: Der Expressionist Willy Jaeckel. Gemälde – Biographie – Künstlerbriefe. Köln 1990

Klepper, Jochen: Der Vater. Roman eines Königs. München 1991

ders.: In tormentis pinxit. Bilder und Briefe des Soldatenkönigs. Stuttgart 1938 ders.: Kyrie. Geistliche Lieder. Berlin 1939

ders.: Unter dem Schatten deiner Flügel. Aus den Tagebüchern der Jahre 1932–1942. Hg. v. Hildegard Klepper. München 1983

Klose, Günter: Die Entwicklung der schlesischen Porzellanindustrie zur Konkurrenz der Porzellanmanufaktur F. A. Schumann im Zeitraum 1830–1870. In: Die Porzellanmanufaktur F. A. Schumann in Moabit bei Berlin. Hg. v. Dietmar Jürgen Ponert u. Marion Webers-Tschiskle. Berlin 1993

Koeppen, Wolfgang: Mein Freund August Scholtis. In: Scholtis, August: Jas der Flieger, S. 197–202

Kohle, Hubertus: Adolph Menzels Friedrich-Bilder. Theorie und Praxis der Geschichtsmalerei im Berlin der 1850er Jahre. München u. Berlin 2001

ders.: Menzel als Historienmaler. In: Adolph Menzel, S. 481–492

Kohut, Adolph: Die Großmeister des Berliner Humors in alter und neuer Zeit. Eine Sammlung des Heitersten, Witzigsten und Originellsten aus dem Reiche des Humors von Spree-Athen. Berlin 1915

Kopisch, August: Beschreibung und Erklärung des Denkmales Friedrich des Zweiten in Berlin. Berlin 1851

ders.: Die Heinzelmännchen. In: Das große deutsche Balladenbuch. Hg. v. Beate Pinkerneil. Weinheim 1995, S. 290–291

ders.: Die königlichen Schlösser und Gärten zu Potsdam. Von der Zeit ihrer Gründung bis zum Jahre 1852. Auf allerhöchsten Befehl Sr. Majestät des Königs geschichtlich dargestellt durch August Kopisch. Berlin 1854

ders.: Friedrich des Zweiten Kutscher. In: Gesammelte Werke. Bd. 1. Berlin 1856, S. 340 f.

Kos, Jerzy: Carl Gotthard Langhans. Ein Architekt in Schlesien und Berlin. In: Wach auf, mein Herz, und denke, S. 171–179

Kossert, Andreas: Kalte Heimat. München 2008

Kroll, Frank-Lothar: Schlesien. Literarische Spiegelungen im Werk der Dichter. Berlin 2000

Küster, Ulf: Der junge Adolph Menzel. Münster 1999

Kugler, Franz: Geschichte Friedrichs des Grossen. Gezeichnet von Adolph Menzel. Leipzig 1840

Kunicki, Wojciech: Max Herrmann-Neisse und seine »Heimat«. In: ders. (Hg.): Neisse: Texte und Bilder. Nysa 2003, S. 290–303

Kunisch, Johannes: Friedrich der Große. Der König und seine Zeit. München 2004

ders.: Friedrich der Große in seiner Zeit. Essays. München 2008

Kux, Theodor: Fasten- und Missionspredigten, nebst einem historischen Anhange über die unter Friedrich dem Großen für die Katholischen erbaute St. Hedwigskirche in Berlin. Köln 1833

Laabs, Rainer: Das Brandenburger Tor. Brennpunkt deutscher Geschichte. Frankfurt a. M. 1990

Łagiewski, Maciej: Das Pantheon der Breslauer Juden. Berlin 1999

Lammel, Gisold (Hg.): Adolph Menzel. Frideriziana und Wilhelmiana. Dresden 1988

ders. (Hg.): Eine giftige kleine Kröte. Anekdoten von Adolph Menzel. Berlin 2008

ders.: Humor und Satire der »Kleinen Exzellenz«. Berlin 1986

ders.: Zwischen Legende und Wahrheit. Bilderfolgen zur brandenburgisch-preußischen Geschichte. Münster 1997

Lange, Eduard: Die Soldaten Friedrichs des Großen. Mit Illustrationen von Adolph Menzel. Leipzig 1853

Langhans, Carl Ferdinand: Über Theater, oder Bemerkungen über Katakustik in Beziehung auf Theater. Berlin 1810

Langhans, Carl Gotthard: Vergleichung des neuen Schauspielhauses zu Berlin mit verschiedenen ältern und neuern Schauspielhäusern in Rücksicht auf Akustische und Optische Grundsätze. Berlin 1800

Lassalle, Ferdinand: Die Agitation des Allgem. Deutschen Arbeitervereins und das Versprechen des Königs von Preußen. Berlin 1864

ders.: Gesammelte Reden und Schriften. Hg. v. Eduard Bernstein. Bd. 2: Das Arbeiterprogramm und die anschließenden Verteidigungsreden. Berlin 1919

ders.: Gesammelte Reden und Schriften. Bd. 3: Die Agitation für den Allgemeinen Deutschen Arbeiterverein: das Jahr 1863. Berlin 1919

ders.: Gesammelte Reden und Schriften. Bd. 4: Die Agitation für den Allgemeinen Deutschen Arbeiterverein: das Jahr 1864. Berlin 1919

ders.: Nachgelassene Briefe und Schriften. Bd. 1. Hg. v. Gustav Mayer. Stuttgart u. Berlin 1921

Laube, Heinrich: Prinz Friedrich. Schauspiel in 5 Akten. Leipzig 1848

Lipinsky-Gottersdorf, Hans: Nachwort zu August Scholtis: Ostwind. In: Scholtis, August: Ostwind, S. 328–332

Löbe, Paul: Der Weg war lang. Erinnerungen. Berlin 1990

Loewig, Roger: An meine Freunde. In: ders.: Auf der Suche nach Menschenland. Berlin 2000, S. 105 f. Abdruck mit freundlicher Genehmigung der Roger-Loewig-Gesellschaft und des Archivs der Akademie der Künste, Berlin ders.: »Geburtsland, [...]«.In: ders: Auf der Suche nach Menschenland. Katalog. Berlin 2000, S. 175. Abdruck mit freundlicher Genehmigung der Roger-Loewig-Gesellschaft und des Archivs der Akademie der Künste, Berlin

ders.: »Schnee ...«. In: ders: Auf der Suche nach Menschenland. Katalog. Berlin 2000, S. 110 f. Abdruck mit freundlicher Genehmigung der Roger-Loewig-Gesellschaft und des Archivs der Akademie der Künste, Berlin

ders.: Wanderererbärmlichkeit. In: Bis ein Stück Himmel die Brust trägt, S. 127–129. Abdruck mit freundlicher Genehmigung der Roger-Loewig-Gesellschaft und des Archivs der Akademie der Künste, Berlin

Lossow, Hubertus: Michael Willmann. Meister der Barockmalerei. Würzburg 1994

Lubos, Arno: Geschichte der Literatur Schlesiens. 3 Bde. München 1960, 1967 u. 1974

Mattenklott, Gerd: Berlin Transit. Eine Stadt als Station. Reinbek bei Hamburg 1987

Mayer, Gustav: Bismarck und Lassalle. Ihr Briefwechsel und ihre Gespräche. Berlin 1928

Meidner, Ludwig: Im Nacken das Sternenmeer. Leipzig 1918

ders.: Dichter, Maler und Cafés. Hg. v. Ludwig Kunz. Zürich 1973

ders.: Hymnen und Lästerungen. München 1959

ders.: Septemberschrei. Berlin 1920

Menzel, Adolph: Aus König Friedrich's Zeit. Kriegs- und Friedens-Helden, gezeichnet von Adolph Menzel. Berlin 1856

ders.: Briefe. Mit Unterstützung der Erben des Meisters gesichtet und herausgegeben von Hans Wolff. Berlin 1914

ders.: Briefe. Hg. v. Claude Keisch u. Marie Ursula Riemann-Reyher. 4 Bände. Berlin 2009

ders.: Die Armee Friedrichs des Großen in ihrer Uniformierung. 3 Bände. Berlin 1851–57

Merckle, Kurt: Das Denkmal König Friedrichs des Großen in Berlin. Aktenmäßige Geschichte und Beschreibung des Monuments. Berlin 1894

Meredith, George: Die tragischen Komödianten. Berlin 1908

Merian Riesengebirge/Sudeten. 6 Jahrgang. Heft 10. Hamburg 1953

Mierau, Fritz: Das Verschwinden von Franz Jung. Stationen einer Biographie. Hamburg 1998

Missmann, Max: Bahnhöfe in Berlin. Fotografien 1903–1930. Berlin 1991

Neisse: Das schlesische Rom im Wandel der Jahrhunderte. Hg. v. Werner Bein, Vera u. Ulrich Schmilewski. Würzburg 1988

Neumann, Hanns: Hier lacht Breslau. Schnurren und Anekdoten aus der alten Odermetropole. München 1967

Nicolai, Friedrich: Beschreibung der königlichen Residenzstadt Berlin. Leipzig 1987

Nöbel, Manfred: Damals war's ... David Kalisch und die Berliner Revolutionsposse. In: David Kalisch: Hunderttausend Taler. Altberliner Possen 1846–51. 2 Bde. Berlin 1988, S. 5–72

Nowel, Ingrid: Berlin. Die alte neue Metropole. Dumont Kunstführer, Ostfildern 2007

Oberhauser, Fred/**Henneberg,** Nicole: Literarischer Führer Berlin. Frankfurt u. Leipzig 1998

Oliwa, Theodor: Paul Löbe. Ein sozialdemokratischer Politiker und Redakteur. Die schlesischen Jahre (1875–1919). (Quellen und Darstellungen zur schlesischen Geschichte. Hg. v. Josef Joachim Menzel, Bd. 30.) Neustadt an der Aisch 2003

Ottner, Karl Theodor: Das Königstädtische Schauspielhaus zu Berlin in 10 Zeichnungen mit erläuterndem Text, in besonderer Beratung auf das, nach verschiedenen Kreisen amphitheatralisch arbeitende Spectatorum. Braunschweig 1838

Peters, Dietlinde: Güter für Berlin. Firmengeschichten zwischen Berlin und Schlesien. In: Wach auf, mein Herz, und denke, S. 156–170

dies.: Wie tausend andere auch. Drei schlesische Dienstmädchen in Berlin. In: Wach auf, mein Herz, und denke, S. 209–214

Peters, Klaus: Leben und Werk des Architekten Julius Carl Raschdorff (1823–1914). Hannover 2004

Pfannschmidt, Martin: Geschichte der Berliner Vororte Buch und Karow. Berlin 1927

Pinthus, Kurt: Ludwig Meidner. In: Meidner, Ludwig: Dichter, Maler und Cafés, S. 109–114

Podewin, Norbert: Ausgangspunkt Chaos. Berlin im Mai und Juni 1945. 100 Dokumente vom Leben rund um den Schlesischen Bahnhof. Berlin 1995

Pohl, Gerhart: Bin ich noch in meinem Haus? Die letzten Tage Gerhart Hauptmanns. Herne 2006

Pröger, Willi: Stätten der Berliner Prostitution. Von den Elends- und Absteigequartieren am Schlesischen Bahnhof und Alexanderplatz zur Luxus-Prostitution der Friedrichstraße und des Kurfürstendamms. Eine Reportage. Berlin 1930

Reich, Andreas: Schleiermacher als Pfarrer an der Berliner Dreifaltigkeitskirche 1809–1834. Berlin 1992

Requardt, Walter/**Machatzke,** Martin: Gerhart Hauptmann und Erkner. Studien zum Berliner Frühwerk. Berlin 1980

Riemann-Reyher, Marie Ursula: Der Zeichner – Meister des Augenblicks. In: Adolph Menzel, S. 445–456

Roebling, Irmgard: Das Problem des Mythischen in der Dichtung Georg Heyms. Bern u. Frankfurt a. M. 1975

Roters, Eberhard: Schlesisches Himmelreich – Preußische Hölle oder: Die Tiefe der Erinnerung. In: Bernhard Heisig Retrospektive. Hg. v. Jörn Merkert u. Peter Pachnicke. München 1989, S. 82–93

Sabais, Heinz Winfried: Über Ludwig Meidner. In: Meidner, Ludwig: Dichter, Maler und Cafés. Zürich 1973, S. 115–121

Salzmann, Siegfried u. Dorothea: Oskar Moll. Leben und Werk 1875–1947. München 1975

Saß, Friedrich: Berlin in seiner neuesten Zeit und Entwicklung 1846. Berlin 1983

Saure, Gabriele: »Nacht über Deutschland«. Horst Strempel, Leben und Werk. Hamburg 1992 © Argument Verlag, Hamburg

Schieb, Roswitha: Literarischer Reiseführer Breslau. Potsdam 2009

Schirokauer, Alfred: Lassalle. Ein Leben für Freiheit und Liebe. Ein geschichtlicher Roman. Berlin 1913

Schirokauer, Arno: Lassalle. Die Macht der Illusion. Die Illusion der Macht. Leipzig 1928

Schleiermacher, Friedrich: Über die rechte Verehrung gegen das einheimische Große aus einer früheren Zeit. Predigt am Geburtstag Friedrichs II. am 24. 1. 1808. In: Arnold, Carl Franklin: Schleiermachers Anteil an der preußischen Volkserhebung von 1813, S. 1–21

Schlesische Lebensbilder. Hg. v. Friedrich Andreae. Bd. 1: Schlesier des 19. Jahrhunderts. Breslau 1922

Schlesische Lebensbilder. Hg. v. Friedrich Andreae. Bd. 2: Schlesier des 18. und 19. Jahrhunderts. Breslau 1926

Schlesische Lebensbilder. Hg. v. Friedrich Andreae. Bd. 3: Schlesier des 17. bis 19. Jahrhunderts. Breslau 1928

Schlesische Lebensbilder. Hg. v. Friedrich Andreae. Bd. 4: Schlesier des 16. bis 19. Jahrhunderts. Breslau 1931

Schlesische Lebensbilder. Hg. v. Helmut Neubach u. Ludwig Petry. Bd. 5: Schlesier des 15. bis 20. Jahrhunderts. Würzburg 1968

Schlesische Lebensbilder. Hg. v. Josef Joachim Menzel u. Ludwig Petry. Bd. 6: Schlesier des 15. bis 20. Jahrhunderts. Sigmaringen 1990

Schlesische Lebensbilder. Hg. v. Josef Joachim Menzel. Bd. 7: Schlesier des 15. bis 20. Jahrhunderts. Stuttgart 2001

Schlesische Lebensbilder. Hg. v. Arno Herzig. Bd. 8: Schlesier des 14. bis 20. Jahrhunderts. Neustadt an der Aisch 2004

Schlesische Lebensbilder. Hg. v. Joachim Bahlcke. Bd. 9: Schlesier des 14. bis 20. Jahrhunderts. Insingen 2007

Schlesisches Musiklexikon. Hg. v. Lothar Hoffmann-Erbrecht, Augsburg 2001

Schlingensiepen, Ferdinand: Dietrich Bonhoeffer 1906–1945. Eine Biographie. München 2006

Schlögel, Karl: Berlin. Ostbahnhof Europas. Berlin 1998

Schmidt-Stein, Gerhard: Schlesisches Porzellan vor 1945. Würzburg 1996

Scholtis, August: Ostwind. München u. Berlin 1986

ders.: Die Zauberkrücke. Eine phantastische Geschichte. Berlin 1948

ders.: Ein Herr aus Bolatitz. München 1959

ders.: Friedrich in Kamenz. Erzählung. Karlsbad-Drahowitz u. Leipzig 1939

ders.: Jas der Flieger. Frankfurt a. M. 1987

ders.: Reise nach Polen. Ein Bericht. München 1962

Schünemann, Peter: Georg Heym. Berlin 1993

Schuhmann, Klaus: »Ich gehe wie ich kam: arm und verachtet.« Leben und Werk Max Herrmann-Neisses (1886–1941). Bielefeld 2003

Schulz, Wolfgang: Große Schlesier. Berlin 1984

Sternburg, Wilhelm von: »Um Deutschland geht es uns«. Arnold Zweig. Die Biographie. Berlin 1998

Ther, Philipp: Von Schlesien in die Lausitz. Ein Beispiel der Integration von Vertriebenen in der DDR. In: Wach auf, mein Herz, und denke, S. 488–494

Uexküll, Gösta von: Ferdinand Lassalle in Selbstzeugnissen und Bilddokumenten. Reinbek bei Hamburg 1984

Völker, Klaus: »Im Fremden ungewollt zu Haus«. Der Dichter Max Herrmann-Neisse. In: Neisse. Das schlesische Rom im Wandel der Jahrhunderte. Hg. v. Werner Bein, Vera u. Ulrich Schmilewski. Würzburg 1988, S. 180–182

ders.: (Hg.): Max Herrmann-Neiße. Künstler, Kneipen, Kabaretts. Schlesien, Berlin, im Exil. Berlin 1991

Vorsteher, Dieter: Borsig. Eisengießerei und Maschinenbauanstalt zu Berlin. Berlin 1983

Wach auf, mein Herz, und denke. Zur Geschichte der Beziehungen zwischen Schlesien und Berlin-Brandenburg von 1740 bis heute. Berlin u. Opole 1995

Weber, Matthias: Die preußische Durchdringung Schlesiens nach 1740. Von Annexion zu Integration. In: Wach auf, mein Herz und denke, S. 106–112

Weigel, Alexander: Das Deutsche Theater. Eine Geschichte in Bildern. Berlin 1999

Wentorf, Rudolf: Jochen Klepper in Berlin. Berlin 1967

Willibald Alexis. Ein Autor des Vor- und Nachmärz. Hg. v. Wolfgang Beutin u. Peter Stein. Bielefeld 2000

Wirth, Irmgard: Berlin. Maler sehen eine Stadt. Malerei und Graphik aus drei Jahrhunderten. Berlin 1963

dies.: Berliner Malerei im 19. Jahrhundert. Berlin 1990

dies.: Mit Adolph Menzel in Berlin. München 1965

Zweig, Arnold: Die Festungen meiner Jugend. In: ders.: Ausgewählte Werke in Einzelausgaben. Band 16. Essays. 2. Bd.: Aufsätze zu Krieg und Frieden. Berlin u. Weimar 1967, S. 311–319 © Aufbau Verlag GmbH & Co. KG, Berlin 1967 (diese Ausgabe erschien erstmals 1967 im Aufbau-Verlag; Aufbau ist eine Marke der Aufbau Verlag GmbH & Co. KG)

ders.: Gefährliche Nachbarschaft entgiftet. In: ders.: Essays. 2. Bd.: Aufsätze zu Krieg und Frieden. Berlin u. Weimar 1967, S. 321–323 © Aufbau Verlag GmbH & Co. KG, Berlin 1967 (diese Ausgabe erschien erstmals 1967 im Aufbau-Verlag; Aufbau ist eine Marke der Aufbau Verlag GmbH & Co. KG)

ders.: Junge Frau von 1914. Berlin 1955. © Aufbau Verlag GmbH & Co. KG, Berlin 1955 (diese Ausgabe erschien 1955 im Aufbau-Verlag; Aufbau ist eine Marke der Aufbau Verlag GmbH & Co. KG)

ders.: Arnold Zweig 1887–1968. Werk und Leben in Dokumenten und Bildern. Mit unveröffentlichen Manuskripten und Briefen aus dem Nachlaß. Berlin u. Weimar 1978. © Aufbau Verlag GmbH & Co. KG, Berlin 1978 (diese Ausgabe erschien erstmals 1978 im Aufbau-Verlag; Aufbau ist eine Marke der Aufbau Verlag GmbH & Co. KG)

Zybura, Marek: August Scholtis 1901–1969. Untersuchungen zu Leben, Werk und Wirkung. Paderborn 1997

Unter **www.jeder-zweite-berliner.de** ist ein umfangreicher Literaturblog von Roswitha Schieb zu finden, mit dem viele weitere Spuren schlesischer Persönlichkeiten in Berlin entdeckt werden können.

Personenverzeichnis

Alberti, Konrad
(1862–1918), Schrifst. u.
Redakteur 219
Albertz, Heinrich
(1915–1993), Theol. u.
Politiker 194
Alembert, Jean-Baptiste
Le Rond d' (1717–1783),
Philosoph 132
Alexander I.
(1777–1825),
russ. Kaiser 152 f.
Alexis, Willibald (eigtl.
Georg Heinrich
Wilhelm Häring,
1798–1871), Schriftst.
17, 127 , 133 ff., 144 ff.,
162, 164, 180, 182, 195,
197, 199, 201, 207, 226,
302, **307**
Algarotti, Francesco
Graf v. (1712–1764),
Schriftst. u. Philosoph
91 f., 93, 95, 94, 95 f.
Anders, Günther (eigtl.
Stern, 1902–1992),
Schriftst. u. Philosoph 286
Angelus Silesius (eigtl.
Johannes Scheffler)
(1624–1677), Dichter
73 f., 253, 259
Anlauf, Günter
(1924–2000), Bildhauer
u. Grafiker 264, **308**
Argens, Jean-Baptist de
Boyer Marquis d'
(1703–1771), Schriftst.
u. Philosoph 91
Arminius (um 17 v. Chr. –
21 n. Chr.), Cherusker-
fürst 125
Arndt, Walther
(1891–1944),
Zoologe u. NS-
Widerstandskämpfer
260

Arnhold, Eduard
(1849–1925),
Unternehmer u.
Kunstmäzen 15, 120
Arnim, Achim v. (1781–
1831), Schriftst. 315
Augusta von Sachsen-
Weimar-Eisenach
(1811–1890), preuß.
Kgn. u. dt. Kaise-
rin 338
Baader, Andreas
(1943–1977),
RAF-Aktivist 249
Bach, Carl Philipp
Emanuel (1714–1788),
Komponist 94
Bach, Friedemann
(1710–1784),
Komponist 158, 313
Bach, Johann Sebastian
(1685–1750),
Komponist 158 f.
Baeck, Leo (1873–1956),
Rabbiner 277
Ballestrem, Franz Graf v.
(1834–1910),
Industrieller 230
Baluschek, Hans
(1870–1935), Maler
22, 53, 58, 60, 229, 233,
238, 241, 251, 263, 274,
286, **309 f.**
Barbarina, eigtl.
Barbara Campanini
(1721–1799),
Tänzerin 94 ff.
Bebel, August
(1840–1913),
Politiker 242
Becher, Johannes R.
(1891–1958), Dichter
u. Politiker 277
Becker, Ernst Heinrich
Bernhard (1826–1882),
Mitbegründer ADAV,
Schriftst. 238

Beckmann, Friedrich
(1803–1866),
Schausp. 1
95, 197 ff., 202
Begas, Reinhold
(1831–1911), Bildh.
18, 193, 338
Benda, Franz
(1709–1786), Kompo-
nist 94, 109 f.
Bendix, Martin
(1843–1915),
Komiker 218
Berstl, Julius
(1882–1975), Schriftst.
20, 250 ff., 262 f.
Bial, Rudolf (1834–1881),
Kapellmeister u.
Komponist 217
Bienek, Horst
(1930–1990),
Schriftst. 269, 286
Biermann, Karl Eduard
(1803–1892), Maler 313
Bilse, Benjamin
(1816–1902),
Kapellmeister u. Kom-
ponist 122, **310 f.**
Bischoff, Friedrich
(1896–1976), Schriftst. u.
Rundfunkintendant
278
Bismarck, Otto v.
(1815–1898),
dt. Reichskanzler
120, 208, 239 ff., 333
Blesson, Johann Ludwig
(1790–1861), Militär-
schriftsteller 209
Blücher, Gerhard
Leberecht Fürst B. v.
Wahlstatt (1742–1819),
preuß. Generalfeld-
marschall 227
Böhme, Jakob
(1575–1624), Philosoph
278, 284

Boleslaw I., auch
Boleslaus I.
(1127–1201),
Hz. v. Schlesien 272
Bonhoeffer, Dietrich
(1906–1945), Theol.
20, 36, 259 f., **311 f.**
Bonhoeffer, Karl
(1868–1948), Neurologe
u. Psychiater 36, 311
Börsch-Supan, Helmut
(geb. 1933),
Kunsthistoriker 34,
178 ff., 192, 304 f.
Borsig, Albert
(1829–1878),
Industrieller 15, 230 f.,
261, **312**
Borsig, August
(1804–1854),
Industrieller 11, 225,
228 ff., 260 f., 307, **312 f.**
Borsig, Ernst v.
(1906–1945), Gutsherr
u. NS-Widerstandskämpfer 260
Bosetzky, Horst
(geb. 1938), Soziologe
u. Schriftst.
20, 250, 252 ff., 261
Boumann, Johann
(1706–1776),
Architekt 132
Brachvogel, Albert Emil
(1824–1878),
Schriftst. 17, 127,
157 ff., 162, 164, **313**
Bräuer, Albrecht
(1830–1897), Maler 65
Brahm, Otto
(1856–1912), Theaterleiter 48, 63 f., 322
Brecht, Bertolt
(1898–1956),
Schriftst. 325
Bren(c)kenhof(f), Franz
Balthasar Schönberg v.
(1723–1780),
preuß. Beamter u.
Staatsmann 98

Brentano, Clemens (1778–
1842), Schriftst. 315
Bringmann, Anton (1796–
1856), Dompropst in
St. Hedwig 132 f.
Brütt, Adolf (1855–1939),
Bildhauer 340
Bürde, Samuel
(1753–1831), Kirchenlieddichter 259
Camaro, Alexander (1901–
1992), Maler 264, **314**
Cassirer, Ernst (1874–
1945), Philosoph 179
Cerf, Karl Friedrich
(1771–1845),
Theaterleiter 195
Chasot, Egmont v.
(1716–1797),
preuß. Offizier 95 f.
Colonna, Philipp Graf zu
Groß-Strehlitz
(1755–1807),
Industrieller 230
Courbet, Gustave
(1819–1877), Maler 117
Cranach, Lucas
(1472–1553),
Maler 297
Cunrad, Christiana
(1591–1625), Kirchenlieddichterin 259
Defoe, Daniel
(1660–1731),
Schriftst. 190
Dienel, Otto
(1839–1905), Organist
u. Komponist 184
Dilthey, Wilhelm (1833–
1911), Philosoph 322
Dohm, Ernst
(1819–1883), Schriftst.
u. Redakteur 19, 208,
237, **314 f.**
Dohm, Hedwig
(1831–1919),
Schriftst. 315
Drake, Friedrich
(1805–1882),
Bildhauer 160, 308

Drescher, Karl-Heinz
(1936–2011),
Grafiker 76
Ebert, Friedrich
(1871–1925), dt. Reichspräsident 69, 244
Eichendorff, Joseph
Freiherr v. (1788–1857),
Dichter 226, 228, 278,
283, 287, **315 f.**, 320
Egells, Franz Anton
(1788–1854),
Maschinenbauer u.
Unternehmer 229, 313
Ehrlich, Paul
(1854–1915), Arzt u. Immunologe 36
Engel, Fritz (1867–1935),
Theaterkritiker u.
Redakteur 69, 219
Engels, Friedrich
(1820–1895), Historiker
u. Philosoph 236
Ensslin, Gudrun
(1940–1977),
RAF-Aktivistin 249
Enzensberger, Hans
Magnus (geb. 1929),
Schriftst. 249
Erdmann, Lothar (1888–
1939), Journalist u.
Gewerkschaftler 260
Erdmannsdorff, Friedrich
Wilhelm Freiherr v.
(1736–1800),
Architekt 185, 187
Ernst, Adolf (1846–1927),
Schausp. 218 f.
Eyserbeck, Johann August
(1762–1801),
Gärtner 186
Ferdinand August
v. Preußen (1730–1813),
preuß. Prinz 45, 187
Fermor, Wilhelm Graf v.
(1704–1771),
General 253
Fichte, Johann Gottlieb
(1762–1814),
Philosoph 179, 315

Finck, Werner (1902–1978), Kabarettist u. Schausp. 205
Fontane, Theodor (1819–1898), Schriftst. 55, 104, 135 ff., 145, 152 ff., 156, 206, 217, 234
Forckenbeck, Max v. (1821–1892), Politiker 194
Fouqué, Heinrich August de la Motte (1698–1774), preuß. General, 98
Franz, Ignaz (1719–1790), Kirchenlieddichter 259
Freud, Sigmund (1856–1939), Arzt u. Psychologe 295 f., 345
Freund, Julius (1862–1914), Schriftst. 219
Freytag, Gustav (1816–1895), Schriftst. u. Publizist 86, 113, 158, 200 f., 220, 226 ff., 235 f., 283, **316**
Friedensburg, Ferdinand (1886–1972), Politiker 194
Friedlaender, Emanuel (gest. 1880), Bergbauunternehmer 14
Friedlaender-Fuld, Friedrich (1858–1917), Industrieller 15
Friederike Luise (1751–1805), preuß. Kgn. 187
Friedrich II. (1712–1786), preuß. Kg. 7 f., 10, 17 f., 22, 26 ff., 33 ff., 38, 43, 78 ff., 85 ff., *88 ff., 93 ff., 97 ff., 100 ff., 105 f., 107 ff., 110 ff.,* 117, 121, 123 f., 127 ff., *148* ff., 158 ff., 169 f., *175, 176,* 181 ff., 186, 191, 209, 230, 253, 280 f., 285, 290, 294 f., 302, *303,* 319, 327, 337

Friedrich III. (1657–1713), Kurfürst, seit 1701 Friedrich I., Kg. i. Preußen 166
Friedrich III. (Kronprinz Friedrich, 1831–1888), dt. Kaiser 316
Friedrich, Caspar David (1774–1840), Maler 125
Friedrich Wilhelm (»Großer Kurfürst«, 1620–1688), Kurfürst v. Brandenburg u. Hzg. i. Preußen 79, 113, 173
Friedrich Wilhelm I. (»Soldatenkönig«, 1688–1740), Kg. i. Preußen 18, 135 ff., 164 ff., *168* ff., 182, 206
Friedrich Wilhelm II. (1744–1797), preuß. Kg. 29, 32 ff., 38, 43 f., 186 f., 189, 191, 239, 331
Friedrich Wilhelm III. (1770–1840), preuß. Kg. 34 f., 45 f., 79 f., 143 f., 146, 152 ff., 160, 175, 177, 181, 327
Friedrich Wilhelm IV. (1795–1861), preuß. Kg. 18, 35, 90, 98, 110, 161 f., 329
Fröbel, Friedrich (1782–1852), Pädagoge 317, 338
Froehlich, August (1891–1942), kath. Pfarrer u. NS-Widerstandskämpfer 260
Garve, Christian (1742–1798), Philosoph 84
Gentz, Friedrich v. (1764–1832), Schriftst. u. Politiker 317

Gentz, Heinrich (1766–1811), Architekt 177 f., **316 f.**
Gentz, Johann Friedrich (1726–1810), Münzmeister 316
Gierke, Anna v. (1874–1943), Sozialpädagogin u. Politikerin **317 f.**
Gierke, Otto v. (1841–1921), Jurist u. Politiker 317
Gilly, David (1748–1808), Architekt 41
Gilly, Friedrich (1772–1800), Architekt 45, 331
Glaßbrenner, Adolf (1810–1876), Humorist u. Satiriker 197
Goethe, Johann Wolfgang v. (1749–1832), Dichter 33, 43, 62, 79, 316, 337
Goerdeler, Carl Friedrich (1884–1945), Politiker u. NS-Widerstandskämpfer 245, 335
Gollwitzer, Helmut (1908–1993), Theologe 318
Gontard, Carl v. (1731–1791), Architekt 27, 186 f., 312, 316
Gorki, Maxim (1868–1936), Schriftst. 70
Grabisch, Joseph (erw. 1911), Theologe u. Literat 284
Graf, Urs (1485–1528), Kupferstecher u. Zeichner 266
Grävenitz, Johann Wilhelm (um 1703–1774), Müller v. Sanssouci 151
Grisebach, Hans (1848–1904), Architekt 68, 261

Grochowiak, Thomas
(geb. 1914), Maler u.
Museumsdirektor 266
Großmann, Carl
(1863–1922),
Serienmörder 252
Grosz, George
(1893–1959),
Maler 285, 321
Grotewohl, Otto
(1894–1964),
Politiker 246
Grünewald, Matthias
(1470/80–1528),
Maler u. Zeichner 266
Grünfeld, Falk Valentin
(1837–1897),
Textilkaufmann 13
Grützke, Johannes
(geb. 1937), Maler u.
Medailleur 311
Gryphius, Andreas
(eigtl. Andreas Greif,
1616–1664),
Dichter 202, 259
Guardini, Romano
(1885–1968),
Theologe 318
Guillaume-Schack,
Gertrud (1845–1903),
Frauenrechtlerin 234
Günther, Johann
Christian (1695–1723),
Dichter 278
Gutzkow, Karl Ferdinand
(1811–1878),
Schriftst. 207 f.
Haase, Annemone
(geb. 1930),
Schausp. 76
Hannibal (um 246 v.
Chr.–183 v. Chr.),
Feldherr 169
Haspel, Jörg
(geb. 1953),
Denkmalpfleger 184
Hatzfeldt, Sophie Gräfin
v. (1805–1881),
Sozialistin 237, 332

Hatzfeldt-Gleichen-
Trachenberg, Franz
Philipp Adrian, Fürst v.
(1717–1779) 26, 331
Hauptmann, Carl
(1858–1921), Schriftst.
55, 61, 267, 277, 279, 318
Hauptmann, Gerhart
(1862–1946),
Schriftst. 16, 48 ff., 99,
203, 214, 218 f., 226, 235,
261, 267, 277 ff., 281 f.,
290, **318 f.**, 321, 327
Hauptmann, Marie
(1860–1914),
Ehefrau v. Gerhart
Hauptmann 62
Haussmann, Georges-
Eugène (1809–1891),
Stadtplaner von
Paris 32
Haverkamp, Wilhelm
(1864–1929),
Bildh. 254
Heckel, Erich (1883–1970),
Maler 339
Hedwig, Hzn. v. Schlesien
(um 1174/78–1243), Hl.
128 f., *130* f., 135, 257, 259
Heidecker, Andreas
(bek. Schaffenszeit:
1513–1517), Bildh. 130
Heine, Heinrich
(1797–1856),
Schriftst. 326
Heinrich v. Preußen
(1726–1802), preuß.
Prinz 26, 178 f., 187
Heisig, Bernhard
(1925–2011), Maler
302 f., **319 f.**
Henckel v. Donners-
marck, Guido
(1830–1916), Reichsgraf
u. Industrieller
15, 230, 285, **320**
Henckel v. Donners-
marck, Hugo Graf v.
(1811–1890),
Unternehmer 230

Herrmann-Neiße (eigtl.
Herrmann), Max
(1886–1941), Schriftst.
20, 265, 269 ff., 276 ff.,
320, 321, 337
Herwegh, Georg (1817–
1875), Dichter 326
Herz, Henriette
(1764–1847),
Schriftst. 340
Herzfelde, Wieland
(1896–1988),
Publizist, Verleger, Au-
tor 285
Heuss, Theodor
(1884–1963),
Bundespräsident 318
Heym, Georg
(1887–1912),
Dichter 20, 265, 269,
272 ff., **321 f.**
Heym, Stefan
(1913–2001),
Schriftst. 242
Hildebrandt, Dieter
(geb. 1927), Kabarettist
u. Schausp. 205
Hille, Peter (1854–1904),
Schriftst. 75
Hinckeldey, Karl
Ludwig Friedrich v.
(1805–1856), General-
polizeidirektor
v. Berlin 236
Hindemith, Paul
(1895–1963),
Komponist 35
Hindenburg, Paul v.
(1847–1934),
Generalfeldmarschall
u. dt. Reichspräsident
244 f., 299
Hitler, Adolf
(1889–1945),
dt. Reichskanzler,
25, 67, 167, 171, 245, 247,
249, 289, 296, 299, 328
Hitzig, Julius Eduard
(1780–1849),
Jurist u. Schriftst. 145

Hobrecht, Arthur
(1824–1912),
Politiker 194
Höch, Hannah
(1889–1978), Collage-
künstlerin 285
Hoffmann, Ernst
Theodor Amadeus
(1776–1822),
Schriftst., Jurist,
Komponist 45
Hoffmann, Friedrich
(1818–1900),
Industrieller 11
Hoffmann v.
Fallersleben, August
Heinrich (1789–1874),
Germanist u.
Dichter 316
Hofmann, Heinrich
Albert (1819–1880),
Verlagsbuchhändler
208, 315, 326
Hofmannsthal, Hugo v.
(1874–1929),
Schrift. 70
Hohenlohe-Schillings-
fürst, Victor Moritz
Karl v. (1818–1893),
Standesherr u.
Politiker 106
Hollaender, Felix
(1867–1931),
Schriftst., Dramaturg,
Regisseur 16, 19, 48,
69 ff., 217, 260, **322 f.**
Hollaender, Gustav
(1855–1915),
Musikdirektor 322
Hollaender, Friedrich
(1896–1976),
Komponist, Musik-
dichter 70, 217, 322 f.
Hollaender, Victor
(1866–1940),
Pianist u. Komponist
19, 217, 322
Hollender, Martin (geb.
1965), Germanist 291

Holtei, Karl v.
(1798–1880), Dichter
17, 142 ff., 160 f., 194 ff.,
203, 220, 222, 283, **323**
Holzbecher, Julie
(1809–1839), Schausp.
196, 199, 203, 323
Hoym, Karl Georg
Heinrich Graf v.
(1739–1807), preuß.
Staatsmann, Min. f.
Schlesien 28, 47,
133, 146
Hübner, Julius
(1806–1882), Maler u.
Dichter 125, 144
Humboldt, Alexander v.
(1769–1859),
Naturforscher 237
Humboldt, Wilhelm v.
(1767–1835),
Gelehrter u. Staats-
mann 315 f., 340
Hyazinth von Oppeln
(1187–1257), Hl. u. Or-
densgründer 259
Iffland, August Wilhelm
(1759–1814),
Schausp. u. Dramati-
ker 43, 45
Ihering, Herbert
(1888–1977),
Regisseur u. Publi-
zist 271
Ihrer, Emma
(1857–1911), Frauen-
rechtlerin **323 f.**
Jacobsohn, Siegfried
(1881–1926),
Theaterkritiker 64 f.
Jaeckel, Willy
(1888–1944), Maler
263, **324 f.**
Janáček, Leoš (1854–
1928), Komponist 35
Janosch (eigtl. Horst
Eckert, geb. 1931),
Schriftst., Kinder-
buchautor u.
Illustrator 204

Janthur, Richard (1883–
1950), Maler 266
Jastram, Jo (1928–2011),
Bildhauer 345
Joachim, Joseph
(1831–1907), Musiker
u. Komponist 322
Johannes Paul II. (1920–
2005), Papst 334
Jonas, Ludwig (1797–
1859), Theologe 209
Joseph II. (1741–1790),
österr. Erzherzog,
röm.-dt. Kaiser, *101* f.
Jung, Franz
(1888–1963), Schriftst.
u. Ökonom 20, 265,
277, 281 ff., 300, **325 f.**
Kahlbaum, August
Wilhelm (1822–1884),
Industrieller 109
Kalide, Theodor
(1801–1863),
Bildh. 179 ff.
Kalisch, David
(1820–1872),
Schriftst. 18 f., 195,
208, 211 ff., 215 ff., **326**
Kant, Immanuel
(1724–1804),
Philosoph 316
Karsch, Joachim
(1897–1945), Bildh. u.
Grafiker 264
Katte, Hans Hermann v.
(1704–1730), preuß.
Leutnant 170, 295
Keith, James Francis
Edward (1696–1758),
preuß. General
93, *113*
Kerr, Alfred
(1867–1948),
Schriftst. u. Kritiker
19, 68, 70, 194, 217 ff.,
234, 242 f., 276 f.,
281 f., 298, 320, **326 f.**
Kirchner, Ernst Ludwig
(1880–1938),
Maler 339

Kirschner, Martin (1842–1912), Oberbürgermeister v. Berlin 194
Kiss, August (1802–1865), Bildh. 125, 175, 179 ff., 183, 222 f., 256, **327 f.**
Kleinert, Hugo Wilhelm Paul (1839–1920), Theologe 179
Kleist, Ewald Christian v. (1715–1759), Dichter u. preuß. Offizier 138
Kleist, Heinrich v. (1777–1811), Schriftst. 315
Klemperer, Otto (1885–1973), Dirigent u. Komponist 35
Klepper, Jochen (1903–1942), Schriftst. 18, 20, 127, 164 ff., 259 ff., 266, **328 f.**
Klimsch, Fritz (1870–1960), Bildhauer 318 f.
Kloeber, Carl Friedrich August v. (1793–1864), Maler 45 f., 177, 180, 188
Knobelsdorff, Georg Wenzeslaus von (1699–1753), Architekt 96, 132, 177
Knorr v. Rosenroth, Christian (1636–1689), Kirchenlieddichter 259
Koeppen, Wolfgang (1906–1996), Schriftst. 289
Kohle, Hubertus (geb. 1959), Kunsthistoriker 105, 114
Kollwitz, Käthe (1867–1945), Bildh. u. Grafikerin 64

Kopisch, August Wilhelm (1799–1853), Dichter u. Maler 17, 125, 127, 160 ff., 175, 182 f., 213 f., **329 f.**
Kopp, Georg Kardinal v. (1837–1914), Fürstbischof v. Breslau 257 f., 287
Kos, Jerzy, Kunsthistoriker 28 f.
Kotzebue, August v. (1761–1819), Dramatiker 45
Kowalski, Ludwig Peter (1891–1967), Maler 264 f., **330 f.**
Krajewski, Marek (geb. 1966), Altphilologe u. Krimiautor 305 f.
Krigar, Hermann (1819–1880), Komponist u. Kgl. Musikdirektor 337
Kronecker, Leopold (1823–1891), Mathematiker 179
Kroner, Kurt (1885–1929), Bildhauer 48
Kugler, Franz (1808–1858), Historiker, Schriftst. 79 ff., 88, 101 f., 337
Lachmann, Karl (1793–1851), Germanist 316
Langhans, Carl Ferdinand (1782–1869), Architekt 42 f., 45, 78, 174, 176 f., **331**
Langhans, Carl Gotthard (1732–1808), Architekt 11, 16, 18, 25 ff., 174 ff., 179, 183 ff., 186 ff., 197, **331 f.**
La Mettrie, Julien Offray de (1709–1751), Philosoph 91
L'Arronge, Adolphe (eigtl. Adolf

Aaronsohn, 1838–1908), Theaterleiter u. Dramatiker 55
Lassalle, Ferdinand (1825–1864), Politiker u. Publizist 9, 19 f., 73, 235 ff., 298, 315, **332 f.**
Laube, Heinrich (1806–1884), Schriftst., Kritiker, Theaterleiter 144, 207
Leber, Julius (1891–1945), Politiker u. NS-Widerstandskämpfer 245
Ledoux, Claude-Nicolas (1736–1806), Architekt 189
Leistikow, Walter (1865–1908), Maler 51, 273
Lenin (polit. Deckname von Uljanow), Wladimir Iljitsch (1870–1924), Revolutionär u. Politiker 64
Lenya, Lotte (1898–1981), Schausp. 277
Lenzel, Joseph (1890–1942), kath. Pfarrer u. NS-Widerstandskämpfer 133, 260, **333**
Leopold I. (1640–1705), röm.-dt. Kaiser 173
Leopold I. Fürst von Anhalt-Dessau (1676–1747), preuß. General 112
Le Roy, Philibert (um 1600–1646), Architekt 27
Lessing, Carl Friedrich (1808–1880), Maler 125

Lessing, Gotthold
 Ephraim (1729–1781),
 Kritiker, Dichter, Philosoph, 43, 202, 316
Lette, Wilhelm Adolf
 (1799–1868), Sozialpolitiker u. Jurist 338
Leuschner, Wilhelm
 (1890–1944),
 Politiker u. NS-Widerstandskämpfer 245
Lewald, Fanny
 (1811–1889),
 Schriftst. 315
Lichnowsky, Karl Max
 Fürst v. (1860–1928),
 Diplomat u. Botschafter 288, 341
Lichtenberg, Bernhard
 (1875–1943),
 Dompropst in St. Hedwig 133, **333**, 334
Lichtwark, Alfred
 (1852–1914),
 Kunsthistoriker u.
 Museumsleiter 183
Liebermann, Max
 (1847–1935),
 Maler 114
Liebknecht, Wilhelm
 (1826–1900), Politiker
 u. Publizist 240, 242
Liszt, Franz (1811–1886),
 Komponist 315
Löbe, Paul
 (1875–1967), Politiker
 20, 35, 69, 243 ff., **334 f.**
Loewig, Roger
 (1930–1997), Maler,
 Zeichner, Dichter 265,
 300 ff, **335 f.**
Logau, Friedrich Freiherr
 v. (1604–1655),
 Dichter 202
Lohmeyer, Julius
 (1834–1903),
 Schriftst. 208
Löwenstein, Rudolf
 (1819–1891),
 Schriftst. 208

Ludwig, Emil
 (eigtl. Emil Ludwig
 Cohn, 1881–1948),
 Schriftst. 298
Luise (1776–1810),
 preuß. Kgn. 143, 146,
 152 f., 177 f., 317
Lukaschek, Hans
 (1885–1960), Politiker
 u. NS-Widerstandskämpfer 260
Mächtig, Hermann
 (1837–1909),
 Städt. Gartendirektor
 in Berlin 9
Männlich, Daniel
 (1625–1700),
 Goldschmied 222
Maeterlinck, Maurice
 (1862–1949),
 Schriftst. 70
Marx, Karl
 (1818–1883), Philosoph
 u. Gesellschaftstheoretiker 236, 326, 332
Mehring, Franz
 (1846–1919), Publizist
 u. Politiker 59, 144
Meidner, Ludwig (1884–
 1966), Dichter u. Maler
 19 f., 22, 172, 265 ff., 275,
 294, 298, **336 f.**
Mendelsohn, Moses
 (1729–1786),
 Philosoph 316
Menzel, Carl Erdmann
 (1787–1832), Vater v. A.
 Menzel 78, 228
Menzel, Charlotte Emilie
 (1794–1846), Mutter v.
 A. Menzel 78
Menzel, Adolph v.
 (1815–1905), Maler 17,
 22, 71, 78 ff., 88 ff., *119 ff.*,
 133, 140, 145, 148, 152 f,
 157, 160, 162, 168, 206,
 218 f., 223, 225 f., 228,
 231, 290, 302, 310, **337 f.**

Meredith, George
 (1828–1909),
 Schriftst. 242
Meyer, Marie (1840–
 1908), Schausp. 218
Meyerbeer, Giacomo
 (1791–1864),
 Komponist 175
Meyerheim, Paul (1842–
 1915), Maler 313
Michelangelo Buonarroti
 (1475–1564), Maler,
 Bildh. u. Architekt 188
Mierau, Fritz (geb. 1934),
 Slawist u. Essayist 287
Modigliani, Amedeo
 (1884–1920),
 Maler 336
Moll, Oskar (1874–1947),
 Maler 263, 342
Moltke, Helmuth James
 Graf v. (1907–1945),
 Jurist u. NS-Widerstandskämpfer 260
Morgenstern, Lina (1830–
 1909), Schriftst., Frauenrechtlerin u. Sozialaktivistin 234, **338 f.**
Moszkowski, Alexander
 (1851–1934), Schriftst.
 u. Satiriker 219
Moszkowski, Moritz
 (1854–1925),
 Komponist 219
Müller, Heiner
 (1929–1995),
 Schriftst. 302
Müller-Breslau, Heinrich
 (1851–1925),
 Bauingenieur 183 f.
Mueller, Otto
 (1874–1930), Maler
 265 ff., 314, 330, **339**, 342
Napoleon I.
 (1769–1821), frz. Kaiser
 8, 25, 79, 133, 154, 192
Neuss, Wolfgang
 (1923–1989), Kabarettist u. Schausp. 205

Nicolai, Friedrich
(1733–1811), Schriftst. u.
Historiker 41
Niekisch, Ernst
(1889–1967),
polit. Aktivist 249 f.
Niemöller, Martin
(1892–1984),
Theologe 318
Nikolaus I. (1420–1476),
Herzog v. Oppeln 284
Nissen, Rudolf
(1896–1981),
Chirurg 36
Notke, Bernt
(1435–1509),
Maler 266
Opitz, Martin (1597–
1639), Dichter 202, 259
Palitzsch, Peter (1918–
2004), Regisseur 76
Palladio, Andrea
(1508–1580),
Architekt 27, 37 f., 44
Persius, Ludwig
(1803–1845),
Architekt 188, 328
Pesne, Antoine (1683–
1757), Maler 109 ff.
Pfemfert, Franz
(1879–1954), Publizist
320, 325
Pfund, Johann Georg
(1700–1781/84),
Kutscher Friedrichs II.
161 f.
Pieck, Wilhelm
(1876–1960), Präsident
der DDR 293
Pietsch, Ludwig
(1824–1911), Maler u.
Kunstkritiker 122, 219
Pinthus, Kurt
(1886–1975),
Schriftst. u. Hg. 272
Piranesi, Giovanni
Battista (1720–1778),
Kupferstecher u.
Architekt 26 f., 188

Piscator, Erwin
(1893–1966),
Regisseur 285, 325
Pleß, Hans Heinrich X.,
Fürst v. (1806–1855),
Standesherr u.
Industrieller 230
Pleß, Hans Heinrich XI.,
Fürst v. (1833–1907),
Standesherr u. Indust-
rieller 15, 230, 284 f.
Poelzig, Hans
(1869–1936), Architekt
67, 265, 330
Pohl, Gerhart (1902–
1966), Schriftst. 278
Poncet, Francois
(1887–1978), Politiker
u. Diplomat 296
Proudhon, Pierre-Joseph
(1809–1865), Ökonom
u. Soziologe 326
Pückler-Klein-Tschirne,
Walter Graf v. (1860–
1924), Schriftst. 219
Quantz, Johann Joachim
(1697–1773), Flötist u.
Komponist 94, 159
Raabe, Wilhelm (1831–
1910), Schriftst. 242
Raffael (1483–1520), Maler
u. Architekt 268
Raimund, Ferdinand
(1790–1836),
Dramatiker 199
Ramler, Karl Wilhelm
(1725–1798), Dichter u.
Philosoph 138
Raschdorff, Julius Carl
(1823–1914), Architekt
183 f., **339 f.**
Rathenau, Walther (1867–
1922), Schriftst., Indus-
trieller, Politiker 244
Rauch, Christian Daniel
(1777–1857), Bildh. 35,
175, 313, 327 f.
Reden, Friedrich
Wilhelm Graf v.
(1752–1815),

Berghauptmann u.
preuß. Minister 191
Reinhardt, Max
(1873–1943),
Regisseur 16, 48, 64,
67, 70, 322
Rembrandt Harmenszoon
van Rijn
(1606–1669),
Maler 63
Reuter, Fritz
(1810–1874),
Schriftst. 136
Revett, Nicholas
(1720–1804),
Architekt 27
Richter, Ludwig
(1803–1884),
Maler 125
Riemann-Reyher, Marie,
Kunsthistorikerin
124
Rilke, Rainer Maria
(1875–1926),
Schriftst. 341
Ringelnatz, Joachim
(1883–1934),
Schriftst. 341
Rittner, Rudolf
(1869–1943),
Schausp. 218
Roters, Eberhard
(1929–1994),
Kunsthistoriker 302
Roth, Joseph
(1894–1939),
Schriftst. 166
Rothenburg, Friedrich
Rudolf Graf v. (1710–
1751), preuß. General-
leutnant 94 ff., 153
Rubens, Peter Paul
(1577–1640),
Maler 78
Sabais, Heinz-Winfried
(1922–1981), Dichter u.
Essayist 271 f.
Sartorius, Joachim
(1548 – um 1600), Kir-
chenliederdichter 259

Saß, Friedrich
(1819–1851),
Publizist 231 f., 258
Sauerbruch, Ferdinand
(1875–1951),
Chirurg 36
Schadow, Johann
Gottfried (1764–1850),
Bildh. 11, 176 f.
Schaffgotsch, Hans
Ulrich Graf v.
(1831–1915),
Industrieller 285
Schaffgotsch, Philipp
Gotthard (1716–1795),
Fürstbischof v.
Breslau 131
Schall, Karl
(1780–1833),
Dichter u. Journalist
199, 323
Scharnhorst, Gerhard v.
(1755–1813),
General 181
Schiller, Friedrich
(1759–1805),
Dichter 62
Schinkel, Karl Friedrich
(1781–1841),
Architekt 29, 45 f.,
175, 178, 180, 192, 317,
328, 331
Schirokauer, Alfred
(1880–1934),
Schriftst. u. Film-
regisseur 242
Schirokauer, Arno
(1899–1954), Schriftst.
u. Germanist 242
Schlabrendorff, Ernst
Wilhelm v.
(1719–1769), Min. v.
Schlesien 176
Schlegel, Friedrich
(1772–1829),
Philosoph u. Schriftst.
340
Schleiermacher,
Friedrich Daniel
Ernst (1768–1834),

Theol. u. Philosoph
134, 179, 284, **340 f.**
Schlüter, Andreas
(1659/1664–1714),
Architekt u. Bildh.
113, 166, 180, 222
Schmolck, Benjamin
(1672–1737), Kirchen-
lieddichter 259
Schönberg, Arnold
(1874–1951),
Komponist 35
Scholtis, August
(1901–1969),
Schriftst. 20, 261 f.,
265, 288 ff., 300, **341**
Schopenhauer, Arthur
(1788–1860),
Philosoph 218
Schroeder, Louise
(1887–1957),
Politikerin 194
Schukow, Georgi
Konstantinowitsch
(1896–1974), General
u. Marschall 246
Schwarz, Gerhard
(1902–1994), Kirchen-
liedkomponist 259
Schwierzina, Tino-
Antoni (1927–2003),
Politiker 195
Scott, Walter
(1771–1832),
Schriftst. 307
Severing, Carl
(1875–1952), preuß.
Innenminister 296
Seydlitz, Friedrich
Wilhelm v.
(1721–1773),
preuß. General
112, 253
Silbergleit, Arthur
(1881–1943),
Dichter 269 f.
Silvius I. Nimrod
(1622–1669),
Herzog v. Württem-
berg-Oels 73

Simmel, Georg
(1858–1918),
Philosoph 322
Sintenis, Renée
(1888–1965), Bildh.
263 f., **341 f.**
Sinzendorf, Philipp
Ludwig (1699–1747),
Kardinal 128, 131
Sorma, Agnes
(eigtl. Saremba, 1862–
1927), Schausp.
66, 218 f.
Spielhagen, Friedrich
(1829–1911),
Schriftst. 242
Spiro, Eugen
(1874–1972),
Maler 65, 263
Stanislawski, Konstantin
(1863–1938),
Regisseur 56
Stauffenberg, Claus
Schenk Graf v.
(1907–1944),
Offizier u. NS-Wider-
standskämpfer 260
Steffens, Henrik
(1773–1845),
Philosoph u. Natur-
forscher 134
Stehr, Hermann
(1864–1940),
Schriftst. 290
Stein, Heinrich
Friedrich Karl Reichs-
freiherr vom und zum
(1757–1831),
Staatsmann 340
Steinhardt, Jakob
(1887–1968),
Maler 266
Stern, Julius
(1820–1883),
Musikpädagoge u.
Komponist 36
Sternburg, Wilhelm v.
(geb. 1939), Journalist
u. Autor 297

Sterzinsky, Georg Kardinal (1936–2011), Erzbischof v. Berlin 334
Stifter, Adalbert (1805–1868), Schriftst. 283
Stille, Christoph Ludwig v. (1696–1752), preuß. Generalmajor 153
Stoß, Veit (1447–1533), Bildhauer u. -schnitzer 266
Strauß, Johann (Vater, 1804–1849), Komponist 310
Strawinsky, Igor (1882–1971), Komponist 35
Strempel, Horst (1904–1975), Maler 265, 300 f., **342 f.**
Strindberg, August (1849–1912), Schriftst. 55, 70
Stuart, James (1713–1788), Archäologe u. Architekt 27
Sydow, Adolf (1800–1882), Theologe 209
Tappert, Wilhelm (1830–1907), Musikkritiker 219
Tauentzien, Friedrich Bogislaw v. (1710–1795), preuß. General u. Gouverneur v. Breslau 176
Thalheimer, Michael (geb. 1965), Regisseur 67
Thieme, Gerhard (geb. 1928), Bildhauer 194
Tollmann, Gottfried (1680–1766), Kirchenliederdichter 259
Translateur, Siegfried (1875–1944), Komponist 19, **343**

Traube, Ludwig (1818–1876), Arzt u. Pathologe 36
Treitschke, Heinrich v. (1834–1896), Historiker u. Publizist 144
Triller, Valentin (1493–1573), Kirchenliederdichter 259
Tschechow, Anton (1860–1904), Schriftst. 56
Tübke, Werner (1929–2004), Maler 302
Ulitz, Arnold (1888–1971), Dichter 294
Vicelin, auch Vizelin (um 1090–1154), Bischof, Missionar, Hl. 79
Voltaire, eigtl. Francois Marie Arouet (1694–1778), Philosoph 91 f., 93, 95, 132, 153
Wabnitz, Agnes (1841–1894), Frauenrechtlerin u. Sozialistin 234, **343 f.**
Walden, Herwarth (1878–1941), Schriftst. u. Galerist 266
Wedekind, Frank (1864–1918), Schriftst. 70, 282
Weisse, Michael (1488–1534), Kirchenliederdichter 259
Wigman, Mary (1886–1973) 314
Wilde, Oskar (1854–1900), Schriftst. 70
Wilder, Billy (1906–2002), Filmregisseur, 26
Wilhelm I. (1797–1888), dt. Kaiser 108, 112, 121, 160, 174 f.,

180, 223, 234, 239 f., 337, 344
Wilhelm II. (1859–1941), dt. Kaiser 54, 63, 112, 183, 320, 343
Willmann, Michael Lukas Leopold (1630–1706), Maler 172 f., 266, 272
Winckelmann, Johann Joachim (1712–1768), Archäologe u. Kunstgelehrter 27
Wirth, Irmgard (geb. 1915), Kunsthistorikerin 116
Wittig, Paul (1853–1943), Architekt 261
Wolf, Christa (1929–2011), Schriftst. 302
Wollheim, Cäsar (1814–1882), Industrieller 14, 120, 285
Wolzogen, Ernst v. (1855–1934), Schriftst. 218
Yorck von Wartenburg, Peter Graf v. (1904–1944), Jurist u. NS-Widerstandskämpfer 260
Zelter, Carl Friedrich (1758–1832), Musiker u. Komponist 340
Zetkin, Clara (1857–1933), Politikerin 324
Zieten, Hans Joachim v. (1699–1786), preuß. General 108, 112
Zille, Heinrich (1858–1929), Maler, Zeichner, Grafiker u. Fotograf 309
Zweig, Arnold (1887–1968), Schriftst. 19 f., 265, 294 ff., **344**, 345
Zybura, Marek (geb. 1957), Germanist 290

Ortsverzeichnis

Orte in grauer Schrift sind nicht mehr oder nur noch unter anderem Namen vorhanden. Fremdsprachige Ortsbezeichnungen sind polnisch, soweit nicht anders angegeben.

Orte in Berlin und Potsdam

Denkmäler und Skulpturen

Amazone im Kampf mit Panther vor dem Alten Museum 180, 181, 327
Arbeiterstandbild, Andreasstr. 254
Bacchantin auf Panther 180, 181
Berliner Bär, Autobahn 111 264, 308
Berliner Bär, Autobahn 115 263, 264
Bonhoeffer-Denkmal vor der Zionskirche 311
Erzengel Michael auf der Kirche St. Michael Ost 256, 327
Fohlen, Renée-Sintenis-Grundschule 263
Gerhart-Hauptmann-Denkmal 319
Grasendes Fohlen, Renée-Sintenis-Platz 263
Kreuzbergdenkmal 177
Nante-Skulptur im Nikolaiviertel 194, 222
Neptun-Brunnen 18, 22, 193
Reiterstandbild Friedrichs II. Unter den Linden 35, 78, 175 f.
Scharnhorst-Grabdenkmal 181
Schwanengruppe im Schlosspark Charlottenburg 181
Skulpturengruppe Glaube Liebe Hoffnung 183
St. Georg im Kampf mit dem Drachen, Nikolaiviertel 180, 222, 223, 327

Friedhöfe

Alter St. Michael-Friedhof, Neukölln 256
Bornstädter Friedhof, Potsdam 328
Dorotheenstädtischer Friedhof 11, 76, 312 f., 328, 345
Dorotheenstädtischer Friedhof II 340
Dreifaltigkeitskirchhof II, Bergmannstr. 330, 338, 341
Friedhof der Domgemeinde 313
Friedhof der Freireligiösen Gemeinde, Pappelallee 344
Friedhof der Kaiser-Wilhelm-Gedächtniskirche 318
Friedhof der Märzgefallenen 344
Friedhof III der Jerusalems- und Neuen Kirchengemeinde 331
Friedhof III der Luisenkirchengemeinde 322
Invalidenfriedhof 181
Jüdischer Friedhof Weißensee 339
Kirchhof der ev. Kirchengemeinde Nikolassee 329
Neuer St. Michael-Friedhof, Tempelhof 256
Selbstmörderfriedhof bei Schildhorn 66
St. Hedwig-Friedhof, Weißensee 256
St. Hedwigs-Friedhof III, Reinickendorf 333
St. Matthäikirchhof, Schöneberg 315, 326
Waldfriedhof Dahlem 342
Waldfriedhof Heerstr. 308, 322, 341
Waldfriedhof Zehlendorf 249, 314, 335
Wilmersdorfer Waldfriedhof Stahnsdorf 310
Zentralfriedhof Friedrichsfelde 324

Kirchen

Andreaskirche 255
Berliner Dom 11, 183, 184, 227, 340
Dorfkirche Dahlem
Dreifaltigkeitskirche 134, 340
Emmauskirche 258
Friedrichwerdersche Kirche 180
Garnisonkirche Berlin 113
Garnisonkirche Potsdam 150, 152 ff., 159, 170, 281
Hedwigs-Kathedrale 16 f., 41, 125, 127 ff., 137, 256, 333 f.
Herz-Jesu-Kirche Charlottenburg 333
Herz-Jesu-Kirche Tegel 330
Kaiser-Friedrich-Gedächtniskirche 11, 330

Kaiser-Wilhelm-Gedächtniskirche 318
Kirche Zum Guten Hirten 333
Klosterkirche Berlin 124
Luisenkirche 330
Marienkirche 18, 29 f., 46, 183 ff., 332
Nikolaikirche 222, 328
Petrikirche 166
St. Ansgar 330
St. Bonifatius 257
St. Elisabeth 330
St. Maria Magdalena 333
St. Marien 333
St. Marien-Liebfrauen 256, 257
St. Matthäus 311
St. Matthias 257 f.
St. Mauritius 333
St. Michael (Ost) 256, 327
St. Michael (West) 256
St. Rita 330
St. Thomas 258
Taborkirche 258
Zionskirche 311

Museen
Alte Nationalgalerie 16 f., 77 f., 85, 91, 93 f., 97 f., 100 f., 103, 105, 107 f., 111, 118, 121, 125, 175, 328, 330, 338
Altes Museum 180, 227, 327
Bröhan-Museum 53, 229, 251, 310
Brücke-Museum 339
Freiluftlapidarium im Köllnischen Park 31
Friedrichwerdersche Kirche 180
Galerie »Der Sturm« 266
Galerie Nierendorf 264
Gemäldegalerie Berlin 173
Hugenottenmuseum im Französischen Dom 312

Kreuzberg-Museum 257
Kunstamt Kreuzberg 233
Kunstbibliothek 219
Kunstgewerbemuseum 11
Kupferstichkabinett 35, 113, 115, 173
Märkisches Museum 31, 58, 122, 130, 175, 193, 238, 241, 286, 310, 313
Musikinstrumentenmuseum 264, 314
Neue Nationalgalerie 330, 339
Neues Museum 328
Sammlung Boros 47

Profanbauten
Akademie der Künste 314, 316, 324, 327, 337, 342, 345
Arnold-Zweig-Grundschule 345
Aschinger (Gasthaus) 216
Bahnhof Börse (heute Hackescher Markt) 234
Baluschek-Grundschule 310
Bauakademie 316, 339
Berliner Eisengießerei 229 f.
Berliner Mauer 25, 301
Bernhard-Lichtenberg-Grundschule 334
Bernhard-Lichtenberg-Haus 133, 334
Bonhoeffer-Haus 311
Borsighafen 13, 313
Borsighallen mit Turm 13, 313
Borsig-Realschule 313
Borsigwalde, Werksarbeitersiedlung 12 f., 313
Borsigwerke 12, 225, 229 f, 233, 238 f., 312 f.
Bötzowbrauerei 49
Brandenburger Tor, Berlin 7, 11, 15 f., 25 ff., 46, 71, 183, 227, 293, 296, 332

Brandenburger Tor, Potsdam 26
Bundeshaus 265, 330
Bundeskanzleramt 35
Café des Westens 263, 269
Café Keck 49
Charité 16, 35 ff., 47, 340, 344
Deutschlandhaus 265
Dietrich-Bonhoeffer-Bibliothek 312
Dietrich-Bonhoeffer-Grundschule 312
Eichendorff-Grundschule 316
Fernsehturm 183
Frankfurter Bahnhof (1881–1950 Schlesischer Bhf., 1950–1987, seit 1998 Ostbhf.) 228
Franziskus-Krankenhaus 310
Frauenhaftanstalt Friedrich-Olbricht-Damm 308
Friedrich-Wilhelms-Universität (seit 1949 Humboldt-Universität) 69, 178 f., 250, 315, 317, 338, 340
Funkturm 295
Gedenkstätte Plötzensee 334
Gefängnis Alexanderplatz 245, 335
Gefängnis Prinz-Albrecht-Str. 260, 311, 342
Gefängnis Spandau 245, 285, 325, 335
Gefängnis und Zuchthaus Tegel 260, 311, 334
Gerhart-Hauptmann-Bibliothek 319
Gerhart-Hauptmann-Oberschule 319
Gerhart-Hauptmann-Schule 319

Ortsverzeichnis

Görlitzer Bahnhof 20, 51, 74, 232, 263
Gustav-Freytag-Oberschule 316
Gymnasium zum Grauen Kloster 340
Hackescher Markt, S-Bahnhof (1882–1951 Bahnhof Börse) 49, 227, 234
Hauptwache 227
Hedwigskrankenhaus 132
Hippelsche Weinstube 208
Hochbahnlinie 1 261
Hotel Dietrich-Bonhoeffer-Haus 312
Humboldt-Universität (1828–1946 Friedrich-Wilhelms-Universität) 69, 178 f., 250, 311
Kammermusiksaal 264, 314
Karl-Bonhoeffer-Nervenklinik Wittenau (früher Dalldorf) 325, 344
Kaufhaus des Westens 263
Kgl. Münze 177, 317
Kgl. Joachimsthalsches Gymnasium (heute Geb. d. Universität d. Künste) 273, 321
Kgl. Preußische Eisengießerei (KPEG) 192 f., 312, 327
Kgl. Gewerbeinstitut (heute Techn. Univ. Berlin) 179, 228, 312
Klinikum Steglitz 314
Konzerthaus Leipziger Str. 122, 310
Krolloper 35, 247, 331
Kutschstall Potsdam 162
Lehrter Bahnhof (heute hier Hauptbahnhof) 50

Lina-Morgenstern-Oberschule 339
Menzel-Schule 338
Mohrenkolonnaden 30, 31
Mühlendamm-Schleuse 222
Neue Wache 125
Operncafé 177
Oranienburger Tor 312
Ostbahnhof (bis 1881 Frankfurter Bhf., bis 1950 Schlesischer Bhf., 1950–1987 Hbf.) 16, 20, 222, 228, 256, 298
Paul-Löbe-Haus des Deutschen Bundestages 35 f., 243, 335
Paul-Löbe-Oberschule 335
Philharmonie 122, 264, 310, 314
Preußisches Herrenhaus 11
Rathaus Kreuzberg 265, 330
Rathaus Schöneberg 194, 249
Rathaus Wilmersdorf 330
Reichstag 11, 15, 66, 240, 244 f., 247, 264, 302 f., 314, 316, 321, 334
Reinhardswald-Grundschule 310
Renée-Sintenis-Grundschule 263, 342
Romanisches Café 263, 289
Rotes Rathaus 193 f.
Schlesischer Bahnhof (bis 1881 Frankfurter Bhf., 1950–1987 Hbf., heute Ostbhf.) 9, 12, 21, 222, 225, 228, 232, 250 ff., 258, 262 f., 298
Seniorenheim Bernhard-Lichtenberg-Haus 334

Singakademie (seit 1952 Maxim-Gorki-Theater) 340
St. Gertrauden-Krankenhaus 314
Staatliche Hochschule für Kunsterziehung 324
Staatsbibliothek (Potsdamer Platz, Haus 2) 264, 314, 319
Stadt- und Landesbibliothek Potsdam 307
Sternsches Konservatorium 35 f., 322
Studentenwohnheim Wilhelm-Weskamm-Haus 330
Technische Universität (früher Techn. Hochschule, Kgl. Gewerbeinst.) 11, 179, 260, 311 f., 339
Tieranatomie 16, 30, 36, 37 ff., 46, 332
U-Bahnhof Bülowstr. 14, 261
U- und S-Bahnhof Friedrichstr. 14, 301, 342
U-Bahnhof Gleisdreieck 14, 261 f.
U-Bahnhof Möckernbrücke 14, 261
U-Bahnhof Schlesisches Tor 14, 19, 68, 261
U-Bahnhof Warschauer Str. 261 f.
Villa Borsig 13, 313
Wolffsches Telegraphenbüro 285
Zentralmagazin der Städtischen Gaswerke 255
Zentral- und Landesbibliothek Berlin 307
Zeughaus 125, 140, 178

Schlösser, Gärten und Palais
Altes Palais des Prinzen Wilhelm 174, 331
Botanischer Garten 184

Jagdschloss Grunewald 173
Kronprinzenpalais 178, 317
Lustgarten 182 f., 247
Marmorpalais und Neuer Garten, Potsdam 30, 162, 185, 186 ff., 221, 332
Neues Palais, Potsdam 11, 97
Niederländisches Palais 187
Palais Albert Borsig 312
Palais am Festungsgraben 125
Palais Dönhoff 187
Palais Friedländer-Fuld 15
Palais Henckel von Donnersmarck 15
Palais Pleß 15
Palais von Zedlitz 187
Prinzessinnenpalais 177, 178, 317
Prinz-Heinrich-Palais (seit 1809 Humboldt-Universität) 178 f., 317
Schloss Babelsberg m. Park 223
Schloss Bellevue 30, 45, 187
Schloss Charlottenburg m. Park 30, 32, 41, 43, 140, 178, 181, 185, 186, 190, *191*, 308, 317, 332
Schloss Glienicke m. Park 328
Schloss Sanssouci m. Park 10, 13, 82, 91 ff., 97, 144, 148 ff., *153*, 158, 162 ff., 186, 221, 280 f.
Schloss Wusterhausen *165*
Stadtschloss Berlin 75, 108, 141, 144, 160, 166, 180, 182 f., 187, 227, 247, 316, 327

Stadtschloss Potsdam 11, 163
Tiergarten 14, 281
Zoologischer Garten 314

Stadtteile und Siedlungen
Biesdorf 21, 306
Bohnsdorf 21
Borsigwalde 313
Charlottenburg 163, 216, 292, 312, 316, 318, 321 ff., 330, 333 f., 336, 339
Dahlem 21, 339, 342
Dreilinden 264
Friedenau 21, 263, 319 f., 335 f., 342
Friedrichsfelde 324, 333
Friedrichshagen 55 f., 70, 319
Friedrichshain 21, 323, 344
Friedrichstadt 31
Frohnau 263, 320, 342
Grunewald 311, 316, 318, 326 f., 338
Halensee 322
Hansaviertel 330
Heiligensee 313
Karlshorst 333
Karow 21, 306
Kaulsdorf 21, 333, 338
Kladow 276
Kleinmachnow 314
Köpenick 335
Kreuzberg 7, 20 f., *140*, 225, 233, 256, 258, 292, 307, 310, 313 f., 319, 330 f., 338 f., 341
Lankwitz 21, 291
Lichtenberg 21, 333
Lichterfelde 313, 321, 325
Mahlsdorf 338
Märkisches Viertel 336
Marzahn 306
Moabit 50, 66, 230, 312 f., 318, 326
Neukölln 256, 333

Niederschönhausen 333, 345
Nikolaiviertel 180, 194, 222, 327
Nikolassee 171, 328 f.
Oranienburger Vorstadt 238
Pankow 49, 324, 333, 345
Plötzensee 334
Prenzlauer Berg 312, 334, 344
Rahnsdorf 333
Reinickendorf 291, 316, 330, 333, 335, 340
Rosenthaler Viertel 49
Rummelsburg 324, 339
Schlesische Viertel 21, 222, 250 ff., 256 ff.
Schmargendorf 21
Schöneberg 21, 31, 309, 315, 316, 326, 335, 338 f., 342
Spandau 140, 245, 285, 325, 334 f.
Staaken 310, 327
Steglitz 36, 339
Südende 328
Tegel 12, 225, 230, 313, 330, 334
Tempelhof 140, 256
Tiergarten 31 ff., 73, 215, 281, 311, 315 f., 318, 332, 335, 338
Treptow 331
Wedding 13, 260
Weißensee 256, 308, 332, 339, 342
Westend 311, 318, 322, 345
Wilmersdorf 273, 312, 321, 343
Wittenau 36, 313, 325, 344
Wuhlheide 334
Zehlendorf 264

Straßen, Brücken, Plätze, Parks und Gewässer
Adolf-Menzel-Str. 338
Agnes-Wabnitz-Str. 344
Albrechtstr. 47
Alexanderplatz 16, 18, 46, 174, 180, 183, 194 f., 198, 208, 213, 216, 245, 254, 323, 335
Alexanderstr. 199
Alt-Lietzow 334
Altonaer Str. 338
Am Festungsgraben 125
Am Karlsbad 315
Am Krögel 75, 222
Am Neuen Markt (Potsdam) 162
Am Nußbaum 194
Am Ostbahnhof (seit 1964 m. ehem. Breslauer Str.) 222
Am Zirkus 76
Andreasstr. 222, 253, 255
Apoldaer Str. 325
Arnold-Zweig-Str. 345
Baluschekweg 310
Bamberger Str. 326
Bebelplatz 125, 174
Behrensstr. 41, 331
Bellevuestr. 237, 332
Bergmannstr. 310, 338, 341
Bernhard-Lichtenberg-Platz 334
Bernhard-Lichtenberg-Str. (Plötzensee) 334
Bernhard-Lichtenberg-Str. (Prenzlauer Berg) 334
Biberpelzstr. 319
Bilsestr. 311
Blumenstr. 194, 216
Bodestr. 125
Bonhoeffer-Ufer 312
Boothstr. 318
Borsigdamm 313
Borsigdammbrücke 313

Borsigplatz 313
Borsigstr. 313
Borsigwalder Weg 313
Brachvogelstr. 313
Brandenburgische Str. 312
Breslauer Str. (heute Am Ostbahnhof) 222, 253
Brommybrücke 250, 258
Brommystr. 258
Bruno-Wille-Str. 319
Bundesallee 318
Carmerstr. 317
Ceciliengärten 309
Charlottenburger Chaussee (heute Str. d. 17. Juni) 32
Charlottenstr. 217, 331
Chausseestr. 76, 229, 312 f.
Cheruskerstr. 309
Cicerostr. 322
Cöllnischer Fischmarkt 213
Dietrich-Bonhoeffer-Str. 312
Dönhoffplatz (heute Marion-Gräfin-Dönhoff-Platz) 213
Donnersmarckallee 320
Donnersmarckplatz 320
Dorotheenstr. 74
Douglasstr. 327
Eichendorffstr. 315
Emma-Ihrer-Str. 324
Erich-Steinfurth-Str. (bis 1962 Madaistr.) 222, 255
Fasanenstr. (bis 1896 Gravelottestr.) 246, 318
Friedrich-Olbricht-Damm 308
Friedrichsbrücke 77

Friedrichshagener Str. 335
Friedrichwerderscher Markt 317
Friedrichstr. 15, 141, 281, 315, 329
Fruchtstr. (heute Str. d. Pariser Kommune) 222, 253
Fürstenbrunner Weg 322
Gendarmenmarkt 30, 45 f., 227, 312
Gerhart-Hauptmann-Park 318
Gierkeplatz 318
Gierkezeile 318
Glinkastr. (bis 1951 Kanonierstr.) 340
Gneisenaustr. 310
Gneisstr. 326
Goethestr. 316
Gottlieb-Dunkel-Str. 256
Gravelottestr. (heute Fasanenstr.) 318
Große Hamburger Str. 132
Großgörschenstr. 315, 326
Grüner Weg (heute Singerstr.) 216
Grunewaldstr. 341
Gurlittstr. 328
Gustav-Freytag-Str. (Grunewald) 316
Gustav-Freytag-Str. (Schöneberg) 316
Gutenbergstr. 335
Hackescher Markt 49, 227, 234
Hallesches Tor 256, 261, 331
Hamburger Tor 258
Hans-Baluschek-Park 310
Hasenheide 135
Hauptstr. 31
Hausvogteiplatz 315

Havel 276
Heiliger See 186 f., 221
Herkulesbrücke 31
Hermannstr. 256
Hewaldstr. 339
Hinter dem Gießhaus 125
Hohenzollernbrücke 330
Höhmannstr. 327
Holsteiner Ufer 326
Holteistr. 323
Holzmarktstr. 18, 198 f., 222, 323
Homeyerstr. 345
Hubertusallee 318
Hufelandweg 36
Hüttenweg 342
Im Eichkamp 295
Innsbrucker Str. 342
Invalidenstr. 12
Jägerstr. 135
Jannowitzbrücke 222
Jochen-Klepper-Park 328
Jochen-Klepper-Weg 329
Joseph-von-Eichendorff-Gasse 316
Kaiserin-Augusta-Str. (heute Köbisstr.) 318
Kanonierstr. (heute Glinkastr.) 340
Karlstr. (heute Oehlertring) 328
Kerrweg 327
Kirchstr. 230, 313
Kleine Rosenthaler Str. 318
Klosterstr. 228, 340
Köbisstr. (seit 1947, bis 1933 Kaiserin-Augusta-Str.) 318
Königsbrücke 31
Königstr. (heute Rathausstr.) 315
Konrad-Adenauer-Str. 335
Köpenicker Feld 198 f.
Köpenicker Str. 258

Kopischstr. 330
Koppenstr. 222, 253, 255
Krautstr. 222
Kronprinzenbrücke 36
Kühler Weg 345
Kupfergraben 191
Kurfürstendamm 13, 261, 289, 321, 326
Kurfürstenstr. 262
Landauer Str. 336
Lange Str. 222, 253
Langhansstr. 332
Langhansstr. (Potsdam) 332
Lassallestr. (Kaulsdorf) 333
Lassallestr. (Rahnsdorf) 333
Lausitzer Platz 313
Lausitzer Str. 257
Leipziger Str. 13, 122, 227, 290, 310, 315
Lenzelpfad 333
Lichtenberger Str. 222
Lichtensteinallee 73
Liesenstr. 313, 340
Lina-Morgenstern-Str. 339
Littenstr. (bis 1951 Neue Friedrichstr.) 315
Lüneburger Str. 318
Luisenstr. 36, 338
Madaistr. (heute Erich-Steinfurth-Str.) 222
Marienburger Allee 311
Marienstr. 33
Mehringdamm 331
Meierottostr. 318
Menzelstr. (Grunewald) 338
Menzelstr. (Mahlsdorf) 338
Menzelstr. (Schöneberg) 338
Moabiter Brücke 308
Möckernbrücke 261
Mohrenstr. 30 f.
Molkenmarkt 75
Mommsenstr. (Charlottenburg) 322

Mommsenstr. (Steglitz) 339
Motzstr. 336
Müggelsee 56
Mühlendamm 222
Mühsamstr. (bis 1951 Zorndorfer Str.) 253
Münzstr. 331
Neue Friedrichstr. (heute Littenstr.) 315
Neue Kantstr. 321
Neue Orangenstr. (heute Oranienstr.) 213
Neuer Markt 183
Neues Tor 230
Nollendorfplatz 261
Oberbaumbrücke 258, 261 f.
Oberwallstr. 178
Oder-Spree-Kanal 12
Oehlertring 328
Oldenburgallee 322
Ollenhauerstr. 333
Oranienburger Tor 38, 192, 229, 312 f
Osthafen 261 f.
Panke 38, 47
Pariser Platz 15, 25
Paul-Löbe-Allee 335
Pfarrer-Lenzel-Str. 333
Pfaueninsel 187
Potsdamer Chaussee 30 ff., 335
Potsdamer Platz 35, 264, 316
Potsdamer Str. 266, 315, 319, 338
Potsdamer Tor 32
Priesterweg 310
Raschdorffstr. 340
Reichenberger Str. 319
Reichstagsufer 35
Reinhardtstr. 76
Renée-Sintenis-Platz 263, 342
Ritterstr. 104, 337
Rolandufer 222
Rubensstr. 335
Schillingbrücke 256
Schlachtensee 279

Schleiermacherstr. 341
Schlesisches Tor 7, 9, 16, 20, 146, 225, 256, 258, 261 f.
Schlüterstr. 318
Schöneberger Str. 337
Schönhauser Allee 49
Schumannstr. 47, 49
Seidelstr. 311
Sembritzkystr. 328
Semperstr. 309
Sigismundstr. 338
Singerstr. (früher Grüner Weg) 216
Smetanastr. 256
Spittelmarkt 213, 290
Spree 15, 76, 186, 190, 198, 237, 243, 250, 258, 261, 266, 276, 323
Stierstr. 320
Stralauer Platz 255
Str. d. Pariser Kommune (bis 1971 Fruchtstr.) 222
Südkreuz 310
Swinemünder Brücke 13
Taubenstr. 340
Tauentzienstr. 263, 280
Tegeler See 12, 313
Teutonenstr. 328
Tichauer Str. 306
Trabener Str. 318
Trakehner Allee 322, 341
Tychyer Str. 306
Uhlandstr. 261, 335
Unterbaumstr. 36
Unter den Linden 18, 32, 34, 69, 75, 78, 121, 125, 174 ff., 215, 236, 253, 331 f.
Unterwasserstr. 315
Viktoriapark 9
Voßstr. 73
Waisenbrücke 76
Waldemarstr. 256
Wallnerstr. (bis 1953 Wallner-Theater-Str.) 217

Wangenheimstr. 311
Wannsee 275, 322
Warschauer Str. 262
Wasgensteig 335
Weidendammer Brücke 67, 77
Werderscher Markt 177
Wilhelmplatz 327
Wilhelmstr. 15, 78, 307, 312, 337, 340
Wilhelmshöher Str. 336
Wilhelmsruher Damm 336
Willibald-Alexis-Str. 307
Wilmersdorfer Str. 314
Winterfeldplatz 257
Wittenbergplatz 261 f.
Wollankstr. 345
Wrangelstr. 256
Voßstr. 15, 312
Yorckstr. 256 f.
Zikadenweg 345
Zimmerstr. 337
Zoologischer Garten 281
Zorndorfer Str. (heute Mühsamstr.) 253

Theater
Deutsches Nationaltheater 45 f.
Deutsches Theater 16, 47, 48 ff., 55 f., 60, 63 ff., 70, 76 f., 322
Freie Bühne Berlin 54 f.
Freie Volksbühne 319
Gorki-Theater (ehem. Singakademie) 77, 125
Großes Schaupielhaus 67
Hoftheater 237
Königstädtisches Theater 194 ff., 202, 216, 323, 326
Neopathetisches Cabaret 273
Operettentheater in der Charlottenstr. 217

Opernhaus Unter den Linden 43 f., 77, 96, 125, 130, 135, 174, 176 f, 331
Residenztheater 54
Schauspielhaus auf dem Gendarmenmarkt (früher Kgl. Schauspielhaus, heute Konzerthaus) 30, 45, 46, 196, 313, 332
Schillertheater 265, 330
Theater am Charlottenburger Schloss 30, 43 f., 44, 332
Theater am Schiffbauerdamm (Berliner Ensemble) 63, 76 f.
Viktoriatheater 177, 331
Wallner-Theater 18, 194, 216 f., 326

Orte, Gewässer und Gebirge außerhalb von Berlin und Potsdam

Adelsdorf (*Zagrodno*)
Agnetendorf (*Jagniątków*) 68, 261, 267, 318
Allenstein (*Olsztyn*) 250
Alt-Raudten (*Stara Rudna*) 259
Alte-Grund 53
Altvatergebirge, auch Hohes Gesenke (tschech. *Hrubý Jeseník*) 283
Arnstadt 307
Athen 32, 34
Auschwitz (*Oświęcim*) 269, 336
Bad Freienwalde 30
Bad Salzbrunn (*Szczawno-Zdrój*) 52
Bad Warmbrunn (*Cieplice*) 51 f., 62
Barby 340
Belzig 336

Berg Karmel 296
Bernstadt (Bierutów) 20, 336
Beuthen/Oberschlesien (Bytom) 12, 191, 300, 342
Beuthen an der Oder (Bytom Odrzański) 20, 171, 259, 328
Birawa (Bierawa) 205
Biskupitz/Oberschlesien (Biskupice) 230
Bober-Katzbach-Gebirge (Góry Kaczawskie) 10
Böhmen 8, 124, 200, 249, 302
Bolatitz (Bolatice) 20, 288 f., 341
Bologna 42
Bonn 246 f., 334
Bozen, KZ 325
Brandenburg, Stadt 11, 17, 170
Brauchitschdorf (Chróstnik) 259
Braunau 289
Breslau (Wrocław) 7 ff., 12, 15, 17 ff., 26 ff. 35 f., 43, 45, 48, 53, 55 f., 64 ff., 68 f., 76, 78 f., 99 f., 115 ff., 124 f., 128 ff., 133 f, 143, 146, 157 f., 160, 173 ff., 179, 181, 183 f., 188, 191, 193 ff., 197, 199, 202, 204 ff., 208, 217 ff., 227 ff., 235 f., 242 ff., 253, 257, 259 ff., 263 ff., 271 f., 277 ff., 284, 286 f., 289, 294, 297 ff., 302, 305 ff., 309, 311 ff., 314 ff., 323 ff., 334 ff., 340 ff.
Breslau-Grüneiche (Wrocław-Dąbie) 331
Brieg (Brzeg) 163, 259, 263
Budapest 325
Bunzlau (Bolesławiec) 11 f., 146, 184, 259, 264, 308
Capri 329

Carlsruhe (Pokój) 343
Chiswick House 37
Dachau 133, 333 f.
Danzig (Gdańsk) 315
Darmstadt 271, 336 f.
Dessau 185, 331
Dobříš (tschech., dt. Doberschisch) 296
Dresden 267, 314, 316, 324, 339
Düsseldorf 125, 332
Dyhernfurth (Brzeg Dolny) 28
Elbe 18, 193
Erkner 16, 48, 50 ff., 55 ff., 60 f., 68, 318 f.
Erlangen 328
Eulengebirge (Góry Sowie) 60, 62, 142 f.
Finkenkrug 317
Finkenwalde (Zdroje) 311
Fischbach (Karpniki) 72
Flakesee 52
Flossenbürg, KZ 260, 311
Frankfurt a. M. 337
Frankfurt (Oder) 297
Fraustadt (Wschowa) 261
Freiberg/Mähren (tschech. Příbor) 296
Freiburg/Schlesien (Świebodzice) 194
Freiwaldau (Gozdnica) 11 f.
Friedrichshütte bei Tarnowitz (Strzybnica, Tarnowskie Góry) 230
Galizien 320
Genf 242, 325, 332 f.
Glatz (Kłodzko) 146, 246, 263, 323, 335, 341
Gleiwitz (Gliwice) 12, 191 ff., 234, 269, 286, 327, 339, 343
Glogau (Głogów) 8, 20, 28, 250, 259, 294, 297, 328, 331, 344
Gnesen (Gniezno) 7, 272, 321
Göttingen 344
Groß Behnitz 260, 312

Groß-Rosen (Rogoźnica), KZ 245
Groß-Strehlitz (Strzelce Opolskie) 230
Groß-Wartenberg (Syców)
Grünberg (Zielona Góra) 13, 261
Grüssau (Krzeszów) 115 f., 124, 172, 259, 266
Guhrau (Góra) 259
Habelschwerdt (Bystrzyca Kłodzka) 217
Haifa 345
Hain i. Riesengebirge (Przesieka) 299
Halle 315, 331, 340
Hamburg 183, 325 f.
Heidelberg 315
Herischdorf (Malinik) 62
Hermsdorf/Riesengebirge (Sobieszów) 52, 68
Heuscheuergebirge (Góry Stołowe) 234
Hiddensee 68, 325
Hirschberg (Jelenia Góra) 9, 20, 51, 65, 259, 272, 321
Hochkirch 102 ff., 113, 176
Hochstein/Riesengebirge (Wysoki Kamień) 52
Hof 333
Hollywood 322
Hubertusburg, Schloss 141
Hultschiner Ländchen (Kraik hulczyński, tschech. Hlučínsko) 288, 341
Innsbruck 124, 333
Israel 13, 334, 345
Jauer (Jawor) 8, 114 ff.
Jena 321, 325
Kamenz (Kamieniec Ząbkowicki) 116, 124, 290
Kandrzin-Cosel (Kędzierzyn-Koźle) 15
Kärnten 328
Karutzsee 50

Ortsverzeichnis 381

Kattowitz *(Katowice)* 191, 265, 294, 297 f.
Kew Garden 186
Klein-Oels *(Oleśnica Mała)* 260
Köln 213, 336, 339
Königgrätz (tschech. *Hradec Králové*) 122
Königsberg (russ. seit 1946 *Kaliningrad*) 108, 146, 177, 181, 315, 327, 338
Königshütte *(Chorzów)* 117 ff., 195, 260, 264, 330
Krascheow *(Krasiejów)* 230
Kreisau *(Krzyżowa)* 260
Kreuzburg *(Kluczbork)* 191, 230, 316
Kunersdorf *(Kunowice)* 140
Küstrin *(Kostrzyn)* 169, 294 f., 297
Landeshut *(Kamienna Góra)* 13, 26, 260, 331
Lauban *(Lubań)* 11, 259
Leipzig 79, 316, 319, 325, 331, 343
Leobschütz *(Głubczyce)* 70, 217, 322
Leubus *(Lubiąż)* 172, 266, 272
Leuthen *(Lutynia)* 99, 104 ff., 112
Liebau/Riesengebirge *(Lubawka)* 267, 339
Liegnitz *(Legnica)* 11, 35, 122, 177, 179, 243 f., 259, 310 f., 331, 334
Lissa, a. Deutsch-Lissa, bei Breslau *(Leśnica, Wrocław-Leśnica)* 99, 105 f., 115 f., 124, 163
London 186, 231, 271, 281 ff., 320 f., 327, 336
Löwenberg *(Lwówek Śląski)* 76

Lublinitz *(Lubliniec)* 296
Lubowitz *(Łubowice)* 315
Magdeburg 84
Mainz 124
Malapane *(Ozimek)* 191, 230
Maria Laach 257
Masuren *(Mazury)* 302
Mereworth Castle 37
Moskau 325
München 277, 284, 296, 320, 322, 325, 339, 344 f.
Münsterberg *(Ziębice)* 12
Murmansk 325
Namslau *(Namysłów)* 78
Neapel 161, 329
Neiße, seit 1930er J. Neisse *(Nysa)* 12, 20, 36, 99, 101 f., 115 f., 131, 208, 259, 277 ff., 315, 320, 325
Neudeck *(Świerklaniec)* 320
Neuruppin 273, 321
Neu-Zittau 53
Niedersachsen 250
Niesky 340
Obernigk *(Oborniki Śląskie)* 339
Ober-Salzbrunn *(Szczawno-Zdrój)* 318
Oder *(Odra)* 18, 84, 171, 193, 200, 205, 222, 246 ff., 265, 272, 328
Oels *(Oleśnica)* 73, 125, 265
Ohlau *(Oława)* 133, 333
Oppeln *(Opole)* 259, 284
Ostpreußen 165, 169, 250
Padua 42
Palästina 295 ff., 345

Paprotzan *(Paprocany)* 327
Paris 32, 39, 132, 151, 189, 196, 198, 215, 236, 324, 326, 332, 336, 342
Penzig *(Pieńsk)* 12
Pleß *(Pszczyna)* 327, 339
Pommersfelden, Schloss 124
Posen *(Poznań)* 272, 321
Prag 8, 204, 325, 329
Protzan *(Zwrócona)* 259
Quirl/Riesengebirge *(Kostrzyca)* 77
Ratibor *(Racibórz)* 12, 36, 106, 206, 315
Regensburg 124
Reibnitz bei Hirschberg *(Rybnica)* 259
Reifträger/Riesengebirge *(Szrenica)* 52
Reußendorf *(Rusinowa)* 259
Rhein 18, 193, 237
Rheinsberg 26 f., 30, 109 ff., 127, 187
Riesengebirge *(Karkonosze)* 9, 12, 21, 61, 72, 77, 125, 172, 195, 200, 220, 267, 272, 279, 283 f., 287, 292, 299
Riga 323
Rom 26, 34, 37 ff., 86, 127, 131, 135, 137, 166, 188, 329
Romberg *(Samotwór)* 27
Rostock 344
Sagan *(Żagań)* 259
Salzburg 124, 170
Schmiedeberg *(Kowary)* 279
Schneekoppe/Riesengebirge *(Śnieżka)* 52
Schön-Schornstein 53
Schreiberhau *(Szklarska Poręba)* 61, 267, 318
Schweidnitz *(Świdnica)* 8, 26, 194

Siegersdorf
 (Zebrzydowa) 11
Sorau (Żary) 179
Sowjetunion 285, 325
Sparta 168
Städtel (Miejsce) 78
Stettin (Szczecin) 331
St. Petersburg 151
Stonsdorf
 (Staniszów) 11
Straßburg 166
Strawberry Hill 186
Strehlen (Strzelin)
 10, 36
Striegau (Strzegom)
 10, 114, 245, 301, 335
Strodehne/Havelaue
 319
Stuttgart 325
Tannenberg (Stębark)
 325
Tarnowitz (Tarnowskie
 Góry) 230
Themse 191
Theresienstadt, KZ 343
Thüringen 115
Tichau (Tychy) 306
Torgau 150
Trachenberg (Żmigród)
 26
Trebnitz (Trzebnica)
 249
Troppau (Opava) 222,
 341
Tschenstochau
 (Częstochowa) 257
Tübingen 344
Ullersdorf (Ołdrzychów)
 11
Velten 324
Verdun 294, 345
Vereinigte Staaten von
 Amerika 286, 325
Vicenza 34, 38, 131
Wahlstatt (Legnickie
 Pole) 244
Waldenburg
 (Wałbrzych) 12, 229,
 240, 246
Waldsieversdorf 339

Wangern (Węgrzce) 28
Warschau (Warszawa)
 305
Weichsel (Wisła) 18, 193
Weimar 316
Weißbach 218
Wien 8, 20, 67, 86,
 124, 157, 196, 198, 203,
 205 f., 298, 310, 323,
 325, 329, 343
Wiesbaden 316
Woltersdorf 52
Wörlitz 185 f., 191
Würzburg 124, 321
Wüstegiersdorf
 (Głuszyca) 240
Zabrze (1915–1945
 Hindenburg) 15
Zorndorf (Sarbinowo)
 253

Abbildungsnachweis

Hier nicht im Einzelnen aufgelistete Abbildungen sind Neuaufnahmen des Fotografen Mathias Marx, Potsdam (© Deutsches Kulturforum östliches Europa e. V.). Das weitere Bildmaterial wurde uns freundlicherweise von den nachstehend genannten Sammlungen und Archiven zur Verfügung gestellt:

Akademie der Künste, Berlin, Kunstsammlung: 229, 251; akg-images: 66, 119, 198 re., 268 (© Ludwig Meidner-Archiv, Jüdisches Museum der Stadt Frankfurt am Main/ Kunstmuseum Tel Aviv), 277 (© Ludwig Meidner-Archiv, Jüdisches Museum der Stadt Frankfurt am Main/The Art Institute of Chicago, Ludwig Meidner German, 1884–1966, Max Herrmann-Neisse, 1913, Oil on canvas, 35 1/4 x 29 3/4 in. [89.5 x 75.6 cm], Gift of Mr. and Mrs. Harold X. Weinstein, 1959.215); Constantin Beyer, Weimar: 130; Bildagentur für Kunst und Geschichte (bpk): 35/113 (Kupferstichkabinett, SMB/ Jörg P. Anders), 85/105/111 (Nationalgalerie, SMB/Jörg P. Anders), 90(Kunstbibliothek, SMB), 93/94/107 (Nationalgalerie, SMB/Klaus Göken), 95, 97 (Nationalgalerie, SMB/Andres Kilger), 100 (Nationalgalerie, SMB), 101 (Nationalgalerie, SMB/Karin März), 103, 115 (Kupferstichkabinett, SMB/Gunter Lepkowski), 118 (Nationalgalerie, SMB/Jürgen Liepe), 148 (Kunstbibliothek, SMB), 165 (Stiftung Preußische Schlösser und Gärten Berlin-Brandenburg/Wolfgang Pfauder), 198 li. (Aquatintaradierung, um 1825, von Hans Fin[c]ke [1800–1849] nach einer Zeichnung von Hinze), 219 (Kunstbibliothek, SMB), 233 (Knud Petersen), Karte im Nachsatz (entnommen aus: Eduard Gaeblers Volksschul-Atlas für die Preußische Provinz Schlesien. Breslau 1903, Besitzer: Staatsbibliothek zu Berlin – Preußischer Kulturbesitz, Sign. Kart. B 1569/7, Karte n. S. 6); Bröhan-Museum, Berlin: 58 (Foto: Martin Adam); Bundesarchiv: 247 (Bild 102-10545, Foto: Georg Pahl); Landesarchiv Berlin: 293 (Foto: Rose-Marie Kriegel); Kunstsammlung des Deutschen Bundestages: 303 (m. freundlicher Genehmigung der VG Bild-Kunst); Museum Folkwang, Essen: 145; Museum Georg Schäfer, Schweinfurt: 110, 160; Rheinisches Bildarchiv: 140; Sammlung Gerhard Schneider, Olpe: 301 (m. freundlicher Genehmigung der VG Bild-Kunst); SLUB/Deutsche Fotothek: 88 (Sächsische Landes-, Staats- und Universitätsbibliothek Dresden [SLUB], Deutsche Fotothek, 01054 Dresden, Aufnahme: Hans Reinecke); Stiftung Preußische Schlösser und Gärten Berlin-Brandenburg: 163 (Foto: Roland Handrick); Stiftung Stadtmuseum Berlin: 53/238 (Reproduktion: Stiftung Stadtmuseum Berlin), 241/286 (Reproduktion: Gunter Lepkowski, Berlin); Sammlung Dr. Rainer Theobald: 203

Folgende Abbildungen wurden den nachstehend genannten Publikationen entnommen:

65: Albert Dreifuss: Deutsches Theater Berlin. Berlin 1983, S. 108
71: Menzel 1815–1905. Das Labyrinth der Wirklichkeit. Hg. v. Keisch, Claude/ Riemann-Reyher, Marie Ursula. Berlin 1996, S. 291
80, 81, 153, 168: Franz Kugler: Geschichte Friedrichs des Großen. Gezeichnet von Adolph Menzel. Leipzig, Nachdruck der Ausgabe von 1840, S. 317, 231, 608, 15
209, 210: Kladderadatsch. Die Geschichte eines Berliner Witzblattes von 1848 bis ins Dritte Reich. Hg. v. Ingrid Heinrich-Jost. Köln 1982
274: www.zeno.org/Kunstwerke/B/Baluschek,+Hans%3A+Der+Bahnhof
298: Laurenz Demps: Der Schlesische Bahnhof in Berlin. Berlin 1991, S. 247 (Staatliches Filmarchiv der DDR/Bundesarchiv)
305: Roger Loewig. Zeichnungen und Lithographien. Berlin 1988, S. 23 (m. freundlicher Genehmigung der Roger-Loewig-Gesellschaft, Berlin)

Karten im Vorsatz und auf den S. 24, 126, 224:
Dipl.-Ing. Dirk Bloch, Stadtplanerei BLOCHPLAN, Berlin

Über die Autorin

Roswitha Schieb, geboren 1962, studierte Germanistik und Kunstwissenschaft in Köln und Berlin. Sie promovierte bei Norbert Miller über Ernst Jünger, Hans Henny Jahnn und Peter Weiss. Neben zahlreichen literarischen Essays und Büchern über das Theaterschaffen Peter Steins veröffentlichte sie einen kulturhistorischen Reisebegleiter über die Insel Rügen (*Rügen. Deutschlands mythische Insel,* Berlin Verlag, 1999). In ihrem Buch *Reise nach Schlesien und Galizien. Eine Archäologie des Gefühls* (Berlin Verlag, 2000) erkundet sie sowohl Orte und Landstriche ihrer aus Schlesien vertriebenen Eltern als auch das ehemals ostpolnische Galizien, heute Ukraine – eine Region, aus der zahlreiche Polen nach 1945 ausgesiedelt wurden, die sich dann in Schlesien niederließen. Im Jahr 2004 erschien im Verlag des Deutschen Kulturforums östliches Europa ihr *Literarischer Reiseführer Breslau,* 2009 in zweiter Auflage, der den Reisenden zu Spaziergängen durch die Literaturstadt Breslau einlädt. Sieben Wegbeschreibungen mit einer Fülle von literarischen Zitaten vom Mittelalter bis in die Gegenwart sowie architektur- und stadtgeschichtliche Informationen machen Breslau als jahrhundertealte Kulturmetropole erfahrbar. 2007 erschien Roswitha Schiebs erster Erzählungsband *Die beste Zeit* im Verlag Literaturmetzgerei, Reutlingen. Roswitha Schieb lebt in Borgsdorf bei Berlin.

Das **Deutsche Kulturforum östliches Europa** engagiert sich für eine kritische und zukunftsorientierte Auseinandersetzung mit der Geschichte jener Gebiete im östlichen Europa, in denen früher Deutsche gelebt haben bzw. heute noch leben. Im Dialog mit Partnern aus Mittel- und Osteuropa will das Kulturforum die Geschichte dieser Regionen als verbindendes Erbe der Deutschen und ihrer östlichen Nachbarn einem breiten Publikum anschaulich vermitteln.

Das Kulturforum organisiert Lesungen, Ausstellungen, Vorträge, Diskussionsveranstaltungen, Konzerte, Preisverleihungen und Tagungen. In seiner Reihe *Potsdamer Bibliothek östliches Europa* erscheinen Sachbücher, Bildbände und Belletristik. Die Homepage des Kulturforums **www.kulturforum.info** dient als offene Informationsplattform für Veranstaltungshinweise, Nachrichten, Artikel und Dokumentationen.

Das Kulturforum versteht sich als Vermittler zwischen Ost und West, zwischen Wissenschaft und Öffentlichkeit, zwischen Institutionen und Einzelinitiativen. Mit seiner Arbeit leistet es einen aktiven Beitrag zu internationaler Verständigung und Versöhnung in einem zusammenwachsenden Europa.

Deutsches
KULTURFORUM
östliches Europa

Roswitha Schieb
Literarischer Reiseführer Breslau
Sieben Stadtspaziergänge

2., aktual. u. erw. Auflage
Mit zahlr. farb. u. S.-W.-Abb., Kurzbiogr., Zeittafel, umfangr. Registern u. zweispr. Karten.
404 S., Integralbroschur m. Lesebändchen.
€ [D] 19,80
ISBN 978-3-936168-46-4

»Ein Reiseführer, dessen Lektüre fast die Reise selbst ersetzt.«
Neue Zürcher Zeitung

»Dieses Buch ist für alle Generationen wichtig: für die alte, die von der Autorin behutsam und mit der Lust an lehrreichen Ausschweifungen auf sieben thematisch geordneten Wegen der Erinnerung begleitet wird, und für die junge deutsche und polnische, der gezeigt wird, daß hier ein Humus ist, auf dem eine neue europäische Gemeinsamkeit wachsen könnte.«
Frankfurter Allgemeine Zeitung

Ein Gang durch die Literaturstadt Breslau, Zentrum des Humanismus und der deutschen Barockdichtung, Wirkungsstätte bedeutender Autoren wie Gerhart Hauptmann, in den 1920er Jahren Keimzelle der Hörfunk-Avantgarde und seit den 1970er Jahren Anziehungspunkt für herausragende polnische Dichter und Theatermacher. Sieben Wegbeschreibungen mit einer Fülle von Zitaten sowie architektur- und stadtgeschichtlichen Informationen laden den Reisenden zu literarischen Spaziergängen durch die Jahrhunderte ein.

Arne Franke
Das schlesische Elysium
Burgen, Schlösser, Herrenhäuser und Parks im Hirschberger Tal

3., aktual. u. erw. Aufl.age Mit zahlr. farb. u. S.-W.-Abb., Glossar, Kurzbiogr., Ortsnamenkonkordanz, umfangr. Registern u. zweispr. Karten.
226 S., geb. m. Lesebändchen.
€ [D] 19,80
ISBN 978-3-936168-54-9

»Das Buch lädt zum bloßen Genießen ein, man ist schon ein wenig dort, bevor man vielleicht wirklich hinfährt.«

SR 2 Kulturradio

Im Hirschberger Tal entstand in Jahrhunderten eine Kulturlandschaft von europäischem Rang, in der sich auch preußische Könige ihre Sommersitze errichteten. Der reich bebilderte kunsthistorische Führer widmet sich jedem Objekt mit einer Beschreibung sowie einem kurzen Abriss seiner Geschichte, ergänzt durch allgemeine touristische Hinweise und Anfahrtsbeschreibungen.

DurchFlug
E. T. A. Hoffmann in Schlesien
Ein Lesebuch von Peter Lachmann

Bebildert, m. umfangr. Anhang.
326 S., gebunden m. Schutzumschlag u. Lesebändchen.
€ [D] 14,80
ISBN 978-3-936168-49-5

»Dem Deutschen Kulturforum in Potsdam ist [...], nach den Anthologien zu Johannes Urzidil und Karl Emil Franzos, ein weiterer, höchst lesenswerter Wurf gelungen, hinter dem sich eine Lesebuchreihe höchst faszinierender Texte abzuzeichnen beginnt.«
Thüringische Landeszeitung

Dass E. T. A. Hoffmann einen Teil seines Lebens in Schlesien zubrachte und dort unter dem Einfluss der Region zu einem eindrucksvollen Landschaftsmaler mit der Feder geworden ist, wissen zwar Hoffmannspezialisten, doch scheint auch ihnen das Außerordentliche dieser Begegnung des großen deutschen Romantikers mit den »schönen romantischen Gegenden des Riesengebirges« (Hoffmann) entgangen zu sein. Peter Lachmann, Schriftsteller, Übersetzer und Theatermacher, hat in diesem Buch erstmals die Texte Hoffmanns, die in Schlesien entstanden sind oder auf seine Schlesienaufenthalte Bezug nehmen, zusammengestellt und neu gelesen.